Auswirkungen der Schuldrechtsreform auf die Inhaltskontrolle von Arbeitsverträgen und auf Aufhebungsverträge

Europäische Hochschulschriften
Publications Universitaires Européennes
European University Studies

Reihe II
Rechtswissenschaft

Série II Series II
Droit
Law

Bd./Vol. 3967

PETER LANG
Frankfurt am Main · Berlin · Bern · Bruxelles · New York · Oxford · Wien

Linus Zeller-Müller

Auswirkungen der Schuldrechtsreform auf die Inhaltskontrolle von Arbeitsverträgen und auf Aufhebungsverträge

PETER LANG
Europäischer Verlag der Wissenschaften

Bibliografische Information Der Deutschen Bibliothek
Die Deutsche Bibliothek verzeichnet diese Publikation in der Deutschen Nationalbibliografie; detaillierte bibliografische Daten sind im Internet über <http://dnb.ddb.de> abrufbar.

Zugl.: Augsburg, Univ., Diss., 2003

D 384
ISSN 0531-7312
ISBN 3-631-52794-2

www.peterlang.de

Meiner Mutter

Vorwort

Die vorliegende Untersuchung hat der Juristischen Fakultät der Universität Augsburg im Jahr 2003 als Dissertation vorgelegen und ist im Wintersemester 2003/2004 als Dissertation angenommen worden.

Die Arbeit wurde von Herrn Prof. Dr. Herbert Buchner betreut, dem für die hervorragende Betreuung der Arbeit sowie die zügige Erstellung des Erstgutachtens an erster Stelle mein herzlicher Dank gilt.

Danken möchte ich ferner dem Zweitgutachter Herrn Prof. Dr. Jörg Neuner für die freundliche Übernahme des Zweitgutachtens sowie die gleichfalls zügige Erstellung des Zweitgutachtens.

Ebenfalls ein ganz herzliches Wort des Dankes möchte ich all jenen aussprechen, die mich auf vielfältige Art und Weise nicht nur während der Promotionszeit unterstützt haben.

Den größten Dank aber schulde ich meiner Mutter. Ohne ihre Unterstützung und Hilfe wäre die Erstellung dieser Arbeit überhaupt nicht möglich gewesen.
Ihr ist daher auch dieses Buch gewidmet.

Rain, im März 2004 Linus Zeller-Müller

Inhaltsverzeichnis

Abkürzungsverzeichnis

AAB	Allgemeine Arbeitsbedingungen
a.a.O.	am angegebenen Ort
AbzG	Gesetz betreffend die Abzahlungsgeschäfte vom 16.05.1894
AcP	Archiv für civilistische Praxis
AGB	Allgemeine Geschäftsbedingungen
ABGB	Gesetz zur Regelung des Rechts der Allgemeinen Geschäftsbedingungen
AblEG	Amtsblatt der Europäischen Gemeinschaften
a.E.	am Ende
a.F.	alte Fassung
AG	Amtsgericht
ähnl.	ähnlich
AiB	Arbeitsrecht im Betrieb (Zeitschrift)
AktG	Aktiengesetz
Alt.	Alternative
Anm.	Anmerkung
Anw.	Anwendung
AnwBl	Anwaltsblatt (Zeitschrift)
AnwK	Anwaltkommentar
AO	Abgabenordnung
AP	Arbeitsrechtliche Praxis (Nachschlagewerk des BAG)
ArbG(e)	Arbeitsgericht(e)
ArbRB	Der Arbeits-Rechts-Berater (Zeitschrift)
ArbRHdB	Arbeitsrechtshandbuch
ArbVG 92	Diskussionsentwurf eines Arbeitsvertragsgesetzes, DJT 1992
ARS	Arbeitsrechtssammlung mit Entscheidungen des Reichsarbeitsgerichts, der Landesarbeitsgerichte und Arbeitsgerichte
Art.	Artikel
AT	Allgemeiner Teil
AuA	Arbeit und Arbeitsrecht (Zeitschrift)
Aufl.	Auflage
AuR	Arbeit und Recht (Zeitschrift)
ausf.	ausführlich
AuslInvestmG	Gesetz über den Vertrieb ausländischer Investmentanteile und die Besteuerung der Erträge aus ausländischen Investmentanteilen

AÜG	Arbeitnehmerüberlassungsgesetz
BAG	Bundesarbeitsgericht
BayVerf	Verfassung des Freistaates Bayern
BB	Der Betriebsberater (Zeitschrift)
BBesG	Bundesbesoldungsgesetz
BBG	Bundesbeamtengesetz
BBiG	Berufsbildungsgesetz
Bd.	Band
Begr.	Begründung
Beil.	Beilage
ber.	bereits
BeschFG	Gesetz über arbeitsrechtliche Vorschriften zur Beschäftigungsförderung
BetrAVG	Gesetz zur Verbesserung der betrieblichen Altersversorgung
BetrVG	Betriebsverfassungsgesetz
BGB	Bürgerliches Gesetzbuch
BGB-InfoV	Verordnung über Informations- und Nachweispflichten nach bürgerlichem Recht
BGBl.	Bundesgesetzblatt
BGH	Bundesgerichtshof
BGHZ	Amtliche Sammlung der Entscheidungen des BGH
Bl.	Blatt
BMJ	Bundesminister(ium) der Justiz
BRAGO	Bundesgebührenordnung für Rechtsanwälte
BR-Drucks.	Drucksache des Deutschen Bundesrates
BReg.	Bundesregierung
BremVerf	Verfassung von Bremen
BRRG	Beamtenrechtsrahmengesetz
Bsp.	Beispiel
bspw.	beispielsweise
BT	Bundestag
BT-Drucks.	Drucksache des Deutschen Bundestages
BT-Prot.	Bundestags-Protokoll(e)
BUrlG	Bundesurlaubsgesetz
BuW	Betrieb und Wirtschaft (Zeitschrift)
BVerfG	Bundesverfassungsgericht
BVerfGE	Entscheidungen des Bundesverfassungsgerichts
BW	Baden-Württemberg
bzgl.	bezüglich

bzw.	beziehungsweise
c.i.c.	culpa in contrahendo
DB	Der Betrieb (Zeitschrift)
ders.	derselbe
DGB	Deutscher Gewerkschaftsbund
d.h.	das heißt
dies.	dieselbe(n)
DiskE	Diskussionsentwurf
Diss.	Dissertation
DJT	Deutscher Juristentag
DM	Deutsche Mark
DNotZ	Deutsche Notar-Zeitschrift (Zeitschrift)
DStR	Deutsches Steuerrecht (Zeitschrift)
€	Euro
EG	Europäische Gemeinschaft; EG-Vertrag
EGBGB	Einführungsgesetz zum Bürgerlichen Gesetzbuch
Einl.	Einleitung
ErfK	Erfurter Kommentar zum Arbeitsrecht
erg.	ergänzend(e)
evtl.	eventuell
EU	Europäische Union
EuGH	Gerichtshof der Europäischen Gemeinschaften
EuZW	Europäische Zeitschrift für Wirtschaftsrecht (Zeitschrift)
EWG	Europäische Wirtschaftsgemeinschaft
EWiR	Entscheidungen zum Wirtschaftsrecht (Zeitschrift)
EzA	Entscheidungssammlung zum Arbeitsrecht
FA	Fachanwalt für Arbeitsrecht (Zeitschrift)
f., ff.	folgend(e)
FernAbsG	Fernabsatzgesetz
FernUSG	Gesetz zum Schutz der Teilnehmer am Fernunterricht
Fn.	Fußnote
FS	Festschrift
GbR	Gesellschaft bürgerlichen Rechts
GefStoffV	Gefahrenstoffverordnung
gem.	gemäß

GenG	Gesetz betreffend die Erwerbs- und Wirtschaftsgenossenschaften
gg.	gegen
ggfs.	gegebenenfalls
GG	Grundgesetz
GmbHG	Gesetz betreffend die Gesellschaften mit beschränkter Haftung
GmS	Gemeinsamer Senat
GOÄ	Gebührenordnung für Ärzte
GoA	Geschäftsführung ohne Auftrag
grds.	grundsätzlich
GS	Großer Senat
GüKG	Güterkraftverkehrsgesetz
h.A.	herrschende Ansicht
HGB	Handelsgesetzbuch
h.L.	herrschende Lehre
h.M.	herrschende Meinung
HOAI	Honorarordnung für Architekten und Ingenieure
HWiG	Gesetz über den Widerruf von Haustürgeschäften und ähnlichen Geschäften
Hrsg.	Herausgeber
Hs.	Halbsatz
i.d.F.	in der Fassung
i.d.R.	in der Regel
i.E.	im Ergebnis
INF	Die Information für Steuerberater und Wirtschaftsprüfer (Zeitschrift)
insb.	insbesondere
i.S.d.	im Sinne des
i.S.v.	im Sinne von
i.V.m.	in Verbindung mit
JA	Juristische Arbeitsblätter (Zeitschrift)
JR	Juristische Rundschau (Zeitschrift)
Jura	Juristische Ausbildung (Zeitschrift)
Jus	Juristische Schulung (Zeitschrift)
JZ	Juristen-Zeitung (Zeitschrift)

KAGG	Gesetz über Kapitalanlagegesellschaften i.d.F. vom 14.01.1970
Kap.	Kapitel
KJ	Kritische Justiz (Zeitschrift)
krit.	kritisch
KSchG	Kündigungsschutzgesetz
LAG	Landesarbeitsgericht(e)
LG	Landgericht
lit.	littera
MDR	Monatsschrift für Deutsches Recht (Zeitschrift)
m.E.	meines Ermessens
mglw.	möglicherweise
MHG	Gesetz zur Regelung der Miethöhe
mind.	mindestens
MüKo	Münchener Kommentar
MünchArbR	Münchener Handbuch zum Arbeitsrecht
MuSchG	Mutterschutzgesetz
m.w.N.	mit weiteren Nachweisen
NachwG	Nachweisgesetz
Nachw.	Nachweis(e)
n.F.	neue Fassung
NJW	Neue Juristische Wochenzeitschrift (Zeitschrift)
NJW-RR	NJW – Rechtsprechungs-Report Zivilrecht (Zeitschrift)
Nr.	Nummer
NZA	Neue Zeitschrift für Arbeitsrecht (Zeitschrift)
NZA-RR	NZA – Rechtsprechungsreport Arbeitsrecht (Zeitschrift)
o.	oben
o.A.	ohne Angabe
OGB	Oberste Gerichtshöfe des Bundes
OLG	Oberlandesgericht
OLGVertrÄndG	Gesetz zur Änderung des Rechts der Vertretung durch Rechtsanwälte vor den Oberlandesgerichten
PdSR	Praxis der Schuldrechtsreform
PersVG	Personalvertretungsgesetz
p.V.V.	positive Vertragsverletzung

RAG	Reichsarbeitsgericht
RdA	Recht der Arbeit (Zeitschrift)
RegE	Regierungsentwurf
RG	Reichsgericht
RiL	Richtlinie
Rn.	Randnummer
Rspr.	Rechtsprechung
S.	Satz, Seite
SAE	Sammlung arbeitsrechtlicher Entscheidungen (Zeitschrift)
SchR	Schuldrecht
SGB	Sozialgesetzbuch
SMG	Gesetz zur Modernisierung des Schuldrechts vom 26.11.2001
s.o.	siehe oben
sog.	sogenannte, sogenanntes, sogenannter
st.	ständig(e)
str.	streitig
s.u.	siehe unten
TVG	Tarifvertragsgesetz
TVGDVO	Durchführungsverordnung zum Tarifvertragsgesetz
TzBfG	Teilzeit- und Befristungsgesetz
TzWrG	Gesetz über die Veräußerung von Teilzeitnutzungsrechten an Wohngebäuden
u.	und
u.a.	unter anderem; und andere(s)
U/B/H	Ulmer/Brandner/Hensen
UKlaG	Gesetz über Unterlassungsklagen bei Verbraucherrechts- und anderen Verstößen
umf.	umfassend
v.	von
Var.	Variante
VerbrKrG	Verbraucherkreditgesetz
VerfNRW	Verfassung von Nordrhein-Westfalen
VersR	Versicherungsrecht
vgl.	vergleiche
v.a.	vor allem

VOB/B	Verdingungsordnung für Bauleistungen Teil B
Vorbem.	Vorbemerkung
W/H/L	Wolf/Horn/Lindacher (Kommentar zum AGBG)
WiStG	Wirtschaftsstrafgesetz
WM	Wertpapiermitteilungen (Zeitschrift)
z.B.	zum Beispiel
ZBR	Zurückbehaltungsrecht
ZfA	Zeitschrift für Arbeitsrecht
ZfIR	Zeitschrift für Immobilienrecht
ZGS	Zeitschrift für das gesamte Schuldrecht
ZHR	Zeitschrift für das gesamte Handels und Wirtschaftsrecht
ZIP	Zeitschrift für Wirtschaftsrecht und Insolvenzpraxis
ZPO	Zivilprozessordnung
ZRP	Zeitschrift für Rechtspolitik
Ztpkt.	Zeitpunkt
ZTR	Zeitschrift für Tarif- Arbeits- und Sozialrecht des öffentlichen Dienstes
z.T.	zum Teil

Kapitel 1: Hinführung zum Thema

A. Problemdarstellung und Einführung in das Problem

I. Schuldrechtsreform

Beim Gesetz zur Reformierung des Schuldrechts vom 26.11.2001[1] handelt es sich um die weitreichendste Änderung des BGB seit seinem In-Kraft-Treten am 01.01.1900[2].

So wurde unter anderem das AGB-Gesetz in Form der §§ 305 ff. BGB in das BGB inkorporiert. Über die Verweisung des § 310 IV 1, 2 BGB[3] finden nunmehr auch auf Formulararbeitsverträge die §§ 305 ff. BGB mit Ausnahme von § 305 II, III BGB Anwendung. Einschränkend hierzu hat der Gesetzgeber in § 310 IV 2 Hs. 1 BGB angeordnet, dass *„die im Arbeitsrecht geltenden Besonderheiten angemessen zu berücksichtigen"* sind.

Diese gesetzgeberische Maßnahme stellt eine bedeutende Änderung in Bezug auf die Inhaltskontrolle von Arbeitsverträgen dar: Denn bisher fand auf Grund der Bereichsausnahme des § 23 AGBG das AGBG auf das Arbeitsrecht keine Anwendung, nunmehr sind nach § 310 IV 1, 2 BGB auch Formulararbeitsverträge von den §§ 305 ff. BGB erfasst[4].

1. Entstehungsgeschichte der Schuldrechtsreform[5]

Die Ursprünge des SMG[6] liegen in der Erstattung wissenschaftlicher Gutachten im Jahr 1979, die 1981 und 1983 veröffentlicht worden sind[7]. Im Anschluss an

---

[1] BGBl. I 2001, 3138; vgl. umfassend *Canaris* Schuldrechtsreform 2002, S. IX ff.

[2] *Däubler* NJW 2001, 3729; *Kocher* KJ 2002, 133; vgl. auch *Ring* BuW 20003, 200 ff.; zur Kritik am Schuldrecht des BGB vor dem SMG vgl. stellvertretend *Medicus* in Schulze/Schulte-Nölke, S. 33 ff.

[3] §§ aus dem BGB sind solche in der Fassung des Gesetzes zur Modernisierung des Schuldrechts vom 26.11.2001, §§ des BGB in der bis zum 31.12.2001 geltenden Fassung werden mit dem Zusatz a.F. zitiert.

[4] Den höchstrichterlichen Entscheidungen wurde meist zwar das zutreffende Ergebnis, nur selten aber die richtige dogmatische Begründung attestiert. So wurde die bisherige richterliche Inhaltskontrolle im Arbeitsrecht mangels „eindeutiger Rechtsgrundlagen und klarer Konturen" kritisiert, vgl. *Fastricht* Inhaltskontrolle, S. 180 f.; *Wolf* RdA 1988, 270, 271; *Zöllner* RdA 1989, 152, 153.

[5] Vgl. *Dauner-Lieb/Thiessen* ZIP 2002, 108, 111 f.; umfassend: *Canaris* Schuldrechtsreform 2002, S. IX ff.

[6] Gesetz zur Modernisierung des Schuldrechts vom 26.11.2001, BGBl. I, S. 3138.

die Veröffentlichung der Gutachten hat der Bundesminister der Justiz eine Kommission für die Überarbeitung des Schuldrechts einberufen, die sich Anfang 1984 konstituierte[8]. Diese Schuldrechtskommission hat einen Gesetzesvorschlag mit Begründung erarbeitet und 1991 ihren Abschlussbericht vorgelegt[9]. Ein Gesetzesentwurf kam aber zunächst nicht zustande, da eine Richtlinie der EG erwartet wurde, welche einen Teil der zum Reformprojekt gehörenden Materialien betreffen würde[10].

Als die Europäische Union dann am 25.05.1999 die „Richtlinie zu bestimmten Aspekten des Verbrauchsgüterkaufs und der Garantien für Verbrauchsgüter“[11] erlassen hatte, hat dies das Bundesjustizministerium zum Anlass genommen, das Reformprojekt wieder aufzugreifen und mit der Implementierung dieser Richtlinie und der „E-Commerce-Richtlinie“ 2000/31/EG v. 08.06.2000[12] und der „Zahlungsverzugsrichtlinie“[13] zu verbinden[14]. Anfang August 2000 wurde ein Diskussionsentwurf eines Schuldrechtsmodernisierungsgesetzes[15] der Öffentlichkeit zugänglich gemacht, in dem teilweise die Vorschläge der Schuldrechtskommission unverändert übernommen wurden[16].

Nach diversen Vorarbeiten[17] wurde am 06.03.2001 eine „Konsolidierte Fassung“[18] vorgelegt. Am 09.05.2001 wurde ein Regierungsentwurf vom Bundeskabinett verabschiedet[19], wobei parallel ein entsprechender Fraktionsentwurf von SPD und Bündnis 90/DIE GRÜNEN in den Deutschen Bundestag eingebracht wurde[20]. Nach der ersten Lesung im Deutschen Bundestag am 18.05.2001 gab der Bundesrat am 13.07.2001 seine Stellungnahme ab[21], wobei die Bundesregie-

---

7 Gutachten und Vorschläge zur Überarbeitung des Schuldrechts, herausgegeben vom Bundesminister der Justiz, Band I und II, 1981, Band III, 1983; sowie das Ergänzungsgutachten von *Basedow*, Die Reform des deutschen Kaufrechts, 1988, sämtlich erschienen im Bundesanzeiger Verlag, Köln.

8 *Canaris* Schuldrechtsreform 2002, S. IX.

9 Abschlussbericht der Kommission zur Überarbeitung des Schuldrechts, herausgegeben vom Bundesminister der Justiz, 1992.

10 Canaris Schuldrechtsreform 2002, S. IX.

11 RiL 1999/44/EG AblEG. Nr. L 171/12 v. 07.07.1999 (im Folgenden: Richtlinie).

12 AblEG Nr. L 178/1 v. 17.7.2000.

13 AblEG Nr. L 200/35 v. 08.08.2000.

14 *Canaris* Schuldrechtsreform 2002, S. IX; *Lorenz/Riehm* Schuldrecht Rn. 1.

15 Abrufbar unter www.dauner-lieb.de/schuldrecht; vgl. *Ernst* ZRP 2001, 1.

16 *Canaris* Schuldrechtsreform 2002, S. IX.

17 Zu Einzelheiten *Canaris* Schuldrechtsreform 2002, S. IX.

18 Abrufbar unter www.dauner-lieb.de/schuldrecht.

19 Abrufbar unter www.dauner-lieb.de/schuldrecht.

20 BR-Drucks. 338/01 bzw. BT-Drucks. 14/6040.

21 BT-Drucks. 14/6857, S. 6 ff.

rung am 29.08.2001 ihre Gegenäußerung abgab[22]. Am 25.09.2001 verabschiedete der Rechtsausschuss des Deutschen Bundestages seine Beschlussempfehlung und seinen Bericht an den Deutschen Bundestag[23]. Am 11.10.2001 hat der Deutsche Bundestag das Gesetz in zweiter und dritter Lesung verabschiedet, welches am 01.01.2002 in Kraft getreten ist[24].

2. Gründe für die „große Lösung"

Im Rahmen der sogenannten „großen Lösung"[25] beschränkte sich der Gesetzgeber nicht nur auf die Novellierung der von den Richtlinien betroffenen Rechtsgebiete, sondern änderte das Schuldrecht umfassend[26].

Im Vorfeld des Gesetzgebungsverfahrens zum SMG gab es Überlegungen, die Verbrauchsgüterrichtlinie „1:1" umzusetzen („kleine Lösung"), das heißt die Umsetzung auf den zwingenden Inhalt der Richtlinien zu beschränken und die Schuldrechtsreform im übrigen unabhängig davon zu betreiben[27]. Dieser Weg ist aber nicht beschritten worden, obwohl es einen sachlichen Zwang zur großen Lösung nicht gegeben hat[28].

Zwar greift die Verbrauchsgüterkaufrichtlinie in das System des Gewährleistungsrechts beim Kauf- und Werkvertrag ein, doch hätten diese Eingriffe auch punktuell aufgefangen werden können[29]. Daher ist die Entscheidung für die große Lösung als ein in erster Linie rechtspolitischer Akt anzusehen mit dem Ziel, die längst fällige Schuldrechtsreform mit Hilfe der Verbrauchsgüterrichtlinie voranzubringen[30].

---

[22] BT-Drucks. 14/6857, S. 42 ff.
[23] BT-Drucks. 14/7052.
[24] Das Gesetz enthält keine allgemeine Übergangsregelung, so dass die Vorschriften grundsätzlich ab 01.01.2002 anzuwenden sind. Zu Art. 229 § 5 EGBGB ausführlich unten Kapitel 3, D IX.
[25] Vgl. zur Rechtfertigung der großen Lösung die Argumente von *Däubler-Gmelin* (damalige BMJ) NJW 2001, 2281 ff.; kritisch *Knütel* NJW 2001 2519.
[26] *Lorenz/Riehm* Schuldrecht Rn. 5, sehen das BGB nach der Schuldrechtsreform als „europatauglich" an. *Heldrich* NJW 2001, 2521, 2523 meinte, die Schuldrechtsreform biete die Chance, „nach 100 Jahren auch unserem Schuldrecht wieder ein zeitgemäßes Gesicht zu geben". Demgegenüber kritisierte *Kohler* in JZ 2001, 325, 337: „Der Entwurf ist geradezu ein Paradigma dafür, dass es nicht der Beruf unserer Zeit ist, zu kodifizieren."
[27] Insbesondere *Ernst* (ZIP 2000, 1410 ff.; ZRP 2001, 1, 2) favorisierte die „kleine Lösung".
[28] Schuldrecht/*Rolland* Kapitel 1 Rn. 2; *Artz* Jus 2002, 528.
[29] Vgl. den Entwurf für eine kleine Lösung von *Ernst/Gsell* JZ 2000, 1410 ff.
[30] *Artz* Jus 2002, 528; Schuldrecht/*Rolland* Kapitel 1 Rn. 2.

3. Integration des AGB-Gesetzes in das BGB

a) Stärkung der Kodifikation BGB?

Eines der Ziele des Gesetzgebers war es, durch die Schuldrechtsreform die Bedeutung des BGB als zentrale Kodifikation des Zivilrechts zu stärken[31]. Daher wurde das AGBG (im Rahmen der §§ 305 ff. BGB) neben weiteren Verbrauchergesetzen (vgl. VerbrKrG, FernAbsG; TzWrG) im BGB integriert. Der Gesetzgeber hat mit dieser Maßnahme die in den Jahren 2000 und 2001 intensiv geführte Debatte um eine Integration verbraucherschützender Nebengesetze[32] gegen die wohl überwiegenden kritischen Stimmen entschieden[33].

aa) Kritik aus dem Schrifttum

Die Diskussion um die Integration in das BGB wurde sowohl hinsichtlich der Frage, ob sie überhaupt stattfinden soll als auch hinsichtlich des richtigen Standorts engagiert in der Literatur geführt[34].

Vor allem der „prominente Standort“ des AGB-Rechts[35] im allgemeinen Schuldrecht hatte von Beginn an für Kontroversen gesorgt[36]. Denn die Einbeziehungsregeln gehören ebenso wie die Vorschriften über die Inhaltskontrolle und die Folgen der mangelhaften Einbeziehung oder der Unwirksamkeit einer Klausel systematisch unzweifelhaft zur Rechtsgeschäftslehre[37]. Auch war unstreitig, dass das AGB-Gesetz auf dingliche Verträge anwendbar war[38], was durch die Aufnahme seiner Vorschriften in das Allgemeine Schuldrecht zweifelhaft werden

---

[31] BT-Drucks. 14/6040, S. 149; *Schmidt-Ränsch* in Schulze/Schulte-Nölke, S. 169, 171; *Heldrich* NJW 2001, 2521, 2523; kritisch *Ulmer* in Schulze/Schulte-Nölke S. 215 ff.

[32] Vgl. *Honsell* JZ 2001, 18, 19; *Flume* ZIP 2000, 1427 ff.; *Grigoleit* WM 2001, 597, 604; *Hensen* ZIP 2000, 1151; *Roth* JZ 2001, 475, 488; *Ulmer* JZ 2001, 491, 495 ff. (in Bezug auf das AGBG); grds. zustimmend dagegen *Brüggemeier/Reich* BB 2001, 213, 214; *Dörner* in Schulze/Schulte-Nölke, S. 177, 179; *Micklitz* EuZW 2001, 133; differenzierend *Pfeiffer* in Ernst/Zimmermann, S. 481 ff.

[33] Schuldrecht/*Schäfer* Kapitel 8 Rn. 1 m.w.N.

[34] Vgl. *Ulmer* JZ 2001, 491 ff.; *ders.* in Schulze/Schulte-Nölke, S. 215 ff.; *Pfeiffer* in Ernst/Zimmermann S. 481, 500 ff.; *Wolf/Pfeiffer* ZRP 2001, 303, 306.

[35] So auch in der Gesetzesbegründung genannt, vgl. BT-Drucks. 14/6040, S. 149.

[36] Vgl. *Pfeiffer/Schinkels* in Micklitz/Pfeiffer/Tonner/Willingmann Schuldrechtsreform und Verbraucherschutz, S. 133, 145 ff.; *Wolf/Pfeiffer* ZRP 2001, 303, 304;

[37] *Pfeiffer/Schinkels* in Micklitz/Pfeiffer/Tonner/Willingmann, S. 133, 146 f; *Lorenz/Riehm* Schuldrecht Rn. 91.

[38] Vgl. BGH NJW 1988, 3260, 3262 (Verpfändung in den AGB der Sparkassen); BGHZ 137, 212 ff. (Sicherungsübereignung in AGB).

könnte, weil Vorschriften des Schuldrechts nach der Systematik des BGB im Sachenrecht grundsätzlich nicht anzuwenden sind[39]. Dieselbe Kritik wurde bzgl. der bislang selbstverständlichen Anwendbarkeit des AGBG auf Abweichungen vom Allgemeinen Teil des BGB, z.B. bei der Modifikation von Formvorschriften oder Verjährungsfristen, vorgebracht[40].

bb) Argumentation des Gesetzgebers[41]

Der Gesetzgeber hat trotz dieser Kritik am Standort des AGB-Rechts im allgemeinen Schuldrecht mit dem Argument festgehalten, dass durch den „prominenten Standort" keine Einschränkung des Anwendungsbereichs allein auf Schuldverträge bewirkt, sondern lediglich der Schwerpunkt des Anwendungsbereichs betont werden solle[42]. Denn das AGBG habe seinen Ursprung im weitgehend dispositiven Schuldrecht und sollte der Vertragsgestaltungsfreiheit durch Sicherstellung eines ausreichenden Maßes an Vertragsgerechtigkeit Grenzen setzen, da die Dispositionsfreiheit durch die Inanspruchnahme von AGB einseitig zu Gunsten des Verwenders ausgenutzt werde und zu einer unangemessenen Benachteiligung des anderen Vertragspartners führe[43]. Im Übrigen folge das AGB-Gesetz den gleichen Prinzipien wie das BGB und sei deshalb nicht so eigenständig wie in der Diskussion vorgetragen[44].

Schließlich erleichtere die „en-bloc"-Übernahme und die Regelung in einem eigenen Abschnitt für die Rechtspraxis das Auffinden und die Anwendung der Vorschriften, da der Rechtsanwender des AGB-Gesetzes an dessen bewährte Systematik gewöhnt sei[45].

---

[39] *Lorenz/Riehm* Schuldrecht Rn. 91; *Wolf/Pfeiffer* ZRP 2001, 303, 304 f; *Pfeiffer/Schinkels* in Micklitz/Tonner/Pfeiffer/Willingmann, S. 133, 150 f.
[40] *Wolf/Pfeiffer* ZRP 2001, 303, 305.
[41] Vgl. die Darstellung bei: Schuldrecht/*Schäfer* Kapitel 8 Rn. 8.
[42] Begründung RegE BT-Drucks. 14/6040, S. 149; BT-Rechtsausschuss BT-Drucks. 14/7052, 187; zustimmend AnwK/*Hennrichs* vor §§ 305 ff Rn. 10. Daher hat der Gesetzgeber der Annahme, durch die Übernahme „en bloc" könne die Unterwerfung nicht-schuldrechtlicher Klauseln unter das AGB-Recht zweifelhaft werden, ausdrücklich widersprochen, vgl. Begr. RegE BT-Drucks. 14/6040, S. 149 und BT-Rechtsausschuss BT-Drucks. 14/7052, S. 187.
[43] Begründung RegE BT-Drucks. 14/6040, S. 149.
[44] Begründung RegE BT-Drucks. 14/6040, S. 149 in Auseinandersetzung mit der Kritik Ulmers; Beschlussempfehlung des Rechtsausschusses BT-Drucks. 14/7052, S.187.
[45] Demgegenüber würde eine Zergliederung der materiell-rechtlichen Vorschriften des AGB-Gesetzes und Verteilung auf unterschiedliche Bereiche der ersten zwei Bücher des BGB zur Unübersichtlichkeit führen und der Transparenz und Regelungsdogmatik des AGB-Gesetzes zuwiderlaufen, vgl. Begr. RegE BT-Drucks. 14/6040, S. 150.

cc) Stellungnahme

Der Gesetzgeber hat sein Ziel, das BGB als wichtigste Kodifikation des Zivilrechts zu stärken, nur teilweise erreicht, da die Einordnung der AGB-Vorschriften im Allgemeinen Schuldrecht systematisch verunglückt ist[46].

Unbefriedigend ist auch, dass das SMG die Zahl der Paragraphen reduziert hat und vor allem in den §§ 305, 307 und § 310 BGB Vorschriften zusammenfasst, die besser getrennt geblieben wären[47]. Ferner ist zweifelhaft, ob die Ausgliederung des bislang im AGB-Gesetz enthaltenen verfahrensrechtlichen Teiles (§§ 13 ff. AGBG) in das UKlaG zur erwünschten Übersichtlichkeit bzw. Stärkung des BGB beiträgt[48].

Zumindest hat die vom Gesetzgeber gewählte Zusammenfassung in den §§ 305 ff. BGB dazu beigetragen, das im AGBG enthaltene geschlossene System aufrechtzuerhalten[49].

b) Überblick über die wichtigsten inhaltlichen Änderungen[50]

Die wenigen unmittelbaren Änderungen des AGB-Rechts (neben der Aufhebung der Bereichsausnahme für Arbeitsverträge) beruhen vor allem darauf, dass die Konsequenzen aus der Veränderung der Referenznormen, namentlich im allgemeinen Leistungsstörungs- und Kaufrecht, zu ziehen waren[51]. Ferner hat der Gesetzgeber auf „Fortschreibungsbedarf" reagieren wollen, der durch die Klauselrichtlinie, aber auch durch Rechtsprechung und Lehre veranlasst war[52]. Das betrifft vor allem bei den absoluten Klauselverboten in § 309 BGB (ex § 11 AGBG) etwa die Pauschalierung von Schadensersatzansprüchen (Nr. 5), sowie Haftungsausschlüsse bei Körperschäden (Nr. 7) und allgemeinen Pflichtverletzungen (Nr. 8), die früher in § 11 Nr. 8-10 AGBG zu finden waren.
Schließlich wird in § 307 I 2 BGB nun erstmals das Transparenzgebot explizit erwähnt[53].

---

[46] So auch Palandt/*Heinrichs* Überbl. v. § 305 BGB Rn. 1; *Lieb* FS Ulmer, S. 1231.
[47] Palandt/*Heinrichs* Überbl. v. § 305 BGB Rn. 1.
[48] Dafür: Palandt/Heinrichs Überbl. v. § 305 BGB Rn. 1.
[49] MüKo/*Basedow* Vor § 305 BGB Rn. 16.
[50] Vgl. die Darstellung bei: Schuldrecht/*Schäfer* Kapitel 8 Rn. 9; umfassend zu den §§ 305-310 BGB: *Ring* BuW 2003, 69 ff.; *Westphalen* NJW 2002, 13 ff.
[51] Schuldrecht/*Schäfer* Kapitel 8 Rn. 9; Palandt/*Heinrichs* Überbl. v. § 305 BGB Rn. 2; vgl. auch *Westphalen* BB 2002, 209 ff.; *Hoeren* ZGS 2002, 10 ff.; *ders.* ZGS 2002, 68 ff.
[52] Begründung Regierungsentwurf BT-Drucks. 14/6040, S. 150.
[53] Zur bisherigen Einordnung unter §§ 1 I Nr. 2, 3, 5, 9 AGBG vgl. *Brandner* FS Locher, S. 317 ff.

II. Neu entstandene Fragestellungen

1. Klauselkontrolle von Formulararbeitsverträgen

Die Aufhebung der Bereichsausnahme für Arbeitsverträge klärt zwar die bisher streitige Frage der (analogen) Anwendbarkeit von Vorschriften des AGB-Gesetzes bei der Klauselkontrolle von Formulararbeitsverträgen, hat aber im Gegenzug einige neue Fragen ausgelöst[54]. Im Überblick sollen an dieser Stelle nur folgende Fragestellungen kurz aufgeführt werden:

Da § 310 IV 1 BGB keine sog. Kirchenklausel enthält, hat sich die Frage aufgetan, ob infolge einer verfassungskonformen Auslegung des § 310 IV 1 BGB kirchliche Arbeitsverhältnisse aus dem Anwendungsbereich der §§ 305 ff. BGB herauszunehmen sind.

Unklar und damit auch umstritten ist ferner, was unter den *„im Arbeitsrecht geltenden Besonderheiten"* (§ 310 IV 2 Hs. 1 BGB) zu verstehen ist[55] und inwieweit die Klauselverbote (§§ 308, 309 BGB) bei der Inhaltskontrolle von Formulararbeitsverträgen anwendbar sind.

Zu heftigen Kontroversen hat aber vor allem die Frage geführt, ob der Arbeitnehmer beim Abschluss des Arbeitsvertrags Verbraucher gemäß § 13 BGB ist[56].

Auch ist im Hinblick auf die Verweisung des § 310 IV 3 BGB, wonach Tarifverträge, Betriebs- und Dienstvereinbarungen Rechtsvorschriften i.S.v. 307 III BGB gleichgestellt werden, zu klären, ob bei fehlender Tarifgebundenheit die Bestimmungen des Arbeitsvertrags (insbesondere der Arbeitslohn) am Maßstab der Tarifverträge zu messen ist.

Schließlich ist fraglich, ob bei der Unwirksamkeit einer Vertragsklausel diese geltungserhaltend zu reduzieren ist oder Totalnichtigkeit eintritt.

2. Widerrufbarkeit von Aufhebungsverträgen

Im Zuge der Inkorporation der (bislang außerhalb des BGB angesiedelten) Verbraucherschutzgesetze in das BGB wurde auch das HWiG im (Wesentlichen) in § 312 BGB gefasst.

---

[54] So meint *Dauner-Lieb* ZGS 2003, 10, 11, dass sich das Arbeitsrecht infolge der Teilaufhebung der Bereichsausnahme vor *„schwierige, neue Rechtsfragen"* gestellt sieht.

[55] *Thüsing* NZA 2002, 591, 596.

[56] Die Beurteilung dieser Statusfrage hat Auswirkungen auf die Anwendbarkeit der §§ 310 III, 312 BGB und auf die Höhe der Verzugszinsen (§ 288 I, II BGB), vgl. Kap. 3, D III 5.

Hierbei hat sich die Frage aufgetan, ob am Arbeitsplatz abgeschlossene Aufhebungsverträge nach §§ 312 I 1 Nr. 1, 355 BGB vom Arbeitnehmer widerruflich sind[57]. Neben der Frage, ob der sachliche und situative Anwendungsbereich des § 312 BGB eröffnet ist, ist in der arbeitsrechtlichen Literatur auch das Vorliegen des persönlichen Anwendungsbereichs des § 312 BGB umstritten[58].

B. Relevanz der Untersuchung

I. AGB-Kontrolle von Arbeitsverträgen

Arbeitsvertragliche Einheitsregelungen sind weit verbreitet in Gestalt von Formularverträgen, so dass der individuell ausgehandelte Arbeitsvertrag eine eher untergeordnete Bedeutung in Bezug auf sein Vorkommen im Arbeitsleben einnimmt[59].
Die formularmäßige, verwenderfreundliche Vertragsgestaltung geht aber mit der *typischen* Gefahr einher, Vertragsrisiken auf den Vertragspartner (Arbeitnehmer) zu verlagern[60].

Durch die Inhaltskontrolle von Formulararbeitsverträgen anhand von §§ 307-309 BGB werden möglicherweise neue (höhere) Anforderungen an die Wirksamkeit von Vertragsbedingungen gestellt. In Zukunft wird daher - entgegen der bisherigen Rechtsprechung - grundsätzlich zu unterscheiden sein zwischen einem individuell ausgehandelten Arbeitsvertrag und einem Formulararbeitsvertrag[61].

Die Stellungnahmen in der (zivil- und arbeitsrechtlichen) Literatur zur praktischen Relevanz der Aufhebung der Bereichsausnahme für Arbeitsverträge waren unterschiedlich:

---

[57] Das BAG hatte bislang eine Anwendbarkeit des HWiG auf derartige Fallgestaltungen abgelehnt vgl. BAG NZA 1994, 209; NZA 1996, 811.

[58] U.a. (vgl. auch Rn. 54) muss zur Beantwortung dieser Statusfrage geklärt werden, ob der Arbeitnehmer beim Abschluss eines Aufhebungsvertrags als Verbraucher i.S.v. § 13 BGB einzuordnen ist.

[59] *Preis* FS Kissel, S. 879, 883; *Preis/Stoffels* ZHR 160 (1996), 442, 443; *Zöllner* RdA 1989, 152, 154. So wird geschätzt, dass der Anteil von Formulararbeitsverträgen bei über 90 % liegt, vgl. *Preis* Vertragsgestaltung, S. 56.

[60] Preis/*Preis* I B Rn. 94.

[61] Vgl. Preis/*Preis* I A Rn. 100, der darauf hinweist, dass bislang in der Rechtsprechung die Begriffe „*Einzelarbeitsvertrag*", „*Einzelvertrag*" oder „*Arbeitsvertrag*" ohne Unterscheidung zwischen individuell ausgehandelten und formularmäßig vereinbarten Vertragsklauseln verwandt wurden.

So wurde einerseits festgestellt, dass die Kontrolle von Formulararbeitsverträgen nach §§ 305 ff. BGB *„das Zeug dazu hat, in der Praxis hohe Wellen zu schlagen“*[62], dass die Formulierung von Allgemeinen Arbeitsbedingungen für den Arbeitgeber *„gefahrgeneigte Arbeit“* sei[63] und dass *„künftig kein Stein mehr auf dem anderen bleibt“*[64].

Andere gingen hingegen davon aus, dass sich *„für die Praxis wenig ändern dürfte“*[65]. Schließlich wurde auch schon die Rückgängigmachung der Bereichsausnahme für das Arbeitsrecht (in § 310 IV BGB) gefordert[66].

II. Widerrufbarkeit von Aufhebungsverträgen

Die Frage, ob der Arbeitnehmer beim Abschluss eines Aufhebungsvertrags ein gesetzliches Widerrufsrecht hat, ist für die arbeitsrechtliche Praxis von erheblicher Bedeutung und löst derzeit eine nicht unerhebliche Rechtsunsicherheit aus, zumal bei Bejahung eines solchen Widerrufsrechts der Arbeitgeber die Obliegenheit hätte, den Arbeitnehmer ordnungsgemäß zu belehren (§ 355 II 1 BGB), um die Widerrufsfrist in Gang zu setzen. Ferner könnten durch die Rückabwicklung von Aufhebungsverträgen möglicherweise neue Fragen im Bereich des Kündigungsrechts entstehen.

C. Bisherige wissenschaftliche Aufarbeitung der Fragestellungen

Zwar sind die Inhaltskontrolle von Arbeitsverträgen[67] sowie die Inhaltskontrolle von anderen Verträgen anhand des AGB-Gesetzes[68] bereits durch einige Arbeiten wissenschaftlich untersucht worden. Doch gingen diese Arbeiten, soweit sie überhaupt arbeitsrechtliche Fragestellungen zum Gegenstand hatten, von der

---

[62] *Annuß* BB 2002, 458, 463.
[63] *Reineke* DB 2002, 583, 586.
[64] *Hümmerich/Holthausen* NZA 2002, 173.
[65] AnwK/*Hennrichs* § 310 BGB Rn. 18; *Reichold* Arbeitsrecht § 3 Rn. 47.
[66] *Busch* BB 2003, 470, 474.
[67] *Hildebrandt* Disparität und Inhaltskontrolle im Arbeitsrecht, 1987; *Westhoff* Die Inhaltskontrolle von Arbeitsverträgen, 1976; *Preis* Grundfragen der Vertragsgestaltung im Arbeitsrecht, 1993.
[68] Statt aller: *Borges* Die Inhaltskontrolle von Verbraucherverträgen, 2000; *Neumann* Geltungserhaltende Reduktion und ergänzende Auslegung von Allgemeinen Geschäftsbedingungen, 1988; *Beineke* Die richterliche Kontrolle von Entgeltklauseln der Kreditwirtschaft nach dem AGB-Gesetz, 2001; *Kornau* Schadensersatzansprüche bei Verwendung Allgemeiner Geschäftsbedingungen, 1998; *Stein* Die Inhaltskontrolle vorformulierter Verträge des allgemeinen Privatrechts, 1982.

Rechtslage vor der Schuldrechtsreform (und damit der Bereichsausnahme des § 23 I AGBG) aus, wonach eine Inhaltskontrolle gemäß den Vorschriften des AGB-Gesetzes in Bezug auf Arbeitsverträge nicht stattfand. Durch die Aufhebung der Bereichausnahme für Arbeitsverträge haben sich aber neue Fragestellungen - oben überblicksartig dargestellt - ergeben.

Auch sind arbeitsrechtliche Aufhebungsverträge Gegenstand verschiedener Arbeiten gewesen[69]. Jedoch ist die infolge der Schuldrechtsreform erstmals aufgeworfene Frage zu diskutieren, ob Arbeitnehmer Verbraucher gemäß § 13 BGB sind und ob der Arbeitnehmer daher ein Widerrufsrecht hinsichtlich am Arbeitsplatz abgeschlossener Aufhebungsverträge nach § 312 I 1 Nr. 1 BGB (analog) hat.

Soweit bislang der Verbraucherschutz Gegenstand von wissenschaftlichen Arbeiten war[70], ist die Frage der Verbrauchereigenschaft des Arbeitnehmers nicht beleuchtet worden, da wegen der bislang geltenden Rechtslage kein Anlass für eine derartige Untersuchung bestand.

D. Gang der Untersuchung

Im *zweiten Kapitel* wird die Privatautonomie vor allem in verfassungsrechtlicher Hinsicht untersucht, wobei die Vertragsfreiheit im Arbeitsrecht ein weiterer Schwerpunkt ist.
Ferner wird auf die maßgebliche Rechtsprechung des BVerfG zur Reichweite der Privatautonomie eingegangen, da deren Auswirkungen auf die Inhaltskontrolle von Arbeitsverträgen umstritten sind.

Nach dieser eher grundsätzlichen Untersuchung wird im *dritten Kapitel* die Inhaltskontrolle von Formulararbeitsverträgen nach Inkrafttreten der Schuldrechtsreform den Schwerpunkt der Überlegungen darstellen. Hierbei wird die Abgrenzung der Inhaltskontrolle nach §§ 307 ff. BGB von anderen Kontrollinstrumenten am Beginn der Überlegungen stehen. Neben der Überprüfung gängiger Vertragsklauseln auf ihre Vereinbarkeit mit §§ 307-309 BGB wird ferner zu klären

---

[69] *Ernst* Aufhebungsverträge zur Beendigung von Arbeitsverhältnissen, 1993; *Müller* Arbeitsrechtliche Aufhebungsverträge: Möglichkeiten und Grenzen der einvernehmlichen Beendigung von Arbeitsverhältnissen, 1991; *Oßwald* Der (bedingte) Aufhebungsvertrag im Arbeitsrecht und die Privatautonomie im Kündigungsschutzrecht, 1990; *Schacht* Der Übereilungsschutz beim arbeitsrechtlichen Aufhebungsvertrag, 2000.

[70] Vgl. *Büßer* Das Widerrufsrecht des Verbrauchers, 2001; *Dauner-Lieb* Verbraucherschutz durch Ausbildung eines Sonderprivatrechts für Verbraucher, 1983; *Niemöller* Das Verbraucherleitbild in der deutschen und europäischen Rechtsordnung, 1999; *Pudor* Die Wirkungsweise verbraucherschützender Widerrufsrechte, 2000.

sein, ob der Arbeitnehmer beim Abschluss von Arbeits- und Aufhebungsverträgen als Verbraucher gemäß § 13 BGB anzusehen ist.

Im *vierten Kapitel* wird untersucht, ob dem Arbeitnehmer ein gesetzliches Widerrufsrecht nach § 312 I 1 Nr. 1 BGB bei am Arbeitsplatz abgeschlossenen Aufhebungsverträgen zusteht. Hierbei wird zunächst kurz auf den Meinungsstand *vor* Inkrafttreten der Schuldrechtsreform eingegangen. Danach wird der Meinungsstand *nach* Inkrafttreten der Schuldrechtsreform dargestellt und einer Lösung durch die Untersuchung des sachlichen, situativen und persönlichen Anwendungsbereichs des § 312 BGB zugeführt.

Im Anschluss daran beinhaltet das *fünfte Kapitel* eine Zusammenfassung der wichtigsten Ergebnisse in Form von Thesen sowie einen Ausblick.

E. Eingrenzung des Themas

Um den Rahmen dieser Arbeit nicht zu sprengen, war es notwendig, die Untersuchung auf gewichtige Einzelbereiche zu beschränken. Daher werden die eher allgemeinen und grundsätzlichen Ausführungen zur Privatautonomie im zweiten Kapitel in der gebotenen Knappheit behandelt.

Die Arbeit stellt vielmehr im dritten Kapitel in den Mittelpunkt der Ausführungen die *Inhaltskontrolle von Formulararbeitsverträgen*. Hierbei konnte nicht auf sämtliche Klauseln eingegangen werden, die in Arbeitsverträgen verwendet werden. Vielmehr fand neben der Überprüfung der Anwendbarkeit der Klauselverbote der §§ 308, 309 BGB eine Beschränkung auf die Klauseln statt, die infolge der Erstreckung des AGB-Rechts auf Formulararbeitsverträge im Mittelpunkt der *derzeitigen* Diskussion stehen.

Billigkeitskontrolle, die von der Inhalts- und Angemessenheitskontrolle zu unterscheiden ist, ist nicht Schwerpunkt dieser Arbeit, wobei gleichwohl die Billigkeitskontrolle im Rahmen der Abgrenzung zur Inhaltskontrolle kurz dargestellt wird.

Die Thematik der *Aufhebungsverträge* wird auf die Frage beschränkt, ob der Arbeitnehmer ein gesetzliches Widerrufsrecht in direkter oder analoger Anwendung des § 312 BGB besitzt[71].

---

[71] Nicht untersucht wird daher ein eventuell bestehendes Rücktrittsrecht des Arbeitnehmers nach § 323 BGB, das gegeben wäre, wenn die Zusage einer Abfindung als Gegenleistung für die Einwilligung des Arbeitnehmers in die Vertragsaufhebung anzusehen ist und der Arbeitnehmer dem Arbeitgeber erfolglos eine Nachfrist gesetzt hat, vgl. *Bauer* NZA 2002, 169, 170; *ders.* NJW 1994, 980, 981 (zu § 326 BGB a.F.); *Weber/Ehrich/Burmester* Rn. 866; *Bengels-*

Auch wird der Abwicklungsvertrag als solcher nicht behandelt[72].

Die Arbeit beschäftigt sich schwerpunktmäßig mit dem Individualarbeitsrecht. Das kollektive Arbeitsrecht wird in dieser Arbeit nur in dem Umfang behandelt, der für das Verständnis der Probleme erforderlich erscheint[73]. Nicht im Einzelnen behandelt werden daher die Bereiche des Kollektiven Arbeitsrechts, also das Tarifrecht, Betriebsverfassungs- und Mitbestimmungsrecht sowie das Arbeitskampfrecht. Ferner ist auch nicht die (betriebliche) Altersversorgung, internationales Arbeitsrecht[74], sowie das Job AQTIV-Gesetz[75] Gegenstand dieser Arbeit.
Die Auswirkungen der Schuldrechtsreform auf das Arbeitsrecht werden nur in den jeweiligen Problembereichen dieser Arbeit (Inhaltskontrolle, Beendigung von Arbeitsverträgen durch Aufhebungsverträge, Verbrauchereigenschaft des Arbeitnehmers) eine Rolle spielen. Eine inhaltlich zusammenhängende und vollständige Abhandlung der in dieser Arbeit nicht untersuchten Auswirkungen der Schuldrechtsreform auf das Arbeitsrecht bleibt künftigen wissenschaftlichen Arbeiten vorbehalten[76]. Die vorliegende Untersuchung hat sich zum Ziel gesetzt, den *derzeitigen* Diskussionsstand zur Kontrolle von Formulararbeitsverträgen am Maßstab der §§ 305 ff. BGB sowie zur Widerrufbarkeit von Aufhebungsverträgen darzustellen und kritisch zu bewerten. Die Untersuchung versteht sich dabei nicht in erster Linie als Beitrag zur Klärung von Grundsatzfragen, sondern will die (wesentlichen) nach der Schuldrechtsreform im Arbeitsrecht neu aufgetretenen Fragestellungen einer wissenschaftlichen Untersuchung und Lösung zuführen.
Soweit einige Arbeiten zeitgleich entstanden sind, war mit diesen eine Auseinandersetzung (mit evtl. abweichenden Stellungnahmen) nicht möglich.

---

dorf NZA 1994, 193, 199. Ferner wird die Anfechtungsmöglichkeit des Arbeitnehmers ausgeklammert, die nach § 123 I BGB eingreifen kann, wenn der Arbeitgeber für den Fall des Nichtabschlusses eines Aufhebungsvertrags ausdrücklich mit einer ordentlichen oder außerordentlichen Kündigung droht. Ebenso wird die Frage einer analogen Anwendbarkeit eines Widerrufsrechts aus § 495 BGB (= früher § 7 VerbrKrG) auf Aufhebungsverträge nicht dargestellt.

[72] Der Abwicklungsvertrag unterscheidet sich vom Aufhebungsvertrag dadurch, dass er das Arbeitsverhältnis nicht beseitigt. Denn der Abwicklungsvertrag regelt nur die Abwicklung des durch die Kündigung zu beendenden bzw. beendeten Arbeitsverhältnisses, vgl. *Hümmerich* NZA 1994, 200; *Krasshöfer* Rn. 838; *Moll/Reufels* MDR 2001, 361.

[73] So bei der Darstellung der Tarifautonomie im zweiten Kapitel und bei den Ausführungen im dritten Kapitel zu § 310 IV 3 BGB, der die Gleichstellung von Tarifverträgen mit Rechtsvorschriften i.S.v. § 307 III BGB anordnet.

[74] Vgl. *Mook* DB 1987, 2252; vgl. zur Problematik von Rechtswahlklaueseln umfassend *Rühl* Rechtswahlfreiheit und Rechtswahlklauseln in Allgemeinen Geschäftsbedingungen, 1999.

[75] BGBl. I 2001, 3443, vgl. zum Job-AQTIVE-Gesetz: *Flämig* AuA 2002, 304.

[76] Vgl. etwa zu § 275 II BGB und § 313 BGB: *Picker* JZ 2003, 1035 ff.

Kapitel 2: Bedeutung der Privatautonomie im Zivilrecht

A. Privatautonomie

I. Definition und Reichweite der Privatautonomie

Privatautonomie ist die durch die Rechtsordnung gewährte und gesicherte Möglichkeit des einzelnen, seine rechtlichen Beziehungen und die ihn betreffenden Rechtsverhältnisse innerhalb der gesetzlichen Grenzen rechtsgeschäftlich zu regeln[77].

Unter Privatautonomie ist daher nach der Rechtsprechung die *„Selbstgestaltung der Rechtsverhältnisse durch den Einzelnen nach seinem Willen“* zu verstehen[78].

Daraus folgert das BVerfG, dass die Privatautonomie ein Bestandteil der von Art. 2 I GG geschützten allgemeinen Handlungsfreiheit ist, worunter das Selbstbestimmungsrecht des Einzelnen auf allen Gebieten zu verstehen ist[79].

Überspitzt formuliert *Flume*, die Geltung des Grundsatzes der Privatautonomie bedeute die Anerkennung der „Selbstherrlichkeit“ des Einzelnen in der schöpferischen Gestaltung der Rechtsverhältnisse[80].

Die Privatautonomie wird vor allem durch das privatrechtliche Gestaltungsmittel des Vertrags (§§ 241 I 1, 311 I BGB) verwirklicht, womit zugleich der wichtigste Bestandteil der Privatautonomie, die Vertragsfreiheit hervorgehoben wird[81].

Weil der Vertrag sich als Hauptform privatautonomer Gestaltung darstellt, werden Privatautonomie und Vertragsfreiheit oftmals als Synonym gebraucht[82].

Weitere Ausflüsse der Privatautonomie sind neben der Vertragsfreiheit[83] die Vereinigungsfreiheit (Art. 9 I GG), die Testier- und Eigentumsfreiheit (Art. 14 I 1 GG)[84].

---

[77] *Boemke* NZA 1993, 532 m.w.N.
[78] BVerfGE 72, 155, 170.
[79] vgl. BVerfGE 8, 274, 328; BVerfGE 10, 89, 99; BVerfGE 12, 341, 347
[80] *Flume* Rechtsgeschäft, S. 6.
[81] MüKo/*Kramer* Vor 145 BGB Rn. 8; Palandt/*Heinrichs* vor § 104 BGB Rn.1.
[82] Vgl. *Geißler* Jus 1991, 617, 619.
[83] *Canaris* FS Lerche, 1993, S. 873, 886 nimmt als Legitimationsgrund für die Vertragsfreiheit die Freiheit und nicht die Gerechtigkeit an. Dies steht im Gegensatz zur Konzeption von *Schmidt-Rimpler* AcP 147 (1941) 130 ff, für den der Vertragsmechanismus eine gewisse Gewähr für die Richtigkeit der vereinbarten Rechtsfolgen in sich trägt.
[84] Palandt/*Heinrichs* Überbl. v. § 104 BGB Rn. 1.

II. Verfassungsrechtliche Anerkennung der Privatautonomie im Arbeitsrecht

1. Allgemeine Anerkennung der Vertragsfreiheit

Die Vertragsfreiheit wird im Gegensatz zu Art. 152 I der Weimarer Verfassung („Im Wirtschaftsleben gilt Vertragsfreiheit nach Maßgabe der Gesetze.“) im Grundgesetz nicht mehr ausdrücklich garantiert.

Nach ganz herrschender Meinung wird sie aber durch die allgemeine Handlungsfreiheit gemäß Art. 2 I GG gewährleistet, sofern diese nicht von einem spezielleren Grundrecht verdrängt wird[85].

Das Nichtvorhandensein einer ausdrücklichen Garantie der Privatautonomie im Grundgesetz im Vergleich zur Weimarer Reichsverfassung bedeutet aber weder eine Schwächung noch eine Stärkung der Gewährleistung der Vertragsfreiheit[86]. Denn der in der Vertragsfreiheit zum Ausdruck kommende Grundsatz der Selbstbestimmung ist eines der grundlegenden Ordnungsprinzipien einer Privatrechtsordnung, die den Menschen als selbständiges Wesen anerkennt[87].

2. Privatautonomie im Arbeitsrecht

a) Berufsfreiheit des Art. 12 I GG

Die durch Art. 2 I GG geschützte allgemeine Handlungsfreiheit ist gegenüber anderen, speziellen Grundrechten subsidiär[88]. Da dies auch im Verhältnis zur Berufsfreiheit des Art. 12 I GG so ist, ist verfassungsrechtliche Grundlage der arbeitsrechtlichen Vertragsfreiheit Art. 12 I GG und nicht Art. 2 I GG[89]. Werden daher Verträge in Ausübung oder zur Ermöglichung beruflicher, unternehmerischer bzw. gewerblicher Betätigungen eingegangen, ist die Vertragsfreiheit Bestandteil der durch Art. 12 I GG geschützten Berufsfreiheit[90]. Die Vertragsfreiheit der Arbeitsvertragsparteien ist damit Ausfluss ihrer Berufsfreiheit[91]. Art. 12 I GG wird daher auch als „*Grundrecht der Arbeit*“ bezeichnet“[92].

---

[85] BVerfGE 17, 381, 389; *Laufke* FS Lehmann, 145, 162 f. Die Tarifvertrags- und Koalitionsfreiheit wird aus Art. 9 III GG abgeleitet, vgl. BVerfGE 4, 96, 108.
[86] *Lorenz* Der Schutz vor dem unerwünschten Vertrag, S. 18.
[87] Vgl. *Heinrich* Formale Freiheit, S. 71.
[88] *Söllner* RdA 1989, 144, 147.
[89] MünchHdBArbR/*Buchner* § 39 Rn. 11 m.w.N; ErfK/*Dieterich* Art. 12 GG Rn. 15.
[90] BVerfGE 77, 84 = NJW 1988, 1195, 1198 f.
[91] MünchHdBArbR/*Buchner* § 39 Rn. 11 m.w.N.
[92] *Dieterich* FS Wiedemann, S. 229, 241; *Söllner* AuR 1991, 45, 46.

Art. 12 I GG ist als ein einheitliches Grundrecht der Berufswahl und Berufsausübung zu verstehen, das auch einem einheitlichen Gesetzesvorbehalt untersteht[93]. Art. 12 I GG gewährleistet auch die Beendigungsfreiheit als „negative Vertragsfreiheit“ und erfasst auf Seiten des Arbeitnehmers die Freiheit des Arbeitsplatzwechsels und auf Seiten des Arbeitgebers das Kündigungsrecht[94].

Es verbleibt nur dann bei Art. 2 I GG als Grundrecht für die Vertragsfreiheit, wenn der Bezug zum Beruf fehlt[95]. Als Rechtsgrundlage des allgemeinen Persönlichkeitsrechts bleibt daher Art. 2 I GG neben Art. 12 I GG wirksam[96].

Grundrechtsträger des Art. 12 I GG können nur Deutsche (Art. 116 GG) sein. Jedoch werden auch inländische juristische Personen (Art. 19 III GG) durch Art. 12 I GG geschützt[97].

aa) Vertragsfreiheit des Arbeitnehmers

Der Schutzbereich des Art. 12 I GG ist eröffnet, soweit es um die Freiheit der Arbeitnehmer zum Abschluss und zur inhaltlichen Gestaltung von Arbeitsverträgen geht. Mit der Berufswahl durch Eintritt in ein Arbeitsverhältnis beginnt die Berufsausübung und in der Berufsausübung wird die Berufswahl immer wieder neu bestätigt[98].

bb) Vertragsfreiheit des Arbeitgebers

Teilweise wurde vertreten, dass die Vertragsfreiheit des Arbeitgebers durch Art. 1, 2, 14 GG gewährleistet wird[99]. Jedoch ist eine Differenzierung zwischen der

---

Jedoch ist zu beachten, dass Art. 12 I GG kein Grundrecht *auf* Arbeit ist, vgl. ErfK/*Dieterich* Art. 12 GG Rn. 5; *Maunz/Dürig/Scholz* Art. 12 GG Rn. 44; *Papier* RdA 1989, 137, 138. Soweit einige Länderverfassungen (vgl. Art. 166 II BayVerf; Art. 8 BremVerf; Art. 24 I VerfNRW) ein Recht auf Arbeit vorsehen, handelt es sich um Staatszielbestimmungen, denen (wegen Art. 28 I, III GG) Art. 12 I GG vorgeht, vgl. *Hromadka/Maschmann* Arbeitsrecht Band 1, § 5 Rn. 86.

[93] *Pieroth/Schlink* Rn. 874.

[94] *Maunz/Dürig/Scholz* Art. 12 GG Rn. 49, 50; *Papier* RdA 2000, 1, 4.

[95] BVerfGE 57, 139, 158 = NJW 1981, 2107.

[96] ErfK/*Dieterich* Art. 12 GG Rn. 15. Der Große Senat des BAG begründet die Rechtsfortbildung eines Beschäftigungsanspruchs nicht mit Art. 12 I GG, sondern mit dem allgemeinen Persönlichkeitsrecht aus Art. 2 I GG, BAG AP Nr. 14 zu § 611 BGB Beschäftigungspflicht.

[97] MünchArbR/*Buchner* § 39 Rn.16; ErfK/*Dieterich* Art. 12 GG Rn. 13.

[98] BVerfGE 7, 377, 400.

[99] BAG NZA 1990, 724 = AuR 1990, 294.

Vertragsfreiheit des Arbeitgebers und der des Arbeitnehmers nicht gerechtfertigt. Vielmehr sind die Vertragsfreiheit von Arbeitgeber und Arbeitnehmer einheitlich zu bewerten, da der Beruf von Arbeitgeber und Arbeitnehmer funktional aufeinander bezogen sind[100]. Zwar trifft der Arbeitgeber seine Berufswahl nicht durch den Abschluss von Arbeitsverträgen mit Mitarbeitern, aber die Einstellung von Mitarbeitern bei arbeitsteilig wahrzunehmender beruflicher Tätigkeit gehört zu der durch Art. 12 I GG geschützten Berufsausübung[101].

b) Tarifautonomie

Art. 9 III GG schützt das Recht, Vereinigungen zur Wahrung und Förderung der Arbeits- und Wirtschaftsbedingungen zu bilden (Koalitionsfreiheit) und ist ein Sonderfall zur allgemeinen Vereinigungsfreiheit des Art. 9 I GG[102]. Zwar ist Art. 9 III GG seinem Wortlaut nach ein individuelles Freiheitsrecht, jedoch wird auch die Tarifautonomie (als Unterfall der Privatautonomie) durch Art. 9 III GG gewährleistet[103]. Denn Art. 9 III GG enthält nach ständiger Rechtsprechung die Institutsgarantie des Kernbereichs eines Tarifvertragssystems[104]. Die kollektive Koalitionsfreiheit des Art. 9 III GG umfasst den Abschluss von Tarifverträgen[105], und ferner die koalitionsmäßige Betätigung in Form von Werbung[106], Beteiligung an der betrieblichen Mitbestimmung[107], den Ausschluss von Mitgliedern, die gegen die Ziele der Koalition handeln[108] und vor allem Arbeitskampfmaßnahmen[109].

III. Erscheinungsformen der Vertragsfreiheit

Vertragsfreiheit ist die Kompetenz zur selbstbestimmten Gestaltung der Rechtsverhältnisse durch die Vertragsparteien selbst[110]. Die Vertragsfreiheit soll nach ihrem Grundgedanken durch freien Interessenausgleich zwischen den Vertrags-

---

[100] BVerfG DB 1986, 486 = BB 1986, 593; *Söllner* NZA 1992, 721, 730 f.

[101] MünchHdBArbR/*Buchner* § 39 Rn. 13.

[102] *Pieroth/Schlink* Rn. 782; vgl. umfassend zu Art. 9 III GG ErfK/*Dieterich* Art. 9 Rn. 50 ff.

[103] *Maunz/Dürig/Scholz* Art. 9 GG Rn. 170; *Dieterich* RdA 2002, 1, 8 f.; *Picker* NZA 2002, 761, 764.

[104] BVerfGE 4, 96, 104; 44, 322, 340.

[105] BVerfGE 44, 322, 341.

[106] BVerfGE 57, 220, 245 f.

[107] BVerfGE 50, 290, 372.

[108] BGH JZ 1973, 167; JZ 1978, 448.

[109] BVerfGE 84, 212, 225; 88, 103, 144.

[110] *Wolf* Entscheidungsfreiheit, S. 19.

schließenden die „Richtigkeit“ des Vereinbarten gewährleisten[111]. Ist Vertragsfreiheit als Möglichkeit, durch übereinstimmende Willensäußerungen Rechtswirkungen inter partes zu erzeugen, definiert, stellt der Wille ein funktionelles Element eines Rechtssatzes dar[112]. Durch diesen Willen entscheidet die Person, ob sie mit einem anderen einen Vertrag abschließen will oder nicht, was für einen Inhalt sie der Abrede geben möchte und in welcher Form sie sich ausdrücken will[113]. Die Vertragsfreiheit untergliedert sich daher in die Abschluss-, Form- und Gestaltungsfreiheit (=Inhaltsfreiheit)[114].

1. Abschlussfreiheit

Abschlussfreiheit ist die Kompetenz, in Eigenverantwortung darüber zu entscheiden, ob ein Vertrag geschlossen werden soll und mit wem[115]. Hinzu tritt die Befugnis, Abschlusszeit und Abschlussort selbst zu bestimmen[116].

Die negative Abschlussfreiheit ist die Freiheit einen Vertrag nicht abzuschließen, während die positive Abschlussfreiheit die Freiheit gibt, einen Vertrag mit einer beliebigen Person abzuschließen[117].
Ferner besteht die Befugnis, Abschlusszeit und Abschlussort selbst zu bestimmen. Bei der Einbeziehung von AGB reduziert sich die Vertragsfreiheit des Kunden regelmäßig auf die Abschlussfreiheit[118].

2. Inhaltsfreiheit

Die Inhaltsfreiheit, die auch als Gestaltungsfreiheit bezeichnet wird, wird im Schuldrecht von dem Grundsatz der Typenfreiheit geprägt[119] und gibt die Möglichkeit, jeden Inhalt des Vertrags einvernehmlich zu bestimmen und so jeden beliebigen Inhalt vertragstypenunabhängig zum Gegenstand des Vertrags zu

---

[111] *Schmidt-Rimpler* AcP 147, 130, 150 ff.
[112] *Heinrich* Formale Freiheit, S. 55.
[113] *Heinrich* Formale Freiheit, S. 55.
[114] Weitergehender MüKo/*Kramer* Vor §145 BGB Rn. 8, der die Vertragsfreiheit in die Gestaltungs-, Abschluss-, Form-, Partnerwahl- und Beendigungsfreiheit einteilt, aber zugleich die Gestaltungs- und die Abschlussfreiheit als wichtigste Bestandteile hervorhebt.
[115] MünchHdBArbR/*Buchner* § 39 Rn. 25; *Zöllner* AcP 176, 221, 224.
[116] Vgl. *Heinrich* Formale Freiheit, S. 55.
[117] MüKo/*Kramer* Vor § 145 BGB Rn. 8 Fn. 51; umf. *Heinrich* Formale Freiheit, S. 55 ff.
[118] *Langenfeld* Vertragsgestaltung Rn. 188.
[119] MüKo/*Kramer* Vor § 145 BGB Rn. 18. In Art. 1107 I des Code Civil wurde der Grundsatz der schuldrechtlichen Typenfreiheit ausdrücklich festgelegt.

machen[120]. Die Idee des Vertrags begründet sich darauf, dass beide Parteien in Selbstbestimmung in den Vertragsinhalt einwilligen, und damit jeder für sich kraft Selbstbestimmung den Vertragsinhalt als verbindlich anerkennt[121]. Daher muss die Rechtsordnung im Rahmen der Privatautonomie Vertragsinhalte auch dann anerkennen, wenn diese unter objektiven Gesichtspunkten unvernünftig oder unrichtig erscheinen[122]. Durch die Inhaltsfreiheit wird ferner erreicht, dass die Zivilrechtsordnung sich modernen Erfordernissen öffnet und Bedürfnisse nach neuen Vertragsformen wie Leasing oder Factoring ohne gesetzgeberische Aktivitäten in der Rechtsordnung integriert[123].

3. Formfreiheit

Grundsätzlich ist nach der Vertragsfreiheit freigestellt, in welcher Form ein Vertrag zustande kommt[124]. Formfreiheit bedeutet daher, dass der Vertrag mündlich und sogar auch ohne Worte durch konkludentes Verhalten zustande kommen kann[125].

Macht der Arbeitgeber das Vertragsangebot, findet regelmäßig § 151 BGB Anwendung, wonach der Entschluss des Arbeitnehmers genügt, das Vertragsangebot anzunehmen, sofern dieser Entschluss nach außen zutage getreten ist[126].

B. Einschränkungen der Vertragsfreiheit durch die Gesetzgebung

I. Einschränkbarkeit der Vertragsfreiheit

1. Allgemeine Handlungsfreiheit – Art. 2 I GG

Durch die Herleitung der Vertragsfreiheit (außerhalb des Arbeitsrechts) aus Art. 2 I GG gilt als Begrenzung die Schrankentrias des Art. 2 I GG. Hierbei ist vor allem die „verfassungsmäßige Ordnung“ relevant[127]. Darunter ist die Gesamtheit

---

120 *Heinrich* Formale Freiheit, S. 59.
121 *Flume* Rechtsgeschäft, S. 7.
122 *Bydlinski* AcP 180, 1, 33; *H. P. Westermann* AcP 175, 375, 408.
123 *Canaris* FS Lerche, S. 873, 874 f.; *Leßmann* JA 1983, 341, 343; *Hönn* Jura 1984, 57, 58.
124 *Gamillscheg* FS Weber, S. 793, 805; *Hromadka/Maschmann* Arbeitsrecht, § 5 Rn. 74.
125 MünchArbR/*Richardi* § 43 Rn. 21.
126 MünchArbR/*Richardi* § 43 Rn. 21.
127 So BVerfGE 10, 89, 99; BVerfGE 12, 341, 347; BVerfGE 25, 371, 407, BVerfGE 50, 290, 36; BVerfGE 65, 196; BVerfG NJW 1990, 1469, 1470; Soergel/*Wolf* Vor § 145 BGB Rn. 44; *Lorenz* Der Schutz vor dem unerwünschten Vertrag, S. 19

aller formell und materiell im Einklang mit der Verfassung stehenden Normen zu verstehen[128].

Aufgrund des Schrankenvorbehalts in Art. 2 I GG wird die Privatautonomie und damit die Vertragsfreiheit durch den Gesetzgeber in der Regelung des Privatrechts näher ausgestaltet. Mit dem Vorbehalt der *„verfassungsmäßigen Ordnung“* kommt dabei zum Ausdruck, dass die Privatautonomie kein apriorisches Freiheitsrecht ist, welches nur einschränkbar ist, soweit überragende Forderungen des Gemeinwohls dies unabdingbar verlangten[129]. Aus der verfassungsgemäßen Gewährleistung der Vertragsfreiheit ergibt sich aufgrund des Gestaltungsrechts des Gesetzgebers keine konkrete Folgerung für den Inhalt der Vertragsfreiheit[130]. Daher unterliegt der Rechtsverkehr Privater dem Sonderrecht „Privatrecht“ und muss sich an dieses halten, soweit es verfassungsgemäß ist. Diese Ausgestaltung geht aber keinesfalls soweit, dass Voraussetzungen und Grenzen der Privatautonomie zur beliebigen Disposition stünden und ihre grundrechtliche Gewährleistung infolgedessen leer liefe[131]. Vor einem Leerlauf des Grundrechts schützen der Verhältnismäßigkeitsgrundsatz[132] sowie die Wesengehaltsgarantie des Art. 19 II GG[133]. Der Gesetzgeber ist bei der Ausgestaltung der Privatautonomie durch die Rechtsordnung an die objektiv-rechtlichen Vorgaben der Grundrechte gebunden. Er muss der Selbstbestimmung des einzelnen im Rechtsleben einen angemessenen Betätigungsraum eröffnen[134]. Gleichzeitig stellt sich für den Gesetzgeber das Problem der „praktischen Konkordanz“[135], wenn im Privatrechtsverkehr mehrere Grundrechtsträger mit kollidierenden Interessen aufeinander treffen. Denn auch wenn alle am Zivilrechtsverkehr teilnehmenden Personen als gleichrangige Grundrechtsträger sich auf die von Art. 2 I GG geschützte Privatautonomie berufen können, darf dennoch nicht das „Recht des Stärkeren“ gelten[136].

---

[128] So erstmals das BVerfG in der Elfes-Entscheidung BVerfGE 6, 32, 38; bestätigt in BVerfGE 80, 137, 153; *Pieroth/Schlink* Rn. 420.

[129] *Lorenz* Der Schutz vor dem unerwünschten Vertrag, S. 19.

[130] *Flume* Rechtsgeschäft, S. 18. Für *Schmidt-Rimpler* AcP 147, 130, 167 soll eine vertragliche Ordnung offen für eine hoheitliche Ausgestattung sein.

[131] *Dieterich* Privatautonomie, S. 16.

[132] Vgl. umfassend zum Verhältnismäßigkeitsgrundsatz im Privatrecht *Medicus* AcP 192 (1992), 36 ff. *Canaris* AcP 184 (1984), 201, 228 nennt als „Spielart“ des Verhältnismäßigkeitsgrundsatzes das „Untermaßverbot“. Maßgeblich für die Entwicklung eines Untermaßverbots war die Abtreibungsentscheidung des BVerfG, E 39, 1, 42 ff: Danach habe der Staat die grundrechtlich anerkannten Werte durch aktives Tun, insbesondere durch den Erlass geeigneter Gesetze, gegen eine Verletzung durch Privatpersonen zu schützen.

[133] *Lorenz* Der Schutz vor dem unerwünschten Vertrag, S. 20.

[134] BVerfGE 89, 214, 232.

[135] *Pieroth/Schlink* Rn. 354.

[136] BVerfGE NJW 1994, 2749, 2750.

Nach Ansicht des BVerfG sind die kollidierenden Grundrechtsinteressen „in Ihrer Wechselwirkung zu sehen und so zu begrenzen, dass sie für alle Beteiligten möglichst wirksam werden[137].

In einer neueren Entscheidung hat daher das BVerfG betont, dass die vom Grundgesetzgeber in dem Grundrechtsabschnitt getroffenen objektiven Wertentscheidungen für alle Bereiche und somit auch für das Zivilrecht gelten[138].

Die Verhinderung des „Rechts des Stärkeren“ erfolgt durch Vorschriften, die dem sozialen und wirtschaftlichen Ungleichgewicht (oder der hierdurch verursachten negativen Folgen) entgegenwirken[139].

2. Berufsfreiheit – Art. 12 I GG

Art. 12 I GG ist nicht schrankenlos gewährleistet. Der in Art. 12 I 2 GG vorgesehene Gesetzesvorbehalt erfasst nicht nur die Berufsausübung, sondern auch - entgegen dem Gesetzeswortlaut - die Berufswahl, da Art. 12 I GG als einheitliches Grundrecht der Berufsfreiheit angesehen wird[140].

Das BVerfG hat den Umfang der Einschränkbarkeit der Berufswahl- und der Berufsausübungsfreiheit in der Drei-Stufen-Theorie konkretisiert[141]. Die Freiheit der Berufswahl darf nur eingeschränkt werden, wenn dies zum Schutz besonders wichtiger Gemeinschaftsgüter zwingend erforderlich ist. Die Freiheit der Berufsausübung ist hingegen schon dann einschränkbar, wenn vernünftige Erwägungen des Gemeinwohls es als zweckmäßig erscheinen lassen[142].

Ferner begründet das Sozialstaatsprinzip des Art. 20 I, 28 I GG die Pflicht des Staates, für eine gerechte Sozialordnung zu sorgen und räumt dem Gesetzgeber hierbei weiten Gestaltungsspielraum ein[143]. Zum sozialen Schutzauftrag des Staates gehört dabei auch der Arbeitnehmerschutz[144].

---

[137] BVerfGE 89, 214, 232.
[138] BVerfG NJW 1990, 1469, 1470.
[139] So sollen die zwingenden Normen des Individualarbeitsrechts dem wirtschaftlichen Ungleichgewicht der Arbeitsvertragsparteien entgegenwirken.
[140] *Maunz/Dürig/Herzog* Art. 12 GG Rn. 295.
[141] Grundlegend BVerfGE 7, 377.
[142] MünchHdBArbR/*Buchner* § 39 Rn. 17.
[143] MünchHdBArbR/*Buchner* § 39 Rn. 18.
[144] MünchHdBArbR/*Buchner* § 39 Rn. 19; *Papier* RdA 1989, 137, 139.

II. Gesetzliche Schranken

1. Einschränkungen der Abschlussfreiheit

a) Allgemeine Einschränkungen

Begrenzungen der Abschlussfreiheit bilden Abschlussverbote und der Kontrahierungszwang[145]:

Zum einen ist der Kreis der potentiellen Vertragspartner durch Regelungen über die Rechtsfähigkeit (§§ 1, 21 ff. BGB) und Geschäftsfähigkeit (§§ 104 ff. BGB) begrenzt[146].

Schließlich existieren Genehmigungsvorbehalte im Rahmen des Handelns eines beschränkt Geschäftsfähigen (§ 108 BGB) und in Form der gerichtlichen Genehmigung bzgl. des Tätigwerdens des gesetzlichen Vertreters (vgl. §§ 1643, 1821, 1822, 1795 BGB).

Ferner existieren in einzelnen Bereichen der Wirtschaft Kontrahierungszwänge, d.h. die Verpflichtung, Verträge abzuschließen[147].

Eine weitere Einschränkung der Abschlussfreiheit ist durch das sog. „Antidiskriminierungsgesetz“[148] vorgesehen, da nach § 319 e I 2 BGB-DiskE[149] ein Anspruch auf Vertragsschluss (unter bestimmten Voraussetzungen) eingeräumt werden soll[150].

---

[145] Vgl. *Ernst* Aufhebungsverträge, S. 19.

[146] Vgl. *Coester-Waltjen* AcP 190,1, 2. *Schünemann* FS Brandner, S. 279, 285 moniert ein Auseinanderklaffen zwischen formal-abstrakter Mündigkeit im Rechtssinne und der tatsächlichen Fähigkeit, Lebensverhältnisse zu überblicken und „rechtsgeschäftlich rational“ zu gestalten.

[147] Vgl. die Beispiele bei MüKo/*Kramer* Vor § 145 BGB Rn. 10 f. Zum – im Ergebnis verneinten – Kontrahierungszwang einer Konzernmutter bezüglich eines Arbeitnehmers, dessen Arbeitsverhältnis in einem stillgelegten Tochterunternehmen aufgrund unwirksamer Kündigung fortbesteht, vgl. LAG Hamm NZA 1987, 706.

[148] Anstoß sind die EG-Richtlinien 2000/43/EG zur Anwendung des Gleichbehandlungsgrundsatzes ohne Unterschied der Rasse oder der ethnischen Herkunft (RiL vom 29.06.2000, ABlEG Nr. L 180, S. 22) und 2000/78/EG zur Festlegung eines allgemeinen Rahmens für die Verwirklichung der Gleichbehandlung in Beschäftigung und Beruf (RiL vom 27.11.2000, ABlEG Nr. L 303, S. 16). Vgl. hierzu *Nickel* NJW 2001, 2668 ff.; *Bauer* NJW 2001, 2672 ff.; *Schiek* AuR 2003, 44 ff.

[149] Ein Auszug des vorläufigen Diskussionsentwurfs in Form der §§ 319a bis 319e BGB-DiskE ist in NZA 2002, 470 f. abgedruckt.

[150] Vgl. hierzu *Neuner* JZ 2003, 57, 66; *Westphalen* ZGS 2002, 283, 288; *Wiedemann/Thüsing* NZA 2002, 463, 469 f.

b) Besondere Einschränkungen im Arbeitsrecht

Abschlussverbote im Arbeitsrecht bezwecken, bestimmte Arbeitnehmer wie z.B. Jugendliche vor den Gefahren des Arbeitsvertrags zu schützen[151]. Beispiel für ein Abschlussverbot im Arbeitsrecht ist § 25 JArbSchG[152]. Da es keine gesetzlichen oder kollektivvertraglichen Vorschriften gibt, die den Arbeitnehmer dazu verpflichten, ein Arbeitsverhältnis abzuschließen, ist dieser keinem Kontrahierungszwang unterworfen[153]. Abschlussgebote richten sich daher nur gegen den Arbeitgeber und können sowohl zur *Neueinstellung*, als auch zur *Wiedereinstellung* verpflichten[154]. Letzteres wird häufig in Tarifverträgen vereinbart, um nach Arbeitskämpfen entlassenen Arbeitnehmern einen Wiedereinstellungsanspruch zu sichern[155].

2. Einschränkungen der Formfreiheit

a) Allgemeine Einschränkungen

Neben der Schriftform (§ 126 BGB[156]), die etwa in den Fällen der §§ 766, 780 BGB gefordert wird, wird die Formfreiheit durch weitere Formerfordernisse,

---

[151] ArbRHdB/*Schaub* § 32 Rn. 60.

[152] Reine Beschäftigungsverbote begründen grundsätzlich nicht die Nichtigkeit des Arbeitsvertrags, sondern nur das Verbot der tatsächlichen Beschäftigung. Beschäftigungsverbote bestehen insb. für Kinder und Jugendliche (§§ 2, 5, 7 JArbSchG), wobei aus dem Zweck dieser Beschäftigungsverbote die Nichtigkeit (§ 134 BGB) folgt, vgl. ErfK/*Preis* § 611 BGB Rn. 404. Ansonsten ist der Arbeitsvertrag ausnahmsweise bei einem Verstoß gegen ein Beschäftigungsverbot unwirksam, wenn der Arbeitsvertrag gerade zu dem Zweck abgeschlossen wurde, dass die untersagte Beschäftigung vom Arbeitnehmer ausgeführt wird, vgl. ArbRHdB/*Schaub* § 32 Rn. 64 m.w.N.

[153] MünchArbR/*Buchner* § 39 Rn. 26; ArbRHdB/*Schaub* § 32 Rn. 75; *Boemke* NZA 1993, 532, 534. Eine Verpflichtung des Arbeitnehmers, mit einem bestimmten Arbeitgeber einen Arbeitsvertrag abzuschließen, wäre überdies wegen Verstoßes gegen Art. 12 II GG (Verbot des Arbeitszwanges) unwirksam, *Hromadka/Maschmann* Arbeitsrecht, § 5 Rn. 85.

[154] ArbRHdB/*Schaub* § 32 Rn. 75. Einen gesetzlichen Wiedereinstellungsanspruch gewährt etwa § 91 VI SGB IX, wenn dem schwerbehinderten Arbeitnehmer aus Anlass eines (rechtmäßigen) Streiks oder einer Aussperrung fristlos gekündigt worden ist. Hingegen gibt der Verstoß gegen das geschlechtsspezifische Diskriminierungsverbot keinen Anspruch auf Einstellung, sondern einen Entschädigungsanspruch (§ 611 a II BGB). Dasselbe gilt bei Verstößen gegen andere Diskriminierungsverbote, z.B. wegen religiöser oder politischer Anschauungen oder Gewerkschaftszugehörigkeit, vgl. MünchArbR/*Buchner* § 40 Rn. 233.

[155] ArbRHdB/*Schaub* § 32 Rn. 78.

[156] Da der Tarifvertrag Rechtsnorm ist, fällt auch die durch den Tarifvertrag bestimmte Schriftform unter § 126 BGB. Sieht eine tarifvertragliche Norm für die Geltendmachung eines Anspruchs, also eine geschäftsähnliche Handlung, Schriftform vor, ist § 126 BGB aber im

wie der in § 128 BGB definierten notariellen Beurkundung (vgl. §§ 311 b, 1410, 2276, 2371 BGB) sowie den §§ 126 a, b BGB eingeschränkt. Formzwecke sind Warn- , Beweis- und Beratungszwecke[157].

b) Einschränkungen im Arbeitsrecht

Da auch für den Abschluss des Arbeitsvertrags der Grundsatz der Formfreiheit gilt, können Arbeitsverträge mündlich, schriftlich, ausdrücklich oder durch schlüssiges Handels abgeschlossen werden[158].

Die von § 2 I 1 NachwG angeordnete Niederschrift ist zwar ein zwingendes, aber *kein konstitutives* Formerfordernis[159], da der Nachweis lediglich der Dokumentation des Vertragsinhalts dient[160]. Dennoch können die Parteien vereinbaren, dass der Arbeitsvertrag erst mit seiner formgerechten Ausfertigung wirksam werden soll (§ 158 I BGB)[161].

Jedoch existieren im Arbeitsrecht einzelne gesetzliche Formvorschriften (§ 4 BBiG für den Ausbildungsvertrag, § 11 AÜG für den Leiharbeitsvertrag[162]) sowie zahlreiche Schriftformerfordernisse (für den Abschluss eines Arbeitsvertrags und seine Änderung oder für sonstige Vertragsabreden) in Tarifverträgen und Betriebsvereinbarungen[163].

Ferner ist die Schriftform beim Abschluss von Aufhebungsverträgen und bei Kündigungen (§ 623 BGB)[164], bei Befristungen (§ 14 IV TzBfG) und bei der Vereinbarung eines Wettbewerbsverbots (§ 74 I HGB) einzuhalten.

Zweifel unanwendbar, da er grundsätzlich nur für Willenserklärungen gilt und auf geschäftsähnliche Handlungen nur anzuwenden ist, wenn dies aus besonderen Gründen geboten erscheint, vgl. BAG NJW 2001, 989 ff.

157 Lorenz AcP 156 (1957), 381, 393; *Heldrich* AcP 147 (1941), 89, 91. Die Nichtbeachtung einer gesetzlich vorgeschriebenen Form hat die Nichtigkeit zur Folge (§ 125 S. 1 BGB), außer es liegt ein Fall der Heilung (vgl. §§ 311 b I 2, 766 S. 2 BGB) vor. Vgl. zur Unschädlichkeit eines Formmangels nach § 242 BGB: Palandt/*Heinrichs* § 125 BGB Rn. 16 ff., *Lorenz* AcP 156 (1957), 381 ff.

158 ArbRHdB/*Schaub* § 32 Rn. 39.

159 ErfK/*Preis* § 2 NachwG Rn. 1; MünchArbR/*Richardi* § 43 Rn. 31.

160 *Hromadka/Maschmann* Arbeitsrecht Band 1, Rn. 79.

161 *Gamillscheg* FS Weber, S. 793, 805.

162 Diese Formvorschriften haben deklaratorischen Charakter, vgl. MünchArbR/*Richardi* § 43 Rn. 36; *Hromadka/Maschmann* Arbeitsrecht Band 1, Rn. 77.

163 ErfK/*Preis* § 611 BGB Rn. 387. Zur Abgrenzung von konstitutiven und deklaratorischen Schriftformklauseln in Tarifverträgen, vgl. ArbRHdB/*Schaub* § 32 Rn. 53.

164 Vgl. hierzu *Bauer* NZA 2002, 169.

3. Einschränkungen der Inhaltsfreiheit

Wichtigste Einschränkungen der Inhaltsfreiheit sind die Nichtigkeitsklauseln der §§ 134, 138 BGB. Vor allem die Schranke des § 138 I BGB stellt eine wichtige Einschränkung der Inhaltsfreiheit dar, die von der Rechtsprechung in allen Bereichen des Zivilrechts umfassend angewandt und ausgestaltet wurde[165].

Wenn Grundrechte, vor allem Art. 12 GG, als Verbotsgesetze i.S.v. § 134 BGB herangezogen werden, ist dies nur möglich, wenn der Lehre der unmittelbaren Drittwirkung der Grundrechte[166] gefolgt wird[167].
Der unmittelbare Anwendungsbereich des § 134 BGB im Arbeitsrecht ist groß, da zahlreiche Schutzvorschriften (JArbSchG, MuSchG, BUrlG, ArbZG) als Verbotsnormen (insbesondere Beschäftigungsverbote) i.S.d. § 134 BGB existieren[168].

Zum Schutz der Arbeitnehmer kann von diesem einseitig zwingenden Gesetzesrecht nicht zu deren Lasten abgewichen werden, wobei es den Vertragsparteien aber frei steht, für den Arbeitnehmer günstigere Vereinbarungen zu schaffen[169].

Weitere Einschränkung der Inhaltsfreiheit sind der Gleichbehandlungsgrundsatz (vgl. §§ 611 a, 612 III BGB)[170] und die normativ wirkenden Tarifverträge (§ 4 I 1 TVG), die Abweichungen (außer bei Öffnungsklauseln) nur nach dem Günstigkeitsprinzip (§ 4 III TVG) zulassen. Eine Besonderheit des Arbeitsrechts ist ferner das tarifdispositive Gesetzesrecht[171], da die gesetzlichen Normen hier lediglich für die Parteien des Einzelarbeitsvertrags und der Betriebsvereinbarung zwingend sind, nicht aber für die Tarifvertragsparteien[172]. Der Tarifvertrag kann dann zugunsten aber auch zulasten der Arbeitnehmer von den gesetzlichen Vorschriften abweichen[173].

---

[165] Vgl. beispielhaft die umfassende Rechtsprechung zur Überforderung des Bürgen: BVerfG NJW 94, 36, 2749; BGH NJW 2001, 815; BGHZ 125, 206.
[166] Hierzu: ErfK/*Dieterich* Einl. GG Rn. 17; *Hager* JZ 1994, 373 ff; *Canaris* AcP 184 (1984), 201 ff.
[167] Vgl. BAG AP Nr. 3 zu § 611 BGB Doppelarbeitsverhältnis.
[168] Preis/*Preis* I C Rn. 31; im Überblick MüKo/*Mayer-Maly* § 134 BGB Rn. 62 ff.
[169] Preis/*Preis* I C Rn. 11. Beispiel: Mindesturlaub in § 3 I BUrlG.
[170] *Boemke* NZA 1993, 532, 536; *Coester-Waltjen* AcP 190 (1990), 1, 3.
[171] Preis/*Preis* I C Rn. 10.
[172] Beispiele hierfür sind: Entgeltfortzahlung (§ 4 IV TVG); Teilzeitarbeit (§ 8 IV TzBfG, § 12 III TzBfG, § 13 IV TzBfG); befristete Arbeitsverträge (§ 14 II TzBfG); Kündigungsfristen (§ 622 IV BGB); Urlaubsrecht (§ 13 BUrlG); betriebliche Altersversorgung (§ 17 III BetrAVG); Arbeitszeitrecht (§ 7 ArbZG).
[173] Preis/*Preis* I C Rn. 10.

C. Entwicklung des Sonderprivatrechts

I. Gesetzgebung des BGB am Ende des 19. Jahrhunderts[174]

Der Wandel von der ständischen zur bürgerlichen Gesellschaft prägte das 19. Jahrhundert[175]. Die fortschreitende Industrialisierung sowie das Ideengut der Aufklärung und der französischen Revolution fanden ihren Niederschlag im Liberalismus[176]. Für die liberale Gesellschaft in der zweiten Hälfte des 19. Jahrhunderts war der Vertrag die entscheidende Rechtsinstitution[177]. Der vom Liberalismus geprägte Gesetzgeber ging daher bei der Schaffung des BGB Ende des 19. Jahrhunderts von einer formal gleichberechtigten Stellung der Vertragsparteien aus[178]. Dem Gesetzgeber kam es darauf an, den Willen der Parteien und ihre Abreden zu respektieren[179].

Der privatautonome Grundtenor des BGB fand vor allem Kritik aufgrund seiner Auswirkungen im Arbeitsrecht[180]. So kritisierte *Otto v. Gierke* schon im Jahr 1889 die Vertragsfreiheit als eine *„furchtbare Waffe in der Hand des Starken"* und ein *„stumpfes Werkzeug in der Hand des Schwachen"*, sowie als *„Mittel der Unterdrückung des Einen durch den Anderen, der schonungslosen Ausbeutung geistiger und wirtschaftlicher Übermacht"*[181].

Trotz dieser Kritik entstand mit dem BGB ein Rechtssystem mit einer liberal-individualistischen Grundkonzeption, das dem Sozialmodell einer Gesellschaft aus freien, gleichen und besitzenden Bürgern und dem Marktmodell eines transparenten, sich selbst regulierenden Güter- und Leistungsaustausches unter wirtschaftlich ebenbürtigen Partnern und der privatautonomen Selbstgestaltung des einzelnen verpflichtet war[182].

So wurde auch die freie Gestaltung des Arbeitsvertrags, wie sie in § 134 der preußischen Gewerbeordnung von 1845 und § 105 der Gewerbeordnung des

[174] Vgl. auch die Darstellung von *Heinrich* Formale Freiheit, S. 36 ff.

[175] Die zunehmende Bedeutung der Vertragsfreiheit hing eng mit der in der zweiten Hälfte des 19. Jahrhunderts aufkommenden Marktwirtschaft zusammen, *Zöllner* Privatrechtsgesellschaft, S. 23 f.

[176] *Heinrich* Formale Freiheit und materiale Gerechtigkeit, S. 36 m.w.N.

[177] MüKo/*Kramer* Vor § 145 BGB Rn. 2.

[178] Nach *Stürner* JZ 1996, 741, 742 könne das vom BGB vermittelte Bild einer spießigen Rechtsordnung für vermögende Großbürger und biedermännische Kleinbürger den Eindruck einer rückwärts- statt vorwärtsgerichteten Kodifikation darstellen.

[179] *Heinrich* Formale Freiheit, S. 39 m.w.N.

[180] *Heinrich* Formale Freiheit, S. 39 m.w.N.

[181] *V. Gierke* Die soziale Aufgabe des Privatrechts, 1889, S. 10 ff., 23 ff.

[182] *Gilles* JA 1980, 1, 5.

Norddeutschen Bundes von 1869 ihren Niederschlag gefunden hatte, in das BGB übernommen[183].

Der Gesetzgeber reagierte auf die Kritik am Postulat des freien Arbeitsvertrags lediglich durch die Aufnahme der Inhalte der (heutigen) §§ 615-619 in das BGB[184].

Das BGB war daher vom „Leitbild des vernünftigen, selbstverantwortlichen und urteilsfähigen Rechtsgenossen" geprägt[185].

Die Gestaltungsfreiheit sollte weder durch Gesetze noch durch Richterrecht begrenzt werden. Daher bildeten zwingende Normen die Ausnahme, weshalb die schuldrechtliche Rechtsordnung weitgehend dispositiv ausgeformt war[186]. Generalklauseln mit Wertungsspielräumen (§§ 138, 242, 315 BGB) wurden in das Bürgerliche Gesetzbuch nur in geringer Zahl aufgenommen und sollten nach den Vorstellungen des Gesetzgebers in der Praxis keine bedeutende Rolle spielen[187].

II. Entstehung des Sonderprivatrechts

Dem Gedanken der Vertragsfreiheit liegt die Vorstellung formal-abstrakter Gleichheit der Vertragsparteien zugrunde[188]. Ungleichgewichte in der Verhandlungsposition bleiben aber bei einer kompromisslosen Durchsetzung der Vertragsfreiheit unberücksichtigt. In Ungleichgewichtslagen existiert nämlich kein freier Interessenausgleich mehr, der die Richtigkeit des Vereinbarten gewährleisten könnte. Schon die Verfasser des BGB sahen es daher als notwendig an, Störungen eines (strukturellen) Ungleichgewichts durch gesetzliche Regelungen auszugleichen (vgl. § 138 II BGB)[189]. Infolge der im 20. Jahrhundert (aufgrund der schrankenlosen Vertragsfreiheit) entstandenen sozialen Probleme und Spannungen rückte in den Mittelpunkt von Rechtsprechung und Gesetzgebung die Notwendigkeit einer auf sozialen Erwägungen gestützten Begrenzung der Vertragsfreiheit[190], wobei sich die Entwicklung eines „Sonderprivatrechts"[191] außerhalb des BGB vollzogen hat[192].

---

[183] *Heinrich* Formale Freiheit, S. 39.
[184] *Heinrich* Formale Freiheit, S. 495.
[185] *Schünemann* FS Brandner, S. 279, 282.
[186] *Zöllner* Privatrechtsgesellschaft, S. 19.
[187] *Heinrich* Formale Freiheit, S. 40.
[188] *Dauner-Lieb* Verbraucherschutz, S. 54 f.
[189] *Larenz/Wolf* BGB AT, § 42 Rn. 6; *Medicus* Abschied, S. 27.
[190] *Heinrich* Formale Freiheit, S. 41; vgl. zum Recht der Wohnungsmiete *Medicus* Jus 1996, 761, 763 f. Das Sozialstaatsprinzip (Art. 20 I, 28 I GG) gebietet die Verwirklichung materieller Freiheit auch im Vertragsrecht, vgl. MünchArbR/*Buchner* § 39 Rn. 18.

Der Gesetzgeber erließ daher zahlreiche Vorschriften, um einen Missbrauch der Vertragsfreiheit zu verhindern[193].

Besonders zu erwähnen sind das AGBG[194], das HWiG, das TzWrG[195] und VerbrKrG, wobei die letzteren drei Gesetze auf Richtlinien der EG[196] zurückzuführen sind, die der deutsche Gesetzgeber umsetzen musste[197].

Im Arbeitsrecht wurde die Vertragsfreiheit durch zahlreiche zwingende gesetzliche Vorgaben eingeschränkt[198]:

So sind die Gesetze im Arbeitsrecht überwiegend einseitig zwingend (vgl. § 619 BGB; § 13 I 3 BUrlG; § 12 EFZG).

Daneben wurden Vorschriften über den Kündigungsschutz erlassen[199].

Ferner wurde die betriebliche Mitbestimmung durch das Betriebsrätegesetz von 1920 (dem heutigen BetrVG) ermöglicht[200] und das Tarifvertragsrecht gesetzlich geregelt.

---

[191] Zu den Sonderprivatrechten werden üblicherweise das Handelsrecht, Bank- und Börsenrecht, das Wettbewerbsrecht, Kartellrecht, Arbeitsrecht, Privatversicherungsrecht, das Urheberrecht und die gewerblichen Schutzrechte gerechnet.

[192] *Preis* Vertragsgestaltung, S. 216. Denn das der Vertragsfreiheit zugrunde liegende Marktmodell, „das der Idee des transparenten, sich selbst regulierenden Güter- und Leistungsaustausches unter wirtschaftlich ebenbürtigen Partnern verpflichtet ist" (vgl. *Gilles* JA 1980, 1, 5), existierte nicht (mehr). *Singer* JZ 1995, 1133, 1137 sieht sogar die Voraussetzungen für Vertragsfreiheit nur noch auf Flohmärkten als gegeben an.

[193] *Zöllner* Privatrechtsgesellschaft, S. 27 kritisiert das Verbraucherschutzrecht als „Abschied von der Selbstverantwortung". *Hesse/Kaufmann* JZ 1995, 219, 221 machen die Tendenz der Rechtswissenschaft aus, „das Zusammenleben zu umhegen und abzupuffern" und vergleichen die Beratungs- und Betreuungsangebote mit einem „Kindergarten".

[194] Nachdem die Rechtsprechung – entgegen der ursprünglichen Konzeption – die Generalklauseln des BGB zu umfangreichen Kontrollmitteln ausgebaut hat (vgl. *Heinrich* Formale Freiheit S. 41), wurde auch durch das AGBG die bereits von der Rechtsprechung anhand von § 242 BGB (BGHZ 22, 90, 97 ff.; 60 243, 245; 65, 364, 365; 71, 167, 169; vgl. auch *Weber* DB 1971, 177 ff.) durchgeführte Inhaltskontrolle kodifiziert.

[195] Vgl. den Überblick zum TzWrG bei *Hildenbrand* NJW 1998, 2940 ff.

[196] Gemäß *Büßer* Widerrufsrecht, S. 1 sind ca. 80 % aller neueren Gesetze auf dem Gebiet des Privatrechts der Mitgliedstaaten der EU durch die EU beeinflusst oder initiiert. Daher kann zu Recht von einer „Europäisierung" des Privatrechts gesprochen werden. *Medicus* Abschied, S. 30 kritisiert die „Unschärfe" der EG-Richtlinien.

[197] *Lorenz* Der Schutz vor dem unerwünschten Vertrag, S. 4 f. legt dar, dass „die divergierende Entwicklung zwischen einem protektionistischem Sonderprivatrecht für Verbraucher und dem liberalistischen BGB mit zunehmender Skepsis betrachtet wird".

[198] Vgl. *Heinrich* Formale Freiheit, S. 497.

[199] Erstmals im Betriebsrätegesetz vom 04.02.1920 und heute im KSchG.

[200] ErfK/*Eisemann* § 1 BetrVG Rn. 1.

III. Verbraucherschutzrecht

1. Entwicklung des Verbraucherschutzrechts in Deutschland[201]

Verbraucherschutzrechte sollen *kompensatorisch* in Bezug auf die Defizite der Konsumgesellschaft wirken[202].

Denn im Verhältnis des Unternehmers als gewerblich Tätigem und dem Verbraucher als Konsumenten können verstärkt Ungleichgewichtslagen auftreten, weil die Abhängigkeit der Verbraucher von einem bestimmten Markt oft wesentlich größer als die der Anbieter ist und deshalb das Steuerungspotential des Marktes fehlen *kann*[203].

Der Verbraucherschutz hat durch das Gesetz betreffend der Abzahlungsgeschäfte vom 16.05.1894 (AbzG)[204] erstmals Bedeutung erfahren und wurde (im 20. Jahrhundert) auf dem Gebiet des Zivilrechts[205] maßgeblich durch das Reisevertragsrecht (§§ 651 a ff. BGB), VerbrKrG, HWiG, TzWrG sowie das FernAbsG geprägt[206].

Diesen Vorschriften war gemeinsam, dass eine Vertragspartei (v.a. durch die Einräumung von Widerrufsrechten, vgl. § 7 VerbrKrG a.F., § 1 I HWiG a.F.) besonders geschützt wurde.

Hintergrund dieser Gesetze ist der Schutz des (in der konkreten Situation) unterlegenen Vertragspartners vor Übervorteilung[207].

Die Verbraucherschutzgesetzgebung sollte „typischen Ungleichgewichtslagen" zwischen Anbietern und Konsumenten Rechnung tragen[208], gleichzeitig fand aber eine zunehmende Einschränkung der Privatautonomie statt[209].

---

201 Zum europäischen Verbrauchervertragsrecht vgl. *Zerres* JA 2002, 166 ff.

202 *Gilles* JA 1980, 1, 2.

203 *Dauner-Lieb* Verbraucherschutz, S. 111; *Gilles* JA 1980, 1; *a.A. Reuter* AcP 189, 199, 210.

204 *Medicus* Jus 1996, 761, 766, der auf § 8 AbzG hinweist.

205 Vgl. zu gesetzgeberischen Instrumenten im Straf- und Ordnungswidrigkeitenrecht, sowie im Verwaltungsrecht: *Certa* Widerruf, S. 9 f.

206 *Kittner* Schuldrecht Rn. 871 f. bezeichnet § 11 AuslInvestmG, § 23 KAGG, das Reisevertragsrecht (§§ 651 a ff. BGB) sowie das UKlaG als „Verbraucherschutzrecht im weiteren Sinne".

207 Kritisch *Dreher* JZ 1997, 167, 177, der in der Perfektionierung des Verbraucherrechts eine zunehmende Ausschaltung der Vertragsfreiheit sieht.

208 *Gilles* JA 1980, 1, 5

209 *Medicus* Abschied S. 11.

Im Jahre 2000 wurden die Regelungen der §§ 241a, 661 a in das BGB aufgenommen[210], die den Verbraucher bei der Zusendung unbestellten Waren und bei Gewinnzusagen schützen sollen. Gleichzeitig wurde ein einheitliches Widerrufsrecht (§ 361 a BGB a.F.) geschaffen, auf das in den Einzelgesetzen verwiesen wurde[211].

Im Rahmen der Schuldrechtsreform wurden die Verbraucherschutzgesetze (AGBG, HWiG, VerbrKrG, FernAbsG, TzWrG) im BGB inkorporiert[212], und der Verbraucherschutz durch die Kodifizierung des Verbrauchsgüterkaufs (§§ 474 ff. BGB[213]) weiter gestärkt:
Instrumente des Verbraucherschutzes sind neben dem *Widerrufsrecht*, dessen Ausübung in § 355 BGB geregelt ist[214], die *Transparenzsicherung* durch Informationspflichten[215] (vgl. Verordnung über Informations- und Nachweispflichten nach bürgerlichem Recht – BGB-InfoV) und Formvorschriften (vgl. beim Verbraucherdarlehensvertrag § 492 I 1 BGB[216]), die Unabdingbarkeit von Verbraucherschutzvorschriften (vgl. §§ 312 f, 506 BGB) sowie Unterlassungsklagen zur Unterbindung von Verstößen gegen Verbraucherschutz- und AGB-Recht (vgl. UKlaG)[217].

2. Entwicklung des Verbraucherbegriffs im deutschen Recht

In *§ 6 Nr. 1 HWiG a.F.* wurde die Anwendbarkeit des HWiG ausgeschlossen, wenn *„der Kunde den Vertrag in Ausübung einer selbständigen Erwerbstätigkeit abschließt“*.

Nach *§ 1 VerbrKrG a.F.* war Verbraucher *„eine natürliche Person, es sei denn, dass der Kredit nach dem Inhalt des Vertrags für ihre bereits ausgeübte gewerbliche oder selbständige Tätigkeit bestimmt ist“*, während hingegen in § 24 a

---

[210] Gesetz über Fernabsatzverträge und andere Fragen des Verbraucherrechts sowie zur Umstellung von Vorschriften auf Euro, BGBl. I, 2000, 897, ber. 1139.
[211] Vgl. § 7 I 1 VerbrKrG; § 1 I HWiG; § 5 I TzWrG; § 3 I 1 FernAbsG.
[212] Die zunehmende Skepsis gegenüber dem Verbraucherschutzrecht war auch auf dem „Auseinanderdriften weiter Teile des Bürgerlichen Rechts in die verbraucherschützende Sondergesetzgebung“ begründet, vgl. *Lorenz* Der Schutz vor dem unerwünschten Vertrag, S. 5.
[213] Vgl. hierzu *Büdenbender* DStR 2002, 361, 363; *Canaris* Schuldrechtsreform 2002, Einf. S. XXIX f.; kritisch *Adomeit* NJW-Editorial zu Heft 43/ 2002, der von *„real existierendem Sozialismus“* spricht.
[214] Vgl. auch *Reiner* AcP 203 (2003), 1, 3 ff.
[215] *Grigoleit* NJW 2002, 1151, 1155; *Härting* MDR 2002, 61, 62 ff.; *Teichmann* FS Kraft, S. 629, 635 ff.
[216] Hierzu *Dörrie* ZfIR 2002, 89, 92 ff.
[217] *Kittner* Schuldrecht Rn. 877.

AGBG a.F. als Verbraucher *„eine natürliche Person, die den Vertrag zu einem Zweck abschließt, der weder einer gewerblichen noch einer selbständigen beruflichen Tätigkeit zugerechnet werden kann“* angesehen wurde[218].

Schließlich wurden im Jahre 2000 durch das Gesetz über Fernabsatzverträge[219] als Folge umzusetzender EG-Richtlinien[220] die Begriffe des Verbrauchers in § 13 BGB[221] und des Unternehmers in § 14 BGB erstmals legal definiert[222]. Ferner wurde ein einheitliches Widerrufsrecht (§ 361 a BGB a.F.) geschaffen, auf das jeweils in den einzelnen Verbraucherschutzgesetzen (vgl. § 1 HWiG, § 7 VerbrKrG, § 3 FernAbsG) verwiesen wurde.

D. Rechtsprechung des BVerfG zur Privatautonomie

I. Maßgebliche Entscheidungen des BVerfG[223]

1. Beschluss vom 07.02.1990 - Handelsvertreterfall[224]

a) Sachverhalt

Ein Handelsvertreter hatte für den Fall einer Beendigung seines Anstellungsvertrags wegen eines von ihm verschuldeten Grundes vereinbart, dass er einem zweijährigen Wettbewerbsverbot unterliegen und dafür keine Entschädigung erhalten solle. Der Anstellungsvertrag entsprach insofern dem Wortlaut des (da-

[218] Somit war der Verbraucherbegriff unterschiedlich definiert. Zur Kritik an dem uneinheitlichen Verbraucherbegriff vgl. *Medicus* Jus 1996, 761, 766 f.
[219] BGBl. I, 2000, 897, ber. 1139.
[220] Vgl. die Darstellung bei *Bülow/Artz* NJW 2000, 2049, 2050.
[221] Die europäischen Verbraucherrichtlinien sehen (trotz unterschiedlicher Bezeichnungen) den Verbraucher an als „natürliche Person, die mit einem gewerblichen Anbieter einen von der jeweiligen Richtlinie erfassten Vertrag zu privaten Zwecken schließt“, vgl. *Büßer* Widerrufsrecht, S. 98 f.
[222] *Tonner* BB 2000, 1413, 1414 hat dies als „symbolische Anerkennung des Verbraucherrechts durch den Gesetzgeber“ angesehen.
[223] Das BVerfG ist gemäß Art. 93 I Nr. 4a GG auf die Überprüfung von Verstößen gegen die Grundrechte und grundrechtsgleichen Rechte beschränkt und hat daher bereits frühzeitig für sich festgelegt, keine weitere Revisionsinstanz bzw. „Superrevisionsinstanz“ zu sein, das die Urteile anderer Gerichte in vollem Umfang auf ihre Rechtmäßigkeit untersucht. Dementsprechend ist die Verfassungsbeschwerde auch kein „zusätzlicher“, sondern ein „außergewöhnlicher“ Rechtsbehelf, vgl. BVerfGE 1, 4,5; E 7, 198, 207; E 18, 85, 92. Mit dieser Aufgabeneingrenzung ist es daher nicht vereinbar, jede Auslegung des einfachen Rechts zu überprüfen und zu korrigieren. Vielmehr beschränkt sich das BVerfG bei der Überprüfung gerichtlicher Entscheidungen auf die Verletzung spezifischen Verfassungsrechts.
[224] BVerfGE 81, 242 = JZ 1990, 691 ff. mit Anmerkung von Wiedemann.

maligen) § 90 a II 2 HGB. Später kündigte der Handelsvertreter. Zwar konnte der Unternehmer den Handelsvertreter durch vertragliche Zugeständnisse zur Rücknahme der Kündigung veranlassen, aber der Vertreter nahm dennoch seine Tätigkeit bei der Konkurrentin auf. Daraufhin kündigte der Unternehmer fristlos und verlangte Unterlassung von Wettbewerb.

b) Entscheidungsgründe

Das BVerfG stellte fest, dass § 90 a II 2 HGB a.F. mit dem Grundrecht der Berufsfreiheit (Art. 12 GG) unvereinbar sei[225].

Zwingende Vorschriften des Privatrechts, die der Privatautonomie Schranken setzten, seien unentbehrlich, weil Privatautonomie auf dem Prinzip der Selbstbestimmung beruhe und voraussetzt, dass die Bedingungen freier Selbstbestimmung tatsächlich gegeben sind. Hat aber einer der Vertragsteile ein so starkes Übergewicht, dass er vertragliche Regelungen faktisch einseitig setzen kann, bewirke dies für den anderen Teil Fremdbestimmung[226].

Weiter führt das BVerfG aus: „*Wo es an einem annähernden Kräftegleichgewicht der Beteiligten fehlt, ist mit den Mitteln des Vertragsrechts allein kein sachgerechter Ausgleich der Interessen zu gewährleisten*“. Daher müssten staatliche Regelungen ausgleichend eingreifen, um den Grundrechtsschutz zu sichern[227]. Selbst wenn der Gesetzgeber davon absähe, zwingendes Vertragsrecht für bestimmte Lebensbereiche oder für spezielle Vertragsformen zu schaffen, bedeute das keineswegs, dass die Vertragspraxis „*dem freien Spiel der Kräfte unbegrenzt ausgesetzt wäre*“. Vielmehr würden dann die als Übermaßverbote wirkenden Generalklauseln §§ 138, 242, 315 BGB eingreifen[228].

---

225 Kritisch zur Frage, wer Urheber der Grundrechtsbeschränkung ist, *Hermes* NJW 1990, 1764, 1766.

226 BVerfG JZ 1990, 691, 692.

227 BVerfG JZ 1990, 691, 692 mit Verweisen auf das Schrifttum. Wiedemann JZ 1990, 695, 697, kritisiert, dass Ungleichgewichtslagen „kaum festzustellen, jedenfalls nicht justiziabel“ seien, in diese Richtung auch *Loritz* DNotZ 1994, 543 ff.

228 BVerfG JZ 1990, 691, 692. In der Bewertung dieser Entscheidung war sich das Schrifttum einig, dass das BVerfG mit dem Handelsvertreter-Beschluss „*im Buch zur Inhaltskontrolle von Verträgen ein neues Kapitel aufgeschlagen*“ hat, vgl. *Wellenhöfer-Klein* ZIP 1997, 774; *Wiedemann* JZ 1990, 695, 697; *Löwe* ZIP 1993, 1759; ferner auch *Bunte* FS Locher S. 325, 332; *Hommelhoff* AcP 192 (1992), 71, 91; *Preis/Rolfs* DB 1994 261; *Grunsky* Vertragsfreiheit und Kräftegleichgewicht, S. 8; kritisch *Zöllner* Privatrechtsgesellschaft, S. 36 Fn. 68; umfassend zu den Reaktionen in der Literatur: *Preis* Vertragsgestaltung, S. 42.

2. Bürgschaftsentscheidung – Beschluss vom 19.10.1993[229]

a) Sachverhalt

Gegenstand der Verfassungsbeschwerde war im ersten Fall[230] eine Bürgschaft über 100.000 DM einer 21jährigen Tochter für einen Geschäftskredit des Vaters. Die Tochter hatte keine Berufsausbildung, war überwiegend arbeitslos und verdiente zur Zeit der Bürgschaftserklärung in einer Fischfabrik 1150 DM monatlich netto[231]. Die Bürgschaftssumme war zwar auf 100.000 DM begrenzt, bezog sich aber auf alle vorhandenen und künftigen Bankkredite, zuletzt ca. 2,4 Mio. DM. Bei der Unterzeichnung der Bürgschaftsurkunde erklärte der Vertreter der Sparkasse: „Sie gehen keine große Verpflichtung ein. Ich brauche das für meine Akten." Im zweiten Fall[232] hatte eine einkommens- und vermögenslose Ehefrau für einen Kredit ihres Ehemannes in Höhe von 16.000 DM gebürgt[233].

b) Entscheidung

aa) Tenor

Der Tenor des Beschlusses lautete[234]:

---

[229] BVerfG NJW 1994, 36 ff. = JZ 1994, 408 ff.
[230] Verfahren 1BvR 567/89.
[231] Vgl. die Sachverhaltsdarstellung bei BVerfG NJW 1994, 36, 37.
[232] Verfahren 1 BvR 1044/89.
[233] Entwicklung in der Rechtsprechung bis zu den Entscheidungen des BVerfG: Trotz Bedenken wegen der Gefahr einer lebenslangen Verschuldung haben der 3. Zivilsenat, vgl. BGH NJW 1989, 1665 ff.; NJW 1990, 1034 ff., und der 9. Zivilsenat des BGH, vgl. BGH NJW 1989, 830 f. = BGHZ 106, 269 ff.; NJW 1989, 1276 ff. = BGHZ 107, 92 ff.; NJW 1989, 1605 f.; NJW 1991, 2015 ff.; NJW 19912, 896 ff., die Mitverpflichtungen und Bürgschaftsverträge mit nahen (oftmals mittellosen) Angehörigen des Schuldners als voll wirksam angesehen. Denn sie sahen sich an der Kontrolle der Verträge gehindert, weil es jedem Geschäftsfähigen freistehe, Verpflichtungen zu übernehmen, die nur unter besonders günstigen Bedingungen erfüllbar sind. Jeder Volljährige wisse, dass die Bürgschaft ein riskantes Geschäft ist, und der Gläubiger dürfe hiervon ohne weiteres ausgehen. Der 11. Zivilsenat (BGH NJW 1991, 923 ff.; im Grundsatz bestätigt und weitergeführt in BGH NJW 1993, 322 ff.) hatte die Rechtsprechung des 9. Senats deutlich in Frage gestellt, indem er die Sittenwidrigkeit einer Mitverpflichtung einer Ehefrau für den Geschäftsbetrieb ihres Ehemanns annahm, weil der Gläubiger kein schutzwürdiges Interesse an der Haftungseinbeziehung der Ehefrau hatte, und die Ehefrau nur aus emotionalen Gründen zur Mitverpflichtung veranlasst worden war. Der 9. Senat ließ sich dadurch nicht zu einer Änderung seiner Rechtsprechung bewegen (BGH NJW 1991, 2015, 2017; bestätigt durch BGH NJW 1992, 986, 989). Zur Rechtsprechung des BGH seit der Entscheidung des BVerfG vgl. Palandt/*Heinrichs* § 138 BGB Rn. 37 ff.
[234] BVerfG NJW 1994, 36.

„Die Zivilgerichte müssen – insbesondere bei der Konkretisierung und Anwendung von Generalklauseln wie § 138 BGB und § 242 BGB – die grundrechtliche Gewährleistung der Privatautonomie beachten. Daraus ergibt sich ihre Pflicht zur Inhaltskontrolle von Verträgen, die einen der beiden Vertragspartner ungewöhnlich stark belasten und das Ergebnis strukturell ungleicher Verhandlungsstärke ist.“

bb) Entscheidungsgründe

Das BVerfG stellte fest, dass die Zivilrechtsordnung reagieren und Korrekturen ermöglichen müsse, wenn eine typisierbare Fallgestaltung vorliegt, die eine „strukturelle“ Unterlegenheit des einen Vertragsteils erkennen lässt und die Folgen des Vertrags für den unterlegenen Vertragsteil ungewöhnlich belastend sind[235]. Dies folge aus der in Art. 2 I GG gewährleisteten Privatautonomie und dem Sozialstaatsprinzip der Art. 20 I, 28 I GG[236]. Die Zivilgerichte müssten klären, ob die Regelung eine Folge strukturell ungleicher Verhandlungsstärke ist, und ggfs. im Rahmen der Generalklauseln korrigierend eingreifen[237].

3. Urteil vom 06.02.2001 zur Inhaltskontrolle von Eheverträgen[238]

a) Sachverhalt[239]

Die Ehegatten schlossen vor Eingehung der Ehe einen Ehevertrag, in dem sie wechselseitig auf nachehelichen Unterhalt verzichteten[240]. Der Mann verpflichtete sich, ab Rechtskraft der Scheidung für das zu erwartende Kind (der schwangeren Ehefrau) einen monatlichen Unterhalt von DM 150,-- zu bezahlen, wobei ihn die Frau von allen weiter gehenden Unterhaltsansprüchen freistellte[241]. Hin-

235 BVerfG NJW 1994, 36, 38
236 BVerfG NJW 1994, 36, 38.
237 BVerfG NJW 1994, 36, 39.
Im Schrifttum wurde die Entscheidung des BVerfG kontrovers diskutiert, vgl. statt vieler *Groeschke* BB 1994, 725 ff.; *Adomeit* NJW 1994, 2467 ff.; *Pape* ZIP 1994, 515 ff.; *Zöllner* Privatrechtsgesellschaft, S. 36 ff.; *Wiedemann* JZ 1994, 411 ff.; *Reuter* AcP 189 (1989), 199, 205 ff.; *Schünemann* FS Brandner, S. 279, 289.
238 BVerfG NJW 2001, 957; daran anschließend BVerfG NJW 2001, 22248.
239 Bzgl. der Entscheidung des BVerfG v. 06.02.2001, NJW 2001, 957.
240 Ein Verzicht auf nachehelichen Unterhalt ist nach § 1585 s BGB grundsätzlich möglich, vgl. Palandt/*Brudermüller* § 1585 c BGB Rn. 4 ff.
241 Diese Freistellungsvereinbarung ist als Erfüllungsübernahme gemäß § 329 BGB zu beurteilen, welche an der Unterhaltsverpflichtung des Vaters gegenüber seinem Kind nichts än-

tergrund des Ehevertrags war, dass die (spätere) Ehefrau wegen ihrer Schwangerschaft auf die Eingehung der Ehe drängte, der Ehemann aber nur bei Abschluss eines Unterhaltsverzichts zur Eheschließung bereit war.

b) Entscheidung

Das BVerfG sah in der Verurteilung der Frau zur Freistellung vom Kindesunterhalt eine Verletzung in ihren Rechten aus Art. 2 I i.V.m. Art. 6 IV GG. Das BVerfG nahm Bezug auf die Bürgschaftsentscheidung und stellte fest, dass die Eheschließungsfreiheit nicht die Freiheit zu unbegrenzter Ehevertragsgestaltung und insbesondere nicht eine einseitige ehevertragliche Lastenverteilung rechtfertige[242]. Das BVerfG nahm eine Unterlegenheitssituation an, wenn eine nicht verheiratete schwangere Frau sich vor die Alternative gestellt sieht, entweder als Alleinerziehende das Kind aufzuziehen oder – um den Preis eines sie stark belastenden Ehevertrags – die Ehe zu schließen[243], betonte aber, dass die Schwangerschaft bei Abschluss des Ehevertrags nur ein Indiz für eine vertragliche Disparität ist[244].

II. Bedeutung der Rechtsprechung des BVerfG für das Arbeitsrecht

1. Strukturelle Unterlegenheit des Arbeitnehmers

Zöllner meint zwar, ein Vertrag könne nicht fremdbestimmt sein, da ein Vertrag den Konsens erfordere und die Möglichkeit, belastende Verträge abzuschließen, Ausfluss des Selbstbestimmungsrechts sei[245]. Diese Ansicht ist aber abzulehnen[246]. Denn das BGB selbst zeigt in § 138 BGB bzw. § 123 I BGB, dass eine Vertragspartei bei Abgabe der auf den Vertragsschluss gerichteten Willenserklärungen einseitig benachteiligt und die Selbstbestimmung gestört sein kann[247].

---

dert. Denn auf den Unterhalt kann gemäß § 1614 BGB im Voraus nicht verzichtet werden. Die Freistellung kann daher nur Wirkung im Innenverhältnis erzeugen, vgl. *Langenfeld* DNotZ 2001, 272, 273.

242 BVerfG NJW 2001, 957, 958.

243 BVerfG NJW 2001, 957, 958.

244 BVerfG NJW 2001, 957, 959; so auch BVerfG NJW 2001, 2248; vgl. ferner die Anmerkungen von *Dauner-Lieb* AcP 201 (2001), 295 ff.; *Langenfeld* DNotZ 2001, 272 ff.

245 *Zöllner* Privatrechtsgesellschaft, S. 37, *ders.* AcP 196 (1996), 1, 35; so auch: *Adomeit* NJW 1994, 2467; diesem zustimmend *Rittner* NJW 1994, 3330.

246 *Hönn* FS Kraft, S. 251, 259.

247 Vgl. *Singer* Selbstbestimmung und Verkehrsschutz im Recht der Willenserklärungen, S. 208 ff.

Jedoch erscheint der Terminus des BVerfG von der „strukturellen Unterlegenheit“ nur bedingt tauglich[248]. Abstrakt-generell ermittelte Ungleichgewichtslagen besagen über die tatsächliche Einschränkung der Selbstbestimmung des „unterlegenen Vertragsteils“ nämlich nichts[249].

Beim Abschluss eines Arbeitsvertrags ist *der Arbeitnehmer dem Arbeitgeber wirtschaftlich unterlegen*, da er in der Regel auf den Arbeitsplatz angewiesen ist[250]. Das BAG hat die umfassende Befugnis zur richterlichen Inhaltskontrolle von Einzelverträgen daher mit dem Argument in Anspruch genommen, dass das Individualarbeitsrecht durch die strukturelle Unterlegenheit des einzelnen Arbeitnehmers gegenüber dem einzelnen Arbeitgeber gekennzeichnet sei, die auch nicht durch kollektivrechtliche Regelungen wie Tarifverträge und Betriebsvereinbarungen beseitigt werde[251]. Demgegenüber hat das BAG (entgegen instanzgerichtlicher Rechtsprechung[252]) den Arbeitnehmer beim Abschluss eines Aufhebungsvertrags nicht als strukturell unterlegen angesehen, da er die Möglichkeit habe, das „Ob“, „Wie“ und „Wann“ der Vertragsbeendigung von seinem Konsens abhängig zu machen[253].

2. Auswirkung auf die Inhaltskontrolle von Arbeitsverträgen

Infolge der Rechtsprechung des BVerfG ist keinesfalls *„jedes Rechtsgeschäft auf seine inhaltliche und verfahrensmäßige Schieflage“ zu überprüfen*“, wie *Wiedemann*[254] gefolgert hat[255]. Zwar impliziert die Ausfüllungsbedürftigkeit der vom BVerfG verwendeten Begrifflichkeiten den Charakter einer Generalklausel für die Inhaltskontrolle vertraglicher Abreden[256]. Die bloße Subsumtion der vom BVerfG festgelegten Voraussetzungen einer Inhaltskontrolle begegnet aber tief greifenden Bedenken[257]. Denn die grundrechtlichen Erwägungen des BVerfG dienten lediglich der Begründung des Verfassungsverstoßes bei der Anwendung

---

[248] Daher hat der BGH in seiner Rechtsprechung zur Überforderung des Bürgen (verbunden mit der Frage nach der Sittenwidrigkeit der Bürgschaftsverträge) konkrete Kriterien erst entwickeln müssen, vgl. die Nachweise bei Palandt/*Heinrichs* § 138 BGB Rn. 37 ff.

[249] *Schacht* Übereilungsschutz, S. 129.

[250] MünchArbR/*Buchner* § 39 Rn. 43; *Reuter* FS Hilger/Stumpf, S. 573, 580 f.; ähnlich *Mayer-Maly* FS Märkl, S. 247, 250, der im fehlenden Kräftegleichgewicht den „Ausfall der Regelungsfunktion des Vertrags in der sozialen Frage“ sieht; krit. *Zöllner* AcP 176, 221, 237.

[251] BAG AP. Nr. 18 zu § 611 BGB Ausbildungsbeihilfe = BAG SAE 1995, 167, 171.

[252] ArbG Hamburg AuR 1995, 29; ArbG Osnabrück AiB 1995, 466 f.

[253] BAG NJW 1996, 2593; *a.A. Zwanziger* DB 1994, 983, 984; *ders.* BB 1996, 904, 905.

[254] *Wiedemann* JZ 1994, 411, 413.

[255] *Rittner* NJW 1994, 3330, 3331.

[256] *Wiedemann* JZ 1994, 411, 412; kritisch *Lüke* NJW 1995, 173, 174.

[257] *Fenn* FS Söllner, S. 333, 356; *Schacht* Übereilungsschutz, S. 127.

einfachen Rechts durch die Zivilgerichte und können daher nicht Anlass sein, (unnötige) verfassungsunmittelbare Korrekturmittel zu suchen, indem man die Entscheidung gleichsam als subsumtionsfähige Rechtsnorm behandelt[258].

Das BVerfG selbst verlangt ein auf der strukturellen Unterlegenheit beruhendes Versagen der Ordnungsfunktion der Privatautonomie, die im Einzelfall zu prüfen sei und offen zutage treten müsse[259]. Schließlich ist die „ungewöhnlich starke Belastung", die das BVerfG im Leitsatz und der Begründung der Bürgschaftsentscheidung angeführt hat[260], als Voraussetzung für das Recht und die Pflicht zur fachgerichtlichen Inhaltskontrolle zu begreifen und auf die Auswirkungen in der Person des unterlegenen Teils zu beziehen[261].

Ferner würde die im Privatrechtsverkehr unentbehrliche Rechtssicherheit zerstört und der Vertrag verlöre als rechtlich verbindliches Gestaltungsmittel seine Bedeutung, wenn Einzelfälle einer „*konturlosen Billigkeitsrechtsprechung*" zugeführt würden[262]. Daher ist das Merkmal der Ungleichgewichtslage für die Frage, wann eine verfassungsrechtlich gebotene Inhaltskontrolle einzugreifen hat, allein nicht tauglich[263]. So wurde bislang auch eine an den Vorgaben des AGB-Gesetzes orientierte generelle Inhaltskontrolle von Arbeitsverträgen (zu Recht) abgelehnt[264]: Der Umstand, dass Arbeitnehmer durch eine Vielzahl gesetzlicher Regelungen geschützt werden, könne ferner weder dazu führen, dass Arbeitsverträge einer allgemeinen Inhaltskontrolle schlechthin unterzogen werden, noch dazu, dass eine Inhaltskontrolle ausgeschlossen ist, weil dem Arbeitnehmerschutz schon Genüge getan sei[265]. Dem Schutzbedürfnis und den Vorgaben des BVerfG werde vielmehr entsprochen, wenn besonders schwerwiegende und belastende Vertragsklauseln einer gerichtlichen Angemessenheitsprüfung unterzogen werden[266]. Daher können nach der Erstreckung des AGB-Rechts auf Arbeitsverträge und der damit verbundenen Inhaltskontrolle (§§ 307-309 BGB) von Formulararbeitsverträgen auch in Zukunft individuell ausgehandelte Arbeitsverträge keiner allgemeinen, umfassenden Inhaltskontrolle unterzogen werden[267].

---

[258] *Lorenz* JZ 1997, 277, 281; in diese Richtung auch *Stern* FS Wiedemann, S. 133, 152.
[259] MünchArbR/*Buchner* § 39 Rn. 43 m.w.N.
[260] BVerfG NJW 1994, 36, 38.
[261] *Stoffels* SAE 1995, 176, 178; in diese Richtung auch *Preis/Rolfs* DB 1994, 261, 267.
[262] *Bengelsdorf* BB 1995, 978, 982; *Germelmann* NZA 1997, 236, 238 f.; ErfK/*Dieterich* Art. 2 GG Rn. 34.
[263] *Sandmann* Haftung, S. 110.
[264] MünchArbR/*Buchner* § 39 Rn. 43; *Fenn* FS Söllner, S. 333, 356.
[265] MünchArbR/*Buchner* § 39 Rn. 43; *Fastricht* RdA 1997, 65, 78; *Hönn* FS Kraft, S. 251, 257.
[266] Vgl. MünchArbR/*Buchner* § 39 Rn. 43.
[267] Vgl. bereits früher: *Preis/Rolfs* DB 1994, 261, 265.

Kapitel 3: Inhaltskontrolle von Formulararbeitsverträgen

A. Eingrenzung der Inhaltskontrolle (§§ 307 ff. BGB)

I. Schutzzweck der §§ 305 ff. BGB

1. Unerheblichkeit eines wirtschaftlichen Machtgefälles

Das AGB-Recht stellt nicht auf eine wirtschaftliche Ungleichgewichtslage ab, sondern knüpft in § 305 I 1 BGB nur an die einseitige Vorformulierung von Bestimmungen für eine Vielzahl von Verträgen an und bezieht auch Unternehmer in den Geltungsbereich mit ein (vgl. § 310 I BGB), wo ein typisch wirtschaftliches Ungleichgewicht in der Regel nicht gegeben ist[268]. Daher ist die *wirtschaftliche Überlegenheit* des AGB-Verwenders kein Grund für ein Marktversagen, da die Marktmechanismen von Angebot und Nachfrage auch bei wirtschaftlicher Ungleichgewichtslage funktionieren[269]. Der Vertragsgegner ist der Macht des Verwenders nicht schutzlos ausgeliefert, solange der Wettbewerb funktioniert, da er die Angebote vergleichen kann und seine Abschlussentscheidung entsprechend danach treffen kann[270].

2. Unerheblichkeit eines intellektuellen Machtgefälles

Die Anwendbarkeit der §§ 305 ff. ist unabhängig von der – i.d.R. mit der Verwendung von AGB einhergehenden - *intellektuellen Überlegenheit des AGB-Verwenders*[271]. Zwar kann der Verwender ein ausgefeiltes Vertragswerk im Vorhinein ohne Zeitdruck (und unter Inanspruchnahme rechtskundiger Beratung) in seinem Sinne erstellen (lassen)[272]. Hingegen kann der Vertragsgegner meist in der konkreten Abschlusssituation das Klauselwerk weder in Ruhe lesen noch dessen Regelungsgehalt vollständig erschließen[273]. Jedoch kann hierfür nur das Informations– und Motivationsgefälle zwischen Verwender und Kunden für das Versagen der Vertragsfreiheit verantwortlich gemacht werden[274]. Denn es lohnt

---

[268] Palandt/*Heinrichs* § 305 BGB Rn, 10; *U/B/H* Einl. Rn. 29; *Habersack* Vertragsfreiheit und Drittinteressen, S. 10; *Heinrich* Formale Freiheit, S. 427.

[269] *A.A. Hromadka* FS Dieterich, S. 251, 256; *Hromadka/Maschmann*, § 5 Rn. 119.

[270] *Fastricht* Inhaltskontrolle, S. 82; *Kötz* Jus 2003, 209, 210.

[271] Palandt/*Heinrichs* § 305 BGB Rn. 10; *Fahr* Inhaltskontrolle, S. 77; *U/B/H* Einl. Rn. 32.

[272] *Fastricht* Inhaltskontrolle, S. 83; *Medicus* Abschied, S. 25.

[273] *Medicus* Jus 1995, 761, 764; *Bunte* FS Locher, S. 325, 332.

[274] BGHZ 60, 243, 245; Staudinger/*Coester* § 9 AGBG Rn. 2; *Dauner-Lieb* Verbraucherschutz, S. 72 ff.; *Lindacher* JZ 1981, 131; MüKo/*Basedow* Vor § 305 BGB Rn. 5; *Hromadka/Maschmann* Arbeitsrecht Band 1, § 5 Rn. 119.

sich für den Kunden nicht, Zeit und Geld in Bemühungen zu investieren, um im Verhandlungswege eine Änderung der AGB zu erreichen oder andere Anbieter ausfindig zu machen, deren AGB-Texte eine für ihn günstigere Regelung enthalten[275].

3. Begrenzung der Vertragsgestaltungsfreiheit

Die h.M. sieht den Schutzzweck des AGB-Rechts (§§ 305 ff. BGB) in der *Begrenzung der* vom AGB-Verwender einseitig in Anspruch genommene *Vertragsgestaltungsfreiheit*[276]. Diese birgt nämlich die Gefahr in sich, dass der Verwender in den AGB einseitig seine Interessen bevorzugt und berechtigte Interessen seiner Vertragspartner vernachlässigt. Durch die Verwendung von AGB ist daher die Eignung des Vertrags zu einem gerechten Interessenausgleich mit der bei gegenseitigem freiem Aushandeln gegebenen Richtigkeitschance nicht mehr gegeben[277]. Diese fehlende Richtigkeitsgewähr und die prägende Wirkung der Vorformulierung sollen durch die Inhaltskontrolle nach den §§ 307-309 BGB kompensiert werden[278]. Ferner ist zu berücksichtigen, dass der Verwender dem Kunden als Vertragspartner durch die Verwendung der AGB gerade zu erkennen gegeben hat, dass er zu einer Abweichung im Einzelfall nicht bereit ist[279].

4. Verbraucherschutz

In der am 01.04.1977 in Kraft getretenen Fassung war das AGB-Gesetz kein Verbraucherschutzgesetz im technischen Sinne, da es nicht den Verbraucher im Verhältnis zum Unternehmer, sondern den Verwendungsgegner im Verhältnis zum Verwender schützte[280].

---

[275] MüKo/*Basedow* Vor § 305 BGB Rn. 5.

[276] Palandt/*Heinrichs* Überbl. v. § 305 BGB Rn. 8; *W/H/L* Einl. Rn. 3; *U/B/H* Einl. Rn. 29; *Bunte* FS Locher, S. 325, 330; *Heinrich* Formale Freiheit, S. 427; *Lieb* AcP 178 (1978), 196, 200 ff.; *Wackerbarth* AcP 2000, 45, 63; so bereits BGHZ 51, 55, 59; 70, 304, 310; 126, 326, 332; *a.A. Hildebrandt* Inhaltskontrolle, S. 16 f.; kritisch zu § 24 a Nr. 2 AGBG *Wolf* FS Brandner, S. 299, 302 ff.

[277] *W/H/L* Einl. Rn. 3; *a.A. Fahr* Inhaltskontrolle, S. 75.

[278] *U/B/H* Einl. Rn. 29.

[279] *Habersack* Vertragsfreiheit und Drittinteressen, S. 106 f.
Die Möglichkeit der Einflussnahme des Kunden auf den Vertragsinhalt besteht daher nur in der Theorie, entspricht aber nicht der geltenden Vertragspraxis.

[280] MüKo/*Basedow* Vor § 305 BGB Rn. 4; Palandt/*Heinrichs* Überbl. v. § 305 BGB Rn. 8; *Stein* Inhaltskontrolle, S. 38 f.

Wie § 310 I BGB (früher § 24 AGBG) zeigt, werden nämlich neben dem Verbraucher auch Unternehmer gegen die Verwendung rechtsmissbräuchlicher Klauseln geschützt, wobei umgekehrt auch ein Verbraucher Verwender sein kann. Der Verbraucherschutz ist erst seit der Umsetzung der Klauselrichtlinie[281] neben dem bisherigen Zweck (Begrenzung der vom Verwender einseitig in Anspruch genommenen Vertragsgestaltungsfreiheit) zum zweiten Schutzprinzip des AGB-Rechts geworden[282]. So will § 310 III BGB (früher § 24 a AGBG) in Übereinstimmung mit der Klauselrichtlinie den Verbraucher in seiner *„rollenspezifischen Unterlegenheit"* schützen und ein „hohes Schutzniveau" des Verbraucherschutzes (Art. 95 III, 153 EG) gewährleisten[283].

II. Allgemeine Qualifikation der Inhaltskontrolle

1. Rechtskontrolle

Unter Rechtskontrolle ist die Anwendung materiellen Rechts und somit die Subsumtion von Vertragsklauseln unter vorgegebene Normen zu verstehen[284].
Daher stellt die Inhaltskontrolle am Maßstab von §§ 307-309 BGB eine Rechtskontrolle dar[285]. Zwar bedürfen die Klauseln mit Wertungsmöglichkeit (§ 308 BGB) und die Generalklausel (§ 307 BGB) einer wertenden Konkretisierung, doch handelt es sich auch dabei methodologisch um Rechtsanwendung und Rechtsfortbildung[286].

2. Wirksamkeitskontrolle

Ferner enthält die Inhaltskontrolle im Gegensatz zur Vertragshilfe keine Kompetenz zur Vertragsgestaltung[287].
Da der gegen den Angemessenheitsmaßstab verstoßende Vertragsinhalt von Gesetzes wegen unwirksam ist, ohne dass es einer richterlichen Entscheidung be-

---

281 ABlEG Nr. L 95 v. 21.04.1996, S. 29 ff.; umfassend hierzu *Borges* Inhaltskontrolle, S. 78 ff.

282 MüKo/*Basedow* Vor § 305 BGB Rn. 4; *Borges* Inhaltskontrolle, S. 16; Palandt/*Heinrichs* Überbl. V. § 305 BGB Rn. 9; *Fenn* FS Söllner, S. 333, 353; *a.A. Kötz* Jus 2003, 209, 210.

283 Palandt/*Heinrichs* Überbl. v. § 305 BGB Rn. 9. In Verbraucherverträgen unterliegen daher nach § 310 III BGB auch Dritt- und Einzelvertragsklauseln einer Inhaltskontrolle.

284 Vgl. *Lieb* AcP 178 (1978), 196, 208.

285 *Fastricht* Inhaltskontrolle, S. 9; *ders.* RdA 1997, 65, 79; *Hönn* JZ 1983, 677, 680; Staudinger/*Coester* Einl. zu §§ 8-11 AGBG Rn. 10, 15.

286 *Fastricht* Inhaltskontrolle, S. 9; *Lieb* AcP 178 (1978), 196, 208.

287 *Hönn* JZ 1983, 677, 681 ff.

dürfte (vgl. § 307 I BGB), ist die Inhaltskontrolle eine Form der Wirksamkeitskontrolle[288]. Dies gilt auch für den fortgeltenden Inhalt des Vertrags, da sich die Folgen eines Verstoßes einzelner Vertragsklauseln gegen das Verbot unangemessener Benachteiligung aus dem Gesetz ergeben (§ 306 BGB) und (grundsätzlich) keine gestaltende richterliche Entscheidung erforderlich ist, um sie herbeizuführen[289]. Raum für eine richterliche Vertragskorrektur, wie die Inhaltskontrolle teilweise bezeichnet wird[290], besteht nicht. Denn auch wenn man die ergänzende Vertragsauslegung zu den gesetzlichen Vorschriften des § 306 II BGB zählt, handelt es sich um die Feststellung eines an sich auch ohne richterliches Zutun geltenden Inhalts des Rechtsgeschäfts und nicht um eine Entscheidung mit Gestaltungswirkung[291].

B. Abgrenzung zu anderen Kontrollinstrumenten

Soweit Inhaltskontrolle im umfassenden Sinn verstanden wird, erfasst dieser Terminus als Oberbegriff jegliche sachliche Grenze der Vertragsfreiheit[292]. Demgegenüber wird im Rahmen dieser Arbeit in Anlehnung an die amtliche Überschrift des § 307 BGB der Begriff der Inhaltskontrolle als die Überprüfung von Allgemeinen Geschäftsbedingungen und damit als Angemessenheitskontrolle verstanden.
Da neben der Inhaltskontrolle nach §§ 307 ff BGB weitere Instrumente zur Vertragskontrolle existieren, bedarf es einer Abgrenzung zu diesen anderen Kontrollinstrumenten.

I. Verhältnis zur Einbeziehungskontrolle

Bei Vorliegen von AGB ist in Form einer Einbeziehungskontrolle, die der Inhaltskontrolle nach §§ 307-309 BGB *vorgeschaltet* ist, zu untersuchen, ob die betreffende Vertragsklausel überhaupt Bestandteil des Vertrags geworden ist. In diesem Zusammenhang bedeutet daher Einbeziehungskontrolle die Prüfung der für AGB im Sinne der §§ 305, 310 III BGB aufgestellten Erfordernisse gemäß § 305 II BGB[293].

---

[288] *Hönn* JZ 1983, 677, 681; *Fastricht* Inhaltskontrolle, S. 11; so auch der BGH bereits vor Inkrafttreten des AGBG: BGHZ 83, 56, 58.
[289] *Fastricht* Inhaltskontrolle, S. 11.
[290] Vgl. BAG AP Nr. 1 zu § 242 BGB Ruhegeld Unterstützungskassen: „Korrektur aus Billigkeitsgründen".
[291] *Fastricht* Inhaltskontrolle, S. 12.
[292] Vgl. *Hoyningen-Huene* Billigkeit, S. 128 f.
[293] *Heinrich* Formale Freiheit, S. 269.

§ 305 II, der § 2 AGBG entspricht, enthält zwei Abweichungen vom allgemeinen Vertragsrecht, das von den §§ 145 ff. BGB als Vertragsabschlussvoraussetzungen ausgeht. Nach § 305 II BGB ist kumulativ (1.) ein (grundsätzlich ausdrücklicher) Hinweis des Verwenders gegenüber dem Vertragspartner auf eine bestimmte Regelung sowie (2.) die Möglichkeit zumutbarer Kenntnisnahme des Vertragspartners Voraussetzung einer wirksamen Einbeziehung[294]. Ferner existiert mit (dem wörtlich mit § 3 AGBG übereinstimmenden) § 305 c I BGB eine Einbeziehungsschranke für überraschende Klauseln[295].
Im unternehmerischen Geschäftsverkehr (§ 310 I BGB)[296] sowie bei Arbeitsverträgen (§ 310 IV 2 Hs. 2 BGB) findet § 305 II, III BGB keine Anwendung[297].

II. Verhältnis zu § 138 BGB - Sittenwidrigkeitskontrolle

1. Anwendungsbereich

Die Inhaltskontrolle nach §§ 307 ff. BGB ist auf AGB beschränkt, während § 138 I BGB in der gesamten Privatrechtsordnung gilt[298]. Während § 138 BGB daher vor allem den Schutz der Rechtsordnung im Blick hat[299], zielt die Angemessenheitskontrolle in erster Linie auf die Wahrung der individuellen Vertragsgerechtigkeit[300].
Auch kann das Instrument der Sittenwidrigkeitskontrolle im Gegensatz zur Angemessenheitskontrolle (vgl. § 307 III 1 BGB) die Relation von Leistung und Entgelt prüfen[301].

2. Maßstab und Verhältnis zu §§ 307 ff. BGB

Die Wirksamkeitsschranke des § 138 BGB liegt erheblich höher als die des § 307 BGB[302]. Denn Sittenwidrigkeit erfordert eine grobe Interessenverletzung von erheblicher Stärke[303] und subjektive Vorwerfbarkeit. Nicht jede objektiv un-

---

[294] Vgl. Palandt/*Heinrichs* § 305 BGB Rn. 25 ff.
[295] Vgl. zu § 305 c I BGB: Palandt/*Heinrichs* § 305 c I BGB Rn. 3 ff.
[296] Vgl. dazu Palandt/*Heinrichs* § 310 BGB Rn. 50 ff.
[297] Zu den Auswirkungen des § 310 IV 2 Hs.2 BGB auf Formulararbeitsverträge s.u. bei Kapitel 3, D IV 2 lit. b.
[298] *Heinrich* Formale Freiheit, S. 296.
[299] Palandt/*Heinrichs* § 138 BGB Rn. 1.
[300] *Heinrich* Formale Freiheit, S. 301.
[301] Preis/*Preis* I C Rn. 40.
[302] Palandt/*Heinrichs* Vorb. v. §§ 307-309 BGB Rn. 16.
[303] BGH ZIP 1996, 961.

angemessene Vertragsklausel, die der Inhaltskontrolle nach §§ 307 ff. BGB anheim fällt, verletzt bereits „das Anstandsgefühl aller billig und gerecht Denkenden“[304]. § 307 BGB setzt nämlich nur eine (gegen Treu und Glauben verstoßende) unangemessene Benachteiligung voraus und enthält kein subjektives Tatbestandsmerkmal[305]. Daher ist festzuhalten, dass die Angemessenheitskontrolle nach §§ 307 ff. BGB einen wesentlich feineren Maßstab zur Vertragskontrolle als die Sittenwidrigkeitskontrolle bereithält[306].

§ 138 I BGB ist anwendbar, wenn die Individualvereinbarung (vgl. § 305 I 3 BGB) sittenwidrig oder wenn die AGB nicht wegen Benachteiligung des Kunden, sondern aus sonstigen Gründen anstößig sind[307]

Bei Verbraucherverträgen ergeben sich mit der Berücksichtigung der Umstände des konkreten Vertrags (§ 310 III Nr. 3 BGB) Überschneidungen zu § 138 BGB, insbesondere bei der Berücksichtigung des Parteiverhaltens. So kann das Einwirken auf den Verbraucher durch Drohung, Täuschung die Sittenwidrigkeit des Vertrags nach § 138 I BGB und gleichzeitig die Unwirksamkeit nach §§ 307 I, 310 III Nr. 3 BGB begründen, so dass Gesetzeskonkurrenz der Unwirksamkeitsgründe besteht[308]. Im Übrigen erfolgt die Kontrolle nach § 138 BGB und nach den §§ 307 ff. BGB auch bei Verbraucherverträgen völlig unabhängig voneinander und folgt jeweils ihren eigenen Regeln[309].

Bei der Beurteilung, ob eine Klausel gegen § 307 BGB verstößt, ist ebenso wie bei der Prüfung der Sittenwidrigkeit auf die *Verhältnisse im Zeitpunkt des Vertragsschlusses* abzustellen[310]. Dies ergibt sich ausdrücklich aus Art. 4 I der Klauselrichtlinie und dem Gedanken der Rechtssicherheit[311]. Zwar kann eine nach Vertragsschluss eingetretene Änderung der tatsächlichen Umstände zur Anwendung des § 242 BGB (Einwand des Rechtsmissbrauchs) oder des § 313 BGB (Störung der Geschäftsgrundlage) führen, sie kann aber nicht zur Unwirksamkeit der Vertragsklausel nach § 307 BGB führen[312]. Ferner kann ein Bewertungswandel eine nach den zur Zeit des Vertragsschlusses geltenden Maßstäben wirksame Klausel nicht nachträglich unwirksam machen[313].

---

[304] MüKo/*Mayer-Maly* § 138 BGB Rn. 8.
[305] Palandt/*Heinrichs* Vorb. v. §§ 307-309 BGB Rn. 16.
[306] *Heinrich* Formale Freiheit, S. 301.
[307] Palandt/*Heinrichs* § 138 BGB Rn. 16; Palandt/*Heinrichs* Vorb v §§ 307-309 BGB Rn. 16.
[308] *Borges* Inhaltskontrolle, S. 121.
[309] *W/H/L* § 24 a AGBG Rn. 55.
[310] *Medicus* NJW 1995, 2577, 2580.
[311] *Medicus* NJW 1995, 2577, 2580.
[312] Palandt/*Heinrichs* § 307 BGB Rn. 3.
[313] *Medicus* NJW 1995, 2577, 2580. Liegt aber nicht eine grundlegende Änderung der Bewertungskriterien vor, sondern nur eine Perfektionierung der Kontrolle, gelten die neuen Grund-

3. Rechtsfolgen

Beim Vorliegen einer Sittenwidrigkeit wird der Vertrag nicht korrigiert, sondern ist *vollständig nichtig*[314], während bei Unwirksamkeit von Vertragsklauseln nach §§ 307-309 BGB der Vertrag nach § 306 I BGB als lex specialis zu § 139 BGB im Übrigen wirksam bleibt[315].
Kommen beide Kontrollvarianten – Angemessenheits- und Sittenwidrigkeitskontrolle - bezüglich einer standardisierten Klausel zu einem *„positiven“* Ergebnis sind die §§ 307 ff. BGB leges speciales gegenüber § 138 BGB, so dass der Vertrag nach § 306 I BGB im Übrigen wirksam bleibt[316].

III. Verhältnis zu § 242 BGB

1. Angemessenheitskontrolle nach § 242 BGB

Zwischen der Inhaltskontrolle nach § 307 I BGB und der Generalklausel des § 242 BGB bestehen Überschneidungen, da der Maßstab von Treu und Glauben auch der Maßstab für die Inhaltskontrolle nach §§ 307 ff. ist[317].
Die Kontrolle von Allgemeinen Geschäftsbedingungen wurde bis zum Inkrafttreten des AGB-Gesetzes unter Berufung auf § 242 BGB vorgenommen[318]. Gegenüber § 242 BGB sind daher bei der Inhaltskontrolle von Allgemeinen Geschäftsbedingungen die *§§ 307 ff. BGB die spezielleren Vorschriften*, da sie abschließend festlegen, unter welchen Voraussetzungen AGB unwirksam sind. Im Anwendungsbereich der §§ 307 ff. BGB besteht somit kein Raum für eine Inhaltskontrolle nach § 242 BGB[319]. Jedoch verkörpert das AGB-Gesetz (jetzt §§ 305 ff. BGB) als *„Teilkodifikation des Rechtsinstituts privatrechtlicher Verträ-*

---

sätze dagegen auch für früher abgeschlossene Verträge, vgl. BGH NJW 1983, 2692, 2693 (zur Sittenwidrigkeit eines Ratenkreditvertrags); BGH NJW 1998, 3708 ff. (zur formularmäßigen Ausdehnung einer Bürgschaft auf alle bestehenden und künftigen Verbindlichkeiten des Hauptschuldners aus bankmäßiger Geschäftsverbindung).

314 Palandt/*Heinrichs* § 138 BGB Rn. 19. Denn dem Zweck des § 138 BGB läuft es zuwider, „dem gegen die guten Sitten Handelnden eine Teilerfolg zu belassen“, vgl. OLG Celle NJW 1959, 1971, 1972. Zur Rechtsfolge bei Wucher (§ 138 II BGB) vgl. Palandt/*Heinrichs* § 138 BGB Rn. 75. Beim Lohnwucher steht dem Arbeitnehmer nach den Grundsätzen über das fehlerhafte Arbeitsverhältnis gemäß § 612 BGB Anspruch auf die übliche Vergütung zu, BAG AP Nr. 2 zu § 138 BGB.

315 Vgl. Palandt/*Heinrichs* § 306 BGB Rn. 2 ff.

316 Palandt/*Heinrichs* v. § 307-309 BGB Rn. 16; *Heinrich* Formale Freiheit, S. 300.

317 *Borges*, Inhaltskontrolle, S. 121.

318 Grundlegend: BGHZ 22, 90 ff. = NJW 1957, 17 ff.; vgl. auch *Heinrichs* NJW 1995, 153, 156; ausführlich auch *Pütz* Imparität, S. 28 ff.

319 Palandt/*Heinrichs* Vorb. v. §§ 307-309 BGB Rn. 17.

ge" keine abschließende Regelung der Inhaltskontrolle, sondern umfasst lediglich einen Teilaspekt der „Angemessenheitskontrolle" des § 242, die in zahlreichen privatrechtlichen Bereichen eine Rolle spielen kann[320]. Daher kann die Inhaltskontrolle nach §§ 307 ff. BGB terminologisch auch als „*Angemessenheitskontrolle im engeren Sinn*" bezeichnet werden[321].
Aufgrund der Einordnung der §§ 307 ff. BGB als „*Angemessenheitskontrolle im engeren Sinn*" kann § 242 BGB in den Rechtsgebieten Grundlage der richterlichen Inhaltskontrolle sein, die von der Bereichsausnahme des § 310 IV 1 BGB erfasst sind[322]. Die Rechtsprechung nimmt daher eine Kontrolle gesellschaftsrechtlicher Gestaltungen von Publikumsgesellschaften anhand eines Angemessenheitsmaßstabes vor[323]. Auch im Arbeitsrecht wurden von der Rechtsprechung bislang trotz der Bereichsausnahme in § 23 I AGBG sowohl Formular- als auch Einzelarbeitsverträge inhaltlich überprüft[324].

2. Unzulässige Rechtsausübung[325]

Als wichtigster Anwendungsfall des § 242 BGB ist der Einwand unzulässiger Rechtsausübung im Einzelfall mit seinen Fallgruppen des unredlichen Rechtserwerbs („*exceptio doli specialis*")[326], der Pflicht zur alsbaldigen Rückgewähr („*dolo facit, qui petit, quod statim redditurus est*")[327], dem Verbot widersprüchlichen Verhaltens[328] und der Verwirkung[329] anzusehen.
Diese Fallgruppen verhindern die Ausübung eines wirksamen Rechts in einer konkreten Situation zu einem bestimmten Zeitpunkt, wobei die vertraglich eingeräumte Rechtsposition grundsätzlich nicht in Frage gestellt wird[330].
Da die Ausübungskontrolle eine wirksame Vertragsklausel voraussetzt, ist diese von der (primär zu erfolgenden) Angemessenheitskontrolle nach §§ 307 ff. BGB zu unterscheiden[331].

---

[320] Lieb AcP 178, 196, 197, 210; zustimmend *Fastricht* Inhaltskontrolle, S. 6, 14; *Preis* Vertragsgestaltung, S. 148; *Hildebrandt* Inhaltskontrolle, S. 3 ff.; *Heinrichs* NJW 1995, 153, 156.
[321] Vgl. *Heinrich* Formale Freiheit, S. 301.
[322] Palandt/*Heinrichs* Vorb. v. §§ 307-309 BGB Rn. 17.
[323] Vgl. BGH NJW 1988, 23, 25; BGHZ 84, 11, 13.
[324] Vgl. hierzu *Preis* Vertragsgestaltung, S. 237 ff.
[325] Der Begriff der Ausübungskontrolle ist mehrdeutig, da er sowohl für das Verbot unzulässiger Rechtsausübung im Einzelfall (§ 242 BGB) als auch für die Kontrolle eines Bestimmungsrechts einer Vertragspartei im Einzelfall (§ 315 BGB) verwandt wird, vgl. *Preis* Vertragsgestaltung, S. 201.
[326] Palandt/*Heinrichs* § 242 BGB Rn. 43,
[327] Palandt/*Heinrichs* § 242 BGB Rn. 52.
[328] Palandt/*Heinrichs* § 242 BGB Rn. 55.
[329] Palandt/*Heinrichs* § 242 BGB Rn. 87 ff.
[330] Palandt/*Heinrichs* § 242 BGB Rn. 38.

IV. Verhältnis zu §§ 315 ff. BGB - Billigkeitskontrolle

1. Anwendungsbereich[332]

Im Unterschied zur Angemessenheitskontrolle setzt die Billigkeitskontrolle nach § 315 BGB zwar an eine bestehende rechtliche Beziehung zwischen den Parteien an, jedoch wird die Leistungsbestimmung im Zeitpunkt des Vertragsschlusses noch nicht getroffen, weil einer Partei ein (einseitiges) Leistungsbestimmungsrecht zugestanden wird[333].
Daher finden die §§ 315 ff. BGB keine Anwendung, wenn der Umfang der Leistung durch objektive Beurteilungsmaßstäbe festgelegt ist[334].
Bei der Kontrolle einseitiger Leistungsbestimmungsrechte ist neben der Billigkeitskontrolle primär zu prüfen, ob überhaupt wirksam ein vertragliches Leistungsbestimmungsrecht vereinbart worden ist[335]. Somit hat die Inhaltskontrolle einseitig vorformulierter Leistungsbestimmungsrechte *Vorrang* vor der Billigkeitskontrolle[336]. Nur wenn durch (vorformulierten) Vertrag oder Tarifvertrag ein wirksam eingeräumtes einseitiges Bestimmungsrecht vorliegt, kann zusätzlich eine Kontrolle am Maßstab des § 315 BGB erfolgen[337]. Während nämlich § 315 BGB eine Einschränkung der Wirksamkeit des vereinbarten Vertragsinhalts enthält, setzt die Inhaltskontrolle am formal konsentierten Vertragsinhalt an. Die Vertragsbedingungen müssen schon bei Abschluss des Vertrags formal wirksam Vertragsinhalt geworden sein, so dass die Besonderheit der Inhaltskontrolle darin liegt, dass sie sich gegen den förmlich vereinbarten Vertragsinhalt richtet[338]. Ferner betrifft die Leistungsbestimmung nach §§ 315 ff. BGB im Regelfall die Hauptleistung, während diese aber im Regelfall der Inhaltskontrolle entzogen ist (vgl. § 307 III 1 BGB)[339]. § 315 BGB hat im Arbeitsrecht einen weiten Anwendungsbereich, weil Weisungs- und Direktionsrechte als einseitige Leistungsbestimmungsrechte zum wesentlichen Inhalt des Arbeitsvertrags gehören[340].

---

331 *Preis* Vertragsgestaltung, S. 198.
332 Vgl. umfassend hierzu *Hoyningen-Huene* Billigkeit, S. 128 ff.
333 Palandt/*Heinrichs* § 315 BGB Rn. 4; MüKo/*Gottwald* § 315 BGB Rn. 4. Da das Leistungsbestimmungsrecht des § 315 BGB durch Gestaltungsakt auszuüben ist, handelt es sich um ein Gestaltungsrecht, vgl. Staudinger/*Rieble* § 315 BGB Rn. 68; MüKo/*Gottwald* § 315 BGB Rn. 33.
334 Palandt/*Heinrichs* § 315 BGB Rn. 6; *Fastricht* Inhaltskontrolle, S. 15 f.
335 ErfK/*Preis* §§ 305-310 BGB Rn. 7.
336 MüKo/*Gottwald* § 315 BGB Rn. 9; ErfK/*Preis* §§ 305-310 BGB Rn. 8.
337 *Hromadka* DB 1995, 1609 ff. BGB.
338 *Fastricht* Inhaltskontrolle, S. 16.
339 *Fastricht* Inhaltskontrolle, S. 16; MüKo/*Gottwald* § 315 BGB Rn. 9.
340 *Preis* Vertragsgestaltung, S. 200; Staudinger/*Rieble* § 315 BGB Rn. 65; MüKo/*Gottwald* § 315 BGB Rn. 69. Bei Arbeitsentgelten wird zwischen Jahressonderzahlungen und laufenden Vergütungsbestandteilen unterschieden: Für laufende Vergütungsbestandteile lässt das BAG

Während das BAG teilweise nicht zwischen den Begriffen Billigkeits- und Inhaltskontrolle unterschied, sondern diese Begriffe synonym verwandte[341], lehnt der BGH[342] und die h.M. im Schrifttum[343] eine Gleichsetzung von Inhalts- und Billigkeitskontrolle ab. Mit der Aufhebung der Bereichausnahme (§ 310 IV 1, 2 BGB) und der Anwendbarkeit der §§ 305 ff. BGB auf Formulararbeitsverträge ist auch im Arbeitsrecht primär die Wirksamkeit der Einräumung eines Leistungsbestimmungsrechts und erst sekundär die Ausübung des Rechts zu überprüfen[344].

2. Maßstab

Der Inhaltskontrolle liegt ein *generalisierender Maßstab* zugrunde[345]. AGB müssen als allgemeine Regelung einer Vielzahl von Verträgen angemessen sein, so dass es im Einzelfall auf die Belange des individuellen Vertragspartners nicht ankommt. Der Maßstab des § 315 BGB ist hingegen *individuell* auf die besonderen Belange und Interessen der beteiligten Parteien bezogen[346] und gibt dem Bestimmungsberechtigtem einen Spielraum zwischen verschiedenen Verhaltensmöglichkeiten, wobei die Billigkeit dem Ermessensspielraum Grenzen setzt[347].

3. Rechtsfolgen

Bei Überschreitung des Ermessens durch die Leistungsbestimmung ist die Bestimmung nicht unwirksam, sondern unverbindlich (§ 315 III 1 BGB)[348]. Im Fall

---

nur einen Widerruf nach billigem und nicht nach freiem Ermessen zu, vgl. BAG AP Nr. 4 zu § 305 BGB Billigkeitskontrolle = NZA 1988, 95, 96, und verstärkt so die Zweifelsregelung des § 315 I BGB zum zwingenden Rechtssatz (vgl. MüKo/*Gottwald* § 315 BGB Rn. 68; Staudinger/*Rieble* § 315 BGB Rn. 65; MünchArbR/Hanau § 62 Rn. 107). Zu Jahressonderzahlungen vgl. Staudinger/*Rieble* § 315 BGB Rn. 65 m.w.N.

341 Vgl. BAG AP Nr. 142 zu § 242 BGB Ruhegehalt; zuletzt BAG NZA 2002, 551.

342 BGH in ständiger Rechtsprechung seit BGHZ 22, 90 ff.; BGHZ 89, 206, 213; BGHZ 93, 29, 34.

343 Stellvertretend aus der Literatur: *Gast* BB 1986, 1513, 1519; *Hoyningen-Huene* Billigkeit, S. 75 ff., 153 ff.; *Weber* DB 1971, 129, 136; *Westhoff* Inhaltskontrolle, S. 62 ff.; *Wiedemann* FS Kummer (1980), S. 175, 187; *Zöllner* AcP 176 (1976), 221, 243, 245.

344 ErfK/*Preis* § 611 BGB Rn. 482.

345 Palandt/*Heinrichs* § 307 BGB Rn. 4 m.w.N.

346 Billigkeit ist ein individueller Maßstab, der alle Umstände des Einzelfalls berücksichtigt, vgl. *Heinrich* Formale Freiheit, S. 307; *Hoyningen-Huene* Billigkeit, S. 29, 153, 156; *Westhoff* Inhaltskontrolle, S. 68 f.; *Zöllner* AcP 176 (1976), 221, 245.

347 BGH NJW-RR 1991, 1248, 1249.

348 MüKo/*Gottwald* § 315 BGB Rn. 43; Palandt/*Heinrichs* § 315 BGB Rn. 16.

der Ermessensüberschreitung wird eine Entscheidung durch das Gericht getroffen (§ 315 III 2 BGB). Das Gericht hat bei der Ausgestaltung des Rechtsverhältnisses nach § 315 III 1 BGB keinen Ermessensspielraum, sondern (nur) auf Billigkeit zu achten[349]. Bei der Billigkeitskontrolle werden daher unangemessene Vertragspflichten nicht als unwirksam verworfen, sondern *im Einzelfall reduziert*[350]. Die Angemessenheitskontrolle hingegen hat *rein feststellenden Charakter ohne Rechtsgestaltung* (§ 306 I, II BGB)[351].

V. Verhältnis zum Verbot der Gesetzesumgehung[352]

Das Verbot der Gesetzesumgehung ist u.a. in § 306 a BGB (neben § 8 FernUSG, § 22 GüKG, § 42 AO) kodifiziert[353].

Die Rechtsprechung des BAG hat vielfach auf den Gesichtspunkt der funktionswidrigen Vertragsgestaltung durch objektive Gesetzesumgehung abgestellt. So beruhte die gesamte Rechtsprechung des BAG zur Befristungskontrolle auf dem Grundgedanken der Gesetzesumgehung[354]. Ferner hat das BAG bei der Frage der Zulässigkeit von Rückzahlungsklauseln § 622 VI BGB mit der Begründung herangezogen, dass durch Rückzahlungsklauseln das Verbot ungleicher Kündigungsfristen nicht umgangen werden dürfe[355].

Da aber das BAG dieses Institut teilweise extensiv angewandt hat als Ersatz für die fehlende gesetzliche Inhaltskontrolle, bedarf es nach dem Inkrafttreten des SMG und der Erstreckung der §§ 305 ff. BGB auf das Arbeitsrecht (§ 310 IV 1 BGB) der Unterscheidung zwischen echten Fällen einer Gesetzesumgehungen, die unzulässig sind, und den Fällen der bloßen Inhalts- bzw. Angemessenheitskontrolle einseitig gestellter Vertragsbedingungen[356].

---

[349] MüKo/*Gottwald* § 315 BGB Rn. 50; *Heinrich* Formale Freiheit, S. 308.
[350] ErfK/*Preis* §§ 305-310 BGB Rn. 7. Daher hat die gerichtliche Billigkeitskontrolle rechtsgestaltenden Charakter, vgl. MüKo/*Gottwald* § 315 BGB Rn. 4.
[351] Staudinger/*Rieble* § 315 BGB Rn. 49; *Fastricht* Inhaltskontrolle, S. 17.
[352] Vgl. auch ErfK/*Preis* §§ 305-310 BGB Rn. 6.
[353] Vgl. Preis/*Preis* I C Rn. 34.
[354] Vgl. die Urteile des BAG, AP zu § 620 BGB Befristeter Arbeitsvertrag. Durch die Kodifikation des Rechts der befristeten Arbeitsverträge (TzBfG) hat in diesem Bereich das Verbot der Gesetzesumgehung als dogmatische Grundlage ihre Bedeutung verloren, vgl. Preis/*Preis* I C Rn. 35, der aber darauf hinweist, dass das Verbot der Gesetzesumgehung bei der Befristung von Einzelarbeitsbedingungen fortwirkt.
[355] BAG AP Nr. 15 u. 22 zu § 611 BGB Gratifikationen; AP Nr. 1 zu § 611 BGB Urlaub und Gratifikation; AP Nr. 3 zu § 611 BGB Ausbildungsbeihilfe.
[356] ErfK/*Preis* §§ 305-310 BGB Rn. 6.

VI. Verhältnis zur Auslegung (§§ 133, 157 BGB)[357]

Die Auslegung (§§ 133, 157 BGB) setzt Auslegungsbedürftigkeit voraus. Hat die Willenserklärung nach Wortlaut und Zweck einen eindeutigen Inhalt, ist für die Auslegung kein Raum[358]. Die Inhaltskontrolle beginnt hingegen dort, wo die Auslegung endet. So kann ein Vertrag erst der Inhaltskontrolle unterzogen werden, wenn dessen Inhalt zunächst im Wege der Auslegung ermittelt wurde[359]. Während für die Auslegung der Parteiwille vorrangig ist, ist für die Inhaltskontrolle nicht das Erklärte der Maßstab, sondern die objektive Angemessenheit, an welcher sich das Erklärte messen lassen muss. Die Rechtsprechung des BAG zu den Bindungsklauseln in Gratifikationsregelungen[360] wird als Beispiel für eine verdeckte Inhaltskontrolle angesehen[361]: Das BAG hat solche Bindungsklauseln zunächst einschränkend dahin *„ausgelegt"*, dass im Zweifel der Fall der betriebsbedingten Kündigung durch den Arbeitgeber nicht von der Stichtagsregelung erfasst sei. In späteren Entscheidungen gab das BAG aber diese Rechtsprechung auf und stellte die Regel auf, dass derartige Bindungsklauseln den Fall der betriebsbedingten Kündigung nicht erfassen und daher unwirksam seien[362].

VII. Verhältnis zur culpa in contrahendo (c.i.c.)[363]

Überschneidungen der Inhaltskontrolle (§§ 307 ff. BGB) mit der (nun in § 311 II, III BGB kodifizierten[364]) Rechtsfigur c.i.c. sind möglich: Die Verwendung unwirksamer AGB verstößt gegen die bei Vertragsverhandlungen bestehende Pflicht zur gegenseitigen Rücksichtnahme und verpflichtet nach §§ 280 I 1, 241 II, 311 II Nr. 1 BGB zum Schadensersatz[365]. In diesem Fall besteht aber keine

---

[357] Vgl. auch *Fastricht* Inhaltskontrolle, S. 21 ff.
[358] Palandt/*Heinrichs* § 133 BGB Rn. 5.
[359] Palandt/*Heinrichs* § 305 c BGB Rn. 15 f.
[360] Vgl. BAG AP Nr. 72 zu § 611 BGB Gratifikation.
Bei den Bindungsklauseln handelt es sich um Stichtagsregelungen, die bestimmen, dass solche Arbeitnehmer keine Gratifikation erhalten, die an einem bestimmten Stichtag des Folgejahres bereits aus dem Arbeitsverhältnis ausgeschieden sind oder sich zumindest in einem ungekündigten Arbeitsverhältnis befinden.
[361] *Fastricht* Inhaltskontrolle, S. 23.
[362] BAG AP Nr. 84, 86 zu § 611 BGB Gratifikation.
[363] Vgl. auch *Borges* Inhaltskontrolle, S. 123 f.
[364] Vgl. zur c.i.c. Schuldrecht/*Medicus* Kap. 3 Rn. 162 ff. Ein Schuldverhältnis mit Pflichten i.S.v. § 241 II BGB entsteht durch die Aufnahme von Vertragsverhandlungen (311 II Nr. 1 BGB), durch die Anbahnung eines Vertrags (§ 311 II Nr. 2 BGB) oder durch ähnliche geschäftliche Kontakte (§ 311 II Nr. 3 BGB).
[365] *Kornau* Schadensersatzansprüche, S. 138 f.; Palandt/*Heinrichs* Vorb. v. §§ 307-309 BGB Rn. 14.

Kollision von Inhaltskontrolle und c.i.c., da die AGB-Kontrolle Vorfrage für das Bestehen der Pflichtverletzung ist[366]. Bei Verbraucherverträgen sind im Rahmen der §§ 307 I 2, 310 III Nr. 3 BGB Täuschungen oder verharmlosende Äußerungen über die Bedeutung einer Klausel zu berücksichtigen[367]. Die Verletzung von Aufklärungspflichten kann ausnahmsweise auch einen Schadensersatzanspruch (§ 249 S. 1 BGB) in Form der Rückgängigmachung des inhaltlich nachteiligen Vertrags erzeugen[368].

C. Inhaltskontrolle von Arbeitsverträgen vor der Schuldrechtsreform

I. Wortlaut der Bereichsausnahme in § 23 I AGBG

„Dieses Gesetz findet keine Anwendung bei Verträgen auf dem Gebiet des Arbeits-, Erb-, Familien- und Gesellschaftsrechts.“

II. Gesetzesbegründung zu § 23 I AGBG

In der Begründung des Regierungsentwurfs zum AGBG heißt es in Bezug auf die Bereichsausnahme für das Arbeitsrecht[369]: *„Auf dem Gebiet des Arbeitsrechts wird der Schutz des schwächeren Vertragspartners vor unangemessenen Vertragsbedingungen durch ein dichtes Netz von zwingenden Vorschriften und durch das besondere System der kollektivrechtlichen Vereinbarungen verwirklicht. Soweit auch auf diesem Gebiet noch eine Verbesserung des Schutzes vor unangemessenen Bedingungen erforderlich erscheint, sollten besondere gesetzgeberische Maßnahmen auf dem Gebiet des Arbeitsrecht vorgenommen werden.“*

III. Kritik an der Gesetzesbegründung

1. Hinreichender Schutz durch zwingendes Gesetzesrecht?

Die Begründung für die Bereichsausnahme traf nur begrenzt zu, da die Regelungsdichte nicht derart ausgeprägt ist, dass eine gerichtliche Kontrolle überflüs-

---

[366] Vgl. *Borges* Inhaltskontrolle, S. 123 mit weiteren Beispielen.
[367] *Borges* Inhaltskontrolle, S. 123.
[368] *Reich* NJW 1995, 1857, 1860; *Borges* Inhaltskontrolle, S. 124.
[369] BT-Drucks. 7/3919, S. 41.

sig wird[370]. Denn bei der Verwendung arbeitsvertraglicher Einheitsregelungen ist die Situation im Arbeitsrecht mit der Verwendung allgemeiner Geschäftsbedingungen vergleichbar, wenn die Arbeitsbedingungen einseitig vom Arbeitgeber gestellt werden[371].
Ferner hat der Ansatz der Gesetzbegründung allein die Inhaltskontrolle im Auge und versagt bei Regelungen, die sich mit anderen Materien beschäftigen, wie z.B. der Einbeziehungskontrolle (§§ 2,3 AGBG)[372]. Daher ging das gesetzgeberische Motiv des § 23 I AGBG (hinreichender Schutz vor unangemessenen Vertragsbedingungen durch ein dichtes Netz an zwingenden Vorschriften) fehl, da es im Arbeitsrecht keine besonderen Vorschriften gab, die die Einbeziehungskontrolle (§§ 2, 3 AGBG) regelten, oder dem Regelungscharakter der §§ 1, 5, 6 AGBG entsprachen[373]. Wenn es nun aber richtig sein sollte, dass der notwendige Schutz des Arbeitnehmers durch das erwähnte Netz von Vorschriften und Vereinbarungen gewährleistet ist, müsste die gerichtliche Inhaltskontrolle eigentlich überflüssig sein[374]. Demgegenüber finden sich in der Stellungnahme des Rechtsausschusses Anhaltspunkte, dass der Arbeitnehmerschutz auch künftig durch die gerichtliche Inhaltskontrolle garantiert werden sollte[375].

2. Schutz durch kollektivrechtliche Vereinbarungen?

Die Bereichsausnahme für das Arbeitsrecht wurde ferner damit begründet, dass die Arbeitnehmer „*durch das besondere System kollektivrechtlicher Vereinbarungen*“ hinreichend geschützt werden[376]. Der Gesetzgeber hat die vorhandenen spezifischen Schutzinstrumente nicht im Einzelnen genannt, hat aber wohl neben dem zwingenden Recht die Betriebsverfassung und der Tarifvertrag gemeint[377]. Jedoch ist ein allgemeiner Schutz für sämtliche potentiell betroffene Arbeitnehmer weder von Betriebsvereinbarungen noch von Tarifverträgen zu erwarten, weshalb die Begründung nur insoweit trägt, wie Tarifverträge bestehen und Arbeitsverhältnisse von ihnen erfasst werden[378]. Knapp zwei Drittel der

---

[370] *Heinrich* Formale Freiheit, S. 545.
[371] *Heinrich* Formale Freiheit, S. 545; in diese Richtung auch *Fenn* FS Söllner 2000, S. 333, 343.
[372] *Fenn* FS Söllner, S:333, 342 f.
[373] *Fenn* FS Söllner, S. 333, 342 f.
[374] *Fenn* FS Söllner, S. 333, 346.
[375] BT-Drucks. 7/5422, S. 13: „Bisherige Rechtsmaßstäbe“ sollten unberührt bleiben. Das BVerfG sieht die Inhaltskontrolle von Verträgen (unter bestimmten Voraussetzungen) als grundrechtlich geboten an, vgl. BVerfGE 81, 242, 256; 89, 214; 233 f., vgl. oben Kap. 2 D I.
[376] BT-Drucks. 7/3919, S. 41; ebenso *Zöllner* RdA 1989, 152, 157.
[377] *Fastricht* RdA 1997, 65, 73.
[378] ArbG Herford NJW 1982, 1550, 1551; *Fenn* FS Söllner, S. 333, 348 m.w.N.

deutschen Arbeitnehmerschaft sind nämlich nicht in Gewerkschaften organisiert[379] und stehen außerhalb des Tarifschutzes[380]. Daher wurde es auch wegen der negativen Koalitionsfreiheit (Art. 9 III GG) als *„bedenklich"* angesehen, diese gewerkschaftlich nicht organisierten Arbeitnehmer zum Schutz gegen vorformulierte Arbeitsverträge und allgemeine Arbeitsbedingungen zum Beitritt zu zwingen[381]. Auch das Betriebsverfassungsrecht bietet keinen ausreichenden Schutz. § 94 II BetrVG gibt zwar dem Betriebsrat ein zwingendes Mitbestimmungsrecht für im Betrieb allgemein verwandte schriftliche Arbeitsverträge. Zum einen werden hierdurch nur Formulararbeitsverträge erfasst, nicht Gesamtzusagen oder sonstige gesamteinheitliche Arbeitsbedingungen[382]. Ruhegeldanordnungen und Gratifikationszusagen bleiben daher ungeschützt[383]. Weiter hat der Betriebsrat keine derartige Machtposition, dass man ihm allein die Kontrolle von vorformulierten Arbeitsbedingungen anvertrauen könnte[384].

3. Die Nicht-Kodifikation eines Arbeitsvertragsgesetzbuches

Schließlich verwies der Gesetzgeber auf *„besondere gesetzgeberische Maßnahmen"* im Sonderprivatrecht Arbeitsrecht[385].
Im Zeitraum der gesetzlichen Vorbereitung des AGB-Gesetzes war eine Arbeitsrechtskodifikation absehbar, wobei dieses Vorhaben bis zur Vorlage eines Arbeitsgesetzbuches Ende 1977 weiter betrieben wurde[386]. In der Folgezeit wurde dieses Gesetzesvorhaben aufgegeben und bis heute nicht wieder aufgenommen, auch wenn Art. 30 I des Einigungsvertrags den gesamtdeutschen Gesetzgeber verpflichtete, das Arbeitsrecht *„möglichst bald einheitlich neu zu kodifizieren"*[387]. Da der Gesetzgeber in der Entstehungsphase des AGB-Gesetzes von der arbeitsrechtlichen Kodifizierung ausgegangen war, ist diese Begründung für die Bereichsausnahme später weggefallen[388].

---

[379] 1996 waren 33,8 % der abhängig Erwerbstätigen gewerkschaftlich organisiert, vgl. Institut der Deutschen Wirtschaft Köln (Hrsg.), Zahlen zur wirtschaftlichen Entwicklung der Bundesrepublik Deutschland, 1998, Nr. 128.
[380] *Fenn* FS Söllner, S. 333, 348.
[381] *Fenn* FS Söllner, S. 333, 348.
[382] *Fastricht* Inhaltskontrolle, S. 182, 193 f.
[383] *Fenn* FS Söllner, S. 333, 348.
[384] *Zöllner* RdA 1989, 152, 157; *Fenn* FS Söllner, S. 333, 349 m.w.N.
[385] BT-Drucks. 7/3919, S. 41.
[386] Arbeitsgesetzbuchkommission, Entwurf eines Arbeitsgesetzbuches – Allgemeines Arbeitsvertragsrecht, September 1977, hrsg. vom Bundesminister für Arbeit und Sozialordnung.
[387] Zu den weiteren Beratungen in der Folgezeit vgl. *Fenn* FS Söllner, S. 333, 350.
[388] *Preis* Vertragsgestaltung, S. 243 ff.; *Fenn* FS Söllner, S. 333, 350; *a.A. Annuß* BB 2002, 458.

IV. Reichweite der Bereichsausnahme im Arbeitsrecht

1. Einordnung von arbeitnehmerähnlichen Personen

Durch die Bereichsausnahme in § 23 I AGBG fand das AGBG[389] keine Anwendung auf das Arbeitsrecht (= Bereichsausnahme). Für die Bestimmung des Begriffs „Arbeitsrecht" konnte an die arbeitsrechtliche Arbeitnehmerdefinition und die dazu ergangene Rechtsprechung angeknüpft werden[390]. Streitig war die Behandlung sog. arbeitnehmerähnlicher Personen, die i.d.R. nicht weisungsgebunden und nicht persönlich abhängig, dafür aber wirtschaftlich abhängig sind, weil sie allein oder zu einem wesentlichen Anteil für nur einen Arbeitgeber tätig werden[391]. Nach h.M. sollten Verträge arbeitnehmerähnlicher Personen der Kontrolle durch das AGBG unterfallen[392]. Gegen die Anwendbarkeit des AGBG würde auch nicht die teilweise Gleichstellung mit Arbeitnehmern (vgl. § 5 I 2 ArbGG; § 2 BUrlG; § 12 TVG) sprechen[393]. Entscheidend sei vielmehr, dass sie des arbeitsrechtlichen Schutzes im Prinzip entbehren[394]. Der Ausschluss von Verträgen arbeitnehmerähnlicher Personen hätte daher vor dem Hintergrund der Rechtsprechung des BVerfG eine „Schutzlücke" zur Folge[395].

2. Verträge auf dem Gebiet des Arbeitsrechts

Verträge auf dem Gebiet des Arbeitsrecht i.S.v. § 23 I AGBG sind Verträge, bei denen der zur Leistung von Diensten Verpflichtete Arbeitnehmer ist, also in weisungsgebundener persönlicher Abhängigkeit fremdbestimmte Arbeit für einen anderen verrichtet[396]. Daher fand § 23 I AGBG keine Anwendung auf andere Verträge zwischen Arbeitgeber und Arbeitnehmer[397], also z.B. Darlehensver-

[389] Vgl. zur Entstehung des AGB-Gesetzes *Hensen* FS Heinrichs, S. 335 ff.

[390] Staudinger/*Schlosser* (1998) § 23 AGBG Rn. 2. Vgl. zum Arbeitnehmerbegriff: BAG NZA 1997, 1126 ff.; BAG NZA 1999, 53 ff.; BAG BB 2001, 220 ff.; BAG NZA 2002, 787 ff.; *Buchner* NZA 1998, 1144 ff.; *Hoyningen-Huene* NJW 2000, 3233 ff.; *Hromadka* NZA 1997, 569 ff.; *Reineke* NZA 1999, 729 ff.; *Reiserer* BB 2000, 94 ff; *Richardi* DB 1999, 958. f.

[391] *Artz* Verbraucher, S. 162; MüKo/*Basedow* (4.Aufl.) § 23 AGBG Rn. 6.

[392] *Friedrich* MDR 1979, 190, 192; Palandt/*Heinrichs* (61.Aufl.) § 23 AGBG Rn. 1; *U/B/H* § 23 AGBG Rn. 7; *W/H/L* § 23 AGBG Rn. 37; Erman/*Werner* § 23 AGBG Rn. 3; Staudinger/*Schlosser* § 23 AGBG Rn. 2; *a.A.* MüKo/*Basedow* § 23 AGBG Rn. 6.

[393] Staudinger/*Schlosser* § 23 AGBG Rn. 2.

[394] OLG Nürnberg NJW-RR 1986, 782, 783; *Preis/Stoffels* ZHR 160 (1996), 442, 455; *Friedrich* MDR 1979, 190 ff.; *U/B/H* § 23 AGBG Rn. 7; *a.A.* MüKo/*Basedow* § 23 AGBG Rn. 6; Staudinger/*Schlosser* § 23 AGBG Rn. 2; offen gelassen von BGH NJW 1984, 1112.

[395] Preis/*Stoffels* ZHR 160 (1996), 442, 455.

[396] MüKo/*Basedow* § 23 AGBG Rn. 5.

[397] H.M. vgl. BAG ZIP 1993, 528; *Heinrichs* NJW 1994, 1380, 1388.

träge, Kaufverträge, Mietverträge über eine Werkswohnung[398]. Diese Verträge unterlagen also in vollem Umfang der AGB-Kontrolle.

V. Vereinbarkeit der Inhaltskontrolle mit § 23 I AGBG

1. Gesetzesbegründung

Die Erwägungen des Gesetzgebers zur Bereichsausnahme des § 23 I AGBG[399] bewirkten *keine Sperrwirkung des AGBG* hinsichtlich einer Angemessenheitsprüfung von Formulararbeitsverträgen. Denn die Begründung des Gesetzgebers traf nur begrenzt zu[400]. Das einseitige Gestaltungspotential, das mit der Verwendung von AGB einhergeht, begründet nämlich ein besonderes Schutzbedürfnis des Arbeitnehmers, das durch andere Schutzmechanismen nicht immer ausgeglichen werden kann[401]. Im Übrigen war dem Gesetzgeber des AGBG auch bekannt, dass die Rechtsprechung arbeitsvertragliche Vereinbarungen einer gerichtlichen Kontrolle unterzieht[402]. Denn der Gesetzgeber wies selbst darauf hin, dass „*die bisherige Inhaltskontrolle vorformulierter Klauseln insbesondere am Maßstab des § 242 BGB nicht berührt*“ werde[403]. Daraus wurde gefolgert, dass der Gesetzgeber die (richterliche) Inhaltskontrolle weder anordnen, noch verbieten wollte[404].

2. AGB-Gesetz als Teilkodifikation des § 242 BGB

Dass im Rahmen der Inhaltskontrolle lediglich das AGB-Gesetz nicht anwendbar sein sollte, da der Gesetzgeber über eine Inhaltskontrolle außerhalb des AGB-Gesetzes nicht entschieden hat, folgt auch daraus, dass das AGB-Gesetz lediglich eine Teilkodifikation des Rechtsinstituts der Angemessenheitskontrolle privatrechtlicher Verträge ist[405].

---

398 MüKo/*Basedow* § 23 AGBG Rn. 5; Staudinger/*Schlosser* § 23 AGBG Rn. 3.
399 Vgl. Begründung des Regierungsentwurfs 7/3919, S. 41.
400 Siehe oben Kapitel 3, C III.
401 *Heinrich* Formale Freiheit, S. 545 f.
402 Vgl. BT-Drucks 7/5422, S. 13.
403 BT-Drucks. 7/4522, S.13 (BT-Rechtsausschuss); ähnlich BT-Drucks. 7/3919, S. 41 (RegE).
404 *Preis* Vertragsgestaltung, S. 241; *Fastricht* RdA 1997, 65, 73; *Heinrich*, Formale Freiheit, S. 546; *Hromadka* FS Dieterich, S. 251, 253.
405 *Lieb* AcP 178 (1978), 196 f.; *Wiedemann* FS Kummer, S. 175, 181; ferner s.o. Kap. 3, B III 1.

So wurde § 23 I ABGB in ihrem Anwendungsbereich auch als eng begrenzte Vorschrift angesehen, die sich allein auf das Kontrollinstrumentarium des AGBG bezog[406].

3. Billigkeitskontrolle/Inhaltskontrolle des BAG

Arbeitsvertragliche Einheitsregelungen und Tatbestände unterliegen nach ständiger Rechtsprechung des BAG allgemein einer Inhalts- und Billigkeitskontrolle (wie sie nach § 315 BGB für die einseitige Leistungsbestimmung gilt)[407]. Die richterliche Inhaltskontrolle von Arbeitsverträgen orientierte sich an den Generalklauseln wie „Treu und Glauben" (§ 242 BGB), „billigem Ermessen" (§ 315 BGB) oder der „offenbarer Unrichtigkeit" (§ 319 BGB)[408]. Die Rechtsprechung erlangte dadurch schärfere Konturen, dass die Generalklauseln der §§ 242, 315, 319 BGB sich als Einbruchstellen für die Übernahme von Wertungen der Grundrechte in das Privatrecht erwiesen haben[409].

---

[406] Vgl. BAG NZA 1994, 759, 760; BAG NZA 1993, 936, 937.

[407] BAG AP Nr.1 zu § 242 BGB Ruhegeld-Unterstützungskassen; AP Nr. 144, 152, 158, 161, 170 zu § 242 BGB Ruhegehalt. *Fastricht* (Inhaltskontrolle, S. 164 ff.) und *Preis* (Vertragsgestaltung, S. 149 ff.; *ders.* AuR 1994, 139, 145 f., *ders.* FS Kissel 1994, 900, 909) haben der Rechtsprechung ihren dogmatischen Ansatz vorgehalten und darauf hingewiesen, dass er die Gefahr von Systembrüchen und unrichtigen Ergebnissen in sich berge.

[408] Teilweise führte das BAG eine Inhaltskontrolle durch, ohne sich auf eine Rechtsgrundlage festzulegen, vgl. BAG AP Nr. 1 zu § 242 BGB Ruhegeld-Unterstützungskasssen.
Die (frühere) Rechtsprechung verwandte die Begriffe der Billigkeits- und Inhaltskontrolle z.T. synonym, vgl. BAG AP Nr. 142 zu § 242 BGB Ruhegehalt; BAG NZA 2002, 551. Schließlich zitierte der 5. Senat §§ 138, 242 BGB als Rechtsgrundlage, vgl. BAG AP Nr. 23 zu § 611 BGB Ausbildungsbeihilfe; BAG DB 1998, 2476, 2477.

[409] *Fenn* FS Söllner, S. 333, 347 mit Nachweisen zur Rechtsprechung des BVerfG; zur Kritik an der Rechtsprechung des BVerfG: *Zöllner* AcP 196 (1996), 1, 6 f. m.w.N.
Das BAG begründete die Notwendigkeit der Billigkeitskontrolle mit der Erwägung, das Schuldrecht beruhe auf dem Gedanken, die Vertragsgerechtigkeit sei in aller Regel dadurch gewährleistet, dass zwei gleich starke Vertragspartner jeweils in Wahrnehmung ihrer eigenen Interessen im Wege des Aushandelns einen billigen Ausgleich schaffen. Sehe man von den gesetzlichen Mindestbedingungen zugunsten schwächerer Arbeitnehmer ab, werde die Entscheidung über den Vertragsinhalt den Beteiligten überlassen. Die Vertragsgestaltung bedürfe nur dann der gerichtlichen Überprüfung, wenn kein Gleichgewicht der Vertragspartner einen angemessen Ausgleich gewährleiste, weil entweder die Vertragsparität gestört sei oder eine Partei aus anderen Gründen allein den Inhalt des Vertragsverhältnisses gestalten könne. Dies sei der Fall bei der sog. vertraglichen Einheitsregelung oder Gesamtzusage, die praktisch nicht zwischen dem Arbeitgeber und den einzelnen Arbeitnehmern vereinbart, sondern vom Arbeitgeber allein erlassen werde. Ferner sei dies der Fall bei der Bestimmung der vertraglichen Leistung durch den Arbeitgeber (§ 315 BGB) und bei solchen Fällen, in denen der Arbeitgeber freiwillige Leistungen unter Ausschluss des Rechtsanspruchs verteile. In allen drei

Zur Rechtfertigung der Vertragskontrolle bezog sich das BAG daher u.a. auch auf die BVerfG-Entscheidungen im Handelsvertreter- und im Bürgschaftsfall, da sich die Generalklauseln der §§ 138, 242 BGB als Einbruchstellen für die Übernahme von Wertungen der Grundrechte im Privatrecht erwiesen hätten[410].

VI. Analoge Anwendung von Vorschriften des AGBG?

1. Auffassung der h.M. im Schrifttum[411]

Die überwiegende Meinung im Schrifttum war sich einig, dass die Bereichsausnahme des § 23 I AGBG für das Arbeitsrecht allein die unmittelbare Anwendung des AGBG ausschloss und daher der Heranziehung der allgemeinen Rechtsgedanken des AGB-Gesetzes auch im Arbeitsrecht nicht entgegenstünde[412]. Die Vergleichbarkeit zwischen dem Vertragsschluss bei Anwendung von AGB auf der Grundlage des AGB-Gesetzes und der Schutzbedürftigkeit des mit vorformulierten Bedingungen konfrontierten Arbeitnehmers wurde dabei betont[413]. So wurde die analoge Anwendung des § 2 AGBG[414] und der §§ 3[415] bis 6 AGBG[416] befürwortet.

Fällen würden Leistungen, die der Arbeitnehmer erhalte, nicht in Vertragsfreiheit unter den Beteiligten abgesprochen, sondern sie würden nur vom Arbeitgeber festgesetzt (vgl. auch BAG AP Nr. 23 zu § 611 BGB Ausbildungsbeihilfe; BAG DB 1998, 2476, 2477). Da deshalb die Vertragsparität einen Interessenausgleich nicht gewährleisten könne, dürfe der Arbeitgeber nicht nur seine Interessen verfolgen. Vielmehr müsse er auch den Interessen des Arbeitnehmers angemessene Rechnung trage. Ob seine Leistungsbestimmung billig und gerecht sei, müssten aufgrund dieser Erwägungen die Gerichte im Streitfall nachprüfen, vgl. BAG AP Nr. 1 zu § 305 BGB (a.F.) Billigkeitskontrolle.

410 Vgl. BAGE 48, 122, 139.

411 Vgl. auch *Heinrich* Formale Freiheit, S. 546 f.

412 Im Grundsatz bereits *Coester-Waltjen* AcP 190 (1990),1, 16; *Zöllner* RdA 1989, 152, 158; *Wolf* RdA 1988, 270, 273; MünchArbR/*Richardi* § 14 Rn. 61 ff.; *Reineke* NZA 2000 Beilage 3, S. 23 ff. *Hromadka* FS Dieterich 1999, S. 251, 254; *Fenn* FS Söllner 2000, 333 ff.; ausführlich *Preis* Vertragsgestaltung, S. 237 ff.; *a.A. Przytulla* NZA 1998, 521 ff.; *Schwarz* BB 1996, 1434, 1436. Aus der Rspr.: ArbG Herne AuR 1990, 162 (*Vertragsstrafen*); LAG Saarland NZA 1988, 164; LAG Hamm NZA 1994, 559 (*Darlehensverträge zwischen Arbeitgeber und Arbeitnehmer*).

413 MünchArbR/*Richardi* § 14 Rn. 72 f.; *Preis* Vertragsgestaltung, S. 249 f. Zwischen den beiden methodologischen Ansätzen der Analogie und der Berücksichtigung einzelner Rechtsgedanken des AGBG wurde freilich häufig nicht immer klar unterschieden, vgl. auch die Kritik bei *Heinrich* Formale Freiheit, S. 546; *Preis* Vertragsgestaltung, S. 253 f.

414 *Hönn* Kompensation, S. 156; MüKo/*Basedow* § 23 AGBG Rn. 3 (für Formularverträge); *Fenski* AuR 1989, 168, 169; *Mook* DB 1987, 2252, 2254; *Pauly* NZA 1997, 1030, 1031; ablehnend *Wolf* RdA 1988, 270, 275 f.

Hinsichtlich der Anwendbarkeit der §§ 9-11 AGBG, die die Inhaltskontrolle von AGB regelten, wurden unterschiedliche Ansätze vertreten: Teilweise wurde für eine analoge Anwendbarkeit der Generalklausel des § 9 AGBG angeführt, dass diese eine Positivierung allgemeiner Rechtsgrundsätze sei und daher auch im Arbeitsrecht gelte[417]. Nach einer anderen Auffassung komme eine Analogie nur insoweit in Betracht, als spezielle Rechtsfolgen weder aus Treu und Glauben noch aus sonstigen im Arbeitsrecht geltenden Rechtsgrundsätzen abgeleitet werden können, weshalb nur § 9 II AGBG anzuwenden sei[418].
Bei den Klauselverboten wurde eine Analogie nur für einzelne Tatbestände befürwortet, so etwa für § 10 Nr. 5, 6, § 11 Nr. 5, 15 AGBG[419], während eine analoge Anwendung des § 11 Nr. 6 AGBG auf arbeitsvertragliche Vertragsstrafenregelungen abgelehnt wurde[420].
Demgegenüber wurde eine Analogie zu §§ 8-11 AGBG ausdrücklich abgelehnt, aber eine Heranziehung der Grundgedanken der §§ 8-11 AGBG befürwortet[421]. Auch wurde vorgeschlagen, sich - unter Anwendung des § 242 BGB - an den Vorgaben des AGBG „zu orientieren"[422].

2. Ansicht des BAG

Die Rechtsprechung des BAG war uneinheitlich[423]: Zwar ging das BAG davon aus, dass § 23 I AGBG einer unmittelbaren und entsprechenden Anwendung des AGB-Gesetzes im Arbeitsrecht entgegen stehe[424], hat aber gleichwohl die Grundgedanken des AGB-Gesetzes im Rahmen der „arbeitsrechtlichen Inhalts-

---

415 MünchArbR/*Richardi* § 14 Rn 73; *W/H/L* § 23 AGBG Rn. 40; *U/B/H* § 23 AGBG Rn. 4a; *Pauly* NZA 1997, 1030, 1032; *Preis* ZIP 1989, 885, 889; *Zöllner* RdA 1989, 152, 157; im Grundsatz schon *Coester-Waltjen* AcP 190, 1 ff; offengelassen BAG BB 1996, 908. *Fenn* FS Söllner 2000, S. 333, 337 f. weist zutreffend darauf auf die beiden Voraussetzungen der Analogie, planwidrige Regelungslücke und vergleichbare Interessenlage, hin, und geht ferner davon aus, dass die Bereichsausnahme des § 23 I AGBG eine planwidrige Regelungslücke enthält.

416 *U/B/H* § 23 AGBG Rn. 4a; MünchArbR/*Richardi* § 14 Rn. 73; *W/H/L* § 23 AGBG Rn. 40; für eine analoge Anwendung des § 6 II AGBG: *Wolf* RdA 1988, 270, 276, gegen eine analoge Anwendung des § 6 II AGBG: MüKo/*Basedow* § 23 AGBG Rn. 3.

417 MünchArbR/*Richardi* § 14 Rn. 74.

418 *Wolf* RdA 1988, 270, 274.

419 *Preis* Vertragsgestaltung, S. 267; weitere Nachw. bei *Wolf* RdA 1988, 270, 273 Fn. 38 ff.

420 Palandt/*Heinrichs* (61. Aufl.) § 23 AGBG Rn. 1; *Preis* Vertragsgestaltung, S. 471 f.

421 Vgl. *Preis* Vertragsgestaltung, S. 266 f.

422 *Hromadka/Maschmann* Arbeitsrecht Band 1, § 5 Rn. 116 a.E., 125 ff.

423 ErfK/*Preis* §§ 305-310 BGB Rn. 2.

424 BAG AP Nr. 11 zu § 611 BGB Mehrarbeitsvergütung.

kontrolle“, deren Rechtsgrundlage es letztlich in § 242 BGB sah, herangezogen[425].
Die analoge Anwendung von Vorschriften des AGB-Gesetzes (namentlich des § 3 AGBG) auf einen Formulararbeitsvertrag wurde so vom 5. Senat des BAG zwar erwogen, aber letztlich offen gelassen[426]. Demgegenüber hat aber der 10. Senat des BAG im Jahr 2000 ausdrücklich die entsprechende Anwendung des AGB-Gesetzes abgelehnt[427].
Gleichwohl untersuchte auch die Rechtsprechung vorformulierte Klauseln auf ihren überraschenden Charakter hin, ohne aber § 3 AGBG direkt oder analog anzuwenden[428], während § 3 AGBG nach herrschender Literaturmeinung auch im Arbeitsrecht zu beachten war[429].

Im Rahmen der Inhaltskontrolle wurde aber nur in Teilbereichen eine ähnlich intensive Kontrolle ausgeübt wie durch die Zivilgerichte anhand von §§ 9 ff. AGBG, etwa bei Rückzahlungsklauseln in Bezug auf vom Arbeitgeber finanzierter Weiterbildung[430].

---

[425] Z.B. BAG AP Nr. 18 zu § 611 BGB Ausbildungsbeihilfe; BAG NZA 1999, 659, 661. Der *5. Senat* des BAG hat hingegen (bei Verträgen, die neben dem Arbeitsvertrag zwischen Arbeitgeber und Arbeitnehmer geschlossen wurden) die Grundsätze des AGBG teilweise unmittelbar und teilweise analog herangezogen, vgl. zu Darlehensverträgen: BAG AP Nr. 1, 4 zu § 611 BGB Arbeitnehmerdarlehen; zu Kaufverträgen mit Arbeitnehmern: BAG AP Nr.3 zu § 23 AGBG = NZA 1993, 1029; hierzu *Koller* SAE 1994, 48 ff.; kritisch *Nikolai* ZIP 1995, 359; zu Leasingverträgen mit Arbeitnehmern: LAG Düsseldorf, LAGE Nr. 1 zu § 611 BGB Inhaltskontrolle. Im Kernbereich arbeitsrechtlicher Materien hat der *5. Senat* die Inhaltskontrolle von Arbeitsverträgen aber auf § 242 BGB gestützt, vgl. BAG AP Nr. 11 zu § 611 BGB Mehrarbeitsvergütung = NZA 1994, 759; BAG AP Nr. 18 zu § 611 BGB Ausbildungsbeihilfe = NZA 1994, 937; BAG AP Nr. 28 zu § 611 BGB Ausbildungsbeihilfe; BAG Nr. 17 zu § 611 BGB Berufssport. Der *10. Senat* hat hingegen die Kontrolle einer arbeitsvertraglichen Bezugnahme auf einen Tarifvertrag nach Maßgabe des § 242 BGB verneint, BAG ZTR 1995, 277.

[426] BAG BB 1996, 908. Das ArbG Berlin hat hingegen eine analoge Anwendung des § 3 AGBG befürwortet, vgl. NJW 1981, 479. Zu weiteren Nachweisen für die Rechtsprechung des BAG vgl. ErfK/*Preis* §§ 305-310 BGB Rn. 2.

[427] BAG NZA 2001, 723; mit ablehnender Anmerkung *Preis* RdA 2002, 42 ff.
Der *10. Senat* des BAG hat bereits zuvor die analoge Anwendbarkeit der §§ 2, 3 AGBG abgelehnt, vgl. BAG ZTR 1995, 277, 278.

[428] Vgl. BAG ZIP 1989, 180, 181; BAGE 81, 317; BAG ZIP 1998, 439; LAG Frankfurt DB 1997, 2182; ArbG Berlin NJW 1981, 479. Daher kamen die Arbeitsgerichte bei der Einbeziehungskontrolle in den letzten Jahren meist zu denselben Ergebnissen wie die Zivilgerichte in Anwendung des AGB-Gesetzes. Eine bei der Einbeziehungskontrolle häufig gebrauchte Formel lautete: *Es handele sich um allgemeine Rechtsgrundsätze, die auch im AGB-Gesetz ihren Niederschlag gefunden hätten*, vgl. BAG DB 1985, 2055.

[429] Vgl. *Fenski* AuR 1989, 168; *Hönn* Kompensation, S. 156; *Preis* ZIP 1989, 885, 889.

[430] Vgl. etwa BAG DB 1994, 1726.

3. Stellungnahme

Gegen eine analoge Anwendung von Vorschriften aus dem AGBG auf Arbeitsverträge war vorzubringen, dass eine planwidrige Lücke des AGBG nicht vorlag, da der Gesetzgeber das Problem der einseitigen Gestaltungsmacht im Arbeitsrecht erkannt und sich ausweislich der Gesetzesmaterialien damit auseinandergesetzt hat[431]. Auch durfte die eindeutige Regelung des § 23 I AGB nicht durch eine teleologische Reduktion unterlaufen werden[432].Ferner verkörperte das AGBG nur einen Teilaspekt der Angemessenheitskontrolle des § 242 BGB[433]. So hat auch die Rechtsprechung vor Inkrafttreten des AGBG die Angemessenheitskontrolle von standardisierten Klauselwerken im Zuge richterlicher Rechtsfortbildung[434] vor allem auf § 242 BGB gestützt und hierbei zufrieden stellende Ergebnisse erzielt[435]. Aus dogmatischen Erwägungen erschien es daher angebracht, § 242 BGB als dogmatische Grundlage für die Inhaltskontrolle von Arbeitsverträgen heranzuziehen und zur Konkretisierung im Einzelfall auf die Wertungen des § 9 AGBG zurückzugreifen[436].

VII. Kontrolle von Individualabreden[437]

1. Ansichten in der Literatur

Preis vertrat die Beschränkung der Inhaltskontrolle auf Allgemeine Arbeitsbedingungen (AAB), da er meinte, das AGB-Gesetz habe eine Lücke in das Ar-

---

431 So auch *Heinrich* Formale Freiheit, S. 548; *Preis* Vertragsgestaltung. S. 253 f.

432 *Przytulla* NZA 1998, 521, 522; *Schwarz* BB 1996, 1434, 1435.

433 *Lieb* AcP 178 (1978), 196, 197, 210.

434 Zur richterlichen Rechtsfortbildung und Treu und Glauben *Fastricht* Inhaltskontrolle, S. 61 ff.; *Lieb* AcP 178 (1978), 196, 212; *Preis* Vertragsgestaltung, S. 237 ff.; *Zöllner* RdA 1989, 153. 156.

435 *Heinrich* Formale Freiheit, S. 548.

436 So auch *Wolf* RdA 1988, 270, 272; *Hromadka/Maschmann* Arbeitsrecht Band 1, Rn. 116; MünchArbR/*Richardi* § 14 Rn. 74; *Coester-Waltjen* AcP 190 (1990), 1, 16; *Hromadka* FS Dieterich, S. 251, 254; *Preis* Vertragsgestaltung, S. 266; gegen eine „*Umetikettierung*“ der im AGBG genannten Maßstäbe *Heinrich* Formale Freiheit, S. 549.

437 Umstritten war die Frage, ob die Schutzerfordernisse gegenüber unangemessenen Vertragsgestaltungen im Arbeitsrecht wirklich nur ein Problem von vorformulierten Allgemeinen Arbeitsbedingungen sind oder vielmehr unabhängig von der Verwendung vorformulierter Bedingungen an ein bestehendes Defizits an Verhandlungsmacht anknüpfen und ob die Inhaltskontrolle daher auch auf den ausgehandelten Einzelarbeitsvertrag zu erstrecken sei, vgl. *Hildebrandt* Inhaltskontrolle, S. 99; *Wiedemann* JZ 1990, 695, 697; *Preis/Rolfs* DB 1994, 261, 265; mit abweichender Begründung *Zöllner* AcP 196 (1996), 1, 34; *ders.* schon in RdA 1989, 152, 156.

beitsrecht gerissen und diese Lücke dürfe nicht durch Rechtsfortbildung geschlossen werden, die über die Wertungsmaßstäbe hinausgehe, die in der Rechtsordnung bereits vorhanden seien[438]. Nur bei AAB liege eine generelle Paritätsstörung vor, weil der Verwender auf die individuelle Position seines Vertragspartners keine Rücksicht nehmen könne mit der Folge, dass „*er ganz allgemein auf eine inhaltlich optimale Ausgestaltung seiner Rechtsposition gegenüber dem Vertragspartner bedacht*“ sei. Bei Individualvereinbarungen lasse sich die Störung der Verhandlungsparität nicht in gleicher Weise als eine einheitliche Lebenserscheinung fassen. Deshalb müsse hier eine verschärfte Kontrolle von der Feststellung des Grundes und des Ausmaßes der Vertragsstörung im Einzelfall abhängen[439].

Die *h.M. im Schrifttum* vertrat hingegen die Gegenansicht und wollte nicht zwischen Formulararbeitsverträgen und individuell ausgehandelten Verträgen unterscheiden:

So ging *Zöllner* von einer Kontrollbedürftigkeit sowohl von Einheits- als auch von individuellen Arbeitsbedingungen aus. Bei einheitlichen Arbeitsbedingungen sei das Gewicht der Arbeitnehmerseite sogar größer, da in Betrieben, in denen nur individuelle Arbeitsbedingungen bestünden, die Arbeitnehmerinteressen eher weniger berücksichtigt würden[440].

Fastricht wollte ebenso alle Arbeitsbedingungen auf Angemessenheit überprüfen[441]. Das Arbeitsrecht sei zu einem großen Teil Spiegelbild eines evidenten Versagens der vertragsimmanenten Richtigkeitsgewähr[442]. Ursache des Versagens der Selbstvorsorge sei das existentielle Angewiesensein des Arbeitnehmer auf einen Arbeitsplatz, das ihn hindere, allein um der Verbesserung irgendwelcher Nebenbedingungen willen einen angebotenen Arbeitsplatz auszuschlagen oder den vorhandenen Arbeitsplatz aufzugeben[443].

Hromadka sah den Arbeitnehmer zwar nicht als intellektuell, aber als wirtschaftlich unterlegen an, so dass auch Individualabreden auf Angemessenheit zu prüfen seien[444].

Heinrich wollte den Anwendungsbereich der arbeitsvertraglichen Angemessenheitskontrolle nach § 242 BGB nur bei einem „*institutionellen Missbrauch*“ der

---

438 *Preis* Vertragsgestaltung, S. 256.
439 *Preis* Vertragsgestaltung, S. 256.
440 *Zöllner* RdA 1989, 152, 156 f.; i.E. *ders.* AcP 196 (1996), 1, 34 f.
441 *Fastricht* Inhaltskontrolle, S. 62 m.w.N. (Fn. 5); *ders.* RdA 1997, 65, 77.
442 *Fastricht* Inhaltskontrolle, S. 185.
443 Fastricht Inhaltskontrolle, S. 187; in diese Richtung *Geißler* JuS 1991, 617, 621.
444 *Hromadka* FS Dieterich, S. 251, 256; ebenso *Wolf* RdA 1988, 270, 272; weitere Nachweise bei *Fastricht* RdA 1997, 65, 74 Fn. 128; *a.A. Fenn* FS Söllner, 333, 347.

Vertragsfreiheit eröffnen. Das sei der Fall bei einseitiger Inanspruchnahme von Inhaltsfreiheit durch den Arbeitgeber, bei der dem Arbeitnehmer typischerweise Einfluss- und Mitwirkungsmöglichkeiten bei der Vertragsgestaltung fehlen. Dies sei neben der Verwendung von Musterarbeitsverträgen auch der Fall bei Einzelvereinbarungen, wenn das Klauselwerk nicht *„auf freier, eigenverantwortlicher Selbstbestimmung des Arbeitnehmers“* beruhe[445].

2. Rechtsprechung des BAG

Der 5. Senat des BAG hat auch Individualverträge der Inhaltskontrolle unterworfen[446]. Das individuelle Arbeitsrecht sei nämlich durch eine *strukturelle Unterlegenheit* des einzelnen Arbeitnehmers gegenüber dem einzelnen Arbeitgeber gekennzeichnet, die durch kollektivrechtliche Regelungen wie Tarifverträge und Betriebsvereinbarungen nicht beseitigt werde[447].

D. Inhaltskontrolle bei Formulararbeitsverträgen nach der Schuldrechtsreform

I. Die Teilaufgabe der Bereichsausnahme für das Arbeitsrecht[448]

1. Entstehungsgeschichte

Der Regierungsentwurf enthielt wie in § 23 I AGBG eine Bereichsausnahme für das Arbeitsrecht[449].
Der Bundesrat hingegen forderte in seiner Stellungnahme die Bundesregierung auf, zu prüfen, ob die Bereichsausnahme noch sachgerecht sei[450]:
Unter Berufung auf die Rechtsprechung des BAG zur Inhaltskontrolle stellte sich laut der Stellungnahme des Bundesrates die Frage, *„ob die Herausnahme des Arbeitsrechts insgesamt aus dem Anwendungsbereich des AGB-Gesetzes und der dieses insoweit ersetzenden §§ 305 ff. BGB sachlich gerechtfertigt ist“*.
In ihrer Gegenstellungnahme vertrat die Bundesregierung die Auffassung, dass die Bereichsausnahme des Arbeitsrechts hinsichtlich des AGB-Rechts im

[445] *Heinrich* Formale Freiheit, S. 552.
[446] Grundlegend BAG AP Nr. 18 zu § 611 BGB Ausbildungsbeihilfe = SAE 1995, 167.
[447] BAG AP Nr. 18 zu § 611 BGB Ausbildungsbeihilfe = SAE 1995, 167, 171. Bis zu dieser Entscheidung hatte das BAG eine Beschränkung der Inhaltskontrolle auf AAB erwogen, vgl. BAG AP Nr. 1 zu § 19 BErzGG; BAG AP Nr. 1 zu § 611 BGB Arbeitnehmerdarlehen.
[448] Für die Darstellung in der vorliegenden Arbeit ist die Aufhebung der Bereichsausnahme (§ 23 I AGBG) für Arbeitsverträge die wichtigste Änderung durch die Schuldrechtsreform.
[449] Vgl. § 310 IV BGB i.d.F. des RegE, BT-Drucks. 14/6040, S. 12.
[450] BT-Drucks. 14/6857, S. 17.

Grundsatz aufzuheben sei[451], indem nur mehr Tarifverträge, Betriebs- und Dienstvereinbarungen in der Bereichsausnahme genannt wurden. Denn trotz des Schutzes durch zwingende gesetzliche Vorschriften und kollektive Vereinbarungen bestünde auch im Arbeitsrecht ein Bedürfnis nach richterlicher Kontrolle der einseitig vom Arbeitgeber festgesetzten Arbeitsbedingungen. Dies sei gerade vor dem Hintergrund des existentiellen Angewiesenseins auf einen Arbeitsplatz von besonderer Bedeutung. Das Fallmaterial des BAG zu den Arbeitsvertragsmodalitäten zeige, dass eine „sich selbst überlassene" Vertragsfreiheit nicht in der Lage war, insgesamt einen ausreichenden Schutz der Arbeitnehmer vor unangemessenen Vertragsbedingungen zu gewährleisten. Die aufgrund der uneinheitlichen Rechtsprechung entstandene Rechtsunsicherheit sollte durch die Streichung der Bereichsausnahme beseitigt werden. Dadurch werde auch dafür gesorgt, dass das Schutzniveau der Vertragsinhaltskontrolle im Arbeitsrecht nicht hinter dem des Zivilrechts zurückbleibt.
Der Rechtsausschuss schloss sich dieser Stellungnahme an und empfahl die Regelung, wie sie dann auch mit § 310 IV BGB Gesetz wurde[452].

2. Bewertung der Aufhebung der Bereichsausnahme

Durch die Aufhebung der Bereichsausnahme für Arbeitsverträge wird die Inhaltskontrolle von Formulararbeitsbedingungen auf eine einheitliche Rechtsgrundlage gestellt[453]. So löst das Verbot einer unangemessenen Benachteiligung in § 307 I BGB die Billigkeit als universell einsetzbaren Prüfungsmaßstab ab[454].

Auch wird die bislang geltende Diskrepanz bei der Inhaltskontrolle von Arbeitsverträgen einerseits und von Dienst- und Werkverträgen arbeitnehmerähnlicher Personen andererseits beseitigt[455]. Die Diskrepanz besteht nur noch insoweit, als für arbeitnehmerähnliche Personen die § 305 II, III BGB gelten und die Besonderheiten des Arbeitsrechts (§ 310 IV 2 Hs. 1 BGB) keine Rolle spielen können[456].

Die Bedeutung der Inhaltskontrolle von Formulararbeitsverträgen am Maßstab der §§ 307 ff. BGB wird aber dadurch eingeschränkt, dass das gesetzliche Ar-

---

[451] BT-Drucks. 14/6857, S. 53 f.
[452] BT-Drucks. 14/7052, S. 24, 189.
[453] Bei der Inhaltskontrolle vor der Schuldrechtsreform war die Rechtsgrundlage streitig, vgl. die Zusammenfassung bei *Hromadka* FS Dieterich, S. 251, 253 f. sowie oben unter Kap. 3 C VI, VII.
[454] *Oetker* FS Wiedemann, S. 383, 394.
[455] MüKo/*Basedow* § 310 BGB Rn. 98; ErfK/*Preis* §§ 305-310 BGB Rn. 13.
[456] *Gotthardt* Schuldrechtsreform Rn. 238; ErfK/*Preis* §§ 305-310 BGB Rn. 13.

beitsvertragsrecht überwiegend einseitig zwingend ist, so dass Abweichungen zum Nachteil des Arbeitnehmers ohnehin unzulässig sind. Daher verbleiben für die Inhaltskontrolle nach §§ 307 ff. BGB neben den Abweichungen von den (vereinzelt existierenden) dispositiven Bestimmungen des Arbeitsvertragsrechts auch die Abweichungen von den Vorschriften des Allgemeinen Schuldrechts und des Allgemeinen Teils des BGB[457].

Keine Anwendung findet § 310 IV 1, 2 BGB auch auf andere Verträge (als Arbeitsverträge) zwischen Arbeitgeber und Arbeitnehmer, also z.B. Darlehensverträge, Kaufverträge oder auf Mietverträge über eine Werkswohnung, da diese Verträge ohnehin in vollem Umfang der AGB-Kontrolle unterliegen[458].

3. Auswirkungen auf die Inhaltskontrolle von Individualvereinbarungen

Bislang hat das BAG nicht nur AAB, sondern auch Individualvereinbarungen auf ihre Angemessenheit geprüft[459]. Wie auch bereits vor der Schuldrechtsreform[460] ist auch nach der Aufhebung der Bereichsausnahme für Arbeitsverträge im Schrifttum umstritten, ob und inwieweit Individualvereinbarungen der Inhaltskontrolle unterfallen[461].

a) Stellungnahmen im Schrifttum

Teilweise wird vertreten, dass bei Individualvereinbarungen *„mehr Vertragsfreiheit möglich“* sei, da eine Inhaltskontrolle nach §§ 307 ff. BGB nicht in Betracht komme[462]. Daher könnten individuell ausgehandelte Abreden entgegen einer bisherigen Tendenz in der Rechtsprechung[463] und einem Teil der Literatur nicht auf ihre Angemessenheit hin kontrolliert werden[464]. Im Gegensatz dazu wird vorgebracht, dass sich in den Gesetzesmaterialien kein Hinweis auf eine derartige Änderungsabsicht findet, und dass die Stellung des Arbeitnehmers

---

457 *Löwisch* FS Wiedemann, S. 311, 317.
458 MüKo/*Basedow* § 310 BGB Rn. 97.
459 Siehe oben Kapitel 3 C VII 2.
460 Siehe oben Kapitel 3 C VII 1.
461 Soweit der Arbeitnehmer als Verbraucher und damit der Arbeitsvertrag als Verbrauchervertrag angesehen wird, unterfallen ohnehin i.d.R. alle Arbeitsverträge der Inhaltskontrolle, da Arbeitsverträge i.d.R. vom Arbeitgeber vorgelegt werden (§ 310 III Nr. 1 BGB).
462 *Gotthardt* Schuldrechtsreform Rn. 234; *Hanau* NJW 2002, 1240, 1242; Preis/*Preis* I C Rn.46; ErfK/*Preis* §§ 305-310 BGB Rn. 27; *Reuter* FS Wiedemann, S. 449, 488; differenzierend *Thüsing* BB 2002, 2666, 2667; *a.A.* bisher *Fastricht* RdA 1997, 65, 77.
463 BAG Nr. 28 zu § 611 BGB Ausbildungsbeihilfe = AuR 1998, 492.
464 *Lindemann* AuR 2002, 81, 85.

nicht verschlechtert werden sollte[465]. Da man im Arbeitsrecht von der wirtschaftlichen Unterlegenheit des Arbeitnehmers ausgehen müsse[466], seien auch wie bisher Individualarbeitsverträge in Zukunft inhaltlich zu überprüfen, „*wenn der Inhalt ungewöhnlich belastend und als Interessenausgleich offensichtlich unangemessen ist*“[467]. Denn aus der Einbeziehung von Arbeitsverträgen in den sachlichen Anwendungsbereich der §§ 305 ff. BGB könne nicht geschlossen werden, dass anhand der §§ 305 ff. BGB nicht überprüfbare individuell ausgehandelte Arbeitsvertragsbedingungen „*nunmehr von jeglicher Kontrolle durch die Rechtsprechung freigestellt und die hierzu ergangenen Judikate obsolet geworden sind*“[468]. Daher wird gefolgert, dass eine Überprüfung von individuell ausgehandelten Klauseln am Maßstab der Billigkeit (§ 315 BGB) oder der guten Sitten (§ 138 BGB) weiterhin möglich sein müsse[469].

b) Eigene Stellungnahme

Zukünftig ist im Arbeitsrecht grundsätzlich zwischen Formulararbeitsverträgen, die den §§ 305 ff. BGB unterfallen, und (ausgehandelten) Individualvereinbarungen zu unterscheiden. Da die Angemessenheitskontrolle nach §§ 307 ff. BGB aber nur einen Teilbereich der „weiten“ Angemessenheitskontrolle nach § 242 BGB darstellt, ist es auch weiterhin möglich, Individualvereinbarungen an den Maßstäben des § 242 BGB zu messen. Ebenso sind die Sittenwidrigkeitskontrolle (§ 138 I BGB) und die Billigkeitskontrolle (§ 315 BGB) auch bei Individualvereinbarungen anzuwenden[470]. Aufgrund der Regelung des § 310 IV 1, 2 BGB und der damit verbundenen fehlenden Regelungslücke erscheint eine analoge Anwendung von Vorschriften aus den §§ 305 ff. BGB auf ausgehandelte Individualvereinbarungen ausgeschlossen[471]. Dennoch erscheint es möglich, über die Generalklauseln der §§ 138, 242, 315 BGB die Wertungen des AGB-Rechts bei der Kontrolle von Individualvereinbarungen miteinfließen zu lassen.

---

[465] *Hromadka* NJW 2002, 2523, 2525 unter Hinweis auf BT-Drucks. 14/6857, S. 53; BT-Drucks. 14/7052, S. 189.

[466] *Hromadka* FS Dieterich, S. 251, 256; *ders.* NJW 2002, 2523, 2525.

[467] *Hromadka* NJW 2002, 2523, 2525 unter Verweis auf BAG NZA 1994, 937 = AP Nr. 18 zu § 611 BGB Ausbildungsbeihilfe.

[468] *Thüsing* BB 2002, 2666, 2667.

[469] *Thüsing* BB 2002, 2666, 2667; *ders.* FS Wiedemann, S. 559, 578; so auch *Lingemann* NZA 2002, 181, 192, der empfiehlt, Vertragsstrafenvereinbarungen als Individualvereinbarung zu treffen, damit diese an Stelle der AGB-Kontrolle der allgemeinen Billigkeitskontrolle unterfallen.

[470] Vgl. auch *Coester-Waltjen* AcP 190 (1990), 1, 31.

[471] In diese Richtung auch *Thüsing* NZA 2002, 591, 594.

II. Sachlicher Anwendungsbereich des § 310 IV BGB

1. Wortlaut des § 310 IV BGB

„Dieser Abschnitt findet keine Anwendung bei Verträgen auf dem Gebiet des Erb-, Familien- und Gesellschaftsrechts sowie auf Tarifverträge, Betriebs- und Dienstvereinbarungen. Bei der Anwendung auf Arbeitsverträge sind die im Arbeitsrecht geltenden Besonderheiten angemessen zu berücksichtigen; § 305 Abs. 2 und 3 sind nicht anzuwenden. Tarifverträge, Betriebs- und Dienstvereinbarungen stehen Rechtsvorschriften im Sinne von § 307 Abs. 3 gleich."

2. Kritik an der Gesetzesbegründung

Der Gesetzgeber begründet die Bereichseinschränkung des § 310 IV 1 BGB, durch die Tarifverträge, Betriebs- und Dienstvereinbarungen von der AGB-Kontrolle im Arbeitsrecht ausgenommen sind, mit dem „*normsetzenden*" Bereich, bei dessen Eingriff das „*System der Tarifautonomie konterkariert würde*"[472]. Diese Begründung kann sich entgegen der Intention des Gesetzgebers nur auf Tarifverträge beziehen[473]. Da ferner nach der Legaldefinition des § 305 I 1 BGB AGB „alle für eine Vielzahl von Verträgen vorformulierten Vertragsbedingungen" sind, „die eine Vertragspartei (Verwender) der anderen Vertragspartei bei Abschluss eines Vertrags stellt", sind die normativ geltenden Tarifverträge sowie Dienst- und Betriebsvereinbarungen ohnehin nicht erfasst, so dass die Bereichsausnahme insofern nur eine klarstellende Funktion hat[474].

3. Keine Angemessenheitskontrolle von Tarifverträgen[475]

Die Bereichseinschränkung in § 310 IV 1 BGB in Bezug auf Tarifverträge bestätigt die bereits bestehende Rechtslage. Denn Tarifverträge werden von gleich-

---

472 BT-Drucks. 14/6857, S. 54.

473 Betriebsvereinbarungen sind kein Ausfluss der Tarifautonomie, *Annuß* BB 2002, 458, 459.

474 *Richardi* NZA 2002, 1057, 1058. Ferner wird auch vertreten, dass die Bereichsausnahme einen eigenständigen Bedeutungsgehalt nur erhalte, wenn man sie auf Tarifverträge sowie Betriebs- und Dienstvereinbarungen erstrecke, die für das Arbeitsverhältnis nicht kollektivrechtlich, sondern als Bestandteil des Arbeitsvertrags individualrechtlich verbindlich sind, vgl. *Richardi* NZA 2002, 1057, 1058.

475 Der Tarifvertrag (§ 1 I TVG) regelt in seinem obligatorischen Teil die Rechte und Pflichten der Tarifvertragsparteien. Im normativen Teil enthält er Rechtsnormen, die den Inhalt, den Abschluss und die Beendigung von Arbeitsverhältnissen sowie betriebliche und betriebsverfassungsrechtliche Fragen ordnen können, vgl. auch ErfK/*Schaub* § 1 TVG Rn. 2 ff.

berechtigten Partnern ausgehandelt (vgl. § 2 I TVG) und genießen die Tarifautonomie des Art. 9 III GG[476].
Wegen der Gleichwertigkeit der Partner ist daher davon auszugehen, dass bei einer Gesamtbetrachtung der tariflichen Regelungen eine ausgewogene, auch die Arbeitnehmerinteressen berücksichtigende Regelung getroffen ist[477].
Tarifverträge können daher nur einer Rechtskontrolle unterzogen werden und sind daraufhin zu untersuchen, ob sie gegen die Verfassung, höherrangiges Recht oder die guten Sitten verstoßen[478].

4. Keine Angemessenheitskontrolle von Betriebs –[479] und Dienstvereinbarungen[480]

Die bislang vom BAG durchgeführte Billigkeitskontrolle in Form einer Angemessenheitskontrolle von Betriebsvereinbarungen[481] ist im Rückschluss zu § 310 IV 1 BGB nicht mehr möglich[482]. Eine reine *Rechtskontrolle* ist hingegen weiterhin möglich[483].

---

476 ErfK/*Preis* §§ 305-310 BGB Rn. 11; *Gotthardt* Schuldrechtsreform Rn. 336.

477 *Hromadka* NJW 2002, 2523, 2525; *Gotthardt* Schuldrechtsreform Rn. 336.

478 BAG NZA 1996, 437, 439; *Dieterich* FS Wiedemann, S. 229, 237; *Schmiegel* Inhaltskontrolle, S. 24. Soweit die Grundsätze über die Arbeitnehmerhaftung als dispositiv angesehen werden, haben die Tarifvertragsparteien einen größeren Gestaltungsspielraum als die Parteien des Einzelarbeitsvertrags, vgl. *Gotthardt* Schuldrechtsreform Rn. 336 m.w.N.

479 Betriebsvereinbarung ist ein privatrechtlicher Vertrag zwischen Arbeitgeber und Betriebsrat, der ihre Pflichten, Angelegenheiten des Betriebs und der Betriebsverfassung zum Gegenstand haben und sich auf Arbeitsverhältnisse beziehen kann, vgl. Palandt/*Putzo* Einf. v. § 611 BGB Rn. 73. Die Betriebsvereinbarung regelt die Arbeitsverhältnisse, wenn und soweit sie einen dem Tarifvertrag entsprechenden normativen Teil hat. Insoweit werden die Arbeitsbedingungen durch die Betriebsvereinbarung unmittelbar und zwingend gestaltet (§ 77 IV BetrVG), wobei zwingende gesetzliche Vorschriften vorrangig sind (§ 77 III BetrVG).

480 Eine Dienstvereinbarung ist ein öffentlichrechtlicher Vertrag zwischen einer Dienststelle und dem Personalrat über bestimmte gesetzliche und soziale Angelegenheiten (§ 73 PersVG). Dienstvereinbarungen haben bei Angelegenheiten der §§ 75, 76 PersVG zwingende normative Wirkung auf die Arbeitsverhältnisse der Angestellten und Arbeiter.

481 Vgl. etwa BAG NJW 1970, 1620 ff. Das BAG hat die allgemeine Billigkeitskontrolle von Betriebsvereinbarungen z.T. mit einem nicht ausgeglichenen Verhandlungsgleichgewicht aufgrund der fehlenden Streikbefugnis des Betriebsrats (BAG AP Nr. 142 zu § 242 BGB Ruhegehalt), z.T. durch entsprechende Anwendung der §§ 315, 317, 319 BGB (BAG AP Nr. 1 zu § 1 BetrAVG Ablösung), z.T. mit § 75 I BetrVG begründet (BAG AP Nr. 14 zu § 112 BetrVG 1972) begründet. Vgl. auch zur Billigkeitskontrolle von Betriebsvereinbarungen *Pütz* Imparität, S. 46 ff.

482 ErfK/*Preis* §§ 305-310 BGB Rn. 12; *Thüsing* BB 2002, 2666, 2669; *Gotthardt* Schuldrechtsreform Rn. 337; *a.A. Däubler* NZA 2001, 1329, 1334.

483 ErfK/*Preis* §§ 305-310 BGB Rn. 12.

Im Ergebnis dürfte die Abweichung zum bisherigen Recht überschaubar bleiben, weil die Rechtsprechung auch bislang oft über eine Rechtskontrolle nicht hinausgegangen ist[484]. So bezeichnet das BAG selbst die Grundsätze über die Ablösung von Betriebsvereinbarungen über die betriebliche Altersversorgung als Rechtskontrolle[485]. Auch stellt die Beachtung des § 75 BetrVG Rechtskontrolle dar[486].
Bei der Überprüfbarkeit von Dienstvereinbarungen sind die (obigen) Ausführungen zu den Betriebsvereinbarungen heranzuziehen[487].

5. Auswirkungen auf kirchliche Arbeitsverhältnisse

a) Kirchliches Selbstbestimmungsrecht[488]

Aus Art. 140 GG i.V.m. Art. 137 III WRV leitet das BVerfG ein kirchliches Selbstbestimmungsrecht ab, das die Grundlage der Besonderheiten des kirchlichen Arbeitsrechts darstellt[489]. Den Kirchen ist dadurch verfassungsrechtlich garantiert, dass für die Gestaltung des kirchlichen Dienstes und seiner arbeitsvertraglichen Ordnung eine Regelungsautonomie besteht, damit die Kirchen die besonderen kirchlichen Aspekte in der vom kirchlichen Selbstverständnis gebotenen Form verwirklichen können[490].

Da nach dem kirchlichen Selbstverständnis der Arbeitskampf mit dem Leitbild der kirchlichen Dienstgemeinschaft unvereinbar ist[491], haben die Kirchen mit dem sogenannten *„Dritten Weg“* [492] ein eigenständiges Verfahren zur Regelung der Arbeitsbedingungen entwickelt, das im Gegensatz zum Tarifvertragssystem nicht auf arbeitskampfrechtliche Konfliktlösung ausgerichtet ist.
So tritt beim Dritten Weg an die Stelle ausgehandelter Tarifverträge die von einer paritätisch besetzten arbeitsrechtlichen Kommission beschlossene Dienstvertragsordnung[493].

---

[484] *Gotthardt* Schuldrechtsreform Rn. 337.
[485] BAG AP Nr. 24 zu § 1 BetrVG Ablösung.
[486] *Gotthardt* Schuldrechtsreform Rn. 337.
[487] *Gotthardt* Schuldrechtsreform Rn. 337.
[488] Vgl. grundlegend: *Hoyningen-Huene* RdA 2002, 65 ff.; *Müller-Volbehr* NZA 2002, 301 ff.; *Pahlke* NJW 1986, 350 ff.
[489] BVerfGE 70, 138 ff.; vgl. auch Maunz/Dürig/*Maunz* Art. 140 GG Rn. 16 ff.
[490] *Hoyningen-Huene* RdA 2002, 65, 66.
[491] ErfK/*Dieterich* Art. 4 GG Rn. 49 m.w.N.
[492] Vgl. hierzu *Pahlke* NJW 1986, 350 ff.; *Thüsing* NZA 2002, 306, 310.
[493] *Hoyningen-Huene* RdA 2002, 65, 66.

Schließlich haben das primäre Gemeinschaftsrecht in Form der Art. 136 ff. EG und das sekundäre Gemeinschaftsrecht keine Auswirkungen auf die Zulässigkeit des Dritten Weges[494].

b) Kirchenklauseln in arbeitsrechtlichen Bestimmungen

Der Gesetzgeber hat sog. „Kirchenklauseln" in § 7 IV ArbZG, § 21 a III JArbSchG[495] und § 6 III BeschFG (1985) aufgestellt, wonach den Kirchen und öffentlich-rechtlichen Religionsgemeinschaften (ebenso wie den Tarifvertragsparteien bei Tarifdisponibilität der Regelung) gestattet wird, in ihren Regelungen von den Gesetzesvorschriften abzuweichen.
Während schon im Teilzeit- und Befristungsgesetz[496] keine Kirchenklausel mehr vorhanden war[497], fehlt nun eine derartige Bestimmung auch in § 310 IV BGB.

c) Verfassungskonforme Auslegung des § 310 IV 1 BGB

Zwar stellen nach Auffassung des *BAG* kirchliche Regelungen keine Tarifverträge dar[498], doch können daraus keine Rückschlüsse in Bezug auf die Gleichstellung kirchlicher Regelungen gezogen werden[499]. Das *ArbG Berlin* hat aber

---

494 Denn die Kirchen werden durch Art. 138, 139 EG nicht zu einer Teilnahme am sozialen Dialog oder zum Abschluss von Tarifverträgen gezwungen, vgl. *Hoyningen-Huene* RdA 2002, 65, 69. Da auch sekundäres Gemeinschaftsrecht so auszulegen ist, dass es mit dem Primärrecht - dem Gemeinschaftsgrundrecht der Religionsfreiheit als allgemeinem Rechtsgrundsatz nach Art. 6 II EUV - vereinbar ist, ist eine Richtlinie oder Verordnung der EG so auszulegen, dass den Regelungen der Kirchen ein für Tarifverträge vorgesehener Dispositionsspielraum nicht verwehrt wird, vgl. *Hoyningen-Huene* RdA 2002, 65, 73. Schließlich stellt gemäß Art. 4 II der Richtlinie 2000/78/EG vom 27.11.2000 (vgl. ABlEG 2000, Nr. L 303, S. 21; vgl. hierzu *Leuchten* NZA 2002, 1254 ff.) eine Ungleichbehandlung wegen der Religion oder Weltanschauung einer Person in Bezug auf berufliche Tätigkeiten innerhalb von Kirchen unter bestimmten Voraussetzungen keine Diskriminierung dar, vgl. *Reichold* NZA 2001, 1054, 1058 ff. Mit dieser Bereichsausnahme wird in dem von der Richtlinie betroffenen Bereich dem kirchlichen Selbstbestimmungsrecht (in der durch Art. 140 GG i.V.m. Art. 137 III WRV anerkannten Ausprägung) Rechnung getragen, vgl. *Hoyningen-Huene* RdA 2002, 65, 71.

495 Nach der Begründung in BT-Drucks. 10/2012, S. 14 f. wird „*wegen des den Kirchen (...) verfassungsmäßig garantierten Selbstbestimmungsrechts gemäß Art. 140 GG i.V.m. Art. 137 III WRV (...) klargestellt, dass diese Institutionen die in § 21 a I JArbSchG genannten Abweichungen in ihren Regelungen vorsehen können*".

496 Vom 21.12.2000, BGBl. I 2000, S. 1966.

497 Vgl. hierzu *Hoyningen-Huene* RdA 2002, 65, 68; *Müller-Volbehr* NZA 2002, 301, 305.

498 BAG AP Nr. 1 zu § 7 AVR Caritasverband (unter III 1 a Arbeitsvertragsrichtlinien des Caritasverbands).

499 *Hoyningen-Huene* RdA 2002, 65, 66.

festgestellt, dass die Kirchen mit dem Dritten Weg eine Regelung gefunden haben, *„die einerseits Ausdruck des in Art. 140 GG i.V.m. Art. 137 III 1 WRV geschützten Selbstbestimmungsrechts ist, anderseits den Grundgedanken des Art. 9 III GG in einer - wenn auch kirchenspezifischen Weise - Rechnung trägt"*[500] und daraus das Gebot abgeleitet, die Arbeitsvertragsrichtlinien zumindest in Bezug auf Tarifdispositivität den Tarifverträgen gleichzustellen, weshalb diese den Tarifvorbehalt des tarifdispositiven Rechts für sich in Anspruch nehmen könnten[501]. Dennoch wird auch jetzt in Bezug auf die Bereichsausnahme des § 310 IV BGB die Ansicht vertreten, die Arbeitsvertragsrichtlinien der Kirchen unterlägen der AGB-Kontrolle, weil sie nicht den Tarifverträgen und Betriebsvereinbarungen gleichgestellt worden seien[502]. Auch die Gesetzesbegründung zu § 310 IV 2 BGB scheint darauf hinzudeuten[503].

Wegen der Verfassungsgarantie des Selbstbestimmungsrechts der Kirchen (Art. 140 GG i.V.m. Art. 137 III WRV) sind aber den Tarifverträgen (in Bezug auf tarifdispositives Recht) die Regelungen gleichzustellen, die nach dem Beteiligungsmodell des „Dritten Weges" im kircheneigenen Arbeitsrechtsregelungsverfahren erlassen worden sind[504].
Daher ist die Bereichsausnahme des § 310 IV 1 BGB unter Berücksichtigung des Art. 140 GG i.V.m. Art. 137 III WRV im Wege verfassungskonformer, gesetzeskorrigierender Rechtsfortbildung so auszulegen, als ob eine Kirchenklausel enthalten wäre[505]. Ferner ist unter Heranziehung des Gleichheitsgrundrechts (Art. 3 I GG) die Bereichsausnahme auf die Arbeitsvertragsrichtlinien der Kirchen anzuwenden, da kein sachlicher Grund[506] besteht, zwischen Tarifverträgen, Dienst- und Betriebsvereinbarungen einerseits und Arbeitsvertragsrichtlinien der

---

[500] ArbG Berlin EzA § 13 BUrlG Nr. 21.
[501] Ebenso LAG Berlin AP Nr. 19 zu § 140 GG. In der Literatur wird die Gleichstellung von kirchlichen Regelungen mit Tarifverträgen kontrovers diskutiert, dafür z.B. MünchArbR/*Richardi* § 195 Rn. 33 ff.; *Hoyningen-Huene* RdA 2002, 65, 67 m.w.N.; dagegen z.B. *Wiedemann/Oetker* § 1 TVG Rn. 129.
[502] *Däubler* NZA 2001, 1329, 1334; *Annuß* BB 2002, 458, 460 (Fn. 29 unter Bezug auf BAG BB 1996, 1844), der darauf abstellt, dass die im kirchlichen Dienst in Arbeitsregelungsverfahren erzielten Regelungen nicht normativ auf Arbeitsverhältnisse einwirken, sondern erst aufgrund einzelvertraglicher Bezugnahme Geltung erlangen; so auch ArbRHdB/*Schaub*, § 31 Rn. 7 b.
[503] BT-Drucks. 14/7052, S. 189: Mit den Besonderheiten des Arbeitsrechts seien *„spezifische Bereiche des Arbeitsrechts wie z.B. des kirchlichen Arbeitsrechts gemeint"*.
[504] *Richardi* NZA 2002, 1057, 1062; *ders.* Arbeitsrecht in der Kirche, S. 217 f.; *Thüsing* NZA 2002, 306, 310; *Hoyningen-Huene* RdA 2002, 65, 68; offengelassen *Reichold* Arbeitsrecht § 3 Rn. 46.
[505] Vgl. *Hoyningen-Huene* RdA 2002, 65, 68; *Müller-Volbehr* NZA 2002, 301, 304.
[506] Vgl. die Judikatur des BVerfG zu Art. 3 GG: BVerfGE 1, 14, 52; 65, 141, 148; 76, 256, 329.

Kirche andererseits zu unterscheiden[507]. Denn durch das kirchliche Arbeitsrechtsregelungsverfahren kann der mit der Tarifdispositivität verfolgte Zweck in Gestalt der größeren Sachnähe, der leichteren Anpassungsmöglichkeit sowie der materiellen Richtigkeitsgewähr erreicht werden[508]. Dieser Gedanke ist auf den Umfang der Bereichsausnahme des § 310 IV BGB, der die Tarifdispositivität zwar nicht regelt, aber dennoch Tarifverträge (und Betriebsvereinbarungen) durch eine entsprechende Bereichseinschränkung privilegiert, zu übertragen.

Abschließend ist als *argumentum e contrario* anzuführen: Wenn der Gesetzgeber Betriebsvereinbarungen von einer Inhaltskontrolle freistellt, muss dies erst recht für die Regelungen des Dritten Weges gelten, die bereits in der (vorangegangenen) Rechtsprechung weitgehend der Inhaltskontrolle entzogen waren und nur dann, wenn sie tarifvertragliche Regelungen nicht im Wesentlichen inhaltsgleich übernahmen, der vergröberten Billigkeitskontrolle nach § 317 BGB unterfielen[509].

6. Aufhebungsvertrag als Arbeitsvertrag i.S.v. § 310 IV BGB?

Nach der Aufhebung der Bereichsausnahme ist die Frage aufgeworfen worden, ob auch Aufhebungsverträge als Arbeitsverträge i.S.v. § 310 IV 2 Hs.1 BGB anzusehen sind[510].

a) Argumente gegen die Anwendbarkeit der §§ 305 ff. BGB

Vom Wortlaut des § 310 IV 2 Hs. 1 BGB könne die Einbeziehung von Aufhebungsverträgen nicht gefolgert werden[511].
Auch seien Arbeitsverträge und Aufhebungsverträge vom Regelungsgehalt sehr unterschiedlich. Während nämlich der Arbeitsvertrag zur Begründung eines Arbeitsverhältnisses führt, setzt der Aufhebungsvertrag ihm gerade ein Ende[512].

Ferner wird auf die Notwendigkeit zur Vermeidung eines Wertungswiderspruches verwiesen, der entstehen würde, wenn man Aufhebungsverträge einer uneingeschränkten Inhaltskontrolle anhand des AGB-Rechts unterwerfen würde. Denn das AGB-Recht gründe sich auf ein strukturelles Ungleichgewicht, wel-

---

[507] Im Ergebnis so: *Richardi* NZA 2002, 1057, 1063; *Müller-Volbehr* NZA 2002, 301, 304 f.
[508] *Müller-Volbehr* NZA 2002, 301, 304; *Pahlke* NJW 1986, 350, 356.
[509] So *Pahlke* NJW 1986, 350, 356; *Thüsing* NZA 2002, 306, 310 m.w.N.
[510] Vgl. *Bauer* NZA 2002, 169, 172; *Lingemann* NZA 2002, 181, 185; *Thüsing* BB 2002, 2666, 2669.
[511] *Thüsing* BB 2002, 2666, 2669.
[512] *Thüsing* BB 2002, 2666, 2669.

ches zwischen Arbeitnehmer und Arbeitgeber bei Aufhebungsverträgen gerade nicht bestünde[513]. Diese besondere Verhandlungsposition sei als Besonderheit des Arbeitsrechts i.S.d. § 310 IV 2 Hs. 1 BGB mit der Folge zu berücksichtigen, dass bei Aufhebungs- und Abwicklungsverträgen eine AGB-Kontrolle nur sehr eingeschränkt in Betracht komme[514].

b) Argumente für die Anwendbarkeit der §§ 305 ff. BGB

Der Begriff der „Arbeitsverträge" in § 310 IV 2 Hs. 1 BGB müsse weit verstanden werden, so dass nicht nur der zur Begründung eines Arbeitsverhältnisses geschlossene Vertrag, sondern auch der zur Auflösung desselben geschlossene Vertrag gemeint sei[515]. Ferner begegne die Argumentation des BAG, wonach der Arbeitnehmer dem Ansinnen des Arbeitgebers auf Abschluss eines Aufhebungsvertrags ein schlichtes „Nein" entgegensetzen könne, weshalb er nicht strukturell unterlegen sei[516], *„erheblichen Zweifeln"*[517]. Denn für den mit einer Kündigung konfrontierten Arbeitnehmer könne eine strukturelle Unterlegenheit gegeben sein, weshalb ein generelles Verhandlungsgleichgewicht abzulehnen sei[518]. Auch sei die besondere Verhandlungsposition des Arbeitnehmers keine Besonderheit des Arbeitsrechts i.S.v. § 310 IV 2 Hs. 1 BGB, da hierunter nur die rechtlichen, nicht aber die tatsächlichen Besonderheiten des Arbeitsverhältnisses fielen[519]. Nach anderen Ansicht, die Arbeitnehmer als Verbraucher (§ 13 BGB) ansieht, erscheine es interessengerechter, (im Rahmen einer individuellen Betrachtung nach § 310 III Nr. 3 BGB) die Verhandlungsposition im Einzelfall bei der Beurteilung der Unangemessenheit nach § 307 I BGB heranzuziehen[520].

c) Eigene Stellungnahme

Ein Ausschluss von Formularaufhebungsverträgen aus der Inhaltskontrolle nach dem AGB-Recht ist nicht gerechtfertigt.

---

513 *Bauer* NZA 2002, 169, 172; *Lingemann* NZA 2002, 181, 185;
514 *Lingemann* NZA 2002, 181, 185; *Weber/Ehrich/Burmester* Rn. 809a.
515 ErfK/*Müller-Glöge* § 620 BGB Rn. 14.
516 BAG NZA 1996, 811.
517 *Thüsing* BB 2002, 2666, 2669.
518 *Thüsing* BB 2002, 2666, 2669; früher bereits schon für ein solches Ungleichgewicht bspw.: *Dieterich* DB 1995, 1813 f.; *Keppeler* AuR 1996, 263, 265; *Stoffels* SAE 1995, 176, 181.
519 *Thüsing* BB 2002, 2666, 2669.
520 *Thüsing* BB 2002, 2666, 2669; in diese Richtung auch *Gotthardt* Schuldrechtsreform Rn. 307.

Ob bei Verneinen eines strukturellen Ungleichgewichts beim Abschluss eines Aufhebungsvertrags der zweite Schutzzweck des AGB-Rechts, der Verbraucherschutz eingreift, kann an dieser Stelle noch dahin gestellt bleiben. Denn das AGB-Gesetz und jetzt die §§ 305 ff. BGB basieren auf der vom Verwender einseitig in Anspruch genommenen Gestaltungsmacht, wobei ein wirtschaftliches oder (wenn auch oft vorliegendes) intellektuelles Ungleichgewicht nicht erforderlich ist[521]. Ferner sollte der Arbeitnehmer beim Abschluss von Formularaufhebungsverträgen durch die Inhaltskontrolle nach §§ 307-309 BGB geschützt werden, zumal ihm nach h.M.[522] sowie der in dieser Arbeit vertretenen Ansicht[523] ein Widerrufsrecht nach §§ 312 I 1 Nr.1, 355 BGB bzgl. am Arbeitsplatz abgeschlossener Aufhebungsverträge nicht zusteht. Formularaufhebungsverträge unterfallen daher nach der hier vertretenen Auffassung der AGB-rechtlichen Inhaltskontrolle[524].

7. Inhaltskontrolle einbezogener kollektiver Regelungen

Der Gesetzgeber hat in § 310 IV 3 BGB dem Umstand Rechnung getragen, dass Einzelarbeitsverträge oft ganz oder teilweise kollektive Regelungen in Bezug nehmen und damit zum Gegenstand individueller Arbeitsverträge machen, wobei insbesondere auf Tarifverträge verwiesen wird[525].

a) Bedeutung von Verweisungsklauseln

Ca. 90 % aller Arbeitsverträge enthalten Klauseln, in denen auf Tarifverträge Bezug genommen wird[526]. Da der *tarifgebundene* Arbeitgeber die Tarifgebundenheit seiner Arbeitnehmer nicht kennt, weil er nach der Gewerkschaftszugehörigkeit wegen der in Art. 9 III GG verfassungsrechtlich garantierten Koalitionsfreiheit nicht fragen darf[527], unterwirft er in der Regel alle Arbeitnehmer einer gleichlautenden Bezugnahme- oder Verweisungsklausel[528]. Denn der Zweck

---

[521] S.o. Kapitel 3, A I 1-3.
[522] Vgl. bspw.: ErfK/*Müller-Glöge* § 620 BGB Rn. 13; MüKo/*Ulmer* § 312 BGB Rn. 38; Palandt/*Heinrichs* § 312 BGB Rn. 8; Palandt/*Putzo* Einf. v. § 611 BGB Rn. 7 a.
[523] Dazu ausführlich unten in Kapitel 4, B II, III.
[524] So auch ErfK/*Müller-Glöge* § 620 BGB Rn. 14, *Bauer* NZA 2002, 169, 172 f.; *Gotthardt* Schuldrechtsreform Rn. 305 ff.; offen gelassen von *Lingemann* NZA 2002, 181, 185.
[525] Daher werden bei den folgenden Ausführungen ausdrücklich nur Tarifverträge genannt, wobei für Betriebs- und Dienstvereinbarungen entsprechendes gilt.
[526] *Preis* Vertragsgestaltung, S. 62; *Hanau/Kania* FS Schaub, S. 239.
[527] ErfK/*Preis* § 611 BGB Rn. 349.
[528] *Schliemann* FS Wiedemann, S. 543, 555 ff.; *Wahlig* AuA 2001, 346. Zwar ist nach dem arbeitsrechtlichen Gleichbehandlungsgrundsatz der Arbeitgeber gehalten, bei gleich liegenden

der vertraglichen Bezugnahme in einem vom tarifgebundenen Arbeitgeber vorformulierten Arbeitsvertrag auf die einschlägigen Tarifverträge besteht regelmäßig in der Gleichstellung und damit der Anwendung derjenigen Arbeitsbedingungen, die für die tarifgebundenen Arbeitnehmer nach §§ 3 I, 4 I 1 TVG unmittelbar und zwingend gelten[529]. *Nichttarifgebundene* Arbeitgeber verwenden häufig Verweisungsklauseln, da sie die Vertragsgestaltung erleichtern. Zudem bieten tarifvertragliche Regelungen eine hohe Richtigkeitsgewähr, so dass sich das Risiko, unwirksame Regelungen zu vereinbaren, minimiert[530]. Auch gewährleistet die Verweisung auf einen Branchentarifvertrag die Üblichkeit und Wettbewerbsfähigkeit der vertraglichen Inhalte.

b) Zulässigkeit von Verweisungsklauseln

Die rechtliche Zulässigkeit der arbeitsvertraglichen Verweisung auf Tarifnormen ist nach dem Prinzip der Vertragsfreiheit allgemein anerkannt[531]. Denn eine gesetzliche Vorschrift, die wie § 77 III BetrVG (im Verhältnis des Tarifvertrags zur Betriebsvereinbarung)[532] die Übernahme tariflicher Bedingungen durch individualrechtliche Regelungen beschränkt oder verbietet, existiert nicht. Im Gegenteil hat der Gesetzgeber in zahlreichen Vorschriften die Möglichkeit arbeitsvertraglicher Bezugnahmeklauseln explizit anerkannt[533].

c) Arten von Verweisungsklauseln

aa) Inhaltlicher Umfang der Verweisung

Es ist zwischen Global-, Einzel- und Teilverweisung zu unterschieden: Bei der *Globalverweisung* wird ein gesamtes Regelwerk (bei Arbeitsverträgen i.d.R. ein

---

Sachverhalten in seinem Betrieb einzelne Arbeitnehmer oder einzelne Gruppen von Arbeitnehmern nicht ohne Grund von allgemeinbegünstigenden Regelungen auszunehmen, vgl. BAG NZA 1997, 1177; NZA 1996, 84, 133. Gewährt der Arbeitgeber lediglich den tarifgebundenen Arbeitnehmern die sich aus den Tarifnormen ergebenden Leistungen, liegt allerdings hierin gegenüber den nicht tarifgebundenen Arbeitnehmern kein Verstoß gegen den Gleichbehandlungsgrundsatz, BAG AP Nr. 7 zu § 4 TVG.

[529] BAG BB 2002, 1264, 1265 f. m.w.N.; *Hanau/Kania* FS Schaub, S. 239, 245.

[530] *Wahlig* AuA 2001, 346.

[531] ErfK/*Preis* § 611 BGB Rn. 469; *Gaul* ZTR 1991, 188, 190; *Faustmann/Woldenberg* NZA 2001, 1113, 1118; *Hanau/Kania* FS Schaub, S. 239, 240; *Müller* RdA 1990, 321, 323; *Thüsing/Lambrich* NZA 2002, 1361, 1362.

[532] Vgl. zu § 77 III BetrVG: *Adomeit* NJW 1994, 837, 838.

[533] Vgl. § 13 I 2 BUrlG, § 4 IV 2 EFZG, § 622 IV 2 BGB, § 17 III 2 BetrVG, 7 III ArbZG.

Tarifvertrag) in Bezug genommen[534], während bei der *Einzelverweisung* nur auf *einzelne Passagen/Bestimmungen* eines Tarifvertrags Bezug genommen wird[535].

Im Gegensatz dazu werden bei der *Teilverweisung*, die zwischen Global- und Einzelverweisung steht, bestimmte *Regelungskomplexe* des Tarifvertrags in Bezug genommen[536].

bb) Statik oder Dynamik der Verweisung

Ferner können die Verweisungsklauseln statisch oder dynamisch ausgestaltet werden[537]:
Bei einer *statischen Verweisungsklausel* wird auf einen konkreten, im Zeitpunkt des Vertragsschlusses geltenden Tarifvertrag (bzw. eine tarifliche Regelung) unter Nennung des Datums in einer konkreten Fassung Bezug genommen[538]. Die Parteien wollen sich von künftigen tariflichen Änderungen abkoppeln und etwas vereinbaren, was ihrem Arbeitsverhältnis dauerhaft zugrunde liegen soll[539].
Bei einer *kleinen dynamischen Verweisungsklausel* wird ein genau bezeichneter Tarifvertrag (oder einzelne seiner Regelungen) in seiner jeweils gültigen Fassung Inhalt des Arbeitsvertrags, so dass der Arbeitsvertrag an künftigen Veränderungen und Ergänzungen des Tarifvertrags oder der tariflichen Regelung teilnimmt[540]. Die Dynamik betrifft in diesem Fall allein den zeitlichen Aspekt[541].
Die *große dynamische Verweisungsklausel* nimmt nicht auf einen konkreten Tarifvertrag in seiner jeweils gültigen Fassung Bezug, sondern schlicht auf die „beim Arbeitgeber geltenden" oder „branchenüblichen" Tarifverträge in ihrer jeweils gültigen Fassung[542], so dass es – etwa nach einer Umstrukturierung – zur Anwendung des für eine andere Branche geltenden Tarifvertrags kommen kann[543].

---

534 *Preis* FS Wiedemann, S. 425, 441.
535 *Preis* FS Wiedemann, S. 425, 443.
536 ErfK/*Preis* §§ 305-310 BGB Rn. 20. Eine begrenzte Übernahme tarifvertraglicher Regelungen in den Einzelvertrag führt dazu, dass das Tarifwerk im Übrigen für die Vertragsbeziehungen der Arbeitsvertragsparteien keine Wirkung entfaltet, vgl. *Gaul* ZTR 1991, 188, 193.
537 *Hanau/Kania* FS Schaub, S. 239, 245 f. mit Darstellung von Abgrenzungskriterien. Das BAG hat (im Zweifelsfall) eine Bezugnahmeklausel auch ohne diesbezügliche ausdrückliche Regelung als dynamische Verweisung ausgelegt, vgl. BAG BB 2002, 1264, 1265; ebenso *Gaul* NZA 1998, 9, 11.
538 *Gaul* ZTR 1991, 188, 193; *Hanau/Kania*, FS Schaub, S. 239, 246.
539 Vgl. *Wahlig* AuA 2001, 346, 347 mit Formulierungsbeispiel.
540 *Hanau/Kania* FS Schaub, S. 239.
541 *Annuß* BB 1999, 2558, 2559.
542 *Wahlig* AuA 2001, 346, 348.
543 *Annuß* BB 1999, 2558, 2559.

d) Umfang der Inhaltskontrolle nach §§ 307-309 BGB

Bei Arbeitsverträgen mit nicht tarifgebundenen Arbeitnehmern wird durch die Verweisungsklausel die schuldrechtliche Anwendbarkeit des Tarifvertrags begründet, weil in diesem Fall die normative Geltung des Tarifvertrags die Verweisungsklausel nicht überlagert[544].

aa) Globalverweisungen

Die in § 310 IV 3 erfolgte Gleichstellung von Tarifverträgen mit Rechtsvorschriften i.S.v. § 307 III BGB ergibt, dass die §§ 307 I, II, 308, 309 BGB bei einer Globalverweisung, bei der auf einen gesamten Tarifvertrag Bezug genommen wird, nicht anzuwenden sind[545].

Der Gesetzgeber wollte nämlich mit § 310 IV 3 BGB verhindern, dass bei einzelvertraglicher Verweisung auf eine kollektive Regelung der Einzelarbeitsvertrag und damit mittelbar die kollektive Regelung selbst einer Inhaltskontrolle unterliegt[546]. Denn die Richtigkeitsgewähr des Tarifvertrags greift auch ein, wenn mittels einer arbeitsvertraglichen Bezugnahmeklausel vollständig auf ein Tarifwerk Bezug genommen wird[547].

Nach der Gesetzesbegründung scheint zwar die Bezugnahme auf jede kollektive Regelung zu genügen, um die Inhaltskontrolle auszuschließen[548]. Wenn jedoch im Gesetz an anderer Stelle (Teil)Verweisungen zugelassen werden, muss stets der einschlägige Tarifvertrag in Bezug genommen werden, vgl. § 7 III ArbZG; § 622 IV BGB, § 4 IV EFZG[549].

Ferner folgt aus dem Zweck der §§ 310 IV 3, 307 I BGB, die von der Angemessenheit der tariflichen Regelungen ausgehen, dass die Kontrollfreiheit bei der Einbeziehung branchen- oder ortsfremder Tarifverträge infolge Abweichung von

---

544 *Gaul* ZTR 1991, 188, 191; *Preis* FS Wiedemann, S. 425, 427; ArbRHdB/*Schaub* § 208 Rn. 8. *Reichold* Arbeitsrecht § 3 Rn. 43. Ob bei beiderseitiger Tarifgebundenheit die normative Geltung des Tarifvertrags die Verweisungsklausel überlagert, die dann nur noch deklaratorisch wäre, ist streitig, vgl. *Annuß* BB 1999, 2558, 2559 m.w.N. zum Streitstand.

545 *Gotthardt* Schuldrechtsreform Rn. 266; ErfK/*Preis* §§ 305-310 BGB Rn. 16 mit Verweis auf die gleich lautende Rechtsprechung zur einzelvertraglichen Einbeziehung eines Tarifvertrags v. BAG AP AVR Caritasverband § 10a Nr. 1; *a.A. Löwisch* FS Wiedemann, S. 311, 320 f. unter Verweis auf § 309 Nr. 8 ff. BGB.

546 BT-Drucks. 14/6857, S. 54; so auch MüKo/*Basedow* § 310 BGB Rn. 96.

547 *Oetker* FS Wiedemann, S. 383, 399.

548 Vgl. BT-Drucks. 14/6857, S. 54.

549 *Preis* FS Wiedemann, S. 425, 443.

Rechtsvorschriften gemäß § 307 III 1 BGB nicht mehr gilt[550]. Denn ein fremder Tarifvertrag legt ganz andere ökonomische und betriebliche Bedingungen zu Grunde als in der Branche gelten, in der die Verweisung vorgenommen wird, weshalb bei der Bezugnahme auf branchenfremde Tarifverträge die Angemessenheit der Regelungen nicht mehr vermutet werden kann[551], und das Risiko einer unangemessenen Regelung größer ist[552]. Diese Sichtweise entspricht der Rechtsprechung zum AGB-Gesetz, wonach eine Abweichung von Rechtsvorschriften (früher § 8 AGBG; jetzt § 307 III 1 BGB) angenommen wurde, wenn durch AGB die für einen anderen Vertragstyp geltenden Regelungen vereinbart wurden[553]. Daher gilt bei Globalverweisungen die Kontrollfreiheit nicht uneingeschränkt[554], da die Inhaltskontrolle nur bei Verweisungen auf den *jeweils einschlägigen*[555] Tarifvertrag entfällt[556].

bb) Einzelverweisungen

§ 307 III BGB i.V.m. § 310 IV 3 BGB besagt, dass die Inhaltskontrolle nur für vertragliche Regelungen gilt, durch die von Tarifverträgen abgewichen oder diese ergänzende Regelungen vereinbart werden. Abgewichen wird von einem Tarifvertrag aber bereits dann, wenn er nicht in seiner Gesamtheit in Bezug genommen wird[557]. In diesen Fällen besteht die Gefahr, der einseitigen Benachteiligung des Arbeitnehmers, da der Arbeitgeber meist auf für ihn vorteilhafte Regelungen verweisen wird, indem er die „Rosinen“ aus dem Tarifvertrag herauspickt[558]. Daher besitzt die Tarifbestimmung bei einer Einzelverweisung nicht

---

550 ErfK/*Preis* §§ 305-310 BGB Rn. 17; *Thüsing/Lambrich* NZA 2002, 1361, 1362 f. mit Verweis auf § 22 II TzBfG; kritisch *Eckert* DStR 2002, 2222, 2223.

551 *Müller* RdA 1990, 321, 323; *Stein* Tarifvertragsrecht Rn. 241; *Preis* FS Wiedemann, S. 425, 442.

552 *Thüsing/Lambrich* NZA 2002, 1361, 1363; *Gotthardt* Schuldrechtsreform Rn. 266.

553 BGHZ 91, 56, 57; BGH NJW 1997, 193 f.

554 ErfK/*Preis* §§ 305-310 BGB Rn. 17; so aber wohl *Reichold* Arbeitsrecht § 3 Rn. 47.

555 Das ist der Tarifvertrag, der bei beiderseitiger Tarifbindung anwendbar wäre.

556 *Gotthardt* Schuldrechtsreform Rn. 266; ErfK/*Preis* §§ 305-310 BGB Rn. 17. Kommt aber für ein Unternehmen die Anwendbarkeit verschiedener Tarifverträge in Betracht, kann bei Einbeziehung einer dieser Tarifverträge eine Inhaltskontrolle nicht eingreifen, vgl. *Gotthardt* Schuldrechtsreform Rn. 266; ErfK/*Preis* §§ 305-310 BGB Rn. 17. Dies folgt aus der Feststellung des BAG, dass die Regelungen eines Tarifvertrags angemessen sind, vgl. BAG AP Nr. 22 zu § 611 BGB Ausbildungsbeihilfe; BVerfG AP Nr. 117 zu Art. 9 GG Arbeitskampf.
Aus §§ 307 III 2, 310 IV 3 BGB folgt aber, dass auch der einzelvertraglich vollständig einbezogene Tarifvertrag der Transparenzkontrolle unterliegt, vgl. BT-Drucks. 14/6857, S. 54..

557 *Thüsing/Lambrich* NZA 2002, 1361, 1363.

558 ErfK/*Preis* §§ 305-310 BGB Rn. 19; *Gotthardt* Schuldrechtsreform Rn. 267; *Hanau/Kania* FS Schaub, S. 239, 245; *Fenski* AuR 1989, 168, 170.

dieselbe Angemessenheits- und Richtigkeitsgewähr wie bei Globalverweisungen[559].
Da eine privilegierte Beurteilung von Tarifregelungen, die auf einer inhaltlichen Ausgewogenheit und Kompensation von Nachteilen durch Vorteile im Tarifvertrag aufbaut, bei Einzelverweisungen jeder Grundlage entbehrt, wird nur durch eine *volle Inhaltskontrolle* auch des in Bezug genommenen Teils eines Tarifvertrags gewährleistet, dass eine einseitige Benachteiligung des Arbeitnehmers vermieden wird[560].

cc) Teilverweisungen

Eine Inhaltskontrolle bei Teilverweisungen wird in der Literatur teilweise bejaht, weil die Gefahr bestünde, dass der Arbeitgeber nur auf solche Regelungskomplexe verweist, die für ihn vorteilhaft erscheinen, und den Arbeitnehmer einseitig belasten[561]. Andererseits wird in der Literatur teilweise die Angemessenheitsvermutung des Tarifvertrags aber auch auf geschlossene Regelungskomplexe erstreckt[562]. Nach der Gesetzesbegründung soll eine Inhaltskontrolle nicht stattfinden, wenn auf einen Tarifvertrag oder einen anderen kollektiven Vertrag *als ganzes* verwiesen wird[563], weshalb man im Umkehrschluss folgern könnte, dass bei Teilverweisungen eine Inhaltskontrolle erforderlich sei[564].

Um eine Aussage über die Inhaltskontrolle bei Teilverweisungen zu treffen, ist auf die vom Gesetzgeber an zahlreichen Stellen ermöglichten Teilverweisungen auf Tarifnormkomplexe (vgl. § 622 IV 2 BGB; § 17 III 2 BetrAVG; § 13 I 2 BUrlG; § 7 III 1 ArbZG, § 4 IV 2 EFZG) abzustellen, wobei aber die Zulässigkeit einer Verweisung grundsätzlich noch keinen Rückschluss auf die Angemessenheit einer Tarifregelung und die Erforderlichkeit einer Inhaltskontrolle bietet[565]. Jedoch kann aus dem Regelungszusammenhang sowie aus der in diesen

---

[559] *Däubler* NZA 2001, 1329, 1335; *Gotthardt* Schuldrechtsreform Rn. 267; *Hanau/Kania* FS Schaub, S. 239, 245; *Lindemann* AuR 2002, 81, 86; *Preis* Vertragsgestaltung, S. 398 f.; *Reineke* NZA Beilage 3, S. 23, 29.
[560] *Fenski* AuR 1989, 168, 172; *Hanau/Kania* FS Schaub, S. 239, 245; *Henssler* RdA 2002, 129, 136; *Nägel/Chwalisz* MDR 2002, 1341, 1342; ErfK/*Preis* §§ 305-310 BGB Rn.19; *ders.* ZIP 1989, 885, 894; *Thüsing/Lambrich* NZA 2002, 1361, 1363.
[561] *Däubler* NZA 2001, 1329, 1335; *Löwisch/Rieble* § 3 Rn. 115; *Reineke* NZA 2000, Beil. 3, S. 23, 29; *Thüsing/Lambrich* NZA 2002, 1361, 1363.
[562] *Gaul* ZTR 1991, 188, 190; *Hanau/Kania* FS Schaub, S. 239, 245; *Wiedemann/Oetker* TVG § 3 Rn. 258 m.w.N.; *Lindemann* AuR 2002, 81, 86; *Gotthardt* Schuldrechtsreform Rn. 268; unklar *Berkowsky* AuA 2002, 11, 15.
[563] BT-Drucks. 14/6857, S. 54.
[564] *Preis* FS Wiedemann, S. 425, 445.
[565] ErfK/*Preis* §§ 305-310 BGB Rn. 21.

Vorschriften vorgesehenen Beschränkung der Verweisungsmöglichkeit gefolgert werden, in welchen Konstellationen der Gesetzgeber von der Angemessenheit der tariflichen Regelung ausgeht[566]. Die Vereinbarung von Tarifbedingungen die von der gesetzlichen Regelung zu Lasten der Arbeitnehmer abweichen, soll nämlich eine betriebs- oder unternehmenseinheitliche Geltung bestimmter tariflicher Arbeitsbedingungen ermöglichen[567]. Das zeigt, dass der Gesetzgeber bestimmte tarifliche Regelungskomplexe für so ausgewogen hält, dass ein ausreichender Arbeitnehmerschutz trotz Abweichung des Tarifvertrags von den gesetzlichen Vorschriften ausreichend gewährleistet ist[568]. Eine Kontrolle der betreffenden Tarifklauseln auf ihre Angemessenheit ist daher in Fällen der gesetzlich zugelassenen Teilverweisungen nicht gewollt[569]. Jedoch muss auf den einschlägigen Tarifvertrag - der bei beiderseitiger Tarifgebundenheit der Parteien des Arbeitsvertrags gelten würde - verwiesen werden (vgl. § 622 IV 2 BGB, § 4 IV 2 EFZG)[570].

Eine Inhaltskontrolle scheidet ferner aber nur dann aus, wenn auf den gesamten (geschlossenen) Regelungskomplex Bezug genommen wird[571]. Denn es muss zumindest die theoretische Möglichkeit bestehen, dass eine nachteilige durch eine vorteilhafte Klausel ersetzt wird[572]. Ein Regelungskomplex liegt hierbei vor, wenn die tarifliche Bestimmung mehrere Einzelregelungen enthält, die gemeinsam eine Gesamtregelung ergeben[573].

Unter Heranziehung dieser Grundsätze wird ferner der Ausschluss der Inhaltskontrolle auch bei *gesetzlich nicht geregelten* Teilverweisungen vertreten[574].

---

[566] *Preis* FS Wiedemann, S. 425, 445.

[567] ErfK/*Dörner* § 4 EFZG Rn. 62; ErfK/*Steinmeyer* § 17 BetrAVG Rn. 31.

[568] *Preis* FS Wiedemann, S. 425, 445.

[569] *Gotthardt* Schuldrechtsreform Rn. 268; *a.A. Thüsing/Lambrich* NZA 2002, 1361, 1364.

[570] *Preis* FS Wiedemann, S. 425, 445; ErfK/*Müller-Glöge* § 622 BGB Rn. 82; ErfK/*Dörner* § 4 EFZG Rn. 61; ErfK/*Schaub* § 3 TVG Rn. 48.

[571] ErfK/*Preis* §§ 305-310 BGB Rn. 21; ErfK/*Müller-Glöge* § 622 BGB Rn. 83; ErfK/*Dörner* § 4 EFZG Rn.62; offengelassen von ArbRHdB/*Schaub* § 31 Rn. 7b; *Hanau/Kania* FS Schaub, S. 239, 245.
Denn eine Abweichung von gesetzlichen Vorschriften zu Lasten des Arbeitnehmers ist nämlich nur dann gerechtfertigt, wenn durch die Bezugnahme die nicht tarifgebundenen Arbeitnehmer den tarifgebundenen Arbeitnehmern gleichgestellt werden, vgl. *Preis* FS Wiedemann, S. 425, 426.

[572] *Lindemann* AuR 2002, 81, 86.

[573] Das ist bspw. der Fall, wenn die Tarifklausel Urlaubsdauer, Urlaubsgeld, Wartezeit u.s.w. regelt vgl. *Preis* FS Wiedemann, S. 425, 446. Enthält die Tarifbestimmung nur eine einzige Regelung (z.B. Ausschlussfristen), liegt (ebenso wie bei der Verweisung auf einzelne Passagen der tariflichen Regelung) kein Regelungskomplex vor, vgl. *Preis* FS Wiedemann, S. 425, 446; *Gotthardt* Schuldrechtsreform Rn. 267; *a.A.* BAG ZTR 1995, 277, 278.

[574] *Preis* FS Wiedemann, S. 425, 446; *Gaul* ZTR 1991, 188, 190; so wohl auch *Lindemann* AuR 2002, 81, 86; *Hanau/Kania* FS Schaub, S. 239, 245.

Diese Ansicht ist aber abzulehnen, da die Schaffung einheitlicher Arbeitsbedingungen kein Aspekt der Angemessenheitskontrolle des § 307 BGB ist, und mit der Übertragung der Wertungen der oben aufgeführten Normen letztlich auch Einzelverweisungen zugelassen werden müssten[575].

8. Beachtung arbeitsrechtlicher Besonderheiten: § 310 IV 2 Hs. 1 BGB

a) Stellungnahmen im Schrifttum

Im arbeitsrechtlichen Schrifttum werden aus § 310 IV 2 Hs. 1 BGB unterschiedliche Folgerungen gezogen[576]:

Annuß bezeichnet § 310 IV 2 Hs. 1 BGB zwar als „*Kernstück des Schuldrechtsmodernisierungsgesetzes in arbeitsrechtlicher Hinsicht*"[577]. Jedoch erkennt er an, dass gegenwärtig nur Spekulationen möglich seien, da sich keinerlei Anhaltspunkte für eine Konkretisierung des Begriffs finden ließen. Man werde bei der Suche nach den arbeitsrechtlichen Besonderheiten den Blick jedoch vor allem auf jene Gesichtspunkte zu lenken haben, die bislang die Herausnahme der Arbeitsverträge aus der allgemeinen Inhaltskontrolle getragen haben, also das engmaschige System arbeitsrechtlicher Schutznormen.
Klevemann sieht als Besonderheiten des Arbeitsrechts nur solche Wertungen an, die sich zu Gunsten des Arbeitnehmers auswirken[578].
Graf von Westphalen geht davon aus, dass man jegliche arbeitsrechtliche Besonderheiten, die sich gegen das zwingende Recht der §§ 307 ff. BGB durchsetzen können, als Missbräuche bezeichnen müsste, so dass dieser Vorbehalt im Ergebnis leer laufe[579].

---

[575] Vgl. *Gotthardt* Schuldrechtsreform Rn. 268, der bzgl. der Inhaltskontrolle von gesetzlich nicht geregelten Teilverweisungen die Rechtsprechung des BGH zur Einbeziehung der VOB/B heranziehen will. Nach dieser Rechtsprechung nimmt der BGH eine Inhaltskontrolle nur vor, wenn auf die VOB/B nicht insgesamt Bezug genommen wird, sondern diese nicht mehr „im Kern" Vertragsgrundlage ist, bzw. der grundsätzlich gewährleistete Interessenausgleich „wesentlich beeinträchtigt ist" (vgl. BGHZ 131, 392, 397 f.; so auch MüKo/*Basedow* § 23 AGBG Rn. 88). Vgl. auch *Thüsing/Lambrich* NZA 2002, 1361, 1363, die ebenfalls auf die BGH-Rechtsprechung zur Inhaltskontrolle der VOB/B hinweisen, aber (ohne Unterscheidung) sämtliche Teilverweisungen der Inhaltskontrolle unterziehen wollen. *Henssler* RdA 2002, 129, 137 erwägt die Isolierbarkeit und Ausgewogenheit von (aus Tarifverträgen) übernommen zweiseitigen Ausschlussfristen.
[576] Vgl. auch den Überblick von *Thüsing* NZA 2002, 591, 592.
[577] *Annuß* BB 2002, 458, 460.
[578] *Klevemann* AiB 2002, 579, 582.
[579] PdSR/*Westphalen* § 310 BGB Rn. 7; ablehnend *Reichenbach* NZA 2003, 309, 311; ErfK/*Preis* §§ 305-310 BGB Rn. 14; *Gotthardt* Schuldrechtsreform Rn. 235.

Berkowsky schlägt genau die andere Richtung ein und geht davon aus, dass aufgrund dieses Vorbehalts kaum Änderungen für die arbeitsrechtliche Inhaltskontrolle gegenüber der bisherigen Rechtsprechung zu prognostizieren seien[580].
Lingemann meint, dass durch den Vorbehalt die Inhaltskontrolle nach §§ 308, 309 BGB insgesamt ausgeschlossen werde und daher nur die Generalklausel des § 307 BGB anzuwenden sei[581].
Thüsing will § 310 IV 2 Hs. 1 BGB auf die rechtlichen Besonderheiten beschränken, und tatsächliche Besonderheiten unbeachtet lassen[582]. Er begründet dies mit einem Rückschluss zu § 310 I 2 BGB und dem Wortsinn des § 310 IV 2 Hs. 1 BGB[583].

Nach *herrschender Auffassung* im Schrifttum sind die Besonderheiten des Arbeitsrechts von Fall zu Fall und je nach Klauselverbot in die Überprüfung miteinzubeziehen, um so ein Ergebnis, das dem Wortlaut des Klauselverbots entsprechen würde, im Einzelfall zu korrigieren[584].

b) Intention des Gesetzgebers

aa) Gesetzesbegründung

In der Gegenäußerung der Bundesregierung zur Stellungnahme des Bundesrates heißt es:

„Allerdings sollten vor allem die besonderen Klauselverbote ohne Wertungsmöglichkeit nicht zwingend uneingeschränkt zur Anwendung kommen. Vielmehr sollten die besonderen Bedürfnisse eines Arbeitsverhältnisses berücksichtigt werden"[585].

Ferner hat der Rechtsausschuss des Deutschen Bundestages ausgeführt: *„Der Ausschuss verbindet mit der vorgesehenen Formulierung die Erwartung, dass den Besonderheiten spezifischer Bereiche des Arbeitsrechts wie z.B. des kirchlichen Arbeitsrechts angemessen Rechnung getragen werden kann"*[586].

---

580 *Berkowsky* AuA 2002, 11, 15.
581 *Lingemann* NZA 2002, 181, 183; ablehnend *Gotthardt* Schuldrechtsreform Rn. 235.
582 *Thüsing* NZA 2002, 591, 592; *ders.* BB 2002, 2666, 2673.
583 *Thüsing* NZA 2002, 591, 592; zustimmend *Gotthardt* Schuldrechtsreform Rn. 236.
584 So der Ansatz von *Annuß* BB 2002, 458, 461; *Däubler* NZA 2001, 1329, 1334; *Gotthardt* ZIP 2002, 277 f.; *Joost* FS Ulmer, S. 1199, 1203; *Lingemann* NZA 2002, 181. *Thüsing* BB 2002, 2666, 2672 kritisiert hingegen diesen Ansatz als *„beliebig zu verwendenden Weichzeichner"*.
585 BT-Drucks. 14/6857, S. 54.
586 BT-Drucks. 14/7052, S. 189.

bb) Bewertung der Gesetzesbegründung[587]

Die Gesetzesbegründung, die als Beispiel für die Besonderheiten des Arbeitsrechts das kirchliche Arbeitsrecht anführt, ist irreführend, da kirchliche Arbeitsverhältnisse (soweit auf diese die Regelungen des „Dritten Weges" Anwendung finden) nach verfassungskonformen Auslegung des § 310 IV 1 BGB aus dem Anwendungsbereich der §§ 305 ff. BGB im Ganzen ausscheiden[588]. Zudem ist ein Vorbehalt bei § 309 BGB - wie in der Begründung der Bundesregierung vorgesehen - systemfremd, weil die dort normierten Klauselverbote sich gerade dadurch von § 308 BGB abheben, dass sie keine Wertungsmöglichkeiten eröffnen[589]. Wenn daher die Gegenäußerung der Bundesregierung darauf abzielte, die Klausel des § 309 BGB nicht zwingend anzuwenden[590], da sie im Arbeitsverhältnis nicht immer passen[591], muss die Einschränkung durch § 310 IV 2 Hs. 1 BGB auch für § 308 BGB gelten, da der Unterschied zwischen § 308 BGB und § 309 BGB, die Wertungsmöglichkeit, nichts mit den Besonderheiten des Arbeitsrechts zu tun hat[592]. Daneben gibt es keinen Grund, die Besonderheiten des Arbeitsrechts nicht auch bei der Generalklausel des § 307 BGB zu berücksichtigen[593]. Jedoch kann aus § 310 IV 2 Hs. 1 BGB keinesfalls der Vorbehalt entnommen werden, dass nur die Generalklausel des § 307 BGB anzuwenden ist[594]. Fest steht auch, dass die angemessene Berücksichtigung der im Arbeitsrecht geltenden Besonderheiten sich nur auf die Inhaltskontrolle der Vertragsbedingungen bezieht, die unter die Legaldefinition der AGB i.S. des § 305 I 1 BGB fallen. Eine Erstreckung auf Arbeitsverträge, deren Regelungsgehalt nicht von der Legaldefinition erfasst wird, kann daher nicht aus einer angemessenen Berücksichtigung der im Arbeitsrecht geltenden Besonderheiten abgeleitet werden[595].

cc) Konsequenzen für die Vorgehensweise bei der Inhaltskontrolle

Die in § 310 IV 2 Hs. 1 BGB angeordnete eingeschränkte Anwendbarkeit der (besonderen) Klauselverbote bedeutet, dass die §§ 308, 309 BGB grundsätzlich

---

587 Der Terminus „Besonderheiten des Arbeitsrechts" ist ein *Neologismus* der Gesetzessprache, der sich bislang in keinen anderen Gesetzen gefunden hat, vgl. *Thüsing* NZA 2002, 591.

588 S.o. Kapitel 3, D II 5 c.

589 AnwK/*Hennrichs* § 310 BGB Rn. 18.

590 BT-Drucks. 14/6857, S. 54.

591 ErfK/*Preis* §§ 305-310 BGB Rn. 14.

592 *Hromadka* NJW 2002, 2523, 2528.

593 *Däubler* NZA 2001, 1329, 1335 f.; *Hromadka* NJW 2002, 2523, 2528.

594 *Richardi* NZA 2002, 1057, 1061; ErfK/*Preis* §§ 305-310 BGB Rn. 14; *a.A. Lingemann* NZA 2002, 181, 183.

595 *Richardi* NZA 2002, 1057, 1061.

anwendbar sind, und nur subsidiär auf die Generalklausel des § 307 I, II BGB zurückzugreifen ist. Jede Klausel in Formulararbeitsverträgen ist daher primär an den §§ 305 ff. BGB (mit Ausnahme von § 305 II, III BGB) zu messen. Erst im zweiten Schritt können arbeitsrechtliche Besonderheiten erleichterten Kontrollhürden begründen[596], wobei zu prüfen ist, ob das jeweilige Klauselverbot auf Austauschverträge mit Verbrauchern ausgerichtet ist und auf Arbeitsverträge nicht passt[597].

c) Auslegung in der Rechtsprechung

aa) ArbG Bochum

Das *ArbG Bochum* stellte bei der Frage nach der Zulässigkeit von Vertragsstrafen in Formulararbeitsverträgen fest, dass *„bisherige bloße Üblichkeiten im Arbeitsrecht nicht zur Rechtfertigung einer Nichtanwendung des Klauselverbots führen können, vielmehr darüber hinausgehende, im Arbeitsrecht gegenüber sonstigen Rechtsgebieten besondere, die Ausnahme von der Anwendung des Klauselverbots begründende Umstände vorliegen müssen“*[598]. Mit dieser Argumentation wandte das ArbG Bochum § 309 Nr. 6 BGB an.

bb) LAG Düsseldorf

Das *LAG Düsseldorf* verlangt in Bezug auf die Frage der Anwendbarkeit des § 309 Nr. 6 BGB auf die Inhaltskontrolle von Formulararbeitsverträgen, dass die Besonderheit „von einigem Gewicht“ sein müsse[599]. Ferner *„würde der Geltungsbereich der §§ 305 ff., 310 IV 2 BGB gleich wieder aufgegeben, wenn jedwede, amorphen, selbst schlechte Gewohnheiten und Gebräuche als Besonderheit des Arbeitsrechts sanktuarisiert würden“*[600].

cc) LAG Hamm

Das *LAG Hamm* will unter Heranziehung des Wortlauts des § 310 IV 2 Hs. 1 BGB nur rechtliche, nicht aber tatsächliche oder faktische Besonderheiten be-

---

596 *Henssler* RdA 2002, 129, 137, im Ergebnis ebenso *Keil* INF 2002, 561, 564.
597 MüKo/*Basedow* § 310 BGB Rn. 93.
598 ArbG Bochum DB 2002, 1659, 1660.
599 LAG Düsseldorf NZA 2003, 382, 384.
600 LAG Düsseldorf NZA 2003, 382, 384.

rücksichtigen, da die Formulierung enger sei als in § 310 I 2 Hs. 2 BGB. Vielmehr müsse § 310 IV 2 Hs. 1 BGB als Ausnahmevorschrift eng ausgelegt werden, so dass auch nur gewichtige arbeitsrechtliche Besonderheiten zur Nichtanwendung eines Klauselverbots führen könnten[601].

dd) ArbG Duisburg

Demgegenüber sah das *ArbG Duisburg* einen Verstoß gegen § 309 Nr. 6 BGB als nicht gegeben an, weil „*zu den Besonderheiten des Arbeitsrechts (...) nicht nur die normativen Vorgaben, sondern wie beim Handelsverkehr (§ 310 I 2 BGB) auch die Gewohnheiten und Gebräuche zu berücksichtigen sind*"[602].

d) Umfang der arbeitsrechtlichen Besonderheiten

Der Wortlautauslegung des § 310 IV 2 Hs. 1 BGB ergibt zwar, dass nicht alle einen Arbeitsvertrag regelnden Normen insgesamt, sondern nur die Besonderheiten des Arbeitsrechts zu berücksichtigen sind.
§ 310 IV 2 Hs. 1 muss aber eingeschränkt werden: Mangels abgeschlossener arbeitsrechtlicher Kodifikation ist es nicht erforderlich, dass die die Besonderheit begründende Norm spezifisch arbeitsrechtlicher Natur ist oder besondere Wirkungen ausschließlich für das Arbeitsverhältnis entfaltet[603]. Daher genügt es, wenn nicht spezifisch arbeitsrechtliche Vorschriften die fraglichen Auswirkungen insbesondere auf Arbeitsverhältnisse zeitigen, woran es aber fehlt, wenn andere Schuldverhältnisse gleichermaßen betroffen sind[604].
Jedenfalls ist bei den Besonderheiten des Arbeitsrechts der Dauerschuldcharakter des Arbeitsverhältnisses[605] und der Kündigungsschutz des Arbeitnehmers zu berücksichtigen[606].
Auch das *Richterrecht* kann als Besonderheit des Arbeitsrecht gemäß § 310 IV 2 Hs. 1 BGB angesehen werden[607]. Denn der Vorbehalt der Besonderheiten des

---

601 LAG Hamm NZA 2003, 499, 501.
602 ArbG Duisburg DB 2002, 1943.
603 *Reichenbach* NZA 2003, 309, 311; *a.A. Thüsing* BB 2002, 2666, 2673, *ders.* NZA 2002, 591, 592, der § 310 IV 2 Hs.1 BGB einen materiellen Begriff des Arbeitsrechts zugrunde legen will, worunter auch sozialrechtliche Bestimmungen fallen sollen.
604 *Reichenbach* NZA 2003, 309, 311. Hierbei ist zu beachten, dass die meisten Grundsätze des AGB-Rechts allgemeine vertragsrechtliche Fairnessgebote enthalten, die im Arbeitsrecht - wie in anderen Schuldverhältnissen auch - Geltung beanspruchen, vgl. ErfK/*Preis* §§ 305-310 BGB Rn. 14.
605 *Gotthardt* Schuldrechtsreform Rn. 236.
606 Bereits früher so: *Hromadka* FS Dieterich, S. 251, 257.

Arbeitsrechts scheint vor allem deshalb eingebracht worden sein, um bei der im Einzelnen (insb. in ihren Auswirkungen) nicht durchdachten Erstreckung der AGB-Kontrolle auf Formulararbeitsverträge bewährte Strukturen bzw. Grundsätze fortbestehen zu lassen, die durch die arbeitsrechtliche Rechtsprechung bei der Inhaltskontrolle von Arbeitsverträgen herausgebildet worden sind[608].

e) Eigene Stellungnahme

Der Wortlaut des § 310 IV 2 Hs. 1 BGB deutet zwar darauf hin, dass nur die rechtlichen, nicht aber die tatsächlichen Besonderheiten des Arbeitsverhältnisses zu berücksichtigen sind[609]. Denn der Wortlaut des § 310 IV 2 Hs. 1 BGB ist enger als § 310 I 2 Hs. 2 BGB, nach dem auf die im Handelsverkehr geltenden Gewohnheiten und Gebräuche angemessen Rücksicht zu nehmen ist[610]. Demgegenüber spricht aber die Gesetzesbegründung zu § 310 IV 2 Hs.1 BGB von „besonderen Bedürfnissen des Arbeitsverhältnisses“[611] und erfasst auch tatsächliche Momente. Daher erscheint es interessengerecht, das Vorliegen von arbeitsrechtlichen Besonderheiten gesondert für den Einzelfall - abhängig von dem jeweiligen Klauselverbot und den Umständen - zu prüfen, wobei primär auf rechtliche und erst danach - soweit noch erforderlich - auf tatsächliche Besonderheiten Rücksicht zu nehmen ist.

9. Schranken der Inhaltskontrolle - § 307 III 1 BGB

a) Keine Angemessenheitskontrolle von Hauptleistungspflichten

Es bestand bislang darüber Einigkeit, dass eine Angemessenheitskontrolle nach den Grundsätzen des AGB-Gesetzes für die Hauptvergütung nicht stattzufinden habe[612].

---

607 Das Richterrecht ist keine Rechtsquelle im eigentlichen Sinn, es hat aber faktische Bindungswirkung, vgl. ErfK/*Preis* § 611 BGB Rn. 282.

608 *Thüsing* NZA 2002, 591, 593.

609 So auch *Thüsing* NZA 2002, 591, 592; ErfK/*Preis* §§ 305-310 BGB Rn. 14.

610 PdSR/*Westphalen* § 310 BGB Rn. 7 weist darauf hin, dass die Einschränkung in § 310 I BGB lediglich als Hinweis zu § 346 BGB verstanden wird, wobei sich aber ein Handelsbrauch gegen die zwingende Regelung des § 307 BGB nicht durchsetzen kann.

611 BT-Drucks. 14/6857, S. 54; zustimmend MüKo/*Basedow* § 310 BGB Rn. 93.

612 Vgl. *Reineke* NZA 2000, Beil. 3, S. 23, 30. Entgeltabreden wurden bislang nur anhand von § 138 BGB, dessen Maßstab niedriger liegt als bei § 9 AGBG (= § 307 I, II BGB) und damit subsidiär zur Inhaltskontrolle nach dem AGB-Gesetz ist (vgl. Palandt/*Heinrichs* § 138 BGB Rn. 16), überprüft. Prüfungsmaßstab für die Sittenwidrigkeit ist das *„Anstandsgefühl aller bil-*

Zu den sonstigen kontrollfreien Regelungen gehören neben den Vergütungsvereinbarungen ferner Tätigkeitsbeschreibungen[613].
Im Geltungsbereich des AGB-Gesetzes wurde dies unmittelbar aus § 8 AGBG (dem jetzt § 307 III 1 BGB entspricht) hergeleitet[614].
In der Gesetzesbegründung zum AGB-Gesetz war ausdrücklich die Rede davon, dass durch § 8 AGBG eine Preiskontrolle verhindert werden solle[615]. § 8 AGBG sollte Ausdruck des Prinzips marktwirtschaftlicher Ordnung sein, wonach Preise nicht auf ihre Angemessenheit überprüft werden. Preisvereinbarungen unterlägen, da ein gerechter Preis (pretium iustum) in der Marktwirtschaft nur über den Markt ermittelt werden könne, keiner gerichtlichen Angemessenheitskontrolle[616].

b) Kontrollfähigkeit von Preisnebenabreden

Hingegen werden Preisnebenabreden der Inhaltskontrolle nach § 307 BGB unterworfen[617]. Preisnebenabreden wirken sich *mittelbar* auf den Preis aus und an

---

lig und gerecht Denkenden" (stellvertretend: BGHZ 10, 228, 232). Das BAG lehnte es bei der Prüfung der Sittenwidrigkeit ab, vom Tariflohn auszugehen, da dieser nur Maßstab für die Verkehrssitte einer bestimmten Branche sei. Der Tariflohn sei deshalb nur einer von mehreren Bemessungsfaktoren bei der Beurteilung der Sittenwidrigkeit, vgl. BAG DB 1976, 2479 (zu Einzelfällen in der Rechtsprechung vgl. *Tschöpe* DB 2002, 1830, 1831). Das BAG hat jüngst entschieden, dass der Erhalt von 70 % der üblichen Vergütung nicht geeignet sei, ein auffälliges Missverhältnis hervorzurufen, BAG EzA BGB § 138 Nr. 29 = EWiR 2002, 419. Der BGH hat in einer strafrechtlichen Entscheidung § 134 BGB als Maßstab neben § 138 I BGB angewandt, vgl. BGH AuR 1997, 453. Im konkreten Fall war die Vergütungsvereinbarung nach § 134 BGB i.V.m. § 291 StGB unwirksam.

613 *Hromadka* NJW 2002, 2523, 2526. Auch die Kontrollfreiheit von leistungsbestimmenden Klauseln, die die Hauptleistung unmittelbar festlegen, stand außer Frage.

614 MüKo/*Basedow* § 8 AGBG Rn. 14; Palandt/*Heinrichs* § 8 AGBG Rn. 4. Zur Kontrollfreiheit von Vergütungsvereinbarungen nach AGB-Recht ist aber anerkannt, dass AGB dann der Inhaltskontrolle unterliegen, wenn eine gesetzliche Vergütungsregelung besteht, wie z.B. die BRAGO, GOÄ oder die HOAI, vgl. BGHZ 81, 229, 233; BGHZ 115, 391, 395; BGH NJW 1998, 1786, 1789 f.; BGH NJW 1998, 3567, 3569; Palandt/*Heinrichs* § 307 BGB Rn. 59.
Die zu § 8 AGBG entwickelten Schranken der Inhaltskontrolle gelten im Rahmen des § 307 III 1 BGB auch nach der Schuldrechtsreform fort, vgl. Palandt/*Heinrichs* § 307 BGB Rn. 54 ff. So sind auch künftig etwa bei Formularaufhebungsverträgen die Aufhebung des Arbeitsvertrags als solches und eine dafür versprochene Abfindung nicht kontrollfähig, weil es sich um die Hauptpflichten handelt, vgl. *Bauer* NZA 2002, 169, 172 f.

615 BT-Drucks. 7/3919, S. 22.

616 BGH NJW 1987, 1828, 1829; Staudinger/*Coester* § 8 AGBG Rn. 2; unklar ArbG Reutlingen AiB 1996, 499, das eine Entgeltabrede unter Bezugnahme auf § 138 und § 242 BGB für unwirksam hielt, die Unwirksamkeit letztlich aber nur aus § 138 I BGB herleitete.

617 Vgl. zu §§ 8, 9 AGBG: BGHZ 106, 42, 46; BGHZ 124, 254, 256; vgl. auch die Telefonkarten-Entscheidung des BGH (NJW 2001, 2635 ff.): Da die Telefonkarte eine zeitliche Be-

deren Stelle tritt bei Fehlen einer wirksamen vertraglichen Regelung dispositives Gesetzesrecht[618]. Als kontrollfähig werden daher u.a Klauseln über Verzugszinsen[619], Fälligkeitsklauseln[620], Vorleistungsklauseln[621], Klauseln über Zusatzboni[622], Preisberechnungsklauseln[623], Preisänderungsklauseln[624] und Klauseln über die Bestimmung des Entgelts durch eine Vertragspartei oder Dritten[625] angesehen. Auch leistungs- und gegenleistungsnahe Klauseln, wie vor allem die im Arbeitsrecht häufigen Änderungsvorbehalte (Versetzungsklauseln, Widerrufsvorbehalte) und einseitigen Leistungsbestimmungsrechte im Bereich der Hauptleistungspflichten, sind kontrollfähig[626]. Denn der Vertragspartner des Verwenders soll gerade vor der unangemessenen Verkürzung oder Modifikation der vollwertigen Leistung geschützt werden[627].

c) Tarifverträge als Maßstab i.S.v. § 307 II Nr. 1 BGB?

aa) Ausgangspunkt der Diskussion

Während die Kontrollfreiheit von Vergütungsregelungen[628] (in den Grenzen von §§ 134, 138 BGB) geklärt schien, ist nach Inkrafttreten des SMG einer der

---

schränkung ihrer Gültigkeitsdauer aufwies, lag darin nach Ansicht des BGH eine Einschränkung und Modifizierung des Leistungsversprechens, so dass die Inhaltskontrolle nach § 9 AGBG eröffnet war.

[618] MüKo/*Basedow* § 307 BGB Rn. 14; Palandt/*Heinrichs* § 307 BGB Rn. 60; Staudinger/*Coester* § 8 AGBG Rn. 19. Nur bei unmittelbar das Preis-/Leistungsverhältnis gestaltenden Klauseln ist nämlich realistischerweise zu erwarten, dass sie von den Kunden (bei hinreichender Transparenz) in dieser Funktion erkannt und der Abschlussentscheidung im Sinne marktorientierten Verhaltens zugrunde gelegt werden, Staudinger/*Coester* § 8 AGBG Rn. 19.

[619] BGH NJW 1986, 376 f.

[620] BGHZ 81, 229, 242.

[621] OLG Düsseldorf NJW-RR 1995, 1015, 1016.

[622] BGH NJW 1994, 1060, 1064.

[623] BGHZ 93, 358, 362 ff. bzgl. einer Klausel, wonach Zahlungen nach Maßgabe fiktiven Verbrauchs zu leisten sind.

[624] BGHZ 93, 252, 255; BGH NJW 1994, 1060, 1062.

[625] BGHZ 81, 229, 236; BGHZ 82, 21, 26; OLG Stuttgart NJW 1980, 1583, 1584.

[626] BGH NJW 1997, 2752 f.; NJW 1999, 2276, 2277;NJW 2000, 651; *Preis* Vertragsgestaltung, S. 297.
Die Rechtsprechung des BGH unterscheidet hierbei zwischen der Angemessenheitskontrolle der Klausel, welche das Leistungsbestimmungsrecht einräumt und der Ausübungskontrolle in Bezug auf die darauf beruhende Leistungsbestimmung im konkreten Einzelfall, vgl. BGHZ 93, 29, 34.

[627] *Gotthardt* Schuldrechtsreform Rn. 271.

[628] Zu den kontrollfreien Vergütungsreglungen zählen alle Klauseln, die das Entgelt konkret festlegen, vgl. BGHZ 106, 42, 46; BGHZ 116, 117, 119; BGH NJW 1999, 864.

Streitpunkte, ob an dieser Kontrollfreiheit im Arbeitsrecht festzuhalten ist. Insbesondere hat sich die Frage aufgetan, ob eine (über die Sittenwidrigkeitskontrolle hinausgehende) Angemessenheitskontrolle von Entgeltvereinbarungen stattfindet.
Auf den ersten Blick hat sich inhaltlich bei der Integration des AGBG in das BGB bzgl. der Überprüfbarkeit von Entgeltabreden nichts geändert: Die Generalklausel der Inhaltskontrolle (§ 307 I, II BGB) gilt nach § 307 III 1 BGB (ex § 8 AGBG) nur für solche Bestimmungen, durch die von (dispositiven) Vorschriften abweichende Regelungen vereinbart werden.
Ausgangspunkt der Diskussion ist § 310 IV 3 BGB, im dem Tarifverträge, Betriebs- und Dienstvereinbarungen Rechtsvorschriften i.S.v. § 307 III 1 BGB gleichgestellt werden.

bb) Die Ansicht Däublers[629]

Nach *Däubler* würden künftig vorformulierte Arbeitsverträge u.a. an Tarifverträgen zu messen sein. Da in diesen Tarifverträgen die Höhe des Entgelts bestimmt sei, unterläge eine Abweichung nach unten der gerichtlichen AGB-Kontrolle. Maßstab seien die jeweiligen Branchentarifverträge, wobei bei deren Fehlen ein Kontrollmaßstab ausscheide.
Unter Hinweis auf § 5 II WiStG, der eine Mietpreiserhöhung verbietet, und die Rechtsprechung des BAG zu Ausbildungsvergütungen[630] kommt er zum Ergebnis, dass eine Unterschreitung des Tariflohns um mehr als 20 % unangemessen gemäß § 307 I 1 BGB sei[631].

cc) Überblick über die Reaktionen im Schrifttum[632]

Kittner läst die Frage bewusst offen, da die Rechtsprechung zu klären habe, in welchem Umfang tarifliche Leistungen für nichttarifgebundene Arbeitnehmer verbindlich würden[633].

Ebenso will sich *Reineke* nicht festlegen[634]. Gegen die Ansicht Däublers spreche, dass der Gesetzgeber in erster Linie die AGB-Kontrolle auf das Arbeitsrecht habe erstrecken wollen. Wenn es dem Gesetzgeber um eine so gravierende Erwei-

629 *Däubler* NZA 2001, 1329, 1334 f.
630 Vgl. BAG NZA DB 1991, 773.
631 *Däubler* NZA 2001, 1329, 1334 f. .
632 Vgl. auch den Überblick von *Tschöpe* DB 2002, 1830, 1832 f.
633 *Kittner* Schuldrecht Rn. 856, 1149.
634 *Reineke* DB 2002, 583, 585.

terung des Kreises der kontrollfähigen Klauseln gegangen wäre, hätte er dies deutlicher machen müssen. Allerdings müsse man nach der praktischen Bedeutung des § 310 IV 3 BGB fragen, der gerade Tarifverträge den anderen Rechtsvorschriften gleichstelle. Reineke kommt zum Ergebnis, untertarifliche Bezahlung sei weiter zulässig, wobei aber ein „*schärferer Kontrollmaßstab*" als nach § 138 BGB gelten müsse. Reineke legt sich aber auf einen konkreten Kontrollmaßstab nicht fest.

Graf von Westphalen[635] argumentiert widersprüchlich, indem er einerseits Tarifverträge als Kontrollmaßstab ansieht, andererseits aber das Entgelt wieder kontrollfrei stellen will.

Die ganz *h.M.* im Schrifttum hat jedoch der Ansicht von Däubler mit teils unterschiedlichen Argumenten widersprochen[636].

Einzig *Lakies* trat der Ansicht von Däubler bei und weist darauf hin, dass eine Abweichung der einzelvertraglichen Entgeltabrede vom Tarifvertrag nach unten nur in den Grenzen der Angemessenheit möglich sei[637].

dd) Untersuchung der Streitfrage

(1) Wortlaut-Auslegung

Schon aus dem Inhalt des § 307 III 1, der dem § 8 AGBG entspricht[638], folgt, dass sich durch die Schuldrechtsreform an der Kontrollfreiheit der Hauptleistungspflichten nach dem AGB-Recht nichts geändert hat. An diesem Grundsatz ist auch im Bereich des Arbeitsrechts festzuhalten[639].

---

[635] PdSR/*Westphalen* § 310 BGB Rn. 10 ff.; diesen kritisierend *Gotthardt* Schuldrechtsreform Rn. 269.

[636] *Annuß* BB 2002, 458, 460; MüKo/*Basedow* § 310 BGB Rn. 96; *Buchner* FS Wiedemann, S. 211, 225 f.; *Gotthardt* Schuldrechtsreform Rn. 269; *Grobys* DStR 2002, 1002, 1008; *Hadeler* FA 2002, 66, 68; *Hanau* EWiR 2002, 419, 420; *Henssler* RdA 2002, 129, 136; *Hromadka* NJW 2002, 2523, 2527; *Joost* FS Ulmer, S. 1199, 1207 f.; *Lieb* FS Ulmer, S. 1231, 1243 f.; *Lingemann* NZA 2002, 181, 189; *Löwisch* FS Wiedemann, S. 311, 321; *Oetker* FS Wiedemann, S. 383, 394; ErfK/*Preis* §§ 305-310 BGB Rn. 38; *Reichold* ZTR 2002, 202, 206; *ders.* RdA 2002, 321, 332; *Ring* BuW 2003, 69, 76; *Rolfs* ZGS 2002, 409; *Thüsing/Lambrich* RdA 2002, 193, 196; *Thüsing* FS Wiedemann, S. 559, 577; *Tschöpe* DB 2002, 1830, 1833 f.

[637] *Lakies* NZA-RR 2002, 337, 344. Auch *Eckert/Wallstein* S. 105 f. gehen von der Angemessenheitskontrolle am Maßstab der Tarifverträge aus, machen aber gleichzeitig in § 310 IV 3 BGB einen Verstoß gegen die negative Koalitionsfreiheit aus, ohne überhaupt auf den Regelungszweck des § 310 IV 3 BGB und den darin begründeten Meinungsstreit einzugehen.

[638] Vgl. Palandt/*Heinrichs* § 307 BGB Rn. 54 ff.

[639] *Annuß* BB 2002, 458, 460; *Tschöpe* DB 2002, 1830, 1833.

(2) Historische Auslegung

Aus den Gesetzgebungsmaterialien zum SMG ergibt sich, dass sich die Inhaltskontrolle von Formulararbeitsverträgen nicht *weitergehender* auch auf Preisabreden beziehen sollte:
So wurde die Bereichsausnahme des § 23 I AGBG als nicht mehr gerechtfertigt angesehen, weil das BAG auf Grundlage der §§ 242, 315 BGB Arbeitsvertragsbedingungen so überprüfe, als fände § 9 AGBG auf sie Anwendung[640].
Im Schrifttum wird ferner darauf abgestellt, dass der Gesetzgeber eine Entscheidung des BAG[641] - die eine einzelvertragliche Ausschlussfrist von einem Monat mit einem Verweis auf tarifliche Ausschlussfristen rechtfertigte - zum Anlass für die Aufhebung der Bereichsausnahme genommen habe[642].
Aus dieser Erwägung des Gesetzgebers würde deutlich, dass der Gesetzgeber weder Ausschlussfristen noch sonstige Vertragsklauseln, insb. Preisabreden an Tarifverträgen (als Kontrollmaßstäbe) messen wollte[643].
Schließlich sollte wegen der uneinheitlichen Rechtsprechung des BAG das Schutzniveau der Vertragsinhaltskontrolle nicht hinter dem des Zivilrechts zurückbleiben[644].
Daher ist zu Recht gefordert worden, dass der Wille einer so bedeutenden Erweiterung der Inhaltskontrolle überhaupt zum Ausdruck kommt[645].

(3) Systematische Auslegung

Die Verweisung in § 310 IV 3 BGB ist ferner nicht bedeutungslos[646].
Zwar können Tarifverträge Rechtsvorschriften i.S.v. § 307 III 1 BGB sein, da sie Rechtsnomen nach Art. 2 EGBGB sind[647]. Der Gesetzgeber wollte aber mit § 310 IV 3 BGB lediglich sicherstellen, dass Tarifverträge bei arbeitsvertraglicher

---

640 BT-Drucks. 14/6857, S. 17.
641 BAG RdA 2002, 39.
642 BT-Drucks. 14/6857, S. 54.
643 ErfK/*Preis* §§ 305-310 BGB Rn. 38.
644 BT-Drucks. 14/6857, S. 54. Da der Gesetzgeber aber lediglich dieselben Überprüfungsmaßstäbe wie im allgemeinen Zivilrecht auch im Arbeitsrecht angewendet haben wollte, kann nicht davon ausgegangen werden, dass die Inhaltskontrolle im Arbeitsrecht darüber hinausgehen sollte.
645 *Buchner* FS Wiedemann, S. 211, 226; *Reineke* DB 2002, 583, 585 kritisiert daher auch, dass eine Erweiterung der Inhaltskontrolle auf Entgeltabreden „*deutlicher*" zum Ausdruck kommen müsse.
646 *Tschöpe* DB 2002, 1830, 1833; so aber *Reineke* DB 2002, 583, 585.
647 *Lakies* NZA-RR 2002, 337, 344 m.w.N.

Bezugnahme keiner Inhaltskontrolle unterliegen[648], nicht aber umgekehrt Tarifverträge, Betriebs- und Dienstvereinbarungen selbst zum Maßstab der Inhaltskontrolle machen[649]. Darauf weist auch § 310 IV 3 BGB hin, der nur auf § 307 III BGB, nicht aber auf § 307 I, II BGB verweist[650].
Wären nämlich Tarifverträge, Betriebs- und Dienstvereinbarungen gesetzliche Vorschriften gemäß § 307 II Nr. 1 BGB, wäre die Verweisung in § 310 IV 3 BGB überflüssig[651].
Auch zeigt die Kodifizierung des Transparenzgebots in § 307 I 2 BGB, auf welches in § 307 III 2 BGB Bezug genommen wird, dass eine Ausdehnung des Bedeutungsinhalts der Verweisung des § 310 IV 3 nicht beabsichtigt war[652].

(4) Verfassungskonforme Auslegung

Gegen die von Däubler vertretene Auffassung sprechen auch verfassungsrechtliche Bedenken. Denn eine Angemessenheitskontrolle am Maßstab von Tarifverträgen würde einen Verstoß gegen die negative Koalitionsfreiheit (Art. 9 III GG) bedeuten[653]. Denn es könnte nur dann Sinn machen, als Kontrollmaßstab i.S.v. § 307 II Nr. 1 BGB Tarifverträge, Betriebs- und Dienstvereinbarungen heranzuziehen, wenn keine Bindung an einen Tarifvertrag, eine Betriebs- oder Dienstvereinbarung vorliegt, da ansonsten schon das zwingende Recht entgegensteht (§ 4 I TVG, § 77 IV 1 BetrVG, § 73 I 1 BPersVG)[654].
Aufgrund der negativen Koalitionsfreiheit hat aber jeder Arbeitgeber die Wahl, ob er einem Arbeitgeberverband beitritt oder nicht und damit verbunden die Wahl, ob er Tarifverträge in seinem Unternehmen gelten lassen will[655]. Denn nur im Geltungsbereich eines Tarifvertrags wird der freie Wettbewerb ausgeschaltet

---

[648] BT-Drucks. 14/6857, S. 54; so auch *Lingemann* NZA 2002, 181, 189; MüKo/*Basedow* § 310 BGB Rn. 96; *Schrader* NZA 2003, 345, 349; ähnlich auch *Schliemann* FS Wiedemann, S. 543, 547.

[649] ErfK/*Preis* §§ 305-310 BGB Rn. 38; *Gotthardt* Schuldrechtsreform Rn. 269; *Hromadka* NJW 2002, 2523, 2527; *Thüsing/Lambrich* RdA 2002, 193, 196; *Lakies* NZA-RR 2002, 337, 344 lehnt diese „*teleologische Reduktion*" ab.

[650] *Gotthardt* Schuldrechtsreform Rn. 269.

[651] *Gotthardt* Schuldrechtsreform Rn. 269.

[652] Vgl. BT-Drucks. 14/6857, S. 54.

[653] *Annuß* BB 2002, 458, 460; *Buchner* FS Wiedemann, S. 211, 226; *Eckert* DStR 2002, 2222, 2226; *Hadeler* FA 2002, 66, 68; *Joost* FS Ulmer, S. 1199, 1208; *Lingemann* NZA 2002, 181, 189; *Reichold* ZTR 2002, 202, 206; *Eckert/Wallstein*, S. 106;.

[654] *Berger-Delhey* ZTR 2002, 66, 68; *Buchner* FS Wiedemann, S. 211, 226; *Hadeler* FA 2002, 66, 68; *Hromadka* NJW 2002, 2523, 2526; *Joost* FS Ulmer, S. 1199, 1207; *Lieb* FS Ulmer, S. 1231, 1244.

[655] Vgl. umfassend zur negativen Koalitionsfreiheit *Buchner* Tarifvertragsgesetz, S. 44 ff.

und hat die tarifliche Regelung normative Richtlinienfunktion[656]. Für Außenseiter haben die Tarifparteien hingegen keine Verbandskompetenz (vgl. § 3 I TVG). Ein insoweit regulierender Eingriff muss durch staatlichen Rechtssetzungsakt in Form einer Allgemeinverbindlicherklärung (§ 5 I TVG) erfolgen. Daher hat auch das BAG eine Verpflichtung zur Gleichbehandlung nicht tarifgebundener mit tarifgebundenen Arbeitnehmern aus dem Gleichbehandlungsgrundsatz abgelehnt[657], und es darüber hinaus abgelehnt, bei der Prüfung von Lohnwucher eine Orientierung am Tariflohn vorzunehmen[658].
Mit einer Kontrolle der Hauptleistungspflichten am Maßstab des Tarifvertrags würde daher praktisch eine Allgemeinverbindlichkeit von Tarifverträgen angeordnet[659], die sich nicht mit Art. 9 III GG in Einklang bringen ließe[660].

(5) Richtlinienkonforme Auslegung

Die Gleichsetzung von Tarifverträgen und Betriebsvereinbarungen mit Rechtsvorschriften des § 307 III BGB muss grds. richtlinienkonform ausgelegt werden[661]. Nach Art 4 II der Klauselrichtlinie in Verbindung mit Nr. 19 der Erwägungsgründe[662] betrifft die Beurteilung der Missbräuchlichkeit einer Klausel, sofern sie klar und verständlich abgefasst ist, „*weder den Hauptgegenstand des Vertrages noch die Angemessenheit zwischen dem Preis bzw. dem Entgelt und den Dienstleistungen bzw. den Gütern, die die Gegenleistung darstellen*".
Zwar ermöglicht Art. 8 der Klauselrichtlinie einen strengeren Verbraucherschutz nach nationalem Recht. Jedoch sind die allgemeinen Voraussetzungen der richtlinienkonformen Auslegung - *Auslegungsfähigkeit und Auslegungsbedürftigkeit*

---

[656] *Gotthardt* Schuldrechtsreform Rn. 269.
[657] BAG AP Nr. 7 zu § 4 TVG;
[658] BAG AP Nr. 30 zu § 138 BGB.
[659] *Lakies* NZA-RR 2002, 337, 344.
Im Übrigen fordert die Rechtsprechung des BVerfG zur Allgemeinverbindlicherklärung für die Erstreckung des Einflusses der Tarifvertragsparteien, wie schon der Wortlaut in § 5 I Nr.2 TVG, nachdrücklich ein öffentliches Interesse, vgl. BVerfG AP Nr. 17 zu § 5 TVG.
[660] *Ring* BuW 2003, 69, 76; *Tschöpe* DB 2002, 1830, 1833; *Henssler* RdA 2002, 129, 136; *Berger-Delhey* ZTR 2002, 66,68; *Annuß* BB 2002, 458, 460; *Hromadka* NJW 2002, 2523, 2527; *Grobys* DStR 2002, 1002, 1008 sieht zusätzlich einen Verstoß gegen die Berufsfreiheit (Art. 12 I GG), während *Thüsing/Lambrich* RdA 2002, 193, 196 neben der Verletzung der negativen Koalitionsfreiheit die Vertragsfreiheit (Art. 12 I, 2 I GG) als verletzt ansehen.
[661] *Lingemann* NZA 2002, 181, 189; vgl. auch allgemein zur Pflicht zur richtlinienkonformen Auslegung *Borges* Inhaltskontrolle, S. 85 f.
[662] Richtlinie 93/13/EWG des Rates vom 05.04.1993 über missbräuchliche Klauseln in Verbraucherverträgen, ABlEG Nr. 95 vom 21.04.1993, S. 29 ff.

des nationalen Rechts[663] - nicht gegeben. Zum einen handelt der Arbeitnehmer nämlich beim Abschluss des Arbeitsvertrags nicht als Verbraucher[664], zum anderen fehlt auch die Auslegungsfähigkeit, da der nach den allgemeinen Auslegungsmethoden ermittelte Inhalt des § 310 IV 3 insofern eindeutig ist[665], da Tarifverträge, Betriebs- und Dienstvereinbarungen nach obigen Ausführungen keine Rechtsvorschriften i.S.v. § 307 I, II Nr. 1 BGB sind.

(6) Eigene Stellungnahme

Der h.M. ist zuzustimmen, wonach Entgeltvereinbarungen (und sonstige Hauptleistungspflichten) in Formulararbeitsverträgen nicht an Tarifverträgen oder Betriebsvereinbarungen zu messen sind. Vor allem kann nicht davon ausgegangen werden, dass der Gesetzgeber gegen die verfassungsrechtlich geschützte negative Koalitionsfreiheit (Art. 9 III GG) verstoßen wollte. Daneben sind Tarifverträge oder Betriebsvereinbarungen ungeeignete Kontrollmaßstäbe für die Inhaltskontrolle von Entgeltabreden[666]. Während sich bei einer gesetzlichen Regelung deren Grundgedanken für die Beurteilung der unangemessenen Benachteiligung (vgl. § 307 II Nr. 1 BGB) feststellen lässt, ist die Beurteilung einer Abweichung von wesentlichen Grundgedanken des Tarifvertrags oder der Betriebsvereinbarung praktisch nur schwer umsetzbar. Denn sowohl der Tarifvertrag als auch die Betriebsvereinbarung sind Vertragswerke, deren „wesentliche Grundgedanken" nicht wie bei einem Gesetz zu erschließen sind[667]. Tarifverträge sind das Ergebnis gleichberechtigter Partner und stets als Einheit zu sehen, bei dem die Vergütungsabrede nicht isoliert betrachtet werden kann[668]. Weil Kollektivvereinbarungen auf Austauschgerechtigkeit ausgerichtet sind, ist der Gerechtigkeitsgehalt der einzelnen Vorschrift relativ[669]. Daher erweist sich auch die von *Däubler* geforderte Festlegung einer pauschalen Untergrenze von 20 % unter dem Tariflohn[670] für die Beurteilung der Unangemessenheit nach § 307 II Nr. 1 BGB als ungeeignet. Wegen fehlender Kontrollmaßstäbe fehlt es somit (auch weiterhin)

---

663 Staudinger/*Coester* § 9 AGBG Rn. 63; *Brechmann* Die richtlinienkonforme Auslegung, S. 161.

664 Ausführlich hierzu unten: Kapitel 3, D III 4.

665 Vgl. zur Eindeutigkeit eines Gesetzes: BAG NJW 1990, 65, 66; BFH DB 1991, 1966; *Beyer/Möllers* JZ 1991, 24, 26; Staudinger/*Coester* § 9 AGBG Rn. 63; *a.A.* zur Auslegungsbedürftigkeit *Lingemann* NZA 2002, 181, 189.

666 So auch *Tschöpe* DB 2002, 1830, 1833.

667 *Lingemann* NZA 2002, 181, 189; in diese Richtung auch *Hadeler* FA 2002, 66, 68; *Tschöpe* DB 2002, 1830, 1833.

668 *Tschöpe* DB 2002, 1830, 1834; *Lingemann* NZA 2002, 181, 188 f.

669 *Hromadka* NJW 2002, 2523, 2527.

670 *Däubler* NZA 2001, 1329, 1335.

an der Kontrollfähigkeit von unmittelbar leistungsbestimmenden Klauseln. Ferner fehlt die Kontrollbedürftigkeit, da unmittelbar leistungsbestimmende Klauseln regelmäßig in die Abschlussentscheidung des Kunden (Arbeitnehmers) im Zeitpunkt des Vertragsschlusses eingehen und er entscheiden kann, ob er den Vertrag zu diesen Konditionen abschließt. Auch erscheint es unter der Prämisse der Rechtseinheit nicht verständlich, die Kontrollfähigkeit leistungsbestimmender Klauseln anhand des AGB-Rechts im Arbeitsrecht anders zu bewerten als im sonstigen Zivilrecht[671]. Eines Rückgriffes auf § 310 IV 2 BGB, wonach die im Arbeitsrecht geltenden Besonderheiten zu berücksichtigen sind, bedarf es aufgrund obiger Erwägungen nicht[672].

ee) Zusammenfassung

Die Auslegung des § 310 IV 3 BGB ergibt, dass Tarifverträge und Betriebsvereinbarungen nicht Maßstab der Inhaltskontrolle (§ 307 I, II Nr. 1 BGB) sind.

III. Persönlicher Anwendungsbereich: §§ 310 I, III BGB

1. Verbraucherverträge des Arbeitnehmers mit Dritten

Die Verbrauchereigenschaft stellt in der Legaldefinition des § 13 BGB auf den Zweck des abgeschlossenen Rechtsgeschäfts ab. Wenn die natürliche Person zu einem Zweck handelt, der weder ihrer gewerblichen noch ihrer selbständigen beruflichen Tätigkeit zugerechnet werden kann, wird sie von dem in § 13 BGB definierten Verbraucherbegriff erfasst.

Außer Frage steht daher, dass der Arbeitnehmer jedenfalls dann Verbraucher ist, wenn er außerhalb des Arbeitsverhältnisses Verträge mit Dritten zur Befriedigung seiner privaten Bedürfnisse abschließt[673]. Der Arbeitnehmer ist selbst dann als Verbraucher zu behandeln, wenn diese Verträge einen Bezug zum Arbeitsverhältnis aufweisen[674].

Der Arbeitnehmer schließt daher auch dann Verbraucherverträge, wenn er Waren (oder Dienstleistungen) erwirbt, die er zur Ausübung seiner beruflichen Tätigkeit benötigt[675].

---

[671] Vgl. auch *Buchner* FS Wiedemann, S. 211, 226.

[672] So auch *Tschöpe* DB 2002, 1830, 1834.

[673] *Fiebig* DB 2002, 1608, 1609; *Hennsler* RdA 2002, 129, 134; *Reim* DB 2002, 2434.

[674] HK-BGB/*Dörner* § 13 BGB Rn. 2; *Lieb* FS Ulmer, S. 1231, 1234.

[675] Palandt/*Heinrichs* § 13 BGB Rn. 3; *Henssler* RdA 2002, 129, 134; *Hromadka* NJW 2002, 2523, 2524; *Natzel* NZA 2002, 595, 596; Soergel/*Pfeiffer* § 13 BGB Rn. 42. *Reim* DB 2002,

2. Verbraucherverträge des Arbeitnehmers mit dem Arbeitgeber

Dass der Arbeitnehmer aber auch beim Abschluss von Verträgen mit dem Arbeitgeber außerhalb des Arbeitsvertrags als Verbraucher handeln kann, liegt auf der Hand. Als Beispiele sind der Kauf von Waren des Arbeitgebers, Mietverträge über Werkswohnungen oder die Gewährung eines Arbeitnehmerdarlehens durch den Arbeitgeber zu nennen[676]. Zwar liegt bei derartigen Verträgen ein gewisses Näheverhältnis zum Arbeitsverhältnis vor, jedoch liegt mangels Bezug zu einer gewerblichen oder selbständigen beruflichen Tätigkeit des Arbeitnehmers ein Verbrauchervertrag i.S. v. § 310 III BGB vor[677], da der Arbeitnehmer als Verbraucher einzustufen ist. Dies folgt aus einem Rückschluss aus § 491 II Nr. 2 BGB, wonach die Vorschriften über Verbraucherdarlehensverträge (§§ 492 ff. BGB) nicht gelten, wenn bei einem Darlehensvertrag zwischen Arbeitgeber und Arbeitnehmer der Zinssatz unter dem marktüblichen Zinssatz liegt. Durch diese Vorschrift des § 491 II Nr. 2 BGB geht der Gesetzgeber vielmehr selbst davon aus, dass der Arbeitnehmer beim Abschluss eines Darlehensvertrags als Verbraucher anzusehen ist, da § 491 I BGB auf Verbraucherdarlehensverträge abstellt[678].

3. Arbeits- und Aufhebungsvertrag als Verbrauchervertrag - Streitstand

Während die Konstellationen unter III 1. und III 2. im Schrifttum unstrittig sind, ist die Frage, ob der Arbeitnehmer beim Abschluss von Arbeitsverträgen oder Aufhebungsverträgen als Verbraucher einzuordnen ist, heftig umstritten[679]. Es werden zwei konträre Meinungen[680] zu dieser - erstmals durch die Schuldrechts-

---

2434 führt beispielhaft den Fall auf, dass der Arbeitnehmer eine Maurerkelle kauft, um sie im Rahmen seines Arbeitsverhältnisses zu nutzen. Hierbei handelt der Arbeitnehmer - trotz der Zweckorientierung des Rechtsgeschäfts auf das Arbeitsverhältnis - unstreitig als Verbraucher.

676 Soergel/*Pfeiffer* § 13 BGB Rn. 39; ErfK/*Preis* § 611 BGB Rn. 208; *Wolff* AuA 2003, 15.

677 *Bauer/Kock* DB 2002, 42, 45 f.; *Clemens* ZGS 2003, 80; *Däubler* NZA 2001, 1329, 1333; *Fiebig* DB 2002, 1608, 1609; *Hennsler* RdA 2002, 129, 134.

678 *Gotthardt* Schuldrechtsreform Rn. 10. *Reichold* ZTR 2002, 202, 204 sieht § 491 II Nr. 2 BGB als Beleg dafür an, dass das Arbeitsvertragsrecht das „allgemeine" Verbraucherrecht ausschließe.

679 Hierbei ist zu berücksichtigen, dass der Verbraucherstatus einer Person bei Vorliegen der Tatbestandsvoraussetzungen des § 13 BGB wirksam nicht durch Vereinbarung des Unternehmerstatus ausgeschlossen werden kann, vgl. AG Zeven ZGS 2003, 158, 159.

680 ErfK/*Preis* § 611 BGB Rn. 208 kritisch zur Differenzierung zwischen dem „relativen" und „absoluten" Verbraucherbegriff. *Rieble/Klumpp* ZIP 2002, 2153, 2158 wollen die Frage der Verbrauchereigenschaft des Arbeitnehmers nicht einheitlich beantworten, sondern vielmehr untersuchen, *„ob der Arbeitnehmer in einzelnen Situationen den Verbraucherschutz benötigt"*.

reform entscheidungerheblichen - Streitfrage vertreten, wobei sich noch keine klar erkennbare herrschende Meinung durchsetzen konnte.

a) Absoluter Verbraucherbegriff

Die Vertreter des „*absoluten Verbraucherbegriffs*“ sehen den Arbeitnehmer beim Abschluss sämtlicher Verträge mit dem Arbeitgeber als Verbraucher (§ 13 BGB) an[681].

b) Relativer Verbraucherbegriff

Die Vertreter des „*relativen Verbraucherbegriffs*“ differenzieren[682]. Sie wollen die Anwendbarkeit der verbraucherspezifischen Vorschriften zu Gunsten des Arbeitnehmers vom Zweck des jeweiligen Rechtsgeschäfts abhängig machen und somit weiterhin zwischen Arbeitsrecht und Verbraucherschutzrecht trennen.

Sie sehen den Arbeitnehmer daher beim Abschluss von Arbeits- und Aufhebungsverträgen nicht als Verbraucher an.
Der Arbeitnehmer soll (neben den Rechtsgeschäften mit Dritten) nur beim Abschluss von verbraucherspezifischen Rechtsgeschäften (z.B. Kaufverträge des Arbeitnehmers als Werksangehöriger) mit dem Arbeitgeber Verbraucher sein.

---

681 *Boemke* BB 2002, 96, 97; *Boemke/Fischer* SAE 2002, 152, 158; *Däubler* NZA 2001, 1329, 1333; ErfK/*Dörner* § 616 BGB Rn. 20; *Gotthardt* ZIP 2002, 277, 278 f.; *ders.* Schuldrechtsreform Rn. 20; *Hanau*, Anm. AP Nr. 4 zu § 288 BGB; *Holtkamp* AuA 2002, 250, 252; *Hümmerich/Holthausen* NZA 2002, 173, 175; *Hümmerich* AnwBl 2002, 671, 675; *Klevemann* AiB 2002, 579, 580; *Lakies* NZA-RR 2002, 337, 343; *Lindemann* AuR 2002, 81, 84; *Lorenz/Riehm* Schuldrecht Rn. 93, Fn. 12; ErfK/*Müller-Glöge* § 620 BGB Rn. 13; Staudinger/*Neumann* Vorbem. zu §§ 620 ff. Rn. 14; ErfK/*Preis* § 611 BGB Rn. 208; *Reim* DB 2002, 2434, 2437; *Reineke* DB 2002, 583, 587; *Schleusener* NZA 2002, 949, 950; *Walter* AiB 2002, 381; *Wedde* AiB 2002, 267, 269; PdSR/*Westphalen* § 310 BGB Rn. 15; *Ziemann* Rn. 209, 212.

682 *Annuß* NJW 2002, 2844 ff.; *Bauer/Diller* NJW 2002, 1609, 1610; *Bauer/Kock* DB 2002, 42, 43 f; *Berger-Delhey* ZTR 2002, 66; *Berkowsky* AuA 2000, 11, 15; *Brors* DB 2002, 2046, 2047; *Clemens* ZGS 2003, 80; *Fiebig* DB 2002, 1608, 1609; Palandt/*Heinrichs* § 13 BGB Rn. 3; *Henssler* RdA 2002, 129, 133 f.; *Hromadka* NJW 2002, 2523, 2524; Jauernig/*ders.* § 310 BGB Rn. 16; *Joussen* NZA 2001, 745, 749; *Keil* INF 2002, 561, 562; *Krebs* DB 2002, 517, 520; *Lingemann* NZA 2002, 181, 184 f.; *Löwisch* NZA 2001, 465, 466; *ders.* FS Wiedemann, S. 311, 315 f.; *Natzel* NZA 2002, 595, 597; Palandt/*Putzo* Einf. v. § 611 BGB Rn. 7a; *Reichold* ZTR 2002, 202 f.; *Rieble/Klumpp* ZIP 2002, 2153, 2156 f.; ArbRHdB/*Schaub* § 8 Rn. 9 a; *Schnitker/Grau* BB 2002, 2120, 2121 (Fn. 17); *Weber/Ehrich/Burmester* Rn. 865.

4. Untersuchung der Statusfrage: Arbeitnehmer als Verbraucher?

Angesichts der Rechtsfolgen wird deutlich, dass die Beantwortung dieser Frage für die arbeitsrechtliche Praxis von erheblicher Bedeutung ist[683]:
Denn die Verbrauchereigenschaft ist maßgeblich für die Höhe der Verzugszinsen (§ 288 I BGB oder § 288 II BGB), für das Widerrufsrecht von (am Arbeitsplatz abgeschlossenen) Aufhebungsverträgen (§ 312 I 1 Nr. 1 BGB), sowie für den Tatbestand des § 310 III BGB[684].

Aufgrund der Bedeutung dieser Statusfrage ist daher im Folgenden nach den anerkannten Auslegungsmethoden zu untersuchen, ob die Einordnung des Arbeitnehmers als Verbraucher sachgerecht ist[685].

a) Wortlautauslegung des § 13 BGB[686]

aa) Subsumtion des Arbeitnehmer-Begriffs unter § 13 BGB

Der Arbeitnehmer ist natürliche Person gemäß § 13 BGB.
Der private Zweck des Rechtsgeschäfts wird ferner von § 13 BGB negativ bestimmt. Die §§ 13, 14 BGB enthalten keine Legaldefinition für eine gewerbliche Tätigkeit. Deshalb ist auf den von der Lehre und Rechtsprechung zu § 1 II HGB entwickelten Gewerbebegriff zurückzugreifen[687]. Ein Gewerbe liegt danach vor, wenn eine planvolle, auf gewisse Dauer angelegte, selbständige und auf Gewinnerzielung ausgerichtete oder wirtschaftliche Tätigkeit am Markt ausgeübt wird und dies nach außen hervortritt, unter Ausschluss freiberuflicher, wissenschaftlicher und künstlerischer Tätigkeit[688]. Da sich gewerbliche Tätigkeit durch Autonomie (Selbständigkeit) auszeichnet, kann keine gewerbliche Tätigkeit ausüben, wer nicht-selbständig tätig ist[689]. Daher entspricht es allgemeiner Auffassung, dass der Arbeitnehmer keiner gewerblichen Tätigkeit nachgeht[690]. Ferner schließt der Arbeitnehmer den Arbeitsvertrag auch nicht zum Zweck einer *selb-*

---

683 *Reim* DB 2002, 2434.

684 *Rieble/Klumpp* ZIP 2002, 2153, 2154; *Gotthardt* Schuldrechtsreform Rn. 8.

685 Teilweise wurde die Verbrauchereigenschaft nur nach einer Wortlautauslegung bejaht, vgl. etwa *Boemke* BB 2002, 96, 97 und *Bülow/Artz* NJW 2000, 2049, 2050.

686 Wortlaut des § 13 BGB: „*Verbraucher ist jede natürliche Person, die ein Rechtsgeschäft zu einem Zweck abschließt, der weder ihrer gewerblichen, noch ihrer selbständigen beruflichen Tätigkeit zugerechnet werden kann.*"

687 *Boemke* BB 2002, 96, 97; *Riehm* Jura 2000, 505.

688 *Baumbach/Hopt* § 1 Rn. 12 ff. m.w.N.; Ob Gewerblichkeit eine Gewinnerzielungsabsicht erfordert, ist umstritten, vgl. MüKo/*Micklitz* § 14 BGB Rn. 14 m.w.N.

689 MüKo/*Micklitz* § 14 BGB Rn. 15; *Boemke* BB 2002, 96, 97.

690 *Boemke* BB 2002, 96, 97.

ständigen beruflichen Tätigkeit. Das folgt aus seiner Einordnung als Arbeitnehmer. Denn nach h.M. ist Arbeitnehmer, wer unter betrieblicher Organisation eines anderen weisungsgebunden (und damit persönlich abhängig) tätig ist[691]. Als selbständig gilt entsprechend § 84 I 2 HGB[692] eine Person demgegenüber, wenn sie ihre Tätigkeit inhaltlich weitgehend selbst bestimmen und zudem auch über Ort, Zeit und Art und Weise der Leistungserbringung selbst entscheiden kann[693]. Daher kann der Zweck eines Arbeitsvertrags nur in der Förderung einer unselbständigen beruflichen Tätigkeit gesehen werden, die das Wesen des Arbeitsverhältnisses ausmacht[694].

bb) Einwände aus der Literatur

Teilweise wird der Ausschluss von Arbeitnehmern aus dem Anwendungsbereich des § 13 BGB damit begründet, dass Verbraucher- und Arbeitsverträge unterschiedlichen Zwecken dienten. Ein Verbrauchervertrag habe den Erwerb von Waren und Dienstleistungen zur eigenen Bedürfnisbefriedigung zum Ziel[695], während beim Arbeitsvertrag der Arbeitnehmer seinerseits Dienste erbringe, um dafür eine Vergütung zu erhalten[696]. Dass der Arbeitnehmer diese Vergütung durch Konsum verbrauchen kann, reiche für die Bejahung der Verbrauchereigenschaft des Arbeitnehmers nicht aus, da beim Arbeitsvertrag selbst jeglicher Zusammenhang zum Verbrauch von Waren oder Dienstleistungen fehle[697].

cc) Stellungnahme

Die Beschränkung des Anwendungsbereichs von § 13 BGB auf den Verbrauch von Waren oder Dienstleistungen ist mit dem Wortlaut des § 13 BGB nicht ver-

---

691 BAG BB 2001, 2220, 2221; BAG NZA 2002, 787, 788; *Hromadka* NZA 1997, 569, 576; MünchArbR/*Richardi* § 24 Rn. 1; *Reineke* NZA 1999, 729, 731; *Reiserer/Freckmann* NJW 2003, 180, 181; *Boemke* BB 2002, 96, 97. *Wank* (NZA 1999, 225, 226) will das Merkmal der persönlichen Abhängigkeit durch das Kriterium der wirtschaftlichen Abhängigkeit ersetzen.

692 Vgl. *Baumbach/Hopt* § 84 HGB Rn. 35 m.w.N.

693 MüKoHGB/*Hoyningen-Huene* § 84 HGB Rn. 26 ff.; ArbRHdB/*Schaub*, § 11 Rn. 1; *Richardi* DB 1999, 958 ff.; *Reiserer* BB 2000, 94 ff. Der vereinbarte Inhalt der abgeschlossenen Verträge ist für die rechtliche Qualifizierung eines Mitarbeiters nur maßgebend, wenn er auch tatsächlich umgesetzt wird, vgl. *Buchner* NZA 1998, 1144, 1145 m.w.N. zur Rechtsprechung.

694 *Annuß* NJW 2002, 2844; *Hoyningen-Huene* NJW 2000, 3233, 3236.

695 *Bauer/Kock* DB 2002, 42, 43; *Clemens* ZGS 2003, 80; *Hromadka* NJW 2002, 2523, 2524; *Natzel* NZA 2002, 595 f.; ähnl. *Henssler* RdA 2002, 129, 134; *Berger-Delhey* ZTR 2002, 66.

696 *Natzel* NZA 2002, 595 f.

697 *Bauer/Kock* DB 2002, 42, 43; *Natzel* NZA 2002, 595; vgl. zum „ökonomischen Verbraucherbegriff" auch *Rieble/Klumpp* ZIP 2002, 2153, 2154 f.

einbar. Denn § 13 BGB setzt gerade keinen konsumtiven Zweck voraus [698], sondern verlangt nur, dass das Rechtsgeschäft weder der gewerblichen, noch der selbständigen Tätigkeit der Vertragspartei zugerechnet werden kann. Deshalb kann ein spezieller Vertragszweck für die Einordnung als Verbraucher nicht gefordert werden[699].

De lege lata liegt daher (unter Heranziehung der Wortlautauslegung und der teleologischen Auslegung) dem Verbraucherbegriff in § 13 BGB ein über den Erwerb von Waren und Dienstleistungen hinausgehendes Verständnis zu Grunde[700], wobei der Begriff „*Verbraucher*" kein Tatbestandsmerkmal, sondern ein rechtstechnischer Oberbegriff ist[701].

Nach dem Wortlaut des § 13 BGB wäre der Arbeitnehmer somit beim Abschluss des Arbeitsvertrags als Verbraucher anzusehen[702].

b) Entstehungsgeschichte

aa) Die Richtlinie 93/13/EWG

Ausgangspunkt für den Verbraucherbegriffs im deutschen Recht ist die Richtlinie 93/13/EWG über missbräuchliche Klauseln in Verbraucherverträgen[703] („Klauselrichtlinie"). Nach Art. 2 lit. b der Klauselrichtlinie ist Verbraucher eine

---

[698] *Gotthardt* Schuldrechtsreform Rn. 11; ErfK/*Preis* § 611 BGB Rn. 208.

[699] *Reim* DB 2002, 2434, 2435; *Schleusener* NZA 2002, 949, 950. *Heinrichs* erwähnt beispielhaft für die private Sphäre: Urlaub, Freizeit, Sport, Gesundheitsvorsorge sowie die private Vermögensverwaltung, vgl. Palandt/*Heinrichs* § 13 BGB Rn. 2.

[700] *Gotthardt* ZIP 2002, 277, 278.

[701] *Gotthardt* Schuldrechtsreform Rn. 11; ErfK/*Preis* § 611 BGB Rn. 208; *a.A. Natzel* NZA 2002, 595.

[702] ArbG Hamburg ZGS 2003, 79, 80; *Boemke* BB 2002, 96, 97; *Boemke/Fischer* SAE 2002, 152, 158; *Hümmerich/Holthausen* NZA 2002, 173, 175; *Klevemann* AiB 2002, 579, 580; *Lorenz/Riehm* Schuldrecht, S. 49 Fn. 12; ErfK/*Preis* § 611 BGB Rn. 208; *Reim* DB 2002, 2434, 2435; *Reineke* DB 2002, 583, 587; ebenso Vertreter des relativen Verbraucherbegriffs: *Bauer/Kock* DB 2002, 42, 43; *Brors* ZGS 2003, 34, 36; *Fiebig* DB 2002, 1608, 1609; *Hromadka* NJW 2002, 2523, 2524; *Lingemann* NZA 2002, 181, 184; *Singer* RdA 2003, 194, 195; *Wolff* AuA 2003, 15; *a.A. Berger-Delhey* ZTR 2002, 66; *Berrisch* FA 2002, 72, 73; *Hadeler* FA 2002, 66, 71; *Joussen* NZA 2001, 745, 749; zweifelnd *Natzel* NZA 2002, 595 f.
Der Wortlaut des § 13 BGB umfasst auch den *erstmaligen Abschluss des Arbeitsvertrags*, da es im Gegensatz zu § 14 BGB nicht darauf ankommt, dass bei Vertragsschluss in Ausübung der Tätigkeit gehandelt wird, vgl. MüKo/*Basedow* § 310 BGB Rn. 39; *Gotthardt* Schuldrechtsreform Rn. 11.

[703] ABlEG 1993 Nr. L 95, S. 29; hierzu: *Borges* Inhaltskontrolle, S. 27 ff.; *Coester* FS Heinrichs, S. 99 ff.; *Heinrichs* NJW 1995, 153 ff.; *Pfeiffer* NJW 1999, 169 ff.

„natürliche Person, die bei Verträgen, die unter die Richtlinie fallen, zu einem Zweck handelt, der nicht ihrer gewerblichen oder beruflichen Tätigkeit zugerechnet werden kann". Von dieser Verbraucherdefinition sind aber Arbeitnehmer nicht erfasst, da sie in Ausübung ihrer beruflichen Tätigkeit handeln[704]. Ferner ist zu beachten, dass die Klauselrichtlinie nach ihren zehnten Erwägungsgrund auf Arbeitsverträge von vornherein keine Anwendung findet[705].

bb) Schaffung des § 24 a AGBG

Der deutsche Gesetzgeber ergänzte, durch die Klauselrichtlinie veranlasst, im Jahr 1996 das AGB-Gesetz um § 24 a AGBG[706]. Nach dem Eingangssatz dieser Norm war Verbraucher eine natürliche Person, *„die den Vertrag zu einem Zweck abschließt, der weder ihrer gewerblichen, noch ihrer selbständigen beruflichen Tätigkeit zugerechnet werden kann"*. Daher wurden auch Verträge zu Zwecken der unselbständigen beruflichen Tätigkeit erfasst, womit man dem Umstand Rechnung trug, dass der persönliche Anwendungsbereich des AGB-Gesetzes weit über den der Richtlinie hinausging und insbesondere auch berufsbezogene Konsumgeschäfte von Arbeitnehmern regelte[707]. Die Systematik des AGB-Gesetzes ergab allerdings, dass der Arbeitnehmer in seiner Eigenschaft als solcher vom Verbraucherbegriff nicht erfasst wurde[708]. Denn angesichts der Bereichsausnahme des § 23 I AGBG für Verträge auf dem Gebiet des Arbeitsrechts fand das gesamte AGB-Gesetz und damit auch § 24 a AGBG auf Verträge von Arbeitnehmern in ihrer Eigenschaft als solche keine Anwendung[709].

---

[704] *Annuß* NJW 2002, 2844, 2845; *Fenn* FS Söllner, S. 333, 353. Auch ist der Arbeitnehmer nicht Gewerbetreibender nach Art. 2 lit. c der Klauselrichtlinie: Nach Art. 2 lit. c ist nämlich Gewerbetreibender eine natürliche oder juristische Person, die bei Verträgen im Rahmen ihrer gewerblichen oder beruflichen Tätigkeit handelt. Arbeitnehmer schließen den Arbeitsvertrag aber nicht „im Rahmen" bzw. „in Ausübung", sondern *zur Ausübung bzw. zwecks Aufnahme* einer beruflichen Tätigkeit. Der „Rahmen" der beruflichen Tätigkeit (Art. 2 lit. c) muss unanhängig von dem der Kontrolle unterworfenen Vertrag bestehen und darf nicht erst durch diesen Vertrag geschaffen werden, vgl. MüKo/*Basedow* § 310 BGB Rn. 39.

[705] Allein daraus kann aber nicht im Wege einer einengenden „richtlinienkonformen Auslegung" folgen, dass Arbeitnehmer nicht vom Verbraucherbegriff des § 13 BGB erfasst werden (so aber *Lingemann* NZA 2002, 181, 184), da der nationale Gesetzgeber außerhalb des Geltungsbereichs der Richtlinie in seiner Gestaltung ist frei, vgl. *Annuß* NJW 2002, 2844, 2845.

[706] Gesetz zur Änderung des AGB-Gesetzes und der Insolvenzordnung v. 19.07.1996, BGBl. I, 1013.

[707] Vgl. auch BT-Drucks 13/2713, S. 4 f.

[708] *Rieble/Klumpp* ZIP 2002, 2153, 2156.

[709] *Annuß* NJW 2002, 2844, 2845.

cc) Die Einfügung des § 13 BGB

(1) Ziel des Gesetzgebers

Mit dem Gesetz über Fernabsatzverträge (und andere Fragen des Verbraucherrechts sowie zur Umstellung auf den Euro vom 27.06.2000)[710] wurde der Verbraucherbegriff in § 13 BGB verankert[711]. Ziel der Neuregelung war der *Wunsch nach Vereinheitlichung und Vereinfachung der Begrifflichkeit der Verbraucherschutzgesetze*[712]. In der Sache orientierte man sich ausdrücklich an der Definition des Verbrauchers in § 24 a S. 1 AGBG[713], die „inhalts- und wortgleich" im BGB Eingang finden sollte[714]. Mit der Schaffung einer einheitlichen Verbraucherdefinition in § 13 BGB war zunächst *keine Ausweitung des Verbraucherbegriffs aus § 24 a AGBG* verbunden, so dass Arbeitnehmer in ihrer Eigenschaft als solche auch weiterhin nicht erfasst wurden[715]. Denn im gesamten Gesetzgebungsverfahren wurden Arbeitsverträge nicht erwähnt, sondern nur solche Geschäfte fokussiert, bei denen der einzelne als Endabnehmer von marktmäßig angebotenen Produkten erscheint[716]. Im Übrigen ist die bis zum Inkrafttreten der Schuldrechtsreform in § 23 I AGBG festgeschriebene Bereichsausnahme für die Inhaltskontrolle von Arbeitsverträgen Beleg dafür, dass der Gesetzgeber den Arbeitnehmer auch nicht als Verbraucher angesehen hat.

(2) Einwände aus der Literatur

Teilweise wird im Schrifttum vertreten, der Wortlaut des § 13 BGB sei (gemäß Art. 10 EG) *„richtlinienkonform"* auszulegen.

---

[710] BGBl I 2000, 897.

[711] Die ursprünglichen Überlegungen, den Verbraucher- und Unternehmerbegriff in Absatz 3 des gleichzeitig neu eingefügten § 361 a BGB zu definieren (vgl. die Begr. RegE BT-Drucks 14/2658, S. 6, 47), wurde fallengelassen, nachdem im Gesetzgebungsverfahren die versteckte Stellung kritisiert wurde (vgl. Begr. Rechtsausschuss BT-Drucks 14/3195, S. 32).

[712] *Annuß* NJW 2002, 2844, 2845.

[713] Begründung RegE, BT-Drucks 14/2658, S. 47.

[714] Begründung RegE, BT-Drucks 14/1658, S. 48.

[715] *Annuß* NJW 2002, 2844, 2845; *Bauer/Kock* DB 2002, 42, 43; *Fiebig* DB 2002, 1608, 1609. *a.A. Gotthardt* Schuldrechtsreform Rn. 14; *Löwisch* FS Wiedemann, S. 311, 315, unter Bezug auf ein an ihn gerichtetes Schreiben des Staatssekretärs im BMJ Geiger vom 26.04.2001. Dem Schreiben zufolge wurde die Erweiterung des europäischen Verbraucherbegriffes durch § 13 BGB vorgenommen *„gerade um die Arbeitnehmer auch im Rahmen ihres Arbeitsverhältnisses als Verbraucher behandeln zu können"*. Diese Stellungnahme des Staatssekretärs spiegelt sich aber in der Gesetzesbegründung nicht wieder und ist m.E. aufgrund der damals noch geltenden Bereichsausnahme in § 23 I AGBG abzulehnen.

[716] Vgl. *Annuß* NJW 2002, 2844, 2845 mit Verweis auf BT-Prot. 14/99, S. 9353 (D) ff.

Denn § 13 BGB sei das Ergebnis der Umsetzung von Art. 2 lit. b der Klauselrichtlinie, Art. 1 II lit. A der europäischen Verbraucherkreditlinie und Art. 1 der Haustürgeschäfterichtlinie in das nationale Recht, denen ein engerer Verbraucherbegriff zugrunde liege[717]. Diese Bestimmungen schlössen nämlich die Verbrauchereigenschaft bereits dann aus, wenn ein Rechtsgeschäft einen Bezug zu der beruflichen Tätigkeit aufweist, während nach § 13 BGB die Verbrauchereigenschaft nur dann ausgeschlossen werde, wenn das Rechtsgeschäft einen Bezug zu einer gewerblichen oder *selbständigen* beruflichen Tätigkeit aufweist. Der Verbraucherschutz nach nationalem Recht sei also weitgehender als nach europäischem Recht.

Auch wenn Richtlinien der EG nach Art. 249 III EG nur hinsichtlich des zu erreichenden Ziels verbindlich sind, werde die Art der Umsetzung aber den Mitgliedstaaten überlassen. Da die EG-Richtlinien ausdrücklich nur Mindeststandards für den Verbraucherschutz festlegen, werde die Ausweitung des Verbraucherschutzstandards ausdrücklich gestattet[718]. Der nationale Gesetzgeber sei zwar an die Einhaltung der Mindeststandards gebunden, könne aber den Anwendungsbereich des Verbraucherbegriffs erweitern, da dies zu einer Ausweitung des Verbraucherschutzes führe[719].

(3) Stellungnahme

Bei dieser Argumentation wird verkannt, dass die Klauselrichtlinie nach ihrem zehnten Erwägungsgrund auf Arbeitsverträge nicht anwendbar ist, so dass der deutsche Gesetzgeber außerhalb des Geltungsbereichs der Richtlinie in seiner Gestaltung frei ist, ohne sich auf das in Art. 8 der Klauselrichtlinie enthaltene Günstigkeitsprinzip berufen zu müssen[720]. Dennoch ist der Folgerung von *Reim*, dass die Unterscheidung des nationalen und des europäischen Verbraucherbegriffs ein *„unübersehbarer Hinweis“* darauf sei, dass von § 13 BGB auch Arbeitnehmer erfasst sein müssten[721], nicht zwingend. Die richtlinienkonforme Auslegung des § 13 BGB scheidet nämlich schon deshalb aus, weil der Gesetzgeber

---

[717] *Lingemann* NZA 2002, 181, 184; *Bauer/Kock* DB 2002, 42, 43.

[718] So ausdrücklich in Art. 14 der Fernabsatzrichtlinie 97/7/EG, ABlEG Nr. L 144/19 v. 20.05.1997; Art. 15 der Verbraucherkreditlinie 87/102/EWG, ABlEG NR. L 42/48 v. 22.12.1987; Art. 8 der Haustürgeschäfterichtlinie 85/577/EWG, ABlEG Nr. L 372/31 v. 31.12.1985.

[719] So *Bülow/Artz* NJW 2000, 2049, 2050; *Holtkamp* AuA 2002, 250; *Krebs* DB 2002, 517, 518; *Reim* DB 2002, 2435, 2436; *Schleusener* DB 2002, 949, 950.

[720] *Annuß* NJW 2002, 2844, 2845; vgl. zur Richtlinienumsetzung *Bärenz* DB 2003, 375 f.

[721] *Reim* DB 2002, 2434, 2436.

die Arbeitnehmer bei Schaffung der Legaldefinition des § 13 BGB bewusst nicht unter den Verbraucherbegriff fassen wollte.

dd) Intention des Gesetzgebers bei der Schuldrechtsreform

(1) Schaffung eines einheitlichen Schutzstandards

Mit Streichung der Bereichsausnahme für das Arbeitsrecht hat der Gesetzgeber nach seiner eigenen Gesetzesbegründung das Ziel verfolgt, den Schutzstandard für Arbeitnehmer innerhalb des Arbeitsverhältnisses nicht hinter den des Zivilrechts fallen zu lassen[722].

Aus diesen Ausführungen des Gesetzgebers zur Streichung der Bereichsausnahme wird gefolgert, dass der bisher geltende Verbraucherbegriff gerade nicht unverändert übernommen wurde[723]. Ferner sei davon auszugehen, dass der Gesetzgeber, wenn er die Trennung von Verbraucher- und Arbeitnehmerschutz beibehalten hätte wollen, die Bereichsausnahme hätte fortführen können[724]. Arbeitnehmer sollten im Rahmen ihres Arbeitsverhältnisses dem gleichen Schutzniveau, der ihnen und anderen natürlichen Personen bei sonstigen Verträgen zur Verfügung stehe, unterfallen, da keine Indizien vorlägen, dass sich der Verbraucherschutz nur auf Rechtsbeziehungen außerhalb des Arbeitsverhältnisses erstrecken solle[725].

Auch wenn die Streichung der Bereichsausnahme für Arbeitsverträge durch den Gesetzgeber bewusst erfolgte, können die im Rahmen von § 24 a AGBG getroffenen Wertungen dennoch auf die neue Rechtslage übertragen werden[726]. Denn es ist nicht ersichtlich, dass der Gesetzgeber allein durch die Aufhebung der Bereichsausnahme für das Arbeitsrecht den Verbraucherbegriff (§ 13 BGB) auf Arbeitnehmer ausdehnen wollte[727]. Denn die sich auf verschiedene Rechtsgrundlagen berufende Rechtsprechung sollte lediglich eine sichere Rechtsgrundlage bekommen[728]. Daher geht die Vermutung fehl, dass mit der Aufhebung der Bereichsausnahme automatisch eine Änderung des Verbraucherbegriffs einhergegangen sei. Grundgedanke der AGB-Kontrolle ist nämlich nur, dass das einseiti-

---

722 BT-Drucks. 14/6040, S. 242 f.

723 *Hümmerich/Holthausen* NZA 2002, 173, 176; ErfK/*Preis* § 611 BGB Rn. 208; *Reim* DB 2002, 2434, 2436; *Schleusener* DB 2002, 949, 950; *a.A. Bauer/Kock* DB 2002, 42, 43; *Fiebig* DB 2002, 1608, 1609.

724 *Reim* DB 2002, 2434, 2436.

725 *Hümmerich/Holthausen* NZA 2002, 173, 176 f.

726 *A.A. Reim* DB 2002, 2434, 2436.

727 Soergel/*Pfeiffer* § 13 BGB Rn. 44; *Rieble/Klumpp* ZIP 2002, 2153, 2156.

728 *Natzel* NZA 2002, 595, 597.

ge Durchsetzen vorformulierter Vertragsbedingungen auf ein kontrollbedürftiges Übergewicht in der Vertragsgestaltungsmacht schließen lässt. So greift auch für die AGB-Kontrolle zugunsten von Nicht-Verbrauchern die Besonderheit des § 310 I 1 BGB ein[729].

Ferner kann dem Ziel des Gesetzgebers, einen einheitlichen Schutzstandard für das Arbeitsrecht und das Zivilrecht zu schaffen, nicht einzig dadurch zur Verwirklichung geholfen werden, dass der Verbraucherschutz für den Arbeitnehmer beim Abschluss sämtlicher Verträge, und somit auch beim Abschluss von Arbeitsverträgen gilt. Denn der angestrebte einheitliche Schutzstandard wird bereits durch die Ausdehnung der Inhaltskontrolle auf Formulararbeitsverträge erreicht[730].

(2) Gesetzesbegründung zu § 474 BGB und zu § 15 UKlaG

Die Gesetzesbegründung zu § 474 BGB (Verbrauchsgüterkauf) führt aus, dass der Regelungsgehalt der §§ 474 ff. BGB über die Verbrauchsgüterrichtlinie hinausgehe, da § 13 BGB im Gegensatz zu Art. 1 II lit. a der Verbrauchsgüterrichtlinie neben der gewerblichen lediglich die *selbständige* berufliche Tätigkeit aus dem Verbraucherbegriff ausnehme[731].

Wörtlich heißt es: „*Es sollen aber nicht die Personen aus dem Verbraucherbegriff ausgenommen werden, die als abhängig Beschäftigte eine Sache zu einem Zweck kaufen, der (auch) ihrer beruflichen Tätigkeit dient, z.B. der Lehrer, der sich einen Computer anschafft, um damit Klassenarbeiten zu entwerfen, oder der Angestellte, der eine Kaffeemaschine für sein Büro kauft. Das gilt auch für die Rechtsbeziehungen des Arbeitnehmers zu seinem Arbeitgeber. Solche Fälle sind nicht mit denjenigen vergleichbar, in denen selbständig als Unternehmer am Wirtschaftsleben Beteiligte Verträge abschließen. Sie sollen deshalb den besonderen Vorschriften über die Verbrauchergeschäfte unterstellt werden.*“[732]

Diese Passage der Gesetzesbegründung besagt nichts darüber, dass der Arbeitnehmer beim Abschluss des Arbeitsvertrags als Verbraucher anzusehen ist[733]. Denn der Gesetzgeber hat bestimmte Konstellationen in den Blick genommen,

---

[729] *Rieble/Klumpp* ZIP 2002, 2153, 2156 f.
[730] *Annuß* NJW 2002, 2844, 2846.
[731] BT-Drucks. 14/6040, S. 243.
[732] BT-Drucks. 14/6040, S. 243.
[733] *Däubler* NZA 2001, 1329, 1333; *Fiebig* DB 2002, 1608, 1609; *Hromadka* NJW 2002, 2523, 2524; Soergel/*Pfeiffer* § 13 BGB Rn. 44; *Rieble/Klumpp* ZIP 2002, 2153, 2156; *a.A.* *Hümmerich/Holthausen* NZA 2002, 173, 176; *Hümmerich* AnwBl 2002, 671, 674; Staudinger/*Neumann* Vorbem. zu §§ 620 ff. BGB Rn. 14.

die dem Verbrauchsgüterkauf (§ 474 BGB) unterfallen sollen. Der Arbeitnehmer soll als Käufer den Verbraucherstatus bei einem Kaufvertrag nicht allein deshalb verlieren, weil er zu dem Verkäufer in einem Arbeitsverhältnis steht[734]. Da die §§ 474 ff. BGB auch dann anwendbar sein sollen, wenn Arbeitnehmer und Arbeitgeber einen Kaufvertrag über Verbrauchsgüter abschließen, meint der Gesetzgeber den Personaleinkauf des Arbeitnehmers als „Begleitgeschäft" zum Arbeitsverhältnis (z.B. Kauf eines Jahreswagens vom Arbeitgeber, der Autohersteller ist)[735].

In der Begründung des Rechtsausschusses zu § 310 IV BGB ist zur Rechtfertigung der Herausnahme des Arbeitsrechts aus dem Anwendungsbereich des UKlaG (vgl. § 15 UKlaG) ausgeführt: *„Da Arbeitnehmer auch Verbraucher sind, könnten sich auch Gewerkschaften als qualifizierte Einrichtungen in die Liste des Bundesverwaltungsamts eintragen lassen"*[736].

Auch aus dieser Aussage in der Gesetzesbegründung lässt sich die Verbrauchereigenschaft des Arbeitnehmers beim Abschluss von Arbeitsverträgen nicht ableiten. Denn es geht allein um die Klagebefugnis der Gewerkschaften[737]. Außerdem ist der fraglichen Belegstelle nur zu entnehmen, dass der Arbeitnehmer „*auch*" Verbraucher ist[738]. Im Übrigen nimmt § 15 UKlaG nicht speziell „Arbeitsverträge" gemäß § 310 IV BGB von der Klagebefugnis aus, sondern allgemein „*das Arbeitsrecht*" und damit auch Warenaustauschverträge zwischen Arbeitgeber und Arbeitnehmer[739]. Soweit in der Gesetzesbegründung Arbeitnehmer als Verbraucher bezeichnet wurden, ist darin keine Änderung des Verbraucherbegriffs zu sehen, da den Ausführungen des Rechtsausschusses *kein Regelungswille*, sondern ein *Rechtsirrtum* zugrunde lag[740].

---

[734] *Fiebig* DB 2002, 1608, 1609.
[735] *Rieble/Klumpp* ZIP 2002, 2153, 2156.
[736] BT-Drucks. 14/7052, S. 190.
[737] *Annuß* NJW 2002, 2844, 2846; *Henssler* RdA 2002, 129, 134; *Hromadka* NJW 2002, 2523, 2524; *Lingemann* NZA 2002, 181, 184; *Rieble/Klumpp* ZIP 2002, 2153, 2156; *a.A. Däubler* NZA 2001, 1329, 1333; *Gotthardt* ZIP 2002, 277, 278; *ders.* Schuldrechtsreform Rn. 13; *Hümmerich/Holthausen* NZA 2002, 173, 177; Staudinger/*Neumann* Vorbem. zu §§ 620 ff. BGB Rn. 14; ErfK/*Preis* § 611 BGB Rn. 208; *Reim* DB 2002, 2434, 2436; *Reineke* DB 2002, 583, 587; *Schleusener* NZA 2002, 949, 950.
[738] Soergel/*Pfeiffer* § 13 BGB Rn. 44.
[739] *Lingemann* NZA 2002, 181, 184.
[740] Vgl. *Annuß* NJW 2002, 2844, 2846 (der unter Fn. 24 auf die Parallelität von Art. 29 und 30 EGBGB als weiteres Indiz gegen die Verbrauchereigenschaft des Arbeitnehmers hinweist); in diese Richtung auch *Eckert* DStR 2002, 2222, 2226; *Fiebig* DB 2002, 1608, 1609; *Rieble/Klumpp* ZIP 2002, 2153, 2156. Vgl. *Redeker/Karpenstein* NJW 2001, 2825, 2826 zur allgemeinen Kritik an der Ungenauigkeit des Gesetzgebers v.a. bei Gesetzesbegründungen.

ee) Zwischenergebnis

Aus der Entstehungsgeschichte des § 13 BGB folgt, dass der Arbeitnehmer beim Abschluss eines Arbeits- bzw. Aufhebungsvertrags kein Verbraucher i.S.v. § 13 BGB ist.

c) Gesetzessystematik

aa) Systematische Stellung des § 13 BGB

Bei der systematischen Auslegung des § 13 BGB ist zunächst dessen Verortung im Allgemeinen Teil des BGB zu beachten.
Die im Allgemeinen Teil enthaltenen Vorschriften, gelten für *alle* im BGB enthaltenen Schuldverhältnisse[741]. Daher legt der vor die Klammer gezogene Verbraucherbegriff des § 13 BGB den Schluss nahe, dass er auch im Rahmen von Arbeitsverhältnissen gilt[742].

bb) Verbraucher als Gegenbegriff zum Arbeitgeber?

Von Vertretern des relativen Verbraucherbegriffs wird vorgebracht, dass der Verbraucherbegriff (§ 13 BGB) der Gegenbegriff zu dem des Unternehmers (§ 14 BGB) und nicht zu dem des Arbeitgebers sei[743]. Diese terminologisch zwar richtige Ansicht übersieht jedoch, dass der Arbeitgeber immer Unternehmer ist, wenn er in Ausübung seiner gewerblichen oder selbständigen beruflichen Tätigkeit handelt[744]. Dies ist aber nicht nur beim Abschluss von Verträgen mit Kunden oder Zulieferern der Fall, sondern auch beim Abschluss von Arbeitsverträgen, soweit der Arbeitgeber nicht zu privaten Zwecken handelt[745]. Daher ist die hinsichtlich des Vertragspartners des Arbeitnehmers gebräuchliche Terminologie für dessen Einordnung unter § 13 BGB unerheblich[746].

---

[741] *Larenz/Wolf* BGB AT § 1 Rn. 71; *Brox* AT § 2 Rn. 42.
[742] ErfK/*Preis* § 611 BGB Rn. 208; so auch *Reim* DB 2002, 2434, 2437.
[743] *Lingemann* NZA 2002, 181, 184; *Löwisch* NZA 2001, 465, 466; *Natzel* NZA 2002, 595, 596.
[744] *Däubler* NZA 2001, 1329, 1333; *Reim* DB 2002, 2334, 2337; ErfK/*Preis* § 611 BGB Rn. 208 mit einem Beispiel für ein Handeln des Arbeitgebers zu privaten Zwecken.
Hümmerich/Holthausen NZA 2002, 173, 177 sehen in § 491 I, II Nr. 2 BGB eine Gleichsetzung der Begriffspaare „Unternehmer"/„Verbraucher" und „Arbeitgeber"/„Arbeitnehmer".
[745] ArbRHdB/*Schaub* § 18 Rn. 8 a; ErfK/*Preis* § 611 BGB Rn. 208.
[746] *Gotthardt* Schuldrechtsreform Rn. 19; *Hümmerich/Holthausen* NZA 2002, 173, 176 f.; *Reim* DB 2002, 2334, 2337.

cc) Rückschluss aus § 310 III, IV 2 Hs. 1, 2 BGB ?

Zunächst kann aus dem Nebeneinander von § 310 III BGB und § 310 IV BGB nicht gefolgert werden, dass Arbeitsverträge keine Verbraucherverträge sind[747]. Auch schließt § 310 IV 2 Hs. 2 BGB lediglich die Anwendbarkeit von § 305 II, III BGB aus.
Obwohl § 310 III BGB von der Bereichausnahme des § 310 IV BGB nicht ausdrücklich ausgeschlossen wird, kann aber auch daraus im Rückschluss nicht gefolgert werden, dass der Gesetzgeber gerade von einer Anwendbarkeit des § 310 III BGB (Verbraucherverträge) bei Arbeitsverträgen ausging, und der Arbeitnehmer daher als Verbraucher (§ 13 BGB) anzusehen ist[748]. Denn während § 305 II, III BGB grundsätzlich ohne weiteres für sämtliche der AGB-Kontrolle unterliegende Verträge Geltung beansprucht, betrifft § 310 III BGB nur einen besonderen Fall vorformulierter Vertragsbedingungen, so dass es eines ausdrücklichen Ausschlusses seiner Anwendbarkeit auf Arbeitsverhältnisse nicht bedarf, wenn diese ohnehin nicht als Verbraucherverträge anzusehen sind[749].
Für die Vereinbarkeit von Verbraucher- und Arbeitnehmerschutz spricht aber auch ferner nicht, dass bei Anwendung der AGB-Vorschriften nach § 310 IV 2 die „Besonderheiten des Arbeitsrechts" zu berücksichtigen sind[750]. Denn mit diesem Neologismus wollte der Gesetzgeber lediglich klarstellen, dass die in §§ 308, 309 BGB kodifizierten Klauselverbote zumindest teilweise bei der Inhaltskontrolle von Formulararbeitsverträgen nicht zur Anwendung kommen[751]. Jedoch lag dieser Einschränkung nicht die Vorstellung von der Verbrauchereigenschaft des Arbeitnehmers zugrunde.

dd) Arbeitnehmer als dritte Kategorie neben §§ 13, 14 BGB

Wenn man dem Arbeitnehmer beim Abschluss des Arbeitsvertrags die Anerkennung der Verbrauchereigenschaft abspricht, entsteht zwar eine *„dritte Ebene"* neben dem Unternehmer- (§ 14 BGB) und Verbraucherbegriff (§ 13 BGB), was scheinbar zunächst in Widerspruch zu dem zwischen § 13 BGB und § 14 BGB bestehenden Alternativverhältnis steht[752].

---

747 *Annuß* NJW 2002, 2844, 2845; unklar *Bauer/Kock* DB 2002, 42, 43; s. die Kritik bei *Hümmerich/Holthausen* NZA 2001, 173, 177; *a.A. Hromadka* NJW 2002, 2523, 2524.
748 *Annuß* NJW 2002, 2844, 2845; *Lingemann* NZA 2002, 181, 184; *a.A. Gotthardt* Schuldrechtsreform Rn. 12; *Thüsing* BB 2002, 2666, 2668.
749 *Annuß* NJW 2002, 2844, 2845.
750 *A.A.* Staudinger/*Neumann* Vorbem. zu §§ 620 ff. BGB Rn. 14; ErfK/*Preis* § 611 BGB Rn. 208; *Rieble/Klumpp* ZIP 2002, 2153, 2158.
751 BT-Drucks. 14/6857, S. 54.
752 Für ein kontradiktorisches Verhältnis z.B. *Pfeiffer* NJW 1999, 169, 171.

Jedoch verdeutlicht § 13 BGB durch seine Beschränkung auf natürliche Personen, dass es beim Vertragsschluss eine dritte Ebene neben Unternehmer und Verbraucher gibt[753].
Denn auch eine gemeinnützige juristische Person bzw. ein karitativer (Ideal)Verein unterfallen beim Abschluss von Verträgen weder dem Verbraucher- (§ 13 BGB)[754], noch dem Unternehmerbegriff (§ 14 BGB)[755].
Gegen eine weitere Aufspaltung in außerhalb der Unternehmer und Verbraucher stehende Personen spricht auch nicht die Rechtsprechung des BGH[756], der die GbR ohne gewerbliche Tätigkeit als Verbraucher i.S. des § 1 VerbrKrG eingeordnet hat[757]. Der BGH hat nämlich in dieser Entscheidung die (auf den zu entscheidenden Fall zeitlich noch nicht anwendbaren) §§ 13, 14 BGB nicht erwähnt[758]. Außerdem hat der BGH ausdrücklich auf den Verbraucherbegriff in Art. 1 II lit. a der Verbraucherkreditrichtlinie[759] verwiesen[760]. Der Gesetzgeber hat sich aber bei Schaffung des § 13 BGB ausdrücklich an § 24 a AGBG ange-

---

[753] *Dauner-Lieb* DB 2003, 1666, 1667, 1669; *Henssler* RdA 2002, 129, 134; *Krebs* DB 2002, 517, 520; *Richardi* NZA 2002, 1004, 1009; in diese Richtung auch *Hümmerich* AnwBl 2002, 671, 673; *Lieb* FS Ulmer, S. 1231, 1235. Bereits früher hat *Medicus* Jus 1996, 761, 767, bezweifelt, *„ob sich ein für alle Bedürfnisse brauchbarer einheitlicher Begriff"* des Verbrauchers überhaupt finden lässt.
Hierbei ist auch die Problematik der Legaldefinitionen des §§ 13, 14 BGB zu berücksichtigen, wonach im Gesetz nicht weiter geregelt ist, ob das Rechtsgeschäft mit einem Unternehmer abgeschlossen sein muss oder ob § 13 BGB auch noch dann anwendbar ist, wenn auf beiden Seiten des Rechtsgeschäfts Verbraucher stehen, vgl. MüKo/*Micklitz* § 13 BGB Rn. 48; *Hennsler* RdA 2002, 129, 134; *Flume* ZIP 2000, 1427, 1428; den letzteren Fall bejahend *Rieble/Klumpp* ZIP 2002, 2153, 2158.

[754] MüKo/*Micklitz* § 13 BGB Rn. 12; Palandt/*Heinrichs* § 13 BGB Rn. 2; EuGH NJW 2002, 205 zum Verbraucherbegriff in Art.2 lit. b der Klauselrichtlinie.

[755] *Henssler* RdA 2002, 129, 134; *Krebs* DB 2002, 517, 519 f.; MüKo/*Ernst* § 288 BGB Rn. 21; *a.A.* MüKo/*Micklitz* § 14 BGB Rn. 19, der zwar bei gemeinnützigen Unternehmen Gewerblichkeit nur annimmt, wenn sie ihre Leistungen gegen Entgelt anbieten, aber gleichzeitig Wohlfahrtsverbände, gemeinnützige Vereine oder Stiftungen als Unternehmer ansieht, wenn sie mit Verbrauchern „Verbraucherrechtsgeschäfte" abschließen. Ferner sind Organmitglieder juristischer Personen zwar dienstverpflichtet, aber weder Arbeitnehmer noch selbständig, vgl. *Reichenbach* NZA 2003, 309, 311.
Auch ist § 14 BGB auf beiderseitige Unternehmergeschäfte nicht anwendbar, vgl. MüKo/*Micklitz* § 14 BGB Rn. 29.

[756] BGH DB 2001, 2708; zustimmend *Saenger/Bertram* EWiR 2002, 93, 94; i.E. ebenso *Artz* Verbraucher, S. 106, 113; kritisch *Fehrenbacher/Herr* BB 2002, 1006 ff.; *Krebs* DB 2002, 517 ff.

[757] *A.A. Gotthardt* Schuldrechtsreform Rn. 17; ErfK/*Preis* § 611 BGB Rn. 208.

[758] *Fehrenbacher/Herr* BB 2002, 1006, 1009.

[759] Richtlinie 87/102/EWG, ABlEG Nr. L 42 vom 12. 2.1987, S. 48.

[760] BGH DB 2001, 2708.

lehnt[761], der auf den Verbraucherbegriff des Art. 2 lit. b der Klauselrichtlinie zurückgeht. Zu Art. 2 lit. b der Klauselrichtlinie hat der EuGH hingegen entschieden, dass ausschließlich natürliche Personen erfasst sind[762].

ee) Zwischenergebnis

Es widerspricht der Gesetzessystematik nicht, wenn der Arbeitnehmer als „Zivilperson" und nicht als Verbraucher i.S.v. § 13 BGB anzusehen ist[763].

d) Sinn und Zweck des § 13 BGB

aa) Rollenbezogener Ansatz des § 13 BGB

Ratio des § 13 BGB ist der Schutz der als Verbraucher auftretenden Vertragspartei, da diese *typischerweise* unterlegen ist[764]. Denn bei Verbraucherverträgen stehen sich regelmäßig nicht zwei gleich starke Verhandlungspartner gegenüber. Der Anbieter einer Ware oder Dienstleistung befindet sich nämlich aufgrund seiner wirtschaftlichen Überlegenheit in der Regel gegenüber dem Privatkunden in einer stärkeren Verhandlungsposition[765]. Einerseits ist nämlich der Anbieter einer Ware nicht darauf angewiesen, mit einem bestimmten Kunden einen Vertrag zu schließen, während der Kunde aufgrund sehr ähnlicher Vertragsbedingungen bei anderen Anbietern tatsächlich keine alternativen Ausweichmöglichkeiten hat[766]. Die Verbraucherschutzregelungen sollen daher sicherstellen, dass die aus der wirtschaftlichen Überlegenheit resultierende *Möglichkeit*, dem Vertragspartner belastende Vertragsbedingungen zu diktieren, eingeschränkt bzw. unterbunden wird.

Daher verweist der rollenbezogene Ausgangspunkt des § 13 BGB zwar auf die *strukturelle Unterlegenheit* des Verbrauchers. Ob der Verbraucher aber auch tat-

---

[761] BT-Drucks. 14/2658, S. 47 f.

[762] EuGH NJW 2002, 205. Im Übrigen ist zu berücksichtigen, dass der GbR, der vom BGH selbst die Rechtsfähigkeit zugesprochen wurde (vgl. BGHZ 146, 341 ff. = DB 2001, 423 ff.), keine juristische Person ist (BGH DB 2001, 2708; *Fehrenbacher/Herr* BB 2002, 1006, 1008 m.w.N.). Daher ist die GbR jedenfalls bei Gewerblichkeit als rechtsfähige Personengesellschaft i.S.v. § 14 II, I BGB und damit als Unternehmer anzusehen (vgl. *Fehrenbacher/Herr* BB 2002, 1006, 1010; Palandt/*Heinrichs* § 14 BGB Rn. 3).

[763] Vgl. *Krebs* DB 2002, 517, 520; *a.A. Gotthardt* Schuldrechtsreform Rn. 17 f.; *Klevemann* AiB 2002, 579, 580.

[764] Palandt/*Heinrichs* § 13 BGB Rn. 1.

[765] *Reim* DB 2002, 2434, 2435; *Larenz/Wolf* BGB AT § 42 Rn. 25 ff.

[766] *Reim* DB 2002, 2434, 2435.

sächlich schutzbedürftig ist, ergibt sich erst aus der Verknüpfung des *rollenbezogenen* Ansatzes mit der *situativen* Schutzbedürftigkeit[767].

bb) Einwände aus der Literatur

Dennoch wird vorgebracht, dass Arbeitnehmer und Verbraucher gleichermaßen schutzbedürftig seien, da ein deutliches Ungleichgewicht der Parteien jeweils vorliege[768]. *Pfeiffer* betont, dass die wirtschaftliche Zweckdifferenz zwischen den Parteien ausschlaggebend sei[769]. So habe schon in der Vergangenheit die arbeitsgerichtliche Rechtsprechung im Rahmen der Inhaltskontrolle von Arbeitsverträgen auf die dem Verbraucherschutz zugrunde liegenden Grundsätze und Wertungen zurückgegriffen[770]. Unter Hinweis auf die arbeitsrechtliche Bereichsausnahme des § 23 AGBG habe das BAG die Vorschriften des AGB-Gesetzes zwar nicht unmittelbar angewandt[771]. Jedoch habe es schon bislang Vertragsklauseln in Arbeitsverträgen einer Inhaltskontrolle unterworfen, die an den Maßstäben der zivilrechtlichen Generalklauseln der §§ 138, 242 BGB orientiert war, und dabei die Zulässigkeit von Vertragsklauseln an Angemessenheitsgesichtspunkten orientierte. Daher wären die dem AGBG zugrunde liegenden Wertungen, die auf den Schutz der schwächeren Vertragspartei abzielten, schon

---

[767] MüKo/*Micklitz* § 13 BGB Rn. 4; *Henssler* RdA 2002, 129, 134; in diese Richtung auch *Pfeiffer* in Schulze/Schulte-Nölke, S. 133, 136; *Larenz/Wolf* BGB AT § 42 Rn. 27.
So kann eine Person Verbraucher (§ 13 BGB) sein, obwohl sie aufgrund ihrer beruflicher Erfahrung oder ihres ökonomischen oder juristischen Wissens an sich über eine hinreichende Geschäftskompetenz verfügt, aber für private Zwecke kontrahiert, vgl. Soergel/*Pfeiffer* § 13 BGB Rn. 22.
Normatives Leitbild des europäischen Verbraucherrechts ist hingegen der *selbstbewusste Verbraucher*, dessen Aufgabe als natürliche Person darin besteht, auf die Verwirklichung des Binnenmarktes hinzuwirken und dabei selbstbewusst auftritt, vgl. MüKo/*Micklitz* § 13 BGB Rn. 3; *Zerres* JA 2002, 166, 169.

[768] *Reim* DB 2002, 2434, 2435; *Schuster* AiB 2002, 274; *Thüsing* BB 2002, 2666, 2668; ErfK/*Preis* § 611 BGB Rn. 208 sieht den Arbeitnehmer sogar schutzwürdiger als den „klassisch selbständig Handelnden" an.

[769] In *Schulze/Schulte-Nölke*, S. 134, 140; zustimmend: *Däubler* NZA 2001, 1329, 1333; vgl. auch *Saenger/Bertram* EWiR 2002, 93, 94. *Lorenz* hat für den Bereich des Haustürwiderrufsgesetzes (HWiG) den Standpunkt vertreten, dass der Arbeitnehmer wegen der ihm zukommenden Schutzwürdigkeit bei Vertragsverhandlungen als „Kunde" i.S. des HWiG qualifiziert werden müsse, vgl. JZ 1997, 277, 278 f.

[770] Vgl. BAG NZA 1984, 255 f.; DB 1985, 2055; NZA 1996, 702; DB 1994, 1726 ff.; NZA 1999, 659, 661; DB 2001, 928.

[771] Vgl. BAG DB 1984, 2268 f. Ferner lehnte das BAG eine analoge Anwendung der AGBG-Vorschriften ausdrücklich ab, DB 2001, 928. Kritisch zur Bereichsausnahme: *Preis* Vertragsgestaltung, S. 260 ff.; *W/H/L* § 23 AGBG Rn. 35; *Zöllner* RdA 1989, 152, 157.

von jeher ein Kriterium für die Wirksamkeit arbeitsvertraglicher Regelungen[772]. Da aber schon bislang von der arbeitsgerichtlichen Rechtsprechung auf allgemeine Wertungen des AGBG zurückgegriffen wurde, habe aber bereits vor Inkrafttreten der Schuldrechtsreform ein Nebeneinander, aber keine Trennung von allgemeinen zivilrechtlichen Verbraucherschutzvorschriften und arbeitsrechtlichen Sondervorschriften existiert.

cc) Keine Gleichstellung wegen Schutzbedürftigkeit

Unter Bezug auf die obigen Ausführungen ist aber die Behauptung, dass Verbraucher und Arbeitnehmer wegen ihrer jeweiligen strukturellen Unterlegenheit gleichermaßen schutzbedürftig sind, nicht haltbar, da in jedem Einzelfall eine *normzweckbezogene* Interpretation notwendig wäre. Zudem würde eine generelle Gleichstellung des Verbrauchers mit der wirtschaftlich schwächeren Vertragspartei zu einer uferlosen Ausdehnung des Anwendungsbereichs des Verbraucherschutzrechts führen[773]. Auch ist bei der Beurteilung der Verbrauchereigenschaft nach der Schutzbedürftigkeit offen, wie eine solche Einordnung etwa bei einem Rechtsgeschäft zwischen zwei natürlichen Personen, das für private Zwecke getätigt wird, erfolgen soll[774].
Zwar ist der Arbeitnehmer beim Abschluss eines Arbeitsvertrags noch viel mehr schutzbedürftig als beim Kauf von Waren, da das Zustandekommen eines Arbeitsvertrags in der Regel für diesen von existentieller Bedeutung ist, da der Arbeitslohn meist die einzige Einkunftsquelle ist. Jedoch hat das Arbeitsrecht eigene Schutzmechanismen entwickelt, die eine pauschale Unterwerfung unter verbraucherrechtliche Anforderungen im Wege der Gesetzesauslegung als deutlichen Bruch mit der bisherigen Praxis erscheinen lassen[775].

dd) Trennung von Arbeitnehmer- und Verbraucherschutz

Daher verbietet es die Ratio des § 13 BGB, den Arbeitnehmer beim Abschluss eines Arbeits- oder Aufhebungsvertrags dem Verbraucherschutz zu unterwer-

---

[772] *Reim* DB 2002, 2434, 2437.
[773] *Henssler* RdA 2002, 129, 134; in diese Richtung auch *Teichmann* FS Kraft, S: 629, 632 f.
[774] *Henssler* RdA 2002, 129, 134.
[775] *Soergel/Pfeiffer* § 13 BGB Rn. 44; *Clemens* ZGS 2003, 80.
Im Übrigen dient § 13 BGB der Abgrenzung zwischen privatem und beruflichen Bereich, vgl. Palandt/*Heinrichs* § 13 BGB Rn. 4. Diese Abgrenzung steht aber beim Abschluss eines Arbeits- oder Aufhebungsvertrags nicht in Frage, da das Arbeitsverhältnis von vornherein dem beruflichen Bereich zuzuordnen ist, vgl. *Natzel* NZA 2002, 595, 596.

fen[776], was zur Folge hat, dass Verbraucherschutz und Arbeitnehmerschutz strikt voneinander zu trennen sind[777]. Wenn man nämlich Arbeitnehmer beim Abschluss des Arbeitsvertrags als Verbraucher ansehen würde, wäre der Zweck der Verbrauchervorschriften des BGB (vgl. §§ 474 ff. BGB) verfehlt, denjenigen zu schützen, der Güter und Dienstleistungen auf dem Markt erwirbt und dafür ein Entgelt zu leisten hat. Im Arbeitsrecht ist umgekehrt der Arbeitnehmer als derjenige schützenswert ist, der seinerseits Dienste erbringt und Entgelt dafür erhält. Daher haben Verbraucherschutzrecht und Arbeitsrecht eigene Schutzmechanismen entwickelt, die nicht durch den jeweils anderen Mechanismus relativiert und entwertet werden dürfen[778].
Ob nun tatsächlich durch die Integration des Verbraucherschutzrechts in das BGB im Zuge der Schuldrechtsreform diese Trennung aufgehoben werden sollte[779], erscheint angesichts der Unklarheiten, die infolge der Aufhebung der Bereichsausnahme für Arbeitsverträge entstanden sind, fraglich. Denn Ziel der Aufnahme des Verbraucherschutzrechtes in das BGB war es primär nicht, den Arbeitsvertrag dem Verbraucherschutzrecht zu unterstellen, sondern mehr „Transparenz und Verständlichkeit" zu erreichen und ein Auseinanderdriften der Rechtsgebiete zu verhindern[780]. Dass das Verbraucherrecht und das Arbeitsrecht kein einheitlicher Regelungsstoff ist, zeigt sich auch daran, dass der Gesetzgeber im Rahmen seiner Begründung zur Integration des Verbraucherschutzrechts in das BGB jegliche Bezugnahme auf das Arbeitsrecht vermieden hat[781]. Darüber hinaus hat der Gesetzgeber die Sonderstellung des Arbeitsrechts in den Normen § 615 S. 3 BGB, § 619 a BGB hervorgehoben, was gegen eine Gleichsetzung mit dem Verbraucherrecht spricht[782].

ee) Zwischenergebnis

Nach Sinn und Zweck des § 13 BGB handeln Arbeitnehmer beim Abschluss eines Arbeits- bzw. Aufhebungsvertrags nicht als Verbraucher i.S.v. § 13 BGB.

---

[776] *Henssler* RdA 2002, 129, 134; *a.A. Däubler* NZA 2001, 1329, 1333; *Reim* DB 2002, 2434, 2435; *Reineke* DB 2002, 583, 587.
[777] Soergel/*Pfeiffer* § 13 BGB Rn. 44; *Löwisch* NZA 2001, 465, 466; *Joussen* NZA 2001, 745, 749; *Natzel* NZA 2002, 595 f.; *Bauer/Kock* DB 2002, 42, 43; *Reichold* ZTR 2002, 202, 203.
[778] *Löwisch* FS Wiedemann, S. 311, 316; *a.A. Gotthardt* Schuldrechtsreform Rn. 12, 15.
[779] Der Gesetzgeber hat die Integration der Verbraucherschutzgesetze damit begründet, dass jeder Bürger zugleich Verbraucher und jeder Verbraucher zugleich Bürger ist, vgl. BT-Drucks. 14/6040, S. 91; so auch *Larenz/Wolf* BGB AT § 1 Rn. 61 ff.
[780] BT-Drucks. 14/6040, S. 91, 97; *Hromadka* NJW 2002, 2523, 2524.
[781] *Natzel* NZA 2002, 595, 596, der aber auf die Gesetzesbegründung in BT-Drucks. 14/6040, S. 91 hinweist, in der das Arbeitsrecht nicht als Sonderprivatrecht aufgeführt wird.
[782] *Natzel* NZA 2002, 595, 596.

e) Ergebnis

Der *Arbeitnehmer* ist beim Abschluss von Arbeits- bzw. Aufhebungsverträgen *kein Verbraucher i.S.v. § 13 BGB*[783].

f) Eigene Stellungnahme

Es wäre wünschenswert gewesen, dass der Gesetzgeber im Rahmen der Teilaufhebung der Bereichsausnahme für das Arbeitsrechts gleichzeitig die Legaldefinition des Verbraucherbegriffs in § 13 BGB den europäischen Richtlinien angepasst hätte. So hätte die jetzt durch den Streit über den Verbraucherstatus des Arbeitnehmers entstandene Rechtsunsicherheit vermieden werden können. Jedoch legen der Zeitdruck des Gesetzgebungsverfahrens und die missverständlichen Ausführungen des Gesetzgebers zu § 474 BGB und § 15 UKlaG vielmehr den Schluss nahe, dass dem Gesetzgeber das Problem der Verbrauchereigenschaft des Arbeitnehmers beim Abschluss von Arbeitsverträgen sowie die Auswirkungen insgesamt auf das Arbeitsrecht nicht klar gewesen ist[784]. Daher ist davon auszugehen, dass der mit § 24 a AGBG inhaltsgleiche Verbraucherbegriff des § 13 BGB durch die Ausdehnung der AGB-Kontrolle auf Arbeitsverträge nicht verändert werden sollte.

5. Auswirkungen der Ablehnung der Verbrauchereigenschaft

a) Höhe der Verzugszinsen

aa) Absoluter Verbraucherbegriff

Bei Bejahung der Verbrauchereigenschaft des Arbeitnehmers würde die Höhe der Verzugszinsen nach § 288 I 2 BGB fünf Prozentpunkte über dem Basiszinssatz (§ 247 I 1 BGB[785]) betragen[786].

---

[783] Dies folgt aus dem Sinn und Zweck sowie der Entstehungsgeschichte des § 13 BGB, wobei diesem Ergebnis auch nicht die Gesetzessystematik entgegensteht.
Arbeitnehmerähnliche Personen sind schon deshalb keine Verbraucher i.S.v. § 13 BGB, weil sie in Ausübung ihrer selbständigen Tätigkeit handeln, vgl. *Gotthardt* Schuldrechtsreform Rn. 20.

[784] So auch: Berkowsky AuA 2002, 11, 15; *Eckert* DStR 2002, 2222, 2226; *Rieble/ Klumpp* ZIP 2002, 2153, 2157.

[785] § 247 BGB entspricht § 1 des Diskont-Überleitungsgesetzes vom 09.06.1998. Vgl. zum Basiszinssatz *Petershagen* NJW 2002, 1455 ff.

bb) Relativer Verbraucherbegriff

Bei der hier vertretenen Ablehnung der Verbrauchereigenschaft des Arbeitnehmers richtet sich die Höhe der Verzugszinsen grundsätzlich nach § 288 II BGB, da beim Abschluss des Arbeitsvertrags kein Verbraucher beteiligt ist, und beträgt somit bei Entgeltforderungen acht Prozentpunkte über dem Basiszinssatz[787]. Entgeltforderung i.S.d. § 288 II BGB sind Forderungen, die auf Zahlung eines Entgelts für die Lieferung von Gütern oder die Erbringung von Dienstleistungen gerichtet sind[788]. Auf Schadensersatzansprüche, Bereicherungsansprüche und Ansprüche aus GoA (z.B. §§ 670, 683, 677 BGB) findet § 288 II BGB somit keine Anwendung[789]. Die Arbeitsvergütung ist somit eine Entgeltforderung[790], nicht hingegen der Rückerstattungsanspruch bzgl. zuviel bezahlten Gehalts des Arbeitnehmers[791].

Mit den Vertretern des relativen Verbraucherbegriffs ist aber gleichwohl § 288 I BGB anzuwenden[792]: Denn § 288 II BGB ist (infolge der sich aus Art. 10 EG ergebenden Pflicht zur Gemeinschaftstreue[793]) *richtlinienkonform auszulegen* in Bezug auf die EG-Richtlinie 2000/35/EG zur Bekämpfung des Zahlungsverkehrs im Geschäftsverkehr[794]. Entsprechend ihrem Schutzzweck erfasst die Richtlinie nur Entgelte, die im Geschäftsverkehr zu zahlen sind[795]. Die Richtlinie ist nämlich nach Art. 1 auf alle Zahlungen, die als Entgelt im Geschäftsverkehr anzusehen sind, anzuwenden. Art. 2 der Richtlinie definiert Geschäftsverkehr als Geschäftsvorgang zwischen Unternehmen oder zwischen Unternehmern und öffentlichen Stellen, die zur Lieferung von Gütern oder Erbringung von Dienst-

---

786 So ArbG Hamburg ZGS 2003, 79, 80; *Boemke* BB 2002, 96, 97; *Gotthardt* Schuldrechtsreform Rn. 187; *Hümmerich/Holthausen* NZA 2002, 173, 178; *Hümmerich* AnwBl 2002, 671, 676.

787 Hierbei ist die Entscheidung des Großen Senat des BAG (NZA 2001, 1195 = AP Nr. 4 zu § 288 BGB) zu beachten, wonach der Arbeitgeber Verzugszinsen aus dem Bruttolohn schulde. Vgl. hierzu die Anmerkungen von *Berkowsky* NJW-Editorial Heft 37/2002; *Boemke/Fischer* SAE 2002, 152 ff.

788 Palandt/*Heinrichs* § 288 BGB Rn. 8 u. § 286 BGB Rn. 27.

789 Palandt/*Heinrichs* § 288 BGB Rn. 8 u. § 286 BGB Rn. 27.

790 *Gotthardt* Schuldrechtsreform Rn. 187. Der Arbeitnehmer kann aber auch Schuldner einer Entgeltforderung sein, wenn er vom Arbeitgeber Waren kauft.

791 *Gotthardt* Schuldrechtsreform Rn. 184.

792 *Bauer/Kock* DB 2002, 42, 46; *Clemens* ZGS 2003, 80; *Fiebig* DB 2002, 1608, 1610; *Henssler* RdA 2002, 129, 135; *Joussen* NZA 2001, 745, 749; *Natzel* NZA 2002, 595, 597; *Reichold* ZTR 2002, 202, 203; *Richardi* NZA 2002, 1004, 1009; *Singer* RdA 2003, 194, 196; offengelassen: *Berrisch* FA 2002, 73; *Hadeler* FA 2002, 66, 71.

793 *Heinrichs* NJW 1995, 153, 154 m.w.N.

794 ABlEG 2000 Nr. L 200 (v. 08.08.2000), S. 35 ff.

795 *Heinrichs* in Schulze/Schulte-Nölke, S. 81, 83; *Schmidt-Kessel* NJW 2001, 97, 98; *Joussen* NZA 2001, 745, 749; *Fiebig* DB 2002, 1608, 1610.

leistungen gegen Entgelt führen. Daher ist auch § 288 II BGB, der auf der Umsetzung des Art. 3 I lit. d dieser Richtlinie beruht, nur anwendbar im Geschäftsverkehr zwischen Unternehmern[796]. Ferner liegt *keine bewusste Erweiterung der EG-Richtlinie durch den Gesetzgeber* vor. Denn nach der Gesetzesbegründung *„ist es erforderlich, den gesetzlichen Verzugszins für den Geschäftsverkehr anzuheben"*[797], wobei ferner *„auf § 288 II BGB (besonderer höherer Verzugszinssatz für Unternehmer)"* hingewiesen wurde[798]. Schließlich ist § 288 II BGB *teleologisch zu reduzieren*[799]: Der Normzweck des § 288 II BGB liegt ferner darin, dass Unternehmen typischerweise höhere Zinsschäden als Privatpersonen erleiden, wenn sie mit einem „temporären Forderungsausfall" konfrontiert werden[800]. Für natürliche Personen, die für den privaten Bedarf Verträge schließen, ist aber bereits der Zinssatz des § 288 I ausreichend für die Stärkung der Zahlungsmoral[801]. Die hiergegen vorgebrachte Kritik, dass durch diese Auslegung des § 288 II BGB ein neuer Verbraucherbegriff neben § 13 BGB geschaffen würde[802], berücksichtigt nicht, dass § 288 II BGB keine Verbraucherdefinition enthält und dass zudem der Arbeitnehmer als *Zivilperson* außerhalb der Definitionen des Verbraucher- und Unternehmerbegriffs einzuordnen ist.

b) Keine Inhaltskontrolle von AAB nach § 310 III BGB

aa) Absoluter Verbraucherbegriff

Bei Bejahung der Verbrauchereigenschaft des Arbeitnehmers wäre beim Abschluss eines Arbeitsvertrags ein Verbrauchervertrag gemäß § 310 III BGB gegeben, wenn der Arbeitgeber als Unternehmer gemäß § 14 BGB handelt[803]. Nach

---

[796] *Bauer/Kock* DB 2002, 42, 46; *Brors* ZGS 2003, 34, 38; so auch *Heinrichs* in Schulze/Schulte-Nölke, S. 81, 96 zu § 285 II BGB-DiskE; *a.A.* (da am Wortlaut des § 288 II BGB festhaltend) *Zimmer* NJW 2002, 1, 11. *Mankowsky* ZGS 2002, 177, 178 will § 288 II BGB teleologisch reduzieren und schlägt folgenden „korrigierenden" Wortlaut des § 288 II BGB vor: *„Für Entgeltforderungen beträgt der Zinssatz acht Prozentpunkte über dem Basiszinssatz, wenn der Schuldner kein Verbraucher ist."*
[797] BT-Drucks. 14/6040, S. 148.
[798] BT-Drucks. 14/6040, S. 82.
[799] MüKo/*Ernst* § 288 BGB Rn. 21; *Richardi* NZA 2002, 1004, 1009; a.*A. Gotthardt* Schuldrechtsreform Rn. 18.
[800] *Henssler* RdA 2002, 129, 135.
[801] MüKo/*Ernst* § 288 BGB Rn. 21; *Henssler* RdA 2002, 129, 135; ähnl. die Argumentationslinie zur analogen Anw. des § 497 I 2 BGB auf § 291 BGB, vgl. *Dübbers* ZGS 2003, 93, 95.
[802] Soergel/*Pfeiffer* § 13 BGB Rn. 44; *Reim* DB 2002, 2434, 2437; *Reineke* DB 2002, 583, 587.
[803] *Däubler* NZA 2001, 1329, 1334; *Reim* DB 2002, 2434, 2438; ErfK/*Dörner* § 615 BGB Rn. 20.

§ 310 III Nr. 1 BGB gelten AGB als vom Unternehmer gestellt, es sei denn, dass diese durch den Verbraucher in den Vertrag eingeführt werden[804].

Nach *§ 310 III Nr. 2 BGB* greift eine Inhaltskontrolle (§§ 305 c II, 306, 307, 308, 309 BGB) von AGB selbst dann ein, wenn diese vorformulierten Vertragsbedingungen nur zur einmaligen Verwendung bestimmt sind, und der Verbraucher auf ihren Inhalt keinen Einfluss nehmen konnte, wobei die Form der von den Parteien vereinbarten Vertragsklauseln unerheblich ist[805]. Nach den Vertretern des absoluten Verbraucherbegriffs unterläge somit i.d.R. jeder Arbeitsvertrag der Inhaltskontrolle nach §§ 307 ff. BGB[806].

Schließlich sind bei Verbraucherverträgen nach *§ 310 III Nr. 3 BGB* bei der Beurteilung einer unangemessenen Benachteiligung nach § 307 I, II BGB auch die den Vertragsschluss begleitenden Umstände zu berücksichtigen. Hierunter fallen die tatsächlichen, sich in der individuellen Vertragsabschlusssituation aktualisierenden Gegebenheiten[807]. § 310 III Nr. 3 BGB erweitert damit das Spektrum der bei der Anwendung des § 307 I, II BGB zu berücksichtigenden Abwägungsgesichtspunkte[808]. Denn bei Verbraucherverträgen tritt zu den typisierenden Abwägungsgesichtspunkten eine individuelle Abwägungsebene hinzu[809].

bb) Folgen der hier vertretenen Ansicht

Bei der hier vertretenen Ablehnung der Verbrauchereigenschaft des Arbeitnehmers *scheidet die direkte Anwendung des § 310 III BGB hingegen aus*. Eine *analoge Anwendung des § 310 III BGB* scheitert an der hier nicht vorhandenen Regelungslücke und der zwischen Arbeitnehmern und Verbrauchern nicht vorhandenen vergleichbaren Interessenlage. Zwischen Verbraucher- und Arbeitnehmerschutz bestehen nämlich erhebliche Wertungsunterschiede[810].

Das ist aber ausnahmsweise dann nicht der Fall, wenn der Arbeitgeber den Arbeitsvertrag zu rein privaten Zwecken abschließt, vgl. *Thüsing* BB 2002, 2666, 2668.

804 *Henssler* (RdA 2002, 129, 135) erwägt trotz der Ablehnung der Verbrauchereigenschaft des Arbeitnehmers beim Abschluss des Arbeitsvertrags eine analoge Anwendung des § 310 III Nr. 1 BGB.

805 *Reim* DB 2002, 2434, 2438, der auf den deklaratorischen Charakter der durch § 2 NachwG bestimmten Schriftform hinweist. Für eine Anwendung des § 310 III Nr. 2 BGB trotz Ablehnung der Verbrauchereigenschaft *Hromadka* NJW 2002, 2523, 2525.

806 *Gotthardt* Schuldrechtsreform Rn. 242 ff.

807 *Thüsing* BB 2002, 2666, 2673.

808 *U/B/H* § 9 Rn. 177.

809 Vgl. auch die Beispiele in Nr. 16 der Erwägungsgründe der Klauselrichtlinie.

810 Vgl. die obigen Ausführungen Kapitel 3, D III 4 d, dd.

c) Widerrufsrecht nach § 312 I Nr. 1 BGB?

Wenn man den Arbeitnehmer nicht als Verbraucher (§ 13 BGB) ansieht, greift zwar dem Wortlaut nach schon das Widerrufsrecht bzgl. am Arbeitsplatz abgeschlossener Aufhebungs- oder Änderungsverträge gemäß § 312 I 1 Nr. 1 BGB nicht ein. Da aber die Verbrauchereigenschaft im Rahmen des § 312 I 1 Nr. 1 BGB nur ein Tatbestandsmerkmal neben anderen ist, bedeutet die statusmäßige Einordnung des Arbeitnehmers jedenfalls noch keine Vorwegnahme der Frage, ob der Arbeitnehmer ein Widerrufsrecht bei Aufhebungsverträgen nach *§ 312 I 1 Nr. 1 BGB analog* hat[811]. Die Verbrauchereigenschaft des Arbeitnehmers und ein evtl. bestehendes Widerrufsrecht sind daher unabhängig voneinander zu untersuchen[812].

IV. Allgemeine Voraussetzungen der Inhaltskontrolle

1. Vorliegen von Allgemeinen Geschäftsbedingungen

Die Legaldefinition der AGB findet sich in § 305 I 1 BGB, der inhaltlich dem bisherigen § 1 AGBG entspricht. Danach sind AGB alle für eine Vielzahl von Verträgen vorformulierten Vertragsbedingungen, die eine Vertragspartei (Verwender) der anderen Vertragspartei bei Abschluss des Vertrags stellt. Im Arbeitsrecht werden die AGB auch vielfach als Allgemeine Arbeitsbedingungen (*AAB*) bezeichnet[813].

Kontrolliert werden daher auch im Arbeitsrecht Vertragsbedingungen, die für eine Vielzahl von Verträgen vorformuliert sind, und die eine Vertragspartei (Verwender ist regelmäßig der Arbeitgeber) der anderen Vertragspartei, regelmäßig dem Arbeitnehmer, beim Abschluss eines Arbeitsvertrags stellt[814].

---

[811] In diese Richtung aber *Löwisch* FS Wiedemann, S. 311, 315 f.
Ob neben dem Nichteingreifen des persönlichen Anwendungsbereichs (infolge der Ablehnung der Verbrauchereigenschaft des Arbeitnehmers) des § 312 BGB eine weitere einschränkende Auslegung des § 312 BGB geboten ist, wird unten (in Kapitel 4 dieser Arbeit) ausführlich beleuchtet. Auch würde eine Ablehnung der sonstigen Tatbestandsvoraussetzungen des § 312 I 1 Nr. 1 BGB bewirken, dass die Einordnung des Arbeitnehmers als Verbraucher unerheblich für das Bestehen des Widerrufsrechts nach § 312 BGB ist.

[812] Vgl. *Lieb* FS Ulmer, S. 1231, 1238. Im Schrifttum werden gleichwohl beide Fragen nicht konsequent getrennt voneinander untersucht und sogar teilweise vermischt, vgl. *Eckert* DStR 2002, 2222, 2226; *Löwisch* FS Wiedemann, S. 311, 315 f.; *Singer* RdA 2003, 194, 196 f.

[813] *Hromadka* NJW 2002, 2523.

[814] *Gotthardt* Schuldrechtsreform Rn. 239 ff.

a) Vorformulierte AGB – Abgrenzung zur Individualvereinbarung

Vorformuliert sind die Vertragsbedingungen, wenn sie für eine mehrfache Verwendung schriftlich aufgezeichnet oder in sonstiger Weise (Programm eines Schreibautomaten, Tonband) fixiert sind[815]. Eine schriftliche Aufzeichnung ist nicht erforderlich[816]. Ausreichend ist die Niederlegung in einer Richtlinie für den internen Gebrauch[817] und ebenso ein „Speichern im Kopf des Verwenders“[818]. Desweiteren ist auch die mit Wiederholungsabsicht hand- bzw. maschinenschriftlich in den Vertragstext eingefügte Regelung eine AGB[819], auch wenn die Einfügung gelegentlich unterbleibt[820] oder im Einzelfall unter Aufrechterhaltung der sachlichen Identität sprachlich unterschiedlich gefasst wird[821].

Nach § 305 I 3 BGB liegen AGB nicht vor, soweit die Vertragsbedingungen zwischen den Vertragsparteien im Einzelnen ausgehandelt sind. Da Aushandeln mehr als bloßes Verhandeln ist[822], muss der Arbeitgeber den gesetzesfremden Kern seiner Klausel ernsthaft zur Disposition des Arbeitnehmers stellen und diesem die Möglichkeit einräumen, den Inhalt der fraglichen Klausel beeinflussen zu können[823]. Für eine Individualvereinbarung nach § 305 I 3 BGB ist es daher nicht ausreichend, wenn der Arbeitgeber den Arbeitnehmer über die Bedeutung und Tragweite der vorformulierten Klauseln belehrt[824].
Daher ist die vom Arbeitnehmer unterschriebene Erklärung, dass der Vertragsinhalt in allen Einzelheiten ausgehandelt sei, nicht geeignet, wirkliches Aushandeln zu ersetzen[825] und ist daneben nach § 309 Nr. 12 b BGB unwirksam[826].
Auch wenn AGB bei einem früheren Vertragsschluss individuell vereinbart wurden, reicht es bei einem weiteren Vertragsschluss für eine Individualverein-

---

815 Palandt/*Heinrichs* § 305 BGB Rn. 8.
816 Vgl. BGH NJW 2001, 2635, 2636.
817 LG Dortmund NJW-RR 2001, 1205, 1206.
818 BGH NJW 1999, 2180, 2181.
819 BGHZ 115, 391, 394; BGH NJW 1988, 410.
820 BGH NJW 1999, 2180, 2181.
821 Vgl. OLG Dresden BB 1999, 228; *Schuhmann* JR 2000, 441 ff.
822 BGH NJW 1991, 1678, 1679.
823 Vgl. BGHZ 85, 305, 308, BGH NJW 2000,1110, 1111.
824 Vgl. BGHZ 74, 204, 209; BGH NJW 84, 171, 172; BGH NJW 1992, 2759, 2760. Grundsätzlich ist nach der – vorwiegend zu ergänzungsfähigen Vertragsformularen entwickelten – Rechtsprechung erforderlich, dass Ergänzungen nicht lediglich unselbständiger Art bleiben (z.B. Anfügen von Namen und Vertragsobjekt), sondern den Gehalt der Regelung mit beeinflussen vgl. BGH ZIP 2003, 407, 408 m.w.N. Jedoch ist eine tatsächliche Änderung des vorgelegten Vertragstextes nicht erforderlich, wenngleich sie regelmäßig ein Aushandeln indiziert, vgl. *Grobys* DStR 2002, 1002, 1004 m.w.N.
825 BGH NJW 1977, 432, BGH NJW 1977, 624.
826 BGHZ 99, 374, 378 ff.

barung nicht aus, wenn der Verwender nunmehr ausdrücklich nur auf seine dem Vertragspartner bekannten AGB Bezug nimmt und dieser sich mit ihnen einverstanden erklärt[827]. Zwar schlägt sich i.d.R. das Aushandeln in der Veränderung des Textes nieder. Jedoch kann eine Individualvereinbarung auch ohne Änderung des Textes vorliegen, wenn der Verwender den Vertragspartner nach gründlicher Erörterung von der Sachgerechtigkeit der Regelung überzeugt[828].

b) Vielzahl von Verträgen

Die Vertragsbedingungen müssen für eine Vielzahl von Verträgen aufgestellt sein. Daher fällt der unter einen bestimmten Vertrag ausgearbeitete Text nicht unter § 305 I 1 BGB[829]. Da eine unbestimmte Vielzahl von Verwendungsfällen nicht erforderlich ist[830], ist der Anwendungsbereich des § 305 I 1 BGB schon ab der ersten Verwendung eröffnet, soweit nur die Absicht der Verwendung für eine Vielzahl von Verträgen besteht[831].
Für eine Vielzahl von Verträgen vorformulierte Vertragsbedingungen liegen jedoch bereits dann vor, wenn eine Partei von einem anderen vorformulierte Vertragsbedingungen benutzt, selbst wenn die Partei eine mehrfache Verwendung nicht plant, da sich die Zweckbestimmung bereits aus dem abstrakt-generellen Charakter der vorformulierten Bedingungen ergibt[832]. Es reicht deshalb aus, wenn der Arbeitgeber einmalig ein Vertragsmuster, z.B. seines Arbeitgeberverbandes verwendet[833].

c) Stellen der Vertragsbedingungen

Um zum Verwender i.S.v. § 305 I 1 BGB zu werden, muss der Arbeitgeber die AAB stellen. Der Arbeitgeber muss die Einbeziehung in den Arbeitsvertrag verlangen und ein konkretes Einbeziehungsangebot machen[834]. Da in der Praxis Ar-

[827] BGH NJW 1979, 367.
[828] BGHZ 84, 109, 111; BGH NJW 1998, 2600, 2601; 2000, 1110, 1112; Staudinger/*Schlosser* § 1 AGBG Rn. 36 ff.; Palandt/*Heinrichs* § 305 BGB Rn. 22.
[829] Vgl. BGH NJW-RR 2002, 13, 14.
[830] Palandt/*Heinrichs* § 305 BGB Rn. 9.
[831] *U/B/H* § 1 AGBG Rn. 24. Ohne eine derartige Verwendungsabsicht liegt die untere Grenze bei drei bis fünf Verwendungen, vgl. BGH NJW 1998, 2286; 2002, 138.
[832] BGH NJW 1991, 843, 844.
[833] Vgl. LAG Hamm NZA 2003, 499, 500; ErfK/*Preis* §§ 305-310 BGB Rn. 25; *Vogel/Kümmel* Die Gemeinde 2002, 706.
[834] Vgl. BGHZ 130, 50, 57 f. Hierbei braucht kein wirtschaftliches oder intellektuelles Übergewicht zu bestehen (vgl. Palandt/*Heinrichs* § 305 BGB Rn. 10), so dass auch der wirtschaft-

beitsverträge üblicherweise vom Arbeitgeber vorgelegt werden, dürfte dieses Merkmal regelmäßig erfüllt sein[835].
Das „Stellen" entfällt aber nicht schon dann, wenn der Vertragspartner (hier: Arbeitnehmer) zwischen verschiedene Regelungsalternativen wählen kann oder der Formulartext die Aufforderung zu Änderungen oder Streichungen enthält[836].
Da nach der hier vertretenen Auffassung der *Arbeitnehmer kein Verbraucher* (§ 13 BGB) ist, kann beim Abschluss eines Arbeitsvertrags auch nicht § 310 III Nr. 3 BGB eingreifen, wonach AAB als vom Arbeitgeber gestellt gelten[837].

2. Einbeziehungskontrolle

a) Formularverträge außerhalb des Arbeitsrechts

Die Einbeziehung von AGB richtet sich nach § 305 II, III BGB, der im wesentlichen § 2 AGBG entspricht[838]. Danach ist es für die wirksame Einbeziehung von AGB erforderlich, dass der Verwender auf die AGB hinweist, der andere Teil die Möglichkeit hat, in zumutbarer Weise von deren Inhalt Kenntnis zu nehmen und mit ihrer Geltung einverstanden ist[839].

Statische Verweisungsklauseln werden als mit § 305 II BGB vereinbar angesehen, wenn das Verweisungsobjekt der Vertragsurkunde beigefügt wird oder der Vertragspartner von dessen Inhalt unschwer Kenntnis nehmen kann[840].

Demgegenüber scheitern dynamische Verweisungsklauseln an § 305 II BGB[841].

---

lich Schwächere Verwender sein kann (vgl. *U/B/H* § 1 AGBG Rn. 8), wobei der Arbeitgeber jedoch dem Arbeitnehmer i.d.R. wirtschaftlich überlegen ist, da dieser auf einen Arbeitsplatz angewiesen ist.

[835] *Grobys* DStR 2002, 1002, 1003.

[836] Palandt/*Heinrichs* § 305 BGB Rn. 10.

[837] Daran ändert auch die Tatsache nichts, dass bereits unter Geltung der Bereichsausnahme (§ 23 I AGBG) der Rechtsgedanke des § 24 a AGBG auf Arbeitsverträge für anwendbar gehalten wurde, vgl. *U/B/H* § 24a AGBG Rn. 4 a; *Zöllner* NZA 2000 Beil. 3, S. 1, 6; *a.A.* MüKo/*Basedow* § 24a AGBG Rn. 10; Staudinger/*Schlosser* § 23 AGBG Rn. 1a.

[838] Inhaltlich wurde § 305 II Nr. 2 BGB im Vergleich zu § 2 I Nr. 2 AGBG dahingehend ergänzt, dass bei der Möglichkeit der Kenntnisnahme durch die andere Vertragspartei auch „*eine für den Verwender erkennbare körperliche Behinderung der anderen Vertragspartei angemessen berücksichtigt*" wird, vgl. die Gesetzesbegründung BT-Drucks. 14/6040, S. 150 sowie PdSR/*Westphalen* § 305 BGB Rn. 2, 3. Unberücksichtigt von § 305 II Nr. 2 BGB bleibt die Beschränkung der Kenntnisnahmemöglichkeit des Vertragspartners aus anderen Gründen, z.B. im Fall der geistigen Behinderung oder der Unkenntnis der deutschen Sprache, vgl. Schuldrecht/*Schäfer* Kap. 8 Rn. 13; *Westphalen* NJW 2002, 12, 13.

[839] Zu Einzelheiten vgl. Palandt/*Heinrichs* § 305 BGB Rn. 29 ff. m.w.N.

[840] *Oetker* FS Wiedemann, S. 383, 389; Palandt/*Heinrichs* § 305 BGB Rn. 36.

b) Arbeitsverträge - § 310 IV 2 Hs. 2 BGB: Nichtanwendbarkeit von § 305 II, III BGB

aa) Gesetzesbegründung

Der Gesetzgeber hat § 310 IV 2 Hs. 2 BGB damit begründet, dass der Arbeitgeber nach § 2 I 1 NachwG verpflichtet sei, dem Arbeitnehmer die wesentlichen Vertragsbedingungen auszuhändigen oder dies durch einen entsprechenden Hinweis auf die einschlägigen Tarifverträge, Betriebs- oder Dienstvereinbarungen und ähnliche für das Arbeitsverhältnis geltende Regelungen gemäß § 2 III NachwG ersetzen könne[842].

bb) Kritik an der Gesetzesbegründung

Während die Einbeziehungskontrolle nach § 305 II, III BGB Voraussetzung für die wirksame Einbeziehung der AGB in den Vertrag ist, ist der Nachweis der wesentlichen Vertragsbedingungen nach dem NachwG nach überwiegender Ansicht zwar ein *zwingendes, jedoch kein konstitutives Formerfordernis* bzgl. der nachzuweisenden Vertragsbedingungen[843]. So hat ein Verstoß gegen die Nachweispflicht lediglich Beweiserleichterungen für den Arbeitnehmer in einem eventuellen Prozess zur Folge[844]. Die von § 2 I NachwG vorgeschriebene Niederschrift dient nämlich nur der Information des Arbeitnehmers, die ihm sichere Auskunft über den Inhalt des Arbeitsvertrags geben soll[845].
Auch wird allein durch den Hinweis des Gesetzgebers auf § 2 NachwG in der Begründung zu § 310 IV BGB die Beachtung des NachwG nicht zum Wirksamkeitserfordernis für den Arbeitsvertrag[846]. Denn der Verweis auf das NachwG bedeutet lediglich, dass der Gesetzgeber den dort normierten Schutz für so ausreichend hielt, dass eine Anwendung des § 305 II, III BGB nicht erforderlich ist[847]. Würde man die Einhaltung des § 2 NachwG zur Wirksamkeitsvoraussetzung der nachzuweisenden wesentlichen Vertragsbedingungen machen, hätte dies zur Folge, dass bis zur Aushändigung der Niederschrift ein faktisches Ar-

---

841 *W/H/L* § 2 AGBG Rn. 28; *a.A. Oetker* FS Wiedemann, S. 383, 389.
842 BT-Drucks. 14/6857, S. 54.
843 BT-Drucks. 13/668, S. 10; ErfK/*Preis* §§ 305-310 BGB Rn. 31; *Franke* DB 2000, 274; *a.A. Zwanziger* DB 1996, 2027 f.
844 *Preis* FS Wiedemann, S. 425, 432 m.w.N.; *Weber* NZA 2002, 641, 644.
845 ErfK/*Preis* § 2 NachwG Rn. 1.
846 *Gotthardt* ZIP 2002, 277, 280; *ders.* Schuldrechtsreform Rn. 248; *Hromadka* NJW 2002, 2523, 2525; *Keil* INF 2002, 561, 562; *Lindemann* AuR 2002, 81, 86; ErfK/*Preis* §§ 305-310 BGB Rn. 31.
847 *Gotthardt* Schuldrechtsreform Rn. 248.

beitsverhältnis entstünde[848], was mit dem Arbeitnehmerschutz nicht zu vereinbaren ist, da dies gerade dem durch das NachwG verpflichteten Arbeitgeber zugute käme[849].

cc) Auswirkungen auf § 2 I 2 Nr. 10 NachwG

Das BAG und die h. A. begnügen sich mit einem allgemeinen Hinweis auf den Tarifvertrag nach § 2 I 2 Nr. 10 NachwG, wonach die Nennung der Tarifvertragsparteien, des Abschlussdatums und des Inhalts nicht erforderlich ist[850].
Unter Beachtung der Gesetzesbegründung zu § 310 IV 2 Hs. 2 BGB[851] erfüllt aber ein allgemeiner Hinweis keinesfalls die Funktion des § 305 II BGB, weshalb ein qualifizierter Hinweis auf den betreffenden Tarifvertrag erforderlich ist, d.h. die wesentlichen Vertragsbedingungen müssen genannt werden und nur bzgl. des Inhalts kann auf den Tarifvertrag verwiesen werden[852]. Wenn die Nachweispflicht nämlich den Arbeitnehmer vor Unkenntnis seiner Vertragsbedingungen schützen soll, andererseits aber der Arbeitgeber dem Arbeitnehmer bei Vertragsschluss die Möglichkeit zumutbarer Kenntnisnahme vom Vertragsinhalt verschaffen soll, ist ein „allgemeiner Hinweis" auf den in Bezug genommenen Tarifvertrag nicht mehr ausreichend[853]. Denn ein hinreichender Schutz des Arbeitnehmers ist nicht gewährleistet, wenn lediglich auf den Tarifvertrag verwiesen wird und der Arbeitnehmer sich selbst um dessen Inhalt und Beschaffung bemühen muss[854].

dd) Auswirkungen auf Formulararbeitsverträge

Aufgrund der eindeutigen - wenn auch in der Begründung zu § 2 NachwG fehlgehenden[855] - gesetzgeberischen Entscheidung in § 310 IV 2 Hs. 2 BGB scheidet eine direkte und analoge Anwendbarkeit des § 305 II, III BGB aus[856].

---

848 *Preis* FS Wiedemann, S. 425, 432; *Gotthardt* Schuldrechtsreform Rn. 248, der ferner gegen die Annahme einer Wirksamkeitsvoraussetzung des § 2 NachwG anführt, dass ansonsten die materielle Einbeziehung von Arbeitsvertragsbedingungen bei Aushilfsarbeitnehmern bis zu einem Monat (§ 1 NachwG) anders als bei allen anderen Arbeitnehmern geregelt wäre.
849 *Weber* NZA 2002, 641, 643.
850 BAG NZA 2002, 800, 801 ff.; LAG Köln ZIP 2001, 477; LAG Bremen DB 2001, 336; LAG Hamm MDR 2000, 463; *Birk* NZA 1996, 281, 287.
851 Vgl. BT-Drucks. 14/6857, S. 54.
852 *Gotthardt* Schuldrechtsreform Rn. 249; *Lindemann* AuR 2002, 81, 86.
853 *Preis* FS Wiedemann, S. 425, 436
854 ErfK/*Preis* § 2 NachwG Rn. 28.
855 *Richardi* NZA 2002, 1057, 1058.

eine direkte und analoge Anwendbarkeit des § 305 II, III BGB aus[856]. Denjenigen Stimmen im Schrifttum vor der Schuldrechtsreform, die eine Einbeziehung von Tarifverträgen bzw. Tarifbestimmungen bereits an der fehlenden Einbeziehung in den Arbeitsvertrag unter Berufung auf den Rechtsgedanken des § 2 AGBG scheitern lassen wollten[857], ist nunmehr die Grundlage entzogen[858].
Wie im Geschäftsverkehr (§ 310 I BGB) genügt zur wirksamen Einbeziehung von AGB jede, auch stillschweigende Willensübereinkunft[859]:
Während die frühere Rechtsprechung des BGH die konkludente Einbeziehung von AGB für möglich hielt, sofern die Verwendung von AGB branchenüblich war oder der Verkehrssitte entsprach und der Kunde deshalb wusste oder wissen musste, dass der Unternehmer seinen Geschäften AGB zu Grunde legte[860], verlangt der BGH nun bei einer konkludenten Einbeziehung im Geschäftsverkehr, dass der Verwender erkennbar auf seine AGB hinweist und der Vertragspartner ihrer Geltung nicht widerspricht[861].

Es gelten daher uneingeschränkt die Regelungen der §§ 145 ff. BGB[862], an deren Maßstab auch die Einbeziehung von Tarifverträgen über eine Verweisungsklausel zu messen ist.

Da die Inbezugnahme einen Bestandteil des allgemeinen Vertragsschlusses nach §§ 145 ff. BGB darstellt, setzt sie deshalb nur eine darauf gerichtete Willensübereinstimmung voraus.
Der Wille des Arbeitgebers zur Integration tarifvertraglicher Regelungen muss erkennbar und bestimmt sein[863]. Aus der Anwendung der §§ 145 ff. BGB resultiert die Formfreiheit der Verweisungsabrede[864]. Denn § 1 II TVG wendet sich an die Tarifvertragsparteien und gilt nicht für die Vertragsparteien des Arbeitsverhältnisses.

Die Kenntnisverschaffung des Inhalts des Tarifvertrags durch den Arbeitgeber ist keine Wirksamkeitsvoraussetzung, da § 305 II, III BGB im Arbeitsrecht kei-

---

856 *Annuß* BB 2002, 458, 460; *Gotthardt* Schuldrechtsreform Rn. 246; ErfK/*Preis* §§ 305-310 BGB Rn. 29, *Preis* FS Wiedemann, S. 425, 431.
857 Statt vieler: *Hartlage-Laufenberg* Ausschlussfrist, S. 72 f.; *Stein* Tarifvertragsrecht Rn. 242; *a.A. Preis* Vertragsgestaltung, S. 394 f.; *Heinrichs* Formale Freiheit, S. 287.
858 *Oetker* FS Wiedemann, S. 383, 390 f.
859 ErfK/*Preis* §§ 305-310 BGB Rn. 29; Palandt/*Heinrichs* § 310 BGB Rn. 4..
860 Zur Wissenmüssen-Formel vgl. BGHZ 3, 200, 203; BGHZ 18, 98, 99.
861 BGHZ 117, 190, 194 f. Diese Grundsätze sind auch im Arbeitsrecht anwendbar, vgl. *Gotthardt* Schuldrechtsreform Rn. 246; ErfK/*Preis* §§ 305-310 BGB Rn. 29.
862 *Lindemann* AuR 2002, 81, 85; PdSR/*Westphalen* § 310 BGB Rn. 6, Preis/*Preis* II V 40 Rn. 8; ders. FS Wiedemann, S. 425, 431.
863 ErfK/*Preis* §§ 305-310 BGB Rn. 29 m.w.N.
864 *Heinrich* Formale Freiheit, S. 288.

ne Anwendung finden[865]. Soweit aber im Schrifttum eine Bekanntmachungspflicht des Arbeitgebers aus vertraglicher Nebenpflicht hergeleitet wird[866], wird bei einem Verstoß gegen diese Nebenpflicht der in Bezug genommene Tarifvertrag dennoch Vertragsbestandteil. Zum einen sind allein §§ 145 ff. BGB maßgeblich für die Wirksamkeit der Einbeziehung, zum anderen ist auch – bei beiderseitiger Tarifgebundenheit – die Wirkung des Tarifvertrag nicht von der – dem Arbeitgeber nach § 8 TVG obliegenden – Auslegung abhängig[867].

Daher ist auch – entgegen des nach § 310 IV 2 Hs. 1 BGB nicht anwendbaren § 305 II BGB - die stillschweigende Einbeziehung von Tarifverträgen in Formulararbeitsverträgen möglich[868]. Da bei einer stillschweigenden Verweisung der Wille, tarifvertragliche Bestimmungen einzubeziehen, für den Arbeitnehmer in irgendeiner Weise erkennbar zum Ausdruck kommen muss, genügt ein zweifelsfreier Hinweis in den vertragsanbahnenden Unterlagen oder dem Vertragsschluss vorangehenden Besprechungen, woraus der Arbeitnehmer im Wege der Auslegung den Einbeziehungswillen seines potentiellen Arbeitgebers eindeutig entnehmen kann[869]. Es muss hierbei klar erkennbar sein, welches Tarifwerk gemeint ist, wobei auf die Gesamtumstände des Vertragsschlusses abzustellen ist[870].

---

865 *Preis* FS Wiedemann, S. 225, 447. Auch das BAG ist bereits früher davon ausgegangen, dass es dem Arbeitnehmer obliegt, sich vom Inhalt des Tarifvertrags Kenntnis zu verschaffen, vgl. BAG AuR 1972, 381. Gilt ein Tarifvertrag nur kraft einzelvertraglicher Bezugnahme, ist auch die Bekanntmachungspflicht nach § 8 TVG nicht anzuwenden, weil die Geltendmachung nicht auf § 1 TVG, sondern auf vertraglicher Bezugnahme beruht, ErfK/*Schaub* § 8 TVG Rn. 2; offengelassen BAG AP Nr. 1 zu § 1 TVG Bezugnahme auf Tarifvertrag.

866 *Kempen/Zachert* § 8 Rn. 2; *Wiedemann/Oetker* TVG § 8 Rn. 17.

867 ErfK/*Schaub* § 8 TVG Rn. 7. Die Bekanntgabeverpflichtung nach § 8 TVG ist eine reine Ordnungsverpflichtung, die weder arbeitsvertragliche Verpflichtungen des Arbeitgebers konkretisiert, noch ein Schutzgesetz i.S.v. § 823 II BGB darstellt, vgl. BAG NJW 1970, 1472; ErfK/*Schaub* § 8 TVG Rn. 7; *Schrader* NZA 2003, 345, 348; kritisch *Gotthardt* Schuldrechtsreform Rn. 249. Im Übrigen werden Tarifverträge nach § 6 TVG in besonderen Tarifregistern geführt, die nach § 11 Nr. 1 TVG i.V.m. § 16 TVGDVO jedermann zur Einsichtnahme offen stehen. Die Tarifregister werden bei den Länderverwaltungen (in Bayern bei den Bezirksregierungen) geführt, die auf Anfrage Auskunft erteilen, vgl. *Lindena* DB 1988, 1114, 1117 f.

868 *Keil* INF 2002, 561, 562; ErfK/*Preis* §§ 305-310 BGB Rn. 29.

869 *Heinrich* Formale Freiheit, S. 291.

870 *Heinrich* Formale Freiheit, S. 291. Auch nach Abschluss des Arbeitsvertrags ist eine konkludente Inbezugnahme durch konkludente Willenserklärungen möglich. Die stillschweigende Inbezugnahme von Tarifbestimmungen kann darin liegen, dass der Arbeitgeber Tarifbestimmungen anwendet und der Arbeitnehmer diese widerspruchslos hinnimmt, vgl. *Gaul* ZTR 1991, 188, 191. Ferner ist die konkludente Inbezugnahme tarifvertraglicher Inhalte durch Gesamtzusage oder betriebliche Übung möglich, vgl. *Gaul* ZTR 1991, 188, 190 f.; *Preis* Vertragsgestaltung. S. 393.

Aus der Nichtanwendung von § 305 II, III BGB auf Arbeitsverträge folgt ferner, dass Jeweiligkeitsklauseln, die auf ein Klauselwerk in der jeweiligen Fassung verweisen, zulässig sind[871], was mit der Schutzfunktion des § 2 AGBG als unvereinbar angesehen wurde[872].

Die Einbeziehung von Allgemeinen Geschäftsbedingungen in besonderen Fällen gemäß § 305 a BGB, dessen Anwendung für Arbeitsverträge durch § 310 IV 2 Hs. 2 BGB nicht ausgeschlossen ist, betrifft keine für das Arbeitsrecht relevanten Fälle[873].

3. Vorrang der Individualabrede

Nach § 305 b BGB (entspricht sachlich und sprachlich unverändert § 4 AGBG) haben individuelle Vereinbarungen Vorrang vor AGB[874].

a) Begriff der Individualabrede

§ 305 b BGB ist keine Auslegungsregel, sondern Kollisionsnorm, wenn die Auslegung ergibt, dass individuelle Vertragsabreden von AGB abweichen[875]. Individuelle Vereinbarungen sind alle Vereinbarungen, die i.S.d. § 305 I 3 BGB ausgehandelt worden sind, sowie alle Abreden, die nicht diesen strengen Anforderungen genügen[876]. So sind im Unterschied zu den Individualvereinbarungen i.S.v. § 305 I 3 BGB auch Abreden erfasst, die AGB widersprechen[877]. Gleichgültig ist, ob diese Abreden mündlich[878] - auch konkludent - oder schriftlich getroffen werden oder ob der Vertrag eine Schriftformklausel enthält oder nicht[879].

---

871 *Oetker* FS Wiedemann, S. 383, 396 ff.; Preis/*Preis* II J 10 Rn. 3; .

872 *W/H/L* § 2 AGBG Rn. 5.

873 *Gotthardt* Schuldrechtsreform Rn. 251.

874 Da der Vorrang der Individualabrede im Arbeitsrecht vielfach bereits durch das Günstigkeitsprinzip herbeigeführt wird, hat § 305 b BGB vor allem für das Verhältnis von Einzelarbeitsvertrag zu AAB Bedeutung, vgl. *Preis* Vertragsgestaltung, S. 265; *Gotthardt* Schuldrechtsreform Rn. 252.

875 *Richardi* NZA 2002, 1058, 1059.

876 Palandt/*Heinrichs* § 305 b BGB Rn. 2; Staudinger/*Schlosser* § 4 AGBG Rn. 10.

877 *Hromadka* NJW 2002, 2523, 2525.

878 *Hromadka* NJW 2002, 2523, 2525 stellt unter Hinweis auf BGH NJW 1987, 2011 zutreffend fest, dass bei mündlichen Vereinbarungen der Vertragspartner des Verwenders ein Beweisproblem hat.

879 BGH NJW-RR 1995, 179, 180; *U/B/H* § 4 AGBG Rn. 14, 33.

b) Anwendbarkeit bei Formulararbeitsverträgen

Da für das Arbeitsrecht keine Besonderheiten gelten, die eine Abweichung von den allgemeinen Grundsätzen rechtfertigen würden, ergibt sich der Vorrang mündlicher Einzelabreden vor Allgemeinen Geschäftsbedingungen jetzt unmittelbar aus § 305 b BGB[880]. Das BAG war bereits früher nach allgemeinen Rechtsgrundsätzen ohne Rückgriff auf § 4 AGBG zu demselben Ergebnis, Vorrang der Individualabrede, gekommen[881].

c) Schriftformklauseln

Schriftformklauseln beinhalten, dass Änderungen und Ergänzungen des Arbeitsvertrags der Schriftform bedürfen[882]. Jedoch können formularmäßige Klauseln die höherrangige individuelle Abrede nicht außer Kraft setzen[883] und sind nach § 305 b BGB i.V.m. § 307 I BGB unwirksam[884]. Daher sind in Bezug auf § 307 BGB Schriftformklauseln allenfalls dann zulässig, wenn sie für vor oder bei Vertragsschluss getroffene mündliche Abreden gelten[885], nicht aber für nach Vertragsschluss getroffene mündliche Vereinbarungen[886].

4. Überraschende Klauseln

§ 305 c I BGB, der wörtlich § 3 ABGB entspricht, greift ein bei Bestimmungen in AGB, die nach den Umständen, insb. dem äußeren Erscheinungsbild des Ver-

---

880 *Gotthardt* Schuldrechtsreform Rn. 253; *Hromadka* NJW 2002, 2523, 2525; *Lingemann* NZA 2002, 181, 185 f.; *Richardi* NZA 2002, 1057, 1059. Nach § 310 III Nr. 2 BGB, den die Vertreter des absoluten Verbraucherbegriffs beim Abschluss jeden Arbeitsvertrags anwenden, ist § 305 b BGB nicht anwendbar, vgl. *Gotthardt* Schuldrechtsreform Rn. 254.

881 Vgl. BAG NZA 1995, 695, 696.

882 Im allgemeinen Zivilrecht ist die Angemessenheitsprüfung von Schriftformklauseln v.a. im Verbandsklageverfahren, das wegen § 15 a UKlaG im Arbeitsrecht keine Anwendung findet, am Maßstab von § 9 AGBG erfolgt, vgl. MüKo/*Basedow* § 305 b BGB Rn. 12.

883 BGH NJW-RR 1995, 179 f.; Palandt/*Heinrichs* § 305 b BGB Rn. 5; *Fenn* FS Söllner, S. 333, 359; *a.A.* BGH NJW 1980, 234 f.

884 Dies gilt auch für qualifizierte Schriftformklauseln, welche die Aufhebung der Schriftform selbst an die Schriftform binden, vgl. Palandt/*Heinrichs* § 125 BGB Rn. 14; *Preis* Vertragsgestaltung, S. 409.

885 Vgl. BGH NJW 1982, 331, 333 (zu § 9 AGBG)

886 Vgl. BGH NJW 1995, 1488, 1489; MüKo/*Basedow* § 305 b BGB Rn. 12 f.
Im Übrigen ist der Vorrang der Individualabrede ein allgemeiner Grundsatz der Rechtsgeschäftslehre, vgl. Palandt/*Heinrichs* § 310 BGB Rn. 18 (mit Verweis auf § 157 BGB); *U/B/H* § 4 AGBG Rn. 23 f., 54; *Westphalen* BB 1996, 2101, 2104.

trags, so ungewöhnlich sind, dass der Vertragspartner des Verwenders mit ihnen nicht zu rechnen braucht.

a) Ungewöhnliche Klausel

Ob eine objektiv ungewöhnliche Klausel vorliegt, ist nach den Gesamtumständen zu beurteilen[887]. Die Ungewöhnlichkeit kann sich aus der Unvereinbarkeit mit dem Leitbild des Vertrags, der Höhe des Entgelts, einem Widerspruch zum Verlauf der Vertragsverhandlungen, einer erheblichen Abweichung vom dispositiven Recht oder von den üblichen Vertragsbedingungen, aber auch aus der Unvereinbarkeit mit dem äußeren Erscheinungsbild des Vertrags (sog. „formale Überraschung“) ergeben[888]. Ist aber der Kunde vom Verwender bei Vertragsschluss auf den Inhalt der streitigen Klausel hingewiesen worden und hat er sich sodann mit ihr einverstanden erklärt, so kann darin eine Individualabrede (§ 305 I 3 BGB) liegen mit der Folge, dass § 305 c I BGB nicht anwendbar ist[889].
Die Unbilligkeit einer Klausel ist nicht ausreichend, jedoch ist es nicht ausgeschlossen, dass eine Klausel, die mit §§ 307 ff. BGB (noch) vereinbar ist, gegen § 305 c I BGB verstößt[890].

b) Überraschungsmoment

Das Überraschungsmoment folgt aus dem normativen Tatbestandsmerkmal „*nicht zu rechnen braucht*“[891]. Daher reicht es allein nicht aus, dass die Vereinbarungshäufigkeit eine bestimmte Marke unterschreiten müsste, um die Rechts-

---

[887] BAG NJW 2000, 3299, 3301; Palandt/*Heinrichs* § 305 c BGB Rn. 3.

[888] Staudinger/*Schlosser* § 3 AGBG Rn. 8; Palandt/*Heinrichs* § 305 c BGB Rn. 3 m.w.N. zur Rechtsprechung; *Reineke* DB 2002, 583, 584; *Schnitker/Grau* BB 2002, 2120, 2122 empfehlen daher für die Vertragsgestaltung, Klauseln optisch hervorzuheben. Eine drucktechnische Hervorhebung reicht im Rahmen von § 305 c I BGB aus, wenn es sich um eine solche Klausel handelt, die ungewöhnlich, weil nicht „vertragstypkonform“ ist. Wenn aber die konkreten, den Vertragsabschluss begleitenden Umstände dazu führen, eine Klausel als überraschend einzustufen, dann bedarf es grundsätzlich eines „individuellen Hinweises“, vgl. *Westphalen* NJW 2002, 1688, 1690 m.w.N.

[889] MüKo/*Basedow* § 305 c BGB Rn. 8.

[890] MüKo/*Basedow* § 305 c BGB Rn. 3; Palandt/*Heinrichs* § 305 c BGB Rn. 3.

[891] Staudinger/*Schlosser* § 3 AGBG Rn. 13. Anknüpfend an frühere Ergebnisse der Judikatur wiederholt der BGH, dass der für eine überraschende Klausel erforderliche „Überrumpelungseffekt“ sich daraus ergeben kann und regelmäßig auch daraus ergibt, dass der Vertragspartner „*nach den individuellen Begleitumständen des Vertragsschlusses*“ vernünftigerweise nicht mit der betreffenden Klausel rechnen musste, vgl. BGH NJW-RR 2002, 485, 487.

folge des § 305 c I BGB auszulösen[892]. Zwischen den Erwartungen des Kunden und dem Klauselinhalt muss vielmehr eine deutliche Diskrepanz bestehen[893]. Dass die Klausel unüblich ist oder für den Kunden unerwartet kommt, ist nicht ausreichend[894]. Vielmehr muss der Klausel ein *Überrumpelungs- oder Übertölpelungseffekt* innewohnen[895].

c) Anwendungsfälle im Arbeitsrecht

aa) Anwendbarkeit

Da der dem § 3 AGBG zugrunde liegende Rechtsgrundsatz im Arbeitsrecht bereits bislang trotz der Bereichsausnahme des § 23 I AGBG angewandt wurde[896], stehen Besonderheiten des Arbeitsrechts (§ 310 IV 2 Hs. 1 BGB) der Anwendung des § 305 c I BGB nicht entgegen[897]. Einschränkend hierzu wird die Auf-

---

[892] Staudinger/*Schlosser* § 3 AGBG Rn. 13.

[893] BGHZ 84, 109, 112 ff.; 130, 19, 25; MüKo/*Basedow* § 305 c BGB Rn. 10; Staudinger/*Schlosser* § 3 AGBG Rn. 13.

[894] MüKo/*Basedow* § 305 c BGB Rn. 10.

[895] BGH NJW 1990, 576, 577; MüKo/*Basedow* § 305 c BGB Rn. 10.
Ob die Klausel tatsächlich überraschend ist, beurteilt sich nach den Erkenntnismöglichkeiten des typischerweise zu erwartenden Durchschnittskunden (BGH in st. Rspr., vgl. BGHZ 130, 150, 154 = NJW 1995, 2637, 2638; Staudinger/*Schlosser* § 3 AGBG Rn. 13). Daher kann eine generell nicht überraschende Klausel unter § 305 c I BGB fallen, wenn sie nach dem Verlauf der Vertragsverhandlungen keinesfalls zu erwarten war (Palandt/*Heinrichs* § 305 c BGB Rn. 4). Hingegen entfällt aber die Anwendung von § 305 c I BGB, wenn der Verwendungsgegner die Klausel kennt oder mit ihr rechnen muss, vgl. *U/B/H* § 3 AGBG Rn. 23.

[896] Vgl. BAG NJW 1996, 2117, 2118; NJW 1998, 1732, 1733; NZA 2001, 723 f; sowie MünchArbR/*Richardi* § 14 Rn. 73.

[897] MüKo/*Basedow* § 310 BGB Rn. 92; *ders.* § 305 c BGB Rn. 17; Palandt/*Heinrichs* § 310 BGB Rn. 51; *Gotthardt* Schuldrechtsreform Rn. 255; *Thüsing* BB 2002, 2666. 2670. Diejenigen, die – entgegen der hier vertretenen Ansicht - den Arbeitnehmer beim Abschluss des Arbeitsvertrags als Arbeitnehmer ansehen, kommen zur Anwendbarkeit des § 310 III Nr. 2 BGB, wonach für Verbraucherverträge, die zur einmaligen Verwendung bestimmt sind, § 305 c I BGB nicht gilt. Hierbei ist zu berücksichtigen, dass vom Gesetzgeber § 3 AGBG bewusst nicht in § 24a AGBG (Vorgängernorm des § 310 III BGB) aufgenommen wurde, vgl. BT-Drucks. 13/4699, S.6, anders noch der RegE BT-Drucks. 13/2713, S. 7, der die Aufführung des § 3 AGBG unter § 24a Nr. 2 AGBG vorsah. Die Anwendung des § 305 c I BGB durch eine richtlinienkonforme Auslegung des § 310 III Nr. 2 BGB anhand der Klauselrichtlinie (vgl. Palandt/*Heinrichs* § 310 BGB Rn. 18; *U/B/H* § 3 AGBG Rn. 59 als ultima ratio) ist für Arbeitsverträge nicht möglich, weil die Klauselrichtlinie nach ihrem Erwägungsgrund Nr. 10 insoweit nicht anwendbar ist. Da der Grund für den Ausschluss des § 3 AGBG aber darin lag, dass der Gesetzgeber davon ausging, die Richtlinie regele die Einbeziehung von Klauseln in den Vertrag nicht (vgl. BT-Drucks. 13/4699, S. 6), soll wegen der fehlenden Anwendung der

fassung vertreten, dass § 305 c I BGB in der Praxis nicht bedeutsam sei, weil der Arbeitsvertrag für den Arbeitnehmer kein Massengeschäft sei und deshalb das subjektive Überraschungsmoment regelmäßig ausscheide[898].

bb) Typische Anwendungsfälle

(1) Ausschlussfristen

Die Rechtsprechung des BAG zur Einbeziehung von Ausschlussklauseln ist uneinheitlich: So erachtete es eine Ausschlussfrist für unwirksam, die sich unter der Überschrift „Lohnberechnung und Zahlung" in einer vom Arbeitgeber aufgestellten Betriebsordnung mit „leserfeindlichem" kleinem Schriftbild befand, auf den der Arbeitsvertrag im sechsten Absatz des § 9, der die Überschrift „Verschiedenes" trug, verwies[899]. Hierbei hat das BAG Ausschlussklauseln in Einzelarbeitsverträgen als ungewöhnlich bezeichnet[900]. Hingegen stufte das BAG in neueren Entscheidungen Ausschlussfristen als generell nicht überraschend ein[901]. So wurde die optische Hervorhebung des Wortes „Ausschlussfrist" durch Unterstreichung für ausreichend angesehen, auch wenn für die erste und die zweite Stufe der Ausschlussklausel unterschiedlich lange Fristen vereinbart wurden[902]. Der jüngeren Rechtsprechung des BAG zufolge sind somit Ausschlussfristen üblich und damit objektiv nicht ungewöhnlich, weil jeder Arbeitnehmer damit rechnen muss, dass ein vom Arbeitgeber vorformuliertes Vertragswerk eine derartige Klausel enthält[903].
Eine Ausschlussfrist kann aber im Einzelfall überraschend sein nach dem äußeren Erscheinungsbild des Vertrages, wenn die Klausel an ungewöhnlicher Stelle erscheint[904].

Klauselrichtlinie im Arbeitsrecht dennoch § 305 c I BGB analog auf Formulararbeitsverträge anwendbar sein, vgl. *Gotthardt* Schuldrechtsreform Rn. 259.

[898] ErfK/*Preis* §§ 305-310 BGB Rn. 32; *Thüsing* BB 2002, 2666, 2670.

[899] BAG NZA 1996, 702 = BB 1996, 908.

[900] BAG NZA 1996, 702, 703; ablehnend *Schrader* NZA 2003, 345, 350.

[901] BAG DB 2001, 928, 929 = NZA 2001, 723, 724; BAG BB 2002, 2285, 2287.

[902] BAG BB 2002, 2285, 2287.

[903] *Gotthardt* Schuldrechtsreform Rn. 256; *Keil* INF 2002, 561, 563; ErfK/*Preis* §§ 305-310 BGB Rn. 32; so früher schon *Fenski* AuR 1989, 168, 169; *a.A. Schwarz* BB 1996, 1434, 1436.

[904] BAG NZA 1996, 702, 703; vgl. BGHZ 101, 29, 33 (Umfang einer Sicherungsabrede); ErfK/*Preis* §§ 305-310 BGB Rn. 32; MüKo/*Basedow* § 305 c BGB Rn. 17; Palandt/*Heinrichs* § 305 c BGB Rn. 3; *Fenn* FS Söllner, S. 333, 358 f; *Lingemann* NZA 2002, 181, 186; *Fenski* AuR 1989, 168, 169.

(2) Ausgleichsquittungen

§ 305 c I BGB kann im Arbeitsrecht ferner bei Ausgleichsquittungen[905] relevant werden[906].

Jedoch sind auch weit gefasste Klauseln (z.B. *„alle Ansprüche aus dem Arbeitsverhältnis sind abgegolten“*), die bislang vom BAG als wirksam angesehen wurden[907], auch künftig (abgesehen von der formalen Überraschung) nicht überraschend i.S.v. § 305 c I BGB[908]. Das Überraschungsmoment kann dann erfüllt sein, wenn sich eine Verzichtsvereinbarung in derselben Urkunde befindet wie eine Empfangsbestätigung, ohne dass der Verzicht drucktechnisch hervorgehoben wurde[909].

(3) Verweisungsklauseln

Bei der Inbezugnahme tariflicher Regelungen kann der Arbeitnehmer überrascht werden, vor allem bei nicht oder nicht ordnungsgemäß erteiltem Nachweis i.S.d. § 2 NachwG[910].

Die Regelung einer in Bezug genommenen Arbeitsbedingung durch die Tarifparteien ist gerade aber ein Indiz dafür, dass die Tarifklausel nicht ungewöhnlich ist[911].

Einen Überraschungsschutz vor der Verweisung auf tarifliche Ausschlussfristen hat das BAG daher abgelehnt[912]. Erforderlich ist lediglich ein qualifizierter Hinweis auf die tarifliche Bestimmung nach § 2 I 2 Nr. 10 NachwG[913], womit aber nur die Kenntniserlangung des Arbeitnehmers von der Ausschlussfrist bezweckt

---

[905] In Ausgleichquittungen verzichtet der Arbeitnehmer bei Beendigung des Arbeitsverhältnisses auf (vermeintliche) Ansprüche aus dem Arbeitsverhältnis oder auf anlässlich seiner Beendigung entstehende Ansprüche. Allgemein zur Ausgleichsquittung: ErfK/*Preis* § 611 BGB Rn. 514 ff.; ArbRHdB/*Schaub* § 72; *Plander* DB 1986, 1873 ff.; *Schulte* DB 1981, 937 ff.

[906] Vgl. *Preis* AuR 1979, 97, 101; LAG Berlin DB 1992, 942.
Dies setzt selbstverständlich das Vorliegen von AGB i.S.v. § 305 I 1 BGB voraus. Gerade bei Ausgleichsquittungen werden in der Praxis auch oft Individualvereinbarungen (§ 305 I 3 BGB) vorliegen.

[907] BAG DB 1979, 1465.

[908] Zweifelnd *Hümmerich/Holthausen* NZA 2002, 173, 179.

[909] MüKo/*Basedow* § 310 BGB Rn. 92; Preis/*Rolfs* II A 130 Rn. 5, der auf die frühere Rechtsprechung verweist, die regelmäßig als Prüfungsmaßstab die Auslegung herangezogen hat.

[910] *Preis* FS Wiedemann, S. 425, 433.

[911] *Preis* FS Wiedemann, S. 425, 433; vgl. auch *Reichel* AuA 2003, 366, 368 f.

[912] BAG ZTR 1995, 277 f.

[913] ErfK/*Preis* §§ 305-310 BGB Rn. 33; vgl. auch *Linde/Lindemann* NZA 2003, 649 ff.

ist und eine einzelvertragliche Verweisung auf eine tarifvertragliche Ausschlussfrist dadurch nicht objektiv ungewöhnlich wird[914].

Eine *statische* Verweisungsklausel ist aber i.d.R. als überraschend nach § 305 c I BGB anzusehen, wenn darin auf einen branchen- oder ortsfremden Tarifvertrag verwiesen wird[915].
Bei *dynamischen* Verweisungen auf kollektive Regelwerke sollen nach einer Auffassung Tarifänderungen, welche bei Vereinbarung der Bezugnahmeklausel *„schlechterdings nicht vorhersehbar"* waren, keine Wirkung für die Arbeitsvertragsparteien entfalten[916].
Auch kann bei einer dynamischen Verweisungsklausel grundsätzlich ein möglicher Überraschungseffekt auf Grund der mangelnden Vorsehbarkeit der inhaltlichen Entwicklung des Bezugsobjekts erst zu einem viel späteren Zeitpunkt eintreten.
Jedoch ist es gerade Sinn und Zweck der Bezugnahmeklausel, die Geltung von Bestimmungen zu ermöglichen, mit denen man bei Vertragsschluss noch nicht rechnen konnte[917].
Abgesehen von der sog. formalen Überraschung (wegen fehlender optischer Gestaltung) ist daher eine dynamische Verweisungsklausel nicht überraschend i.S.v. § 305 c I BGB, wenn auf den einschlägigen Tarifvertrag verwiesen wird[918].

---

[914] *Gotthardt* Schuldrechtsreform Rn. 258.
[915] ErfK/*Preis* §§ 305-310 BGB Rn. 33; *Gotthardt* Schuldrechtsreform Rn. 258; *ders.* ZIP 2002, 277, 280; *Keil* INF 2002, 561, 563; *Thüsing/Lambrich* NZA 2002, 1361, 1365; zuvor bereits *Seibert* NZA 1985, 730, 732; *a.A. Hanau/Kania* FS Schaub, S. 239, 243, die zusätzlich einen von den konkreten Umständen abhängigen Überrumpelungs- und Übertölpelungseffekt fordern. Im Einzelfall könne die Verweisung auf einen orts- oder branchenfremden Tarifvertrag aber üblich sein, so dass der Arbeitnehmer mit einer derartigen Verweisung rechnen musste.
[916] *Thüsing/Lambrich* NZA 2002, 1361, 1364; unklar *Reichel* AuA 2002, 445, 447.
Für jede Änderung des Tarifvertrags, auf den verwiesen wird, sei aufgrund Einzelvertragsauslegung und der mit der Verweisung verfolgten Zwecksetzung zu fragen, ob der neue Inhalt, hätte er bei Vertragsschluss bereits Gültigkeit gehabt, das Arbeitsverhältnis in einer Weise gestaltet, mit welcher der Arbeitnehmer gemeinhin nicht rechnen musste, oder ob eine Modifizierung der Arbeitsbedingungen eintritt, die eine im Vergleich zum vorherigen Zustand nicht hinnehmbare Verschlechterung bedeutet, vgl. ArbRHdB/*Schaub* § 208 III 2 Rn. 13; *Thüsing/Lambrich* NZA 2002, 1361, 1365 mit Verweis auf die arbeitsrechtlichen Besonderheiten (§ 310 IV 2 Hs. 1 BGB) bei der Schrankenbestimmung und einem Beispiel zur Gehaltskürzung. *Hanau/Kania* FS Schaub, S. 239, 244 wollen zur Korrektur überraschender Einzelfälle eine einschränkende oder ergänzende Auslegung der Bezugnahmeklausel bzw. die Lehre vom Wegfall der Geschäftsgrundlage (jetzt in § 313 BGB kodifiziert) anwenden, während *Seibert* NZA 1985, 730, 732 f. §§ 317, 319 BGB anwenden will.
[917] *Hanau/Kania* FS Schaub, S. 239, 244.
[918] *A.A. Thüsing/Lambrich* NZA 2002, 1361, 1365. Eine andere Beurteilung würde in Widerspruch zu § 3 S. 2 NachwG geraten, vgl. *Oetker* FS Wiedemann, S. 383, 397; Preis/*Preis* II V

(4) Nachvertragliche Wettbewerbsverbote

Bislang war nichts dagegen einzuwenden, wenn ein Wettbewerbsverbot Bestandteil eines umfangreichen Vertragswerks oder eines Formulararbeitsvertrags war und nicht drucktechnisch hervorgehoben wurde[919]. Daher musste das nachvertragliche Wettbewerbsverbot als solches auch nicht gekennzeichnet werden, etwa durch eine besondere Überschrift. Durch die große Verbreitung von Wettbewerbsverboten müssten – so die Argumentation – vor allem Führungskräfte mit ihnen rechnen[920].

Bei der Beurteilung nach Aufhebung der Bereichsausnahme und damit der unmittelbaren Geltung des § 305 c I BGB sind nach § 310 IV 2 Hs. 1 BGB die im Arbeitsrecht geltenden Besonderheiten zu berücksichtigen. Obwohl Wettbewerbsverbote häufig vorkommen und zudem auch in den § 74 ff. HGB gesetzlich geregelt sind, lässt sich dennoch keine Regel aufstellen, dass sie generell nicht überraschend i.S.v. § 305 c I BGB sind. Vielmehr ist zu differenzieren: Für *Führungskräfte* sind nachvertragliche Wettbewerbsverbote nicht überraschend, da sie üblich und weit verbreitet sind[921]. Wenn nämlich ein berechtigtes geschäftliches Interesse (§ 74 a I 1 HGB)[922] für ein Wettbewerbsverbot im Einzelfall aufgrund der Besonderheiten der zu erbringenden Arbeitsleistung zu bejahen ist, wird auch kein Überraschungseffekt für den Arbeitnehmer vorliegen[923]. Für den Arbeitnehmer ist dann nämlich aufgrund objektiver Kriterien erkennbar, dass ein Wechsel zu einem Konkurrenzunternehmen zu wirtschaftlichen Nachteilen des Arbeitgebers führen kann, weshalb er sich auf entsprechende Klauseln einstellen muss[924]. Bei *sonstigen (gewerblichen) Arbeitnehmern*[925] kann ein nachvertragliches Wettbewerbsverbot durchaus überraschend sein im Einzelfall[926].

---

40 Rn. 54. Trotz Verneinung des § 305 c I BGB erscheint es nicht als ausgeschlossen, extreme Fälle unvorhergesehener Änderungen über die Auslegung der Verweisungsklausel zu erfassen, vgl. Preis/*Preis* II V 40 Rn. 55 sowie Rn. 954.

[919] Vgl. *Bauer/Diller* Wettbewerbsverbote Rn. 94.

[920] *Bauer/Diller* NJW 2002, 1609, 1613; vgl. die Übersicht bei Preis/*Preis* I B Rn. 47.

[921] *Henssler* RdA 2002, 129, 139. Der Aspekt der formalen Überraschung kann aber auch hier greifen, vgl. *Gotthardt* Schuldrechtsreform Rn. 257.

[922] Vgl. hierzu ArbRHdB/*Schaub* § 58 Rn. 61; *Baumbach/Hopt* § 74 a HGB Rn. 1.

[923] *Henssler* RdA 2002, 129, 139.

[924] *Henssler* RdA 2002, 129, 139.

[925] §§ 74 ff. HGB werden in ständiger Rechtsprechung auch auf Arbeitnehmer angewendet, die nicht kaufmännische Angestellte sind, vgl. ArbRHdB/*Schaub* § 58 Rn. 6.

[926] *Bauer/Diller* NJW 2002, 1609, 1614. Soweit aber bereits ein Wettbewerbsverbot wegen Fehlens eines berechtigten geschäftlichen Interesses (§ 74 a I 1 HGB) unverbindlich ist und der Arbeitnehmer ein Wahlrecht hat, ob er das Verbot einhält und die Karenzentschädigung verlangt oder ob er sich von dem Verbot löst, entsteht keine Kollision zu § 305 c I BGB, da §

(5) Mankoabreden

Mankoabreden sind im Einzelhandel branchentypisch und daher grundsätzlich nicht ungewöhnlich i.S.v. § 305 c I BGB[927].
Etwas anderes gilt, wenn die Mankovereinbarung an ungewöhnlicher Stelle oder sonst „versteckt" geregelt wird[928].

(6) Freiwilligkeitsvorbehalt

Freiwilligkeitsvorbehalte werden teilweise als überraschend i.S.v. § 305 c I BGB eingestuft, wenn der Anteil der Sondervergütung an der Gesamtvergütung des Arbeitnehmers *„nicht unerheblich"* ist[929].
Daher wird eine derartige Klausel überwiegend nur bei einem hohen prozentualen Anteil der Sondervergütung am Gesamtlohn objektiv ungewöhnlich sein[930].
Ob die Vorbehaltsklausel aber ansonsten überraschend ist, hängt von dem etwaigen Überrumpelungseffekt der Klausel ab[931].

(7) Änderungsvorbehalte

In Formulararbeitsverträgen enthaltene Widerrufs- und Anrechungsvorbehalte sind angesichts ihrer Üblichkeit bei der Gewährung freiwilliger Zusatzleistungen durch den Arbeitgeber grds. nicht überraschend, wobei aber eine „formale Überraschung" gleichwohl zur Anwendung des § 305 c I BGB führen kann[932]. Änderungsvorbehalte im Bereich der dem Arbeitnehmer obliegenden Arbeitsleistung (Versetzungsklauseln) sind zwar auch in Formularverträgen üblich[933], jedoch ist stets im Einzelfall zu überprüfen, ob der Klausel nicht ein Überrumpelungseffekt innewohnt[934].

---

305 c I BGB (de facto) ebenfalls ein Wahlrecht gibt, weil sich der AGB-Verwender (Arbeitgeber) nicht auf die Unwirksamkeit einer Vertragsklausel berufen kann, vgl. *Bauer/Diller* NJW 2002, 1609, 1614 m.w.N.

927 *Schwirtzek* AuA 2003, 20, 21.

928 Palandt/*Heinrichs* § 305 c BGB Rn. 3; *Schwirtzek* AuA 2003, 20, 21.

929 *Bartz* AuA 2002, 62, 64; *Vogel/Kümmel* Die Gemeinde 2002, 706, 708.

930 So wird auch § 305 c I BGB bei der Kürzungsmöglichkeit freiwilliger Leistungen durch einen Widerrufsvorbehalt um mehr als 25 % bejaht, vgl. *Thüsing/Lambrich* NZA 2002, 1361, 1365.

931 Vgl. MüKo/*Basedow* § 305 c BGB Rn. 10.

932 *Schnitker/Grau* BB 2002, 2120, 2122.

933 Schnitker/Grau BB 2002, 2120, 2122.

934 Vgl. BGH NJW 1990, 576, 577.

(8) Vertragsstrafenabreden

Vertragsstrafen finden in (Formular)Arbeitsverträgen verbreitet Anwendung, so dass grundsätzlich keine deutliche Abweichung von den Erwartungen des durchschnittlichen Arbeitnehmers vorliegt und er mit ihnen rechnen muss[935]. Entscheidend für den Überraschungscharakter einer Vertragsstrafenklausel sind vielmehr die Erwartungen des Arbeitnehmers, die er an den jeweiligen Arbeitsvertrag stellt[936]. Daher kann allein die weite Verbreitung von Vertragsstrafen in Arbeitsverträgen einer entsprechenden Klausel ihren Überraschungscharakter nicht nehmen, wenn die enttäuschte Erwartung des Arbeitnehmers auf den individuellen Umständen des Vertrags (etwa der Gestaltung der AAB oder den in den Verhandlungen begründeten Erwartungen) basiert[937].

5. Mehrdeutige Klauseln

a) Bedeutung

Nach § 305 c II BGB, der inhaltsgleich mit § 5 AGBG ist, gehen Zweifel bei der Auslegung von AGB zu Lasten des Verwenders.
Funktion des § 305 c II BGB ist es, bei objektiv mehrdeutigen Klauseln eine Auslegungshilfe zu geben, und in diesem Fall die Interessen des Verwenders hinter denjenigen der anderen Partei zurücktreten zu lassen[938]. § 305 c II BGB beruht auf dem Gedanken, dass es Sache des Verwenders ist, sich klar und unmissverständlich auszudrücken[939]. Für die Anwendbarkeit des § 305 c II genügt es nicht, dass Streit über die Auslegung besteht. Voraussetzung ist vielmehr, dass nach Ausschöpfung der in Betracht kommenden Auslegungsmethoden ein nicht behebbarer Zweifel bleibt und mindestens zwei Auslegungen möglich

---

[935] *Reichenbach* NZA 2003, 309, 310.
[936] *Leder/Morgenroth* NZA 2002, 952, 953.
[937] *Leder/Morgenroth* NZA 2002, 952, 953; *Reichenbach* NZA 2003, 309, 310. So hat die arbeitsrechtliche Rechtsprechung bisher Vertragsstrafenklauseln als überraschend angesehen, weil sie unter einer missverständlichen Überschrift im Vertragstext angeordnet waren oder weil sie inhaltlich nicht ohne weiteres für den Arbeitnehmer verständlich waren (vgl. ArbG Berlin NJW 1981, 479, 480). Das BAG formulierte seinen Prüfungsmaßstab dahingehend, dass zwischen den durch die Umstände des Vertragsschluss begründeten Erwartungen und dem tatsächlichen Vertragsinhalt ein deutlicher Widerspruch bestehen muss, vgl. BAG, Urteil v. 27.04.2000 - 8 AZR 301/99, unveröffentlicht.
[938] *Gotthardt* Schuldrechtsreform Rn. 260.
[939] *U/B/H* § 5 AGBG Rn. 1; Palandt/*Heinrichs* § 305 c BGB Rn. 18.

sind[940]. Soweit mehrere Auslegungsalternativen bestehen, ist sowohl im Verbandsprozess (§ 1 UKlaG) als auch (mittlerweile) im Individualprozess von der Auslegung auszugehen, die zur Unwirksamkeit der Klausel führt[941]. Maßgeblich ist danach die kundenfeindlichste Auslegung, die in Wirklichkeit aber für den Kunden günstiger ist, da die Klausel dann evtl. unwirksam ist[942]. Bleibt die Klausel nach dieser Auslegung wirksam, ist die kundenfreundlichste Auslegung der Klausel zu wählen[943].

b) Anwendbarkeit im Arbeitsrecht

Da die Auslegungsregel § 305 c II BGB bereits bislang im Arbeitsrecht angewandt worden ist[944], stehen grundsätzlich keine Besonderheiten des Arbeitsrechts (§ 310 IV 2 Hs. 1 BGB) der Anwendung des § 305 c II BGB entgegen[945]. Die Zweifelsregelung des § 305 c II BGB verlangt daher vom Arbeitgeber ein beträchtliches Maß an Gewissenhaftigkeit bei der Abfassung arbeitsvertraglicher Einheitsregelungen[946].

c) Einzelvertraglich einbezogene Tarifverträge

aa) Anwendbarkeit

§ 305 c II BGB ist auch im Hinblick auf einzelvertraglich einbezogene Tarifverträge anzuwenden[947]. Denn es ist anerkannt, dass § 305 c II BGB auch für kol-

---

[940] Palandt/*Heinrichs* § 305 c BGB Rn. 18; PdSR/*Westphalen* § 307 BGB Rn. 4; kritisch *Schlechtriehm* FS Heinrichs, S. 503 ff. Wenn der Kernbereich der jeweiligen AGB-Klausel unklar bleibt, besteht Gesetzeskonkurrenz zum Transparenzgebot gemäß § 307 I 2 BGB, wobei bei verbliebenen Zweifeln die Klausel wegen fehlender Verständlichkeit und Klarheit unwirksam ist. vgl. PdSR/*Westphalen* § 307 BGB Rn. 6; MüKo/*Basedow* § 305 c BGB Rn. 29.
[941] MüKo/*Basedow* § 305 c BGB Rn. 20; *W/H/L* § 5 AGBG Rn. 33.
[942] Palandt/*Heinrichs* § 305 c BGB Rn. 19; MüKo/*Basedow* § 305 c BGB Rn. 34.
[943] Palandt/*Heinrichs* § 305 c BGB Rn. 20; MüKo/*Basedow* § 305 c BGB Rn. 20, 35.
[944] BAG DB 1992, 383, 384; zu weiteren Nachw. vgl. ErfK/*Preis* §§ 305-310 BGB Rn. 34.
[945] Palandt/*Heinrichs* § 310 BGB Rn. 51; MüKo/Basedow § 310 BGB Rn. 92; *Gotthardt* Schuldrechtsreform Rn. 261; *Hromadka* NJW 2002, 2523, 2526; früher bereits: *Preis* Vertragsgestaltung, S. 263; *Seibert* NZA 1985, 730. Jedoch ist § 305 c II BGB auf individuell ausgehandelte Arbeitsverträge nicht anwendbar, vgl. *Gotthardt* Schuldrechtsreform Rn. 261; *a.A.* Preis/*Rolfs* II A 130 Rn. 5, der ohne Unterscheidung zwischen § 305 c I BGB und § 305 c II BGB „§ 305 c BGB" analog anwenden will.
[946] *Thüsing/Lambrich* NZA 2002, 1361, 1366.
[947] Gotthardt *Schuldrechtsreform* Rn. 262; vgl. zur Auslegung von Tarifverträgen: BAG AP Nr. 57 zu § 1 TVG Tarifverträge.

lektiv (z.B. durch Interessenverbände) ausgehandelte Geschäftsbedingungen gilt[948]. Arbeitsrechtliche Besonderheiten (§ 310 IV 2 Hs. 1 BGB) stehen der Anwendung des § 305 c II BGB auf Verweisungsklauseln daher nicht entgegen[949]. Der Zweck der Bezugnahmeklausel, Gleichstellung der Arbeitnehmer am Arbeitsplatz, wird nämlich nicht dadurch beeinträchtigt, dass die tarifvertragliche Regel bei einzelvertraglicher Bezugnahme eine andere Auslegung erhält als bei Tarifbindung. Denn dieses unterschiedliche Ergebnis kann bereits dadurch eintreten, dass tarifliche Regelungen bei einzelvertraglicher Inbezugnahme als Formularvertragsbedingungen der Transparenzkontrolle unterliegen und damit unwirksam sein können (§§ 307 I 2, III 2, 310 IV 3 BGB), bei Tarifbindung hingegen wegen der Ausnahme in § 310 IV 1 BGB eine Transparenzkontrolle nach § 307 I 2 BGB nicht stattfindet[950].

bb) Anforderungen an Verweisungsklauseln

Aufgrund der Anwendbarkeit des § 305 c II BGB ist zu fordern, dass der Tarifvertrag als einbezogenes Bezugsobjekt sowie der Inhalt der Verweisung (Global-, Teil- oder Einzelverweisung) genau bestimmt wird. Ferner muss sich aus dem Arbeitsvertrag unmissverständlich ergeben, ob die Bezugnahme in zeitlicher Hinsicht statisch oder dynamisch erfolgen soll, die Arbeitnehmer also eine Teilhabe an künftigen Tarifentwicklungen haben sollen[951]. Denn hinsichtlich Inhalt und Reichweite sind unklare Verweisungsklauseln nach § 305 c II BGB im arbeitnehmergünstigen Sinne auszulegen.

Das BAG ist in der Vergangenheit davon ausgegangen, dass auch ohne ausdrückliche Klarstellung im Wortlaut der Verweisungsklausel der Tarifvertrag nach dem Willen der Arbeitsvertragsparteien im Zweifel in seiner jeweiligen Fassung gelte[952]. Es begründet die Vermutung für das Vorliegen einer dynamischen Klausel mit der beabsichtigten Zukunftswirkung des Arbeitsverhältnisses und dem (vermeintlich) mit einer Verweisung auf Tarifnormen verfolgten

---

[948] Palandt/*Heinrichs* § 305 c BGB Rn. 18; *W/H/L* § 5 AGBG Rn. 26.
[949] Zwar gelten die Grundsätze der Gesetzesauslegung, wenn nur deklaratorisch der ohnehin geltende Inhalt von gesetzlichen Regelungen wiedergegeben wird, vgl. *U/B/H* § 5 AGBG Rn. 3 a. Auch stellt § 310 IV 3 BGB Tarifverträge, Dienst- und Betriebsvereinbarungen den Rechtsvorschriften i.S.v. § 307 III BGB gleich, jedoch wirkt bei fehlender Tarifbindung die Einbeziehung konstitutiv. Da aber der Arbeitgeber selbst die Formulierungsverantwortung übernimmt, weil er die tariflichen Regelungen trotz seiner Nichtgeltung in seinen Dienst stellt, ist die Anwendung des § 305 c II BGB gerechtfertigt, vgl. *Gotthardt* Schuldrechtsreform Rn. 262.
[950] vgl. *Gotthardt* Schuldrechtsreform Rn. 262.
[951] *Thüsing/Lambrich* NZA 2002, 1361, 1366.
[952] Vgl. BAG BB 2002, 1264, 1265; BAG DB 1991, 1836, 1837.

Zweck der Gleichstellung nicht tarifgebundener mit tarifgebundenen Arbeitnehmern.
Diese durch die Rechtsprechung aufgestellte Zweifelsregel wird der Wertung des § 305 c II BGB in den meisten Fällen gerecht, da die Tarifentwicklung traditionell nach dem „Einbahnstraßenprinzip“[953] stetig steigender Löhne und kürzerer Arbeitszeiten verläuft[954]. Sofern allerdings die Auslegung der Klausel im Sinne einer dynamischen Verweisung zu einer materiellen Verschlechterung der Arbeitsbedingungen für den Arbeitnehmer führen würde, ist die Regelung nach § 305 c II BGB statisch auszulegen[955].
Schließlich hat die Beendigung der Tarifgebundenheit des Arbeitgebers keine Auswirkung auf die Teilhabe des Arbeitnehmers an künftigen Tarifentwicklungen, wenn dessen Arbeitsvertrag eine dynamische Verweisungsklausel enthält[956]. Vor dem Hintergrund der unmittelbaren Anwendbarkeit des § 305 c II BGB ist daher die Entscheidung des BAG[957], wonach eine dynamische Verweisungsklausel als Gleichstellungsabrede auszulegen ist, nach der der Arbeitnehmer nur während der Dauer der Tarifgebundenheit des Arbeitgebers an der Tarifentwicklung der in Bezug genommenen Tarifregelung teilnimmt, nicht mehr aufrechtzuerhalten[958]. Hierbei erlaubt aber auch nicht das Nachweisgesetz als Besonderheit des Arbeitsrechts (§ 310 IV 2 Hs. 1 BGB) eine abweichende Beurteilung[959]. Soweit daher im Arbeitsvertrag die Nachweispflicht des § 2 I Nr. 10 NachwG durch Angabe des auf das Arbeitsverhältnis konkret anwendbaren Tarifvertrags erfüllt wird, muss zusätzlich, um das Eingreifen der Unklarheitenregel (§ 305 c II BGB) abzuwenden, ein Hinweis erfolgen, dass die Zahlung des Tariflohns von der Dauer der Verbandsmitgliedschaft des Arbeitgebers und damit der Zugehörigkeit des Arbeitsverhältnisses zum Geltungsbereich des Tarifvertrags abhängig ist[960].

---

953 Vgl. zu dieser Terminologie: *Zöllner* ZfA 1988, 265, 273.
954 *Thüsing/Lambrich* NZA 2002, 1361, 1366.
955 *Thüsing/Lambrich* NZA 2002, 1361, 1366; *a.A.* BAG NZA 1988, 623 bzgl. Verweisung auf einen Manteltarifvertrag, der selbst auf den Lohn- und Gehaltstarifvertrag Bezug nahm.
956 *Thüsing/Lambrich* NZA 2002, 1361, 1368 m.w.N.; *a.A.* BAG NZA 2002, 634, das eine „arbeitgeberaustrittsfeste“ Verweisungsklausel fordert; vgl. *Reichel* AuA 2002, 445 ff.
957 BAG BB 2002, 1264, 1265.
958 *Lambrich* BB 2002, 1267, 1268; vgl. auch LAG Frankfurt NZA-RR 2000, 93, 94 zu § 116 BGB.
959 So aber *Bauer/Haußmann* DB 2003, 610, 613. Zwar wird der Arbeitgeber nach § 2 I Nr. 10 BGB verpflichtet, schriftlich niederzulegen, welche Tarifverträge aufgrund seiner Verbandsmitgliedschaft anzuwenden sind. Jedoch muss (im Rückschluss zu § 2 IV NachwG) der von § 2 I NachwG vorgeschriebene Nachweis nicht im Arbeitsvertrag selbst erfolgen, vgl. ErfK/*Preis* § 2 NachwG Rn. 2; wohl *a.A. Bauer/Haußmann* DB 2003, 610, 613.
960 In diese Richtung auch *Lambrich* BB 2002, 1267, 1268; *Thüsing* EWiR 2003, 1177, 1178; *a.A. Bauer/Haußmann* DB 2003, 610, 613 mit dem Argument, dass ansonsten der Praxis ein Verstoß gegen das NachwG nahe gelegt werde.

V. Anwendbarkeit der Klauselverbote des § 309 BGB[961]

Inwieweit die Klauselverbote ohne Wertungsmöglichkeit (§ 309 BGB) auf Arbeitsverträge anwendbar sind und ob nicht Besonderheiten des Arbeitsrechts (§ 310 IV 2 Hs. 1 BGB) entgegenstehen[962], wird im Folgenden behandelt.

1. Kurzfristige Preiserhöhungen - § 309 Nr. 1 BGB

Nicht anwendbar auf die Inhaltskontrolle von Formulararbeitsverträgen ist § 309 Nr. 1 BGB, da unabhängig davon, ob der Tatbestand überhaupt im Arbeitsrecht eingreifen kann[963], nach § 309 Nr. 1 Hs. 2 BGB explizit die Anwendbarkeit auf *Dauerschuldverhältnisse* ausgeschlossen ist[964].
Ferner ist Zweck des § 309 Nr. 1 BGB der Schutz des Kunden gegen AGB-Klauseln, die dem Verwender als Lieferer einer Ware oder Schuldner einer Leistung das Recht geben, nach Vertragsschluss einseitig das vom Kunden zu zahlende Entgelt heraufzusetzen[965]. Auch unter diesem Gesichtspunkt scheidet die Anwendbarkeit des § 309 Nr. 1 BGB auf die Inhaltskontrolle von Formulararbeitsverträgen aus.

2. Leistungsverweigerungsrechte - § 309 Nr. 2 BGB

a) Umfang des Klauselverbots

§ 309 Nr. 2 BGB bestimmt, dass der formularmäßige Ausschluss der Leistungsverweigerungsrechte (§§ 273, 320 BGB) des „Vertragspartners des Verwenders" (= Arbeitnehmer) unwirksam ist.
Die Begründung einer Vorleistungspflicht durch AGB unterfällt nicht § 309 Nr. 2 BGB[966].

---

961 § 309 BGB enthält Klauselverbote ohne Wertungsmöglichkeit, während § 308 BGB dagegen Klauselverbote mit Wertungsmöglichkeit enthält. Die Klauselverbote in §§ 308, 309 BGB gehen der Generalklausel des § 307 BGB vor, vgl. Palandt/*Heinrichs* Vorb. v. §§ 307-309 BGB Rn. 1.
962 Vgl. auch die Gesetzesbegründung BT-Drucks. 14/6857, S. 54.
963 Zweifelnd: *Gotthardt* Schuldrechtsreform Rn. 273.
964 *Eckert/Wallstein* S. 155; *Berger-Delhey* ZTR 2002, 66, 69.
Zur Vereinbarkeit des § 309 Nr. 1 BGB mit Art. 1 1 der Klauselrichtlinie vgl. MüKo/*Basedow* § 309 Nr. 1 BGB Rn. 3.
965 MüKo/*Basedow* § 309 Nr. 1 BGB Rn. 1.
966 Palandt/*Heinrichs* § 309 BGB Rn. 13.

b) Anwendungsfälle von §§ 273, 320 BGB im Arbeitsverhältnis[967]

Trotz der in § 614 BGB normierten gesetzlichen Vorleistungspflicht des Arbeitnehmers finden §§ 273, 320 BGB auch im Arbeitsrecht Anwendung[968]. Denn der Arbeitnehmer ist immer nur für einen Lohnzahlungszeitraum vorleistungspflichtig (§ 614 S. 2 BGB). Wegen Entgeltansprüchen für frühere Lohnzahlungszeiträume, mit deren Erfüllung der Arbeitgeber in Verzug ist (nach §§ 280 II, 286 II Nr. 1 BGB[969]), steht dem Arbeitnehmer daher ein Zurückbehaltungsrecht an seiner Arbeitsleistung nach § 273 I BGB zu[970]. Auch bei einer Verletzung von Nebenpflichten des Arbeitgebers, z.B. einem Verstoß gegen Arbeitsschutzvorschriften oder vertragliche Fürsorgepflichten kann dem Arbeitnehmer ein Zurückbehaltungsrecht zustehen[971]. So ist der Arbeitnehmer etwa nicht verpflichtet, seine Arbeitsleistung zu erfüllen, wenn die Einhaltung des Arbeitsschutzrechts nicht gewährleistet ist[972].

c) Anwendbarkeit des § 309 Nr. 2 im Arbeitsrecht

Besonderheiten des Arbeitsrechts stehen einer Anwendung nicht entgegen, da der dem § 309 Nr. 2 BGB zugrunde liegende Redlichkeitsgedanke[973] auch im Arbeitsrecht gilt[974].

---

967 Da hier exemplarisch die wichtigsten Anwendungsfälle eines Zurückbehaltungsrechts des Arbeitnehmers dargestellt werden, vgl. weiterführend Preis/*Preis* II Z 13 ff.

968 MünchArbR/*Blomeyer* § 49 Rn. 50 ff.

969 vgl. *Boemke/Fischer* SAE 2002, 152, 153; ErfK/*Preis* § 614 BGB Rn. 15. Beim Provisionsanspruch tritt Verzug nach § 286 II Nr. 2 BGB am letzten Tag des Monats ein, in dem über den Anspruch abzurechnen ist (§ 87 a IV HGB), vgl. *Gotthardt* Schuldrechtsreform Rn. 186.

970 BAG EzA Nr. 3 zu § 273 BGB = NJW 1985, 2494; Preis/*Preis* II Z 20 Rn. 8.
ArbRHdB/*Linck* § 50 Rn. 2; MünchArbR/*Blomeyer* § 49 Rn. 53 stellen auf § 320 BGB ab. Diese Ansicht berücksichtigt aber nicht, dass der Anspruch für den rückständigen Lohn nicht im Gegenseitigkeitsverhältnis zur aktuellen Arbeitsleistung steht, vgl. ErfK/*Preis* § 611 BGB Rn. 577.
Ferner soll ein Zurückbehaltungsrecht bestehen, wenn der Arbeitgeber, obwohl er leistungsfähig ist, eine unberechtigte Lohnkürzung ankündigt, z.B. infolge einer Änderung des Akkordsatzes, vgl. Preis/*Preis* II Z 20 Rn. 8.

971 Für eine Anwendung des § 320 BGB in diesen Fällen: MüKo/*Emmerich* § 320 BGB Rn. 13; Staudinger/*Otto* § 320 BGB Rn. 12; Preis/*Preis* II Z 20 Rn. 12; vgl. zur Unwirksamkeit einer Kündigung wegen eines ZBR: BAG NZA 1997, 274, 275.

972 BAG NZA 1997, 821, 823 (in Bezug auf §§ 618 I, 273 I BGB); BAG AP Nr. 4 zu § 273 BGB NZA 1994, 610, 611 f. (in Bezug auf §§ 618 I, 273 I BGB i.V.m. GefStoffV).

973 Vgl. *U/B/H* § 11 Nr. 2 AGBG Rn. 1.

974 Palandt/*Putzo* Einf. v. § 611 BGB Rn. 75 c; *Gotthardt* Schuldrechtsreform Rn. 274; *Löwisch* FS Wiedemann, S. 311, 318; Preis/*Preis* II Z 20 Rn. 34; *Schuster* AiB 2002, 274, 278;

Daher ist die (vollständige) formularmäßige Abbedingung des Zurückbehaltungsrechts des Arbeitnehmers (z.B. wegen rückständigen Arbeitsentgelts) unzulässig[975].
Da aber § 309 Nr. 2 BGB den Standard des dispositiven Rechts sichern will, kann die Frage der Wirksamkeit der Klausel dahinstehen, wenn ein Leistungsverweigerungsrecht nach *Treu und Glauben (§ 242 BGB)* im konkreten Fall ohnehin nicht besteht[976].
Ferner ist § 309 Nr. 2 BGB nicht einschlägig, wenn das Leistungsverweigerungsrecht bereits *kraft Gesetzes* ausgeschlossen ist[977].

3. Aufrechnungsverbot - § 309 Nr. 3 BGB[978]

a) Umfang des Klauselverbots

Nach § 309 Nr. 3 BGB ist eine Bestimmung, durch die dem Vertragspartner des Verwenders die Befugnis genommen wird, mit einer unbestrittenen oder rechtskräftig festgestellten Forderung aufzurechnen, unwirksam.
Ob auch die Aufrechnung mit bestrittenen, aber entscheidungsreifen Gegenforderungen nicht ausgeschlossen werden darf, ist umstritten[979]. Unwirksam ist aber

---

differenzierend *Annuß* BB 2002, 458, 463, der ein Zurückbehaltungsrecht des Arbeitgebers nur *„bei berechtigtem Interesse"* zulassen will; *a.A. Eckert/Wallstein* S. 156; *Berger-Delhey* ZTR 2002, 66, 69.

[975] *Gotthardt* Schuldrechtsreform Rn. 274 m.w.N.

[976] Preis/*Preis* II Z 20 Rn. 34.
So kann bspw. das Zurückbehaltungsrecht (§ 273 I BGB) ausgeschlossen sein, wenn der Lohnrückstand verhältnismäßig gering ist, nur eine kurzfristige Verzögerung eintritt, dem Arbeitgeber ein unverhältnismäßiger Schaden entsteht oder der Lohnanspruch auf andere Weise gesichert ist, vgl. BAG EzA Nr. 3 zu § 273 BGB; ArbRHdB/*Linck* § 50 Rn. 7 m.w.N.; MünchArbR/*Blomeyer* § 49 Rn. 55. vgl. ferner zur Einschränkung des § 273 I BGB durch § 242 BGB: BGHZ 7, 123, 127.

[977] ArbRHdB/*Linck* § 50 Rn. 6; Preis/*Preis* II Z 20 Rn. 34, 24. Gesetzlich ist ein Zurückbehaltungsrecht des Arbeitnehmers an Sachen des Arbeitgebers ausgeschlossen. Denn der Arbeitnehmer ist bzgl. der Arbeitsgeräte, Warenbestände und dem Dienstwagen nur Besitzdiener (§ 855 BGB), vgl. Palandt/*Putzo* § 855 BGB Rn. 7; MüKo/*Joost* § 855 BGB Rn. 14, 15. Für eine an den Arbeitnehmer überlassene Dienstwohnung folgt der Ausschluss des Zurückbehaltungsrechts aus §§ 570, 576 b I BGB. Da i. E. (grundsätzlich) kein Zurückbehaltungsrecht (§ 273 BGB) des Arbeitnehmers an Sachen des Arbeitgebers besteht, hat eine diesbezügliche Klausel im Arbeitsvertrag meist nur deklaratorische Bedeutung, vgl. Preis/*Preis* II Z 20 Rn. 24.

[978] Die grundsätzliche Zulässigkeit eines (formular)vertraglichen Aufrechnungsausschlusses folgt aus der Existenz der §§ 391 II, 556 b II, 309 Nr. 3 BGB, vgl. Preis/*Stoffels* II A 110 Rn. 13.

[979] *Für* die Unwirksamkeit des Aufrechnungsausschlusses: BGH WM 1978, 620, 621 (unter Verweis auf § 242 BGB); OLG Düsseldorf NJW-RR 1997, 757; 758; OLG Hamm NJW-RR

eine Klausel, die die Zulässigkeit der Aufrechnung auf vom Verwender anerkannte Forderungen beschränkt[980].
Eine Klausel, die die nach § 215 BGB zulässige Aufrechnung mit einer verjährten Forderung ausschließt, verstößt zwar nicht gegen § 309 Nr. 3 BGB, aber gegen § 307 I BGB[981].
Die bloße Anrechnung wird durch § 309 Nr. 3 BGB nicht erfasst, da sie rechtlich keine Aufrechnung ist[982].

b) Anwendbarkeit des § 309 Nr. 3 BGB im Arbeitsrecht

§ 309 Nr. 3 BGB ist auch bei der Inhaltskontrolle von Formulararbeitsverträgen anzuwenden[983].
Über die Anwendbarkeit in Formulararbeitsverträgen hinaus, kann der Rechtsgedanke des § 309 Nr. 3 BGB auch für auf Individualvereinbarungen beruhende Aufrechnungsverbote übertragen werden, soweit diese die zügige Durchsetzung der Forderung gewährleisten sollen[984].
Ferner kann (unabhängig vom Eingreifen des § 309 Nr. 3 BGB) die Berufung des Arbeitgebers auf einen formularmäßig vereinbarten Aufrechnungsausschluss gegen § 242 BGB verstoßen, wenn die Ansprüche des Arbeitnehmers aus einer vorsätzlichen unerlaubten Handlung des Arbeitgebers entstanden sind oder aus einer sonstigen Vertragsverletzung des Arbeitgebers resultieren[985].

1989, 274, 276; Palandt/*Heinrichs* § 309 BGB Rn. 17; *U/B/H* § 11 Nr. 3 AGBG Rn. 4; *dagegen*: BGH NJW 1986, 1757; MüKo/*Basedow* § 309 Nr. 3 BGB Rn. 7.

980 BGHZ NJW 1994, 657.

981 Palandt/*Heinrichs* § 309 BGB Rn. 17.

982 Preis/*Stoffels* II A 110 Rn. 15; MüKo/*Schlüter* § 387 BGB Rn. 50. Wichtige Fälle der Anrechnung im Arbeitsrecht sind § 615 S. 2 BGB und § 11 S. 1 KSchG, vgl. Palandt/*Putzo* § 615 BGB Rn. 18. Die Anrechnung erfordert im Gegensatz zur Aufrechung (vgl. § 388 BGB) keine bestimmte Erklärung.

983 *Eckert/Wallstein* S. 156 f.; Preis/*Stoffels* II A 110 Rn. 15; Palandt/*Putzo* Einf. v. § 611 BGB Rn. 75 c; ErfK/*Preis* §§ 305-310 BGB Rn. 76, der als Beispiel *„zum Inkasso berechtigte Vertreter"* des Arbeitgebers nennt; *a.A. Berger-Delhey* ZTR 2002, 66, 69.

984 Palandt/*Heinrichs* § 387 BGB Rn. 17 m.w.N.; Preis/*Stoffels* II A 110 Rn. 15; vgl. auch BGH WM 1975, 614, 616 (zu einer Fallgestaltung vor Inkrafttreten des AGBG).

985 Vgl. Palandt/*Heinrichs* § 387 BGB Rn. 17; MüKo/*Schlüter* § 387 BGB Rn. 61; Preis/*Stoffels* II A 110 Rn. 15; BGH ZIP 1985, 921, 926. § 393 BGB verbietet nur die Aufrechnung *gegen* eine Forderung aus vorsätzlicher unerlaubter Handlung, dem Geschädigten steht es aber frei, *mit* der Deliktsforderung aufzurechnen, vgl. Palandt/*Heinrichs* § 393 BGB Rn. 2; MüKo/*Schlüter* § 393 BGB Rn. 1. Eine Ausnahme dazu soll existieren, wenn die Gegenforderung „undurchsichtig" ist und eine weitläufige Beweisaufnahme erfordern würde, vgl. BGH ZIP 1985, 921, 926; BGH NJW 1966, 1452.

4. Mahnung und Fristsetzung - § 309 Nr. 4 BGB

a) Umfang des Klauselverbots

Nach § 309 Nr. 4 BGB ist eine Bestimmung, durch die der Verwender von der gesetzlichen Obliegenheit freigestellt wird, den anderen Vertragsteil zu mahnen oder ihm eine Frist für die Leistung oder Nacherfüllung zu setzen, unwirksam[986].

b) Anwendbarkeit im Arbeitsrecht

§ 309 Nr. 4 BGB ist auch bei der Inhaltskontrolle von Formulararbeitsverträgen anwendbar, da Besonderheiten des Arbeitsrechts nicht entgegenstehen[987].

5. Schadenspauschalen - § 309 Nr. 5 BGB

a) Wortlaut des § 309 Nr. 5 BGB

Die formularmäßig vereinbarte Schadenspauschale darf den nach dem gewöhnlichen Lauf der Dinge zu erwartenden Schaden nicht übersteigen (§ 309 Nr. 5 lit. a BGB) und muss dem anderen Teil ausdrücklich den Nachweis gestatten, ein Schaden oder eine Wertminderung sei überhaupt nicht entstanden oder wesentlich niedriger (§ 309 Nr. 5 lit. b BGB)[988].

b) Wesen von Schadenspauschalierungen

Das Ziel von Schadenspauschalierungsabreden ist es, dem Gläubiger zu einer er-

---

[986] Klauseln über Fälligkeits- oder Nutzungszinsen fallen nicht unter § 309 Nr. 4 BGB, können aber gegen § 307 BGB verstoßen, vgl. Palandt/*Heinrichs* § 309 BGB Rn. 22.

[987] ErfK/*Preis* §§ 305-310 BGB Rn. 84; *Gotthardt* Schuldrechtsreform Rn. 276 stufen für Entgeltforderungen des Arbeitgebers (als Verwender) die praktische Bedeutung des § 309 Nr. 4 BGB als gering ein, da Verzug ohne Mahnung nach „§ 286 II Nr. 2 BGB" eintrete.

[988] Die Vorgängernorm § 11 Nr. 5 lit. b AGBG beinhaltete im Gegensatz zu § 309 Nr. 5 lit. b BGB keine ausdrückliche Zulassung des Gegenbeweises, sondern hatte den Inhalt, dass „*dem anderen Vertragsteil der Nachweis abgeschnitten wird, ein Schaden oder eine Wertminderung sei überhaupt nicht entstanden oder wesentlich niedriger als die Pauschale*". Die Rechtsprechung hat allerdings § 11 Nr. 5 lit. b BGB bereits – entgegen dem Wortlaut – in ähnlicher Weise (wie jetzt in § 309 Nr. 5 lit. b BGB ausdrücklich bestimmt) – ausgelegt (vgl. die Nachweise bei Palandt/*Heinrichs* [61. Aufl.] § 11 AGBG Rn. 26), so dass die Änderung im Wesentlichen klarstellender Natur ist (BT-Drucks. 14/6040, S. 155).

leichterten Durchsetzung seiner Ersatzforderung zu verhelfen[989].
Um dies zu erreichen, wird der im Schadensfall zu leistende Ersatzbetrag bereits im Voraus auf eine bestimmte Höhe festgelegt[990]. Der Gläubiger ist damit der Pflicht enthoben, den erlittenen Schaden gemäß §§ 249 ff. BGB konkret zu berechnen und im Einzelnen nachzuweisen[991].

c) Abgrenzung zur Vertragsstrafe

Schadenspauschalierungsabreden überschneiden sich in ihren wirtschaftlichen Zielen mit Vertragsstrafenversprechen, da beide Klauselarten an ein pflichtwidriges Verhalten des Schuldners anknüpfen[992]. Dennoch handelt es sich bei der Schadenspauschalierung um ein eigenständiges, wenngleich *„der Vertragsstrafe ähnliches Rechtsinstitut"*[993]. Während die Schadenspauschale allein den Schadensbeweis ersparen soll, hat die *Vertragsstrafe* einen doppelten Zweck: Sie soll die Erfüllung der Hauptverbindlichkeit als Zwangsmittel sichern und im Fall einer Leistungsstörung den Schadensbeweis entbehrlich machen.
Für die Abgrenzung ist maßgeblich, ob die Abrede ausschließlich der *vereinfachten Durchsetzung eines Schadensersatzanspruchs* dienen soll (Schadenspauschale) oder ob es auch und vor allem darum geht, „Druck" auf den Schuldner zur Erfüllung seiner Verbindlichkeit auszuüben (Vertragsstrafe)[994]. Für den Vertragsstrafencharakter einer Zahlungsverpflichtung spricht es, wenn der ausbedungene Geldbetrag unabhängig von einem tatsächlichen Schadenseintritt verwirkt sein soll und des weiteren, wenn dem Gläubiger das Recht eingeräumt wird, einen weitergehenden Schaden nachzuweisen[995].

d) Schadenspauschalen im Arbeitsrecht

Bis 1990 war § 124 b GewO Rechtsgrundlage für Schadenspauschalen im Arbeitsrecht[996]. Nach dieser Vorschrift war es den unter ihren Geltungsbereich fallenden Arbeitsvertragsparteien möglich, bei Bruch des Vertrags durch die Ge-

---

989 ArbRHdB/*Linck* § 60 Rn. 18.
990 Preis/*Stoffels* II S 20 Rn. 1.
991 Preis/*Stoffels* II S 20 Rn. 1.
992 Preis/*Stoffels* II S 20 Rn. 6.
993 BAG SAE 1967, 207, 209; BGHZ 49, 84; BGH NJW 1970, 29; Palandt/*Heinrichs* § 276 BGB Rn. 26; ErfK/*Müller-Glöge* §§ 339-345 BGB Rn. 5; Preis/*Stoffels* II S 20 Rn. 7 m.w.N.
994 Palandt/*Heinrichs* § 276 BGB Rn. 26; Preis/*Stoffels* II S 20 Rn. 7.
995 Preis/*Stoffels* II S 20 Rn. 7.
996 Preis/*Stoffels* II S 20 Rn. 1. MüKo/Basedow § 309 Nr. 5 BGB Rn. 6 kritisiert, dass die Einordnung der Klausel von der *„redaktionellen Geschicklichkeit ihres Verfassers"* abhängt.

genseite statt einer konkret berechneten Schadensersatzsumme die dort ausgewiesene Pauschale einzufordern[997]. Nach dem Wegfall dieser gesetzlichen Pauschalierungsregelung kann sich ein solches Recht des Arbeitgebers nur noch aus einer besonderen arbeitsvertraglichen Abrede ergeben[998].

e) Anwendbarkeit des § 309 Nr. 5 BGB im Arbeitsrecht

§ 309 Nr. 5 BGB ist auf die Inhaltskontrolle von Formulararbeitsverträgen anwendbar, da keine arbeitsrechtlichen Besonderheiten entgegenstehen[999]. Denn die Interessenlage im Arbeitsrecht unterscheidet sich nicht von der bei anderen Schuldverhältnissen[1000].

6. Vertragsstrafen - § 309 Nr. 6 BGB[1001]

a) Wortlaut des § 309 Nr. 6 BGB

Nach § 309 Nr. 6 BGB ist eine Bestimmung, durch die dem Verwender für den Fall der Nichtabnahme oder verspäteten Abnahme der Leistung, des Zahlungs-

---

[997] § 124 b GewO wurde durch Gesetz v. 28.06.1990 (BGBl. I, S. 1221) aufgehoben.

[998] MünchArbR/*Blomeyer* § 57 Rn. 68; Preis/*Stoffels* II S 20 Rn. 1. Dennoch begegnet man in der arbeitsvertraglichen Praxis eher selten Schadenspauschalierungsabreden, wobei in der Kautelarpraxis der Tatbestand des Arbeitsvertragsbruchs (Fälle des Nichtantretens der Arbeit und das Ausscheiden ohne Beachtung von Kündigungsfristen) an erster Stelle steht, vgl. Preis/*Stoffels* II S 20 Rn. 5. Nach § 5 II Nr. 4 BBiG sind aber im Rahmen von Berufsausbildungsverhältnissen getroffene Vereinbarungen über „die Festsetzung der Höhe eines Schadensersatzes in Pauschbeträgen" nichtig. Der Gesetzgeber wollte mit § 5 II Nr. 4 BBiG der besonderen Schutzbedürftigkeit des Auszubildenden Rechnung tragen, weshalb eine verallgemeinernde Anwendung über Berufsausbildungsverhältnisse hinaus ausscheidet, vgl. MünchArbR/*Blomeyer* § 57 Rn. 68; Preis/*Stoffels* II S 20 Rn. 14.

[999] ArbRHdB/*Linck* § 60 Rn. 18; ErfK/*Müller-Glöge* §§ 339-345 Rn. 5; ErfK/*Preis* §§ 305-310 BGB Rn. 95; Preis/*Stoffels* II S 20 Rn. 17; *Gotthardt* Schuldrechtsreform Rn. 280 ff.; vgl. auch *Hildebrandt* Inhaltskontrolle, S. 60, der den Rechtsgedanken des § 11 Nr. 5 AGBG zur Begründung der Zulässigkeit von Pauschalierungsabreden heranzieht. *Eckert/Wallstein* S. 158 wollen § 309 Nr. 5 BGB nur in Verbindung mit § 309 Nr. 6 BGB sehen.

[1000] ErfK/*Preis* §§ 305-310 BGB Rn. 95; ErfK/*Müller-Glöge* §§ 339-345 BGB Rn. 5; Preis/*Stoffels* II S 20 Rn. 17; *Gotthardt* Schuldrechtsreform Rn. 281. Soweit Abreden für den Fall des Vertragsbruchs des Arbeitnehmers regelmäßig als Vertragsstrafen angesehen werden (vgl. *Preis/Stoffels* II S 20 Rn. 8 f. m.w.N.), wird der Anwendungsbereich des § 309 Nr. 5 BGB als eher gering eingeschätzt, vgl. *Gotthardt* Schuldrechtsreform Rn. 281.

[1001] Die praktische Bedeutung von Vertragsstrafenvereinbarungen im Arbeitsrecht ist groß. So finden sich in fast jedem vierten Arbeitsvertrag Vertragsstrafenklauseln, vgl. Preis/*Stoffels* II V 30 Rn. 1.

verzugs oder für den Fall, dass der andere Vertragsteil sich vom Vertrag löst, Zahlung einer Vertragsstrafe versprochen wird, unwirksam.

b) Abgrenzungen

In Abgrenzung zur vereinbarten *Schadenspauschale* haben Vertragsstrafen einerseits die Funktion, als Zwangsmittel gegen den Schuldner (Arbeitnehmer) zu dienen, indem er durch die Sanktionsdrohung zur pflichtgemäßen Vertragserfüllung angehalten wird, andererseits dem Gläubiger bei Leistungsstörungen die Schadensersatzforderung zu erleichtern und zu sichern[1002].

Ferner sind das selbständige und das unselbständige Strafversprechen, sowie das Reuegeld und die Betriebsbuße zu unterscheiden.

Der Rechtscharakter der Strafvereinbarung ist durch Auslegung (§§ 133, 157 BGB) zu ermitteln, so dass die Bezeichnung der Sanktion im Arbeitsvertrag ohne rechtliche Bedeutung ist[1003].

Die *Vertragsstrafe* i.S.v. §§ 339 ff. BGB ist nur das *unselbständige Strafversprechen*[1004] und wird für den Fall versprochen, dass der Schuldner seine Verbindlichkeit nicht oder nicht in gehöriger Weise erfüllt, und setzt daher eine Verpflichtung zur Leistung, eine wirksame Hauptverpflichtung voraus (vgl. § 344 BGB)[1005].

Beim *selbständigen Strafversprechen* (vgl. § 343 II BGB), das im Arbeitsrecht keine nennenswerte Bedeutung erlangt hat[1006], fehlt eine erzwingbare Hauptverbindlichkeit. Die Strafe wird für den Fall versprochen, dass eine Handlung vorgenommen oder unterlassen wird, ohne dass sich der Versprechende zu einer Handlung oder Unterlassung verpflichtet.

Der Anspruch auf *Reuegeld* setzt den Rücktritt vom Vertrag voraus (vgl. § 353 BGB), das Strafversprechen dagegen das Weiterbestehen des Vertrags. Daher soll die Strafe zur Erfüllung anhalten, während das Reuegeld die Möglichkeit gibt, sich vom Vertrag zu lösen[1007].

[1002] *Heinze* NZA 2000, 244, 249; *Koppenfels* NZA 2002, 598 m.w.N.; *Popp* NZA 1998, 455, 456; *Söllner* AuR 1981, 97, 98. Das LAG Düsseldorf sieht hingegen die Funktion der Vertragsstrafe primär darin, „*einen wirkungsvollen Druck auf den Schuldner zur Einhaltung seiner Verpflichtung auszuüben*", vgl. NZA 2003, 382, 383.

[1003] BAG DB 1986, 1879; MüKo/*Basedow* § 309 Nr. 6 BGB Rn. 2.

[1004] Preis/*Stoffels* II V 30 Rn. 4.

[1005] Palandt/*Heinrichs* Vorb. v. § 339 BGB Rn. 2.

[1006] Vgl. *Lohr* MDR 2000, 429, 430 m.w.N.

[1007] Palandt/*Heinrichs* Vorb. v. § 339 BGB Rn. 6.

Eine *Betriebsbuße* erfordert als Rechtsgrundlage einen Tarifvertrag oder Betriebsvereinbarung und ist keine Vertragsstrafe[1008]. Betriebsbußen kommen nur für Verstöße des Arbeitnehmers in Betracht, die ein gemeinschaftswidriges Verhalten darstellen[1009]. Die Betriebsbuße ist nämlich eine Disziplinarmaßnahme zur Sicherung der betrieblichen Ordnung und Sicherheit. Entsprechende Abreden werden insbesondere im Zusammenhang mit einem betrieblichen Alkohol- und Rauchverbot getroffen[1010].

c) Bisherige Beurteilung von Vertragsstrafen in Formulararbeitsverträgen

Vor Inkrafttreten des SMG war das in § 11 Nr. 6 AGBG geregelte Vertragsstrafenverbot wegen der Bereichsausnahme (§ 23 I AGBG) direkt nicht anwendbar. Auch das BAG[1011] und die überwiegende Meinung im Schrifttum[1012] haben Vertragsstrafenverbote - soweit nicht spezialgesetzliche Verbote (vgl. § 5 II Nr. 2 BBiG, 75 c HGB, 134 GewO) oder der in § 622 VI BGB zum Ausdruck gelangende Gedanke des Verbots der einseitigen Kündigungserschwerung[1013] zu Lasten des Arbeitnehmers entgegenstanden - grundsätzlich für zulässig erachtet, unabhängig davon, ob sie in einem Formulararbeitsvertrag vereinbart wurden oder individuell ausgehandelt wurden. Nach Ansicht des BAG konnten unbillige Härten durch Herabsetzung der Vertragsstrafe vermieden werden[1014].

d) Auswirkungen der Schuldrechtsreform

Vertragsstrafen in Individualvereinbarungen, Tarifverträgen und Betriebsvereinbarungen sind durch § 309 Nr. 6 BGB nicht berührt und bleiben auch weiterhin

---

[1008] Palandt/*Heinrichs* Vorb. v. § 339 BGB Rn. 8.

[1009] BAG DB 1986, 1979.

[1010] *Lohr* MDR 2000, 429, 430; Preis/*Stoffels* II V 30 Rn. 3.

[1011] BAG BB 1984, 2268; hierzu *Stein* BB 1985, 1402 f.; BAG DB 1986, 1979; *a.A.* ArbG Herford NJW 1982, 1550.

[1012] MünchArbR/*Blomeyer* § 57 Rn. 57; Erman/*Hanau* § 611 BGB Rn. 332; Palandt/*Heinrichs* § 23 AGBG Rn. 1; MüKo/*Müller-Glöge* § 611 BGB Rn. 422 f.; *Preis* Vertragsgestaltung, S. 472 f.; *W/H/L* § 23 AGBG Rn. 46; *Heinze* NZA 1994, 244, 250; *Hunold* NZA-RR 2002, 225, 230; *Kraft* NZA 1989, 777; 780; *Lohr* MDR 2000, 429; *Söllner* AuR 1981, 97, 102; *Stoffels* Vertragsbruch, S. 205 ff; *Zöllner* RdA 1989, 152, 161; *a.A. Hildebrandt* Inhaltskontrolle, S. 55, 59; *Langheid* DB 1980, 1219; *Stein* BB 1985, 1402 f.; *Fenn* FS Söllner, S. 333, 361 f.

[1013] Ausführlich ErfK/*Müller-Glöge* §§ 339-345 BGB Rn. 16.

[1014] Vgl. BAG BB 1984, 2268, 2269; ArbRHdB/*Linck* § 58 Rn. 108; ArbRHdB/*Linck* § 60 Rn. 15; so jetzt auch LAG Düsseldorf NZA 2003, 382, 385.

zulässig (vgl. § 310 IV 1 BGB)[1015]. Nach der Aufhebung der Bereichsausnahme ist das Vertragsstrafenverbot (§ 309 Nr. 6 BGB) grundsätzlich auch auf Formulararbeitsverträge anwendbar, doch gilt die Einschränkung des § 310 IV 2 Hs. 1 BGB, wonach die im Arbeitsrecht geltenden Besonderheiten angemessen zu berücksichtigen sind.

§ 309 Nr. 6 BGB kann in Formulararbeitsverträgen tatbestandlich einschlägig sein, wenn eine Vertragsstrafe dem Arbeitgeber für den Fall versprochen wird, dass sich der Arbeitnehmer *„vom Vertrag löst“*. Unter den Wortlaut des § 309 Nr. 6 BGB würde somit jede Abstandnahme des Arbeitnehmers vom Vertrag, gleichgültig ob sie durch Kündigung, Aufhebungsvertrag oder auf sonstige Weise (dauerhaftes Fernbleiben vom Arbeitsplatz, Nichtantritt der Arbeit) erfolgt, fallen[1016]. Jedoch ist der Fall der (fristlosen) Entlassung/Kündigung des Arbeitnehmers durch den Arbeitgeber vom Wortlaut des § 309 Nr. 6 BGB nicht gedeckt, da sich hierbei nicht der Arbeitnehmer, sondern der Arbeitgeber vom Vertrag löst[1017].
Sonstige Pflichtverletzungen des Arbeitnehmers werden vom Wortlaut des § 309 Nr. 6 BGB nicht erfasst[1018]. Daher bleiben von § 309 Nr. 6 BGB Klauseln unberührt, die nicht der bloßen Sicherung der Arbeitsleistung dienen, sondern Verstöße gegen Wettbewerbsverbote oder eine Verschwiegenheitspflicht sanktionieren[1019].

[1015] *Koppenfels* NZA 2002, 598, 599.

[1016] *Reichenbach* NZA 2003, 309, 310; MüKo/*Gottwald* Vor § 339 BGB Rn. 23; Palandt/*Heinrichs* § 309 BGB Rn. 36; *Leder/Morgenroth* NZA 2002, 952, 953; *Koppenfels* NZA 2002, 598, 599.

[1017] *Leder/Morgenroth* NZA 2002, 952, 953.
Im übrigen ist die Sanktionierung der Kündigung durch Vertragsstrafen bereits nach § 134 BGB i.V.m. mit dem Rechtsgedanken des § 622 VI BGB unzulässig, wenn das Kündigungsrecht des Arbeitnehmers einseitig beeinträchtigt wird: Während die fristgerechte Kündigung des Arbeitnehmers nicht mit einer Vertragsstrafe sanktioniert werden kann, kann das Recht zur ordentlichen Kündigung für die Zeit bis zum Dienstantritt ausgeschlossen werden, so dass für den *Fall des Nichtantritts* des Arbeitsverhältnisses eine Vertragsstrafe wirksam vereinbart werden kann, wenn die ordentliche Kündigung für beide Vertragsparteien ausgeschlossen ist (vgl. ErfK/*Müller-Glöge* § 339-345 BGB Rn. 16; ErfK/*Müller-Glöge* 622 BGB Rn. 102). Das Recht des Arbeitnehmers zur außerordentlichen Kündigung darf aber nicht mit einer Vertragsstrafe beeinträchtigt werden, vgl. BGH DB 2000, 1807 f. (für den Fall eines Geschäftsführeranstellungsvertrags); ErfK/*Müller-Glöge* §§ 339-345 BGB Rn. 16. Unter Berücksichtigung dieser Grundsätze kann § 309 Nr. 6 BGB nur bei der *Kündigung des Arbeitnehmers unter Nichteinhaltung der Kündigungsfrist* bzw. bei *Nichtantritt der Arbeitsstelle* eingreifen.

[1018] MüKo/*Basedow* § 309 Nr. 6 BGB Rn. 2; *Hümmerich* NZA 2003, 753, 762; *Otto* EWiR 2002, 1073, 1074; *a.A. Koppenfels* NZA 2002, 598, 602, die das Vertragsstrafenverbot des § 309 Nr. 6 BGB im Wege des „Erst-Recht-Schlusses“ auch auf vertragliche Pflichtverletzungen beziehen will.

[1019] *Bauer/Diller* NJW 2002, 1609, 1614; *Leder/Morgenroth* NZA 2002, 952, 953.

e) Stellungnahmen im Schrifttum zur Anwendbarkeit des § 309 Nr. 6 BGB auf Formulararbeitsverträge

Die Anwendbarkeit des § 309 Nr. 6 BGB auf Formulararbeitsverträge wird von der wohl h.M. im Schrifttum abgelehnt[1020]. Teilweise wird jedoch die Anwendbarkeit des § 309 Nr. 6 BGB bei arbeitsrechtlichen Formularverträgen (mit Abstufungen) bejaht: So hält *Däubler* wegen § 309 Nr. 6 BGB Vertragsstrafen in AAB für den Fall einer unberechtigten fristlosen Kündigung oder des schlichten Nicht-mehr-Erscheinens des Arbeitnehmers am Arbeitsplatz für unzulässig, und sieht die Rechte des Arbeitgebers als auf Schadensersatz nach §§ 280 I, 628 BGB beschränkt an[1021]. *Reineke* geht ebenfalls von der Anwendbarkeit des § 309 Nr. 6 BGB im Arbeitsrecht aus, hält aber, ohne sich festzulegen, eine Ausnahme auf Grund § 310 IV 2 Hs. 1 BGB bei „hoch besoldeten, besonders qualifizierten Arbeitnehmern" für „nicht ausgeschlossen"[1022]. *Reichenbach* will § 309 Nr. 6 BGB nur bei Arbeitsverträgen über „Dienste höherer Art" anwenden, hingegen nicht bei Arbeitsverträgen über einfache Dienste[1023]. *Koppenfels* will § 309 Nr. 6 BGB auch im Arbeitsrecht anwenden und sieht, über den Wortlaut des § 309 Nr. 6 BGB hinausgehend, sämtliche Vertragsstrafen (auch bei Pflichtverletzungen) in arbeitsrechtlichen Formularverträgen als unzulässig an[1024].

f) Beurteilung der Anwendbarkeit des § 309 Nr. 6 in der Rechtsprechung

In der bislang zu § 309 Nr. 6 BGB ergangenen Rechtsprechung wurden vom *ArbG Bochum*[1025], vom *LAG Düsseldorf*[1026] und vom *LAG Hamm*[1027] einerseits und vom *ArbG Duisburg*[1028] andererseits gegensätzliche Positionen bezogen[1029].

[1020] *Annuß* BB 2002, 458, 463; *Bartz* AuA 2002, 62, 64; MüKo/*Basedow* § 310 BGB Rn. 95; *Conein/Eikelmann* DB 2003, 2546, 2548; *Eckert/Wallstein* S. 160; *Gotthardt* ZIP 2002, 277, 283; *ders.* Schuldrechtsreform Rn. 277 f.; *Grobys* DStR 2002, 1002, 1007 f.; *Henssler* RdA 2002, 129, 138; *Hromadka* NJW 2002, 2523, 2528; *Keil* INF 2002, 561, 564; *Leder/Morgenroth* ZA 2002, 952, 955 f.; ArbRHdB/*Linck* § 60 Rn. 4; *Lingemann* NZA 2002, 181, 191 f.; *Löwisch* FS Wiedemann, S. 311, 318; ErfK/*Müller-Glöge* §§ 339-345 BGB Rn. 11; ErfK/*Preis* §§ 305-310 BGB Rn. 93; Preis/*Stoffels* II V 30 Rn. 27; *Reichold* ZTR 2002, 202, 207; *Rolfs* ZGS 2002, 409, 411; *Singer* RdA 2003, 194, 201 f.; *a.A. Däubler* NZA 2001, 1329, 1336; *Klevemann* AiB 2002, 579, 581 f.; *Koppenfels* NZA 2002, 598, 602; Palandt/*Putzo* Einf. v. § 611 BGB Rn. 75 c.

[1021] *Däubler* NZA 2001, 1329, 1336; auch Palandt/*Putzo* Einf. v. § 611 BGB Rn. 75 c.

[1022] *Reineke* DB 2002, 583, 586.

[1023] *Reichenbach* NZA 2003, 309, 313.

[1024] *Koppenfels* NZA 2002, 598, 602.

[1025] ArbG Bochum DB 2002, 1659 ff. = NZA 2002, 978 ff. = ZGS 2002, 338 ff.

[1026] LAG Düsseldorf NZA 2003, 382 ff.

[1027] LAG Hamm NZA 2003, 499 ff.

aa) Position des ArbG Bochum

Das *ArbG Bochum*[1030] verneint die Zulässigkeit von formularmäßigen Vertragsstrafen und wendet § 309 Nr. 6 BGB auf Formulararbeitsverträge an, da der Anwendung des § 309 Nr. 6 BGB keine im Arbeitsrecht geltenden Besonderheiten (§ 310 IV 2 Hs. 1 BGB) entgegenstünden. Unter Bezug auf die Gesetzesbegründung weist das Gericht darauf hin, dass *„bisherige bloße Üblichkeiten nicht zur Nichtanwendung des Klauselverbots führen können, vielmehr darüber hinausgehende, im Arbeitsrecht gegenüber sonstigen Rechtsgebieten besondere, die Ausnahme von der Anwendung des Klauselverbots begründende Umstände vorliegen müssen"*[1031]. *Daher seien die bisherige Üblichkeit und die besondere Situation der Vertragsparteien kein hinreichendes Argument für eine von den sonstigen Bereichen des Schuldrechts abweichende Handhabung.*
Ein besonderes Interesse an der Vereinbarung einer Vertragsstrafe sei weder eine Besonderheit des Arbeitsrechts, noch ergebe sich aus § 5 II Nr. 2 BBiG die Zulässigkeit, da es an einer Kodifikation des gesamten Arbeitsrechts fehle. Auch stünde die bisherige Rechtsprechung des BAG nicht entgegen, da die gesetzgeberische Wertung der Aufhebung der Bereichsausnahme beachtet werden müsse, und die § 310 IV 2 Hs. 1 eine Ausnahmevorschrift sei, die eng auszulegen sei[1032]. *Die bisherige BAG-Rechtsprechung stelle somit keine arbeitsrechtliche Besonderheit i.S.v. § 310 IV 2 BGB dar, da sie noch unter Geltung der Bereichsausnahme (§ 23 I AGBG) ergangen sei.*

bb) Position des LAG Düsseldorf

Das *LAG Düsseldorf* verneint die Zulässigkeit von formularmäßigen Vertragsstrafenabreden für den Fall der *Nichtaufnahme der Arbeit* durch den Arbeitnehmer[1033]. Denn bei der erstmaligen Arbeitsaufnahme sei zu beachten, *„dass vereinbarte kurze Kündigungsfristen das Interesse des Arbeitgebers an der Erbringung der Arbeitsleistung von vornherein begrenzen". Zum anderen schwinde das schutzwürdige Interesse, wenn in der Anfangszeit die betriebswirtschaftlich sinnvolle Einsetzbarkeit des Arbeitnehmers hinter dem für seine Einweisung, Einarbeitung und Erprobung erforderlichen Umfang zurückbleibt*[1034]. Ferner

---

[1028] ArbG Duisburg DB 2002, 1943 = NZA 2002, 1038 = ZGS 2002, 378 ff.
[1029] Vgl. ferner auch ArbG Freiburg LAGE Nr. 2 zu § 309 BGB; ArbG Bremen LAGE Nr. 1 zu § 309 BGB; LAG Baden-Württemberg DB 2003, 2551 f.
[1030] ArbG Bochum DB 2002, 1659 ff.
[1031] ArbG Bochum DB 2002, 1659, 1660.
[1032] ArbG Bochum DB 2002, 1659, 1661.
[1033] LAG Düsseldorf NZA 2003, 382, 384.
[1034] LAG Düsseldorf NZA 2003, 382, 384.

würden „*Aspekte der Generalprävention oder eines dem deutschen zivilrechtlichen Sanktionensystem fremden Strafschadensersatzes*“ kein berechtigtes Arbeitgeber-Interesse begründen[1035]. *Zwar sei die Branchenüblichkeit, Vertragsstrafen zu vereinbaren, eine Besonderheit in Teilbereichen des Arbeitslebens, jedoch keine Besonderheit des Arbeitsrechts. So würden Üblichkeiten weder die Rechtmäßigkeit noch Angemessenheit einer Klausel ergeben, die an sich in Formularverträgen verboten ist*[1036].

cc) Position des LAG Hamm

Auch das *LAG Hamm* wendet § 309 Nr. 6 BGB bei Formulararbeitsverträgen an[1037]. So ergebe sich aus den Gesetzesmaterialien, dass der Anwendungsbereich des § 309 Nr. 6 BGB nicht auf besondere Kunden- und Verbraucherverträge beschränkt werden sollte[1038]. Auch sei es nicht Sinn und Zweck der angemessenen Berücksichtigung der im Arbeitsrecht geltenden Besonderheiten (§ 310 IV 2 Hs. 1 BGB), die früher geltende Bereichausnahme des § 23 I AGBG wieder einzuführen[1039].
Wenn der Gesetzgeber, dem die bisherige Rechtsprechung zur Zulässigkeit arbeitsvertraglicher Vertragsstrafenvereinbarungen bekannt gewesen ist, an der weiteren Zulässigkeit formularvertraglicher Vertragsstrafenvereinbarungen hätte festhalten hätte wollen, hätte er dies nach Ansicht des LAG Hamm deutlicher zum Ausdruck bringen müssen[1040].

dd) Position des ArbG Duisburg

Dagegen verneint das *ArbG Duisburg*[1041] bei formularmäßiger Vereinbarung von Vertragsstrafen in Arbeitsverträgen die Anwendbarkeit von § 309 Nr. 6 BGB. *Arbeitsrechtliche Besonderheiten (§ 310 IV 2 Hs. 1 BGB) stünden nämlich entgegen. Denn § 309 Nr. 6 BGB sei am Erscheinungsbild des zahlungskräftigen Kunden orientiert, und beim Arbeitsvertrag liege die Vertragsgestaltung in der Regel im Bereich des Dienstleistungsgläubigers und nicht des Waren- oder Dienstleistungsschuldners. Auch sei der Arbeitgeber nicht ausreichend ge-*

[1035] LAG Düsseldorf NZA 2003, 382, 384.
[1036] LAG Düsseldorf NZA 2003, 382, 384.
[1037] LAG Hamm NZA 2003, 499 ff.
[1038] LAG Hamm NZA 2003, 499, 501.
[1039] LAG Hamm NZA 2003, 499, 502.
[1040] LAG Hamm NZA 2003, 499, 502.
[1041] ArbG Duisburg DB 2002, 1943.

schützt, da er sich zwar den Primäranspruch auf die geschuldete Leistung titulieren lassen kann, aber wegen § 888 III ZPO nicht vollstrecken lassen kann. Aufgrund komplexer Betriebsstrukturen sei der Nachweis der konkreten Schadenshöhe für den Arbeitgeber in der Praxis kaum zu führen. Da ferner im Rahmen der Besonderheiten des Arbeitsrechts (§ 310 IV 2 Hs. 1 BGB) auch Gewohnheiten und Gebräuche wie beim Handelsverkehr (§ 310 I 2 Hs. 2 BGB) zu berücksichtigen seien, müsse dem Umstand Rechnung getragen werden, dass formularmäßige Strafabreden in Arbeitsverträgen seit jeher üblich und vom BAG gebilligt worden seien.

g) Untersuchung der Anwendbarkeit des § 309 Nr.6

aa) Entstehungsgeschichte des § 309 Nr. 6 BGB

Der Gesetzgeber wollte mit der Variante der Vertragslösung in § 11 Nr. 6 AGBG Klauseln verhindern, *„nach denen der Kunde gegen Zahlung einer „Abstandssumme" oder dergleichen aus dem Vertrag entlassen wird, was im Ergebnis auf dasselbe hinausliefe wie das Versprechen einer Vertragsstrafe für die Nichtabnahme der Leistung"*[1042].

§ 11 Nr. 6 AGBG war damit am Bild des zahlungspflichtigen Kunden orientiert[1043]. Mit der Fallgruppe „Lösung vom Vertrag" wollte man in erster Linie den im Geschäftsverkehr verbreiteten Missbrauch mit Reuegeldern und Abstandssummen ein Ende bereiten[1044].

Auch sollte nach dem zweiten Referentenentwurf zum AGBG *„das Verbot des Vertragsstrafenversprechens auf die Fälle beschränkt werden, in denen es sich häufig als missbräuchlich erweist und in denen dem Verwender in der Regel andere Sanktionen für die Vertragsverletzung zur Verfügung stehen"*[1045].

Diese gesetzgeberische Vorstellung hat sich durch die Integration des AGBG in das BGB infolge des SMG nicht geändert[1046], da in der Gesetzesbegründung lediglich festgestellt wurde, dass § 309 Nr. 6 BGB dem bisherigen § 11 Nr. 6 AGBG entspreche[1047]. Ferner war zwar die Hauptzielsetzung des Gesetzgebers bei der Streichung der Bereichsausnahme die Beseitigung der Rechtsunsicherheit, da die Rechtsprechung des BAG im Bereich der Inhaltskontrolle von Ar-

[1042] BT-Drucks. 7/3919, S. 40.
[1043] *Gotthardt* Schuldrechtsreform Rn. 277; *Preis* Vertragsgestaltung, S. 472.
[1044] Preis/*Stoffels* II V 30 Rn. 27; *ders.* Vertragsbruch, S. 210.
[1045] Zitiert nach *U/B/H* § 11 Nr. 6 AGBG Rn. 2.
[1046] *Leder/Morgenroth* NZA 2002, 952, 954.
[1047] BT-Drucks. 14/6040, S. 155.

beitsverträgen uneinheitlich sei[1048]. Dennoch ist davon auszugehen, dass die bisherige gefestigte einheitliche Rechtsprechung des BAG zur Nichtanwendbarkeit des Rechtsgedankens des § 11 Nr. 6 AGBG beibehalten werden sollte, da nur dadurch die gewünschte Rechtssicherheit erreicht werden kann[1049].

Die Entstehungsgeschichte des § 309 Nr. 6 BGB spricht somit gegen ein grundsätzliches Verbot von Vertragsstrafen in Formulararbeitsverträgen[1050]. Daher ist vor dem Hintergrund der Entstehungsgeschichte des § 309 Nr. 6 BGB eine teleologische Reduktion insoweit vorzunehmen, dass dieses Vertragsstrafenverbot auf Formulararbeitsverträge nicht anwendbar ist[1051].

bb) Besonderheiten des Arbeitsrechts

(1) Besonderes Interesse des Arbeitgebers

Der Arbeitgeber ist vor der Verletzung seines Anspruchs auf Arbeitsleistung nicht ausreichend geschützt[1052]: Bei Nichterbringung der Arbeitsleistung durch den Arbeitnehmer erlischt der Erfüllungsanspruch des Arbeitgebers für die Vergangenheit gemäß § 275 I BGB, da die Arbeitsleistung eine absolute Fixschuld ist und mit Zeitablauf Unmöglichkeit eintritt[1053].

Der in die Zukunft gerichtete Erfüllungsanspruch ist zwar einklagbar und titulierbar, eine Vollstreckung scheitert aber wegen § 62 II 1 ArbGG i.V.m. § 888 III ZPO[1054].

Somit ist der Arbeitgeber – wenn er schon die Arbeitsverpflichtung des Arbeitnehmers nicht vollstrecken kann – auf die Geltendmachung von Schadensersatzansprüchen (§ 628 II BGB, § 280 I BGB) beschränkt[1055]. § 287 I, II ZPO und § 252 BGB erleichtern zwar die Darlegung und den Nachweis der Schadenshöhe,

---

[1048] Vgl. BT-Drucks. 14/6857, S. 54.
[1049] Vgl. *Lingemann* NZA 2002, 181, 191 f.
[1050] *ArbG* Duisburg DB 2002, 1943; *Leder/Morgenroth* NZA 2002, 952, 954; *a.A.* LAG Hamm NZA 2003, 499, 500; *Reichenbach* NZA 2003, 309, 310.
[1051] *Eckert* DStR 2002, 2222, 2224; *Thüsing* NZA 2002, 591, 593.
[1052] *Keil* INF 2002, 561, 564; *Leder/Morgenroth* NZA 2002, 952, 954 f.
[1053] LAG Düsseldorf NZA 2003, 382, 384; *Leder/Morgenroth* NZA 2002, 952, 955; *Heinze* NZA 1994, 244, 245.
[1054] Zur Abgrenzung zwischen § 887 ZPO und § 888 III ZPO vgl. *Zieres* S. 35 ff.
[1055] *Heinze* NZA 94, 244, 247; *a.A. Koppenfels* NZA 2002, 598, 601, die als Reaktionsmöglichkeiten des Arbeitgebers ferner Lohnminderung, Abmahnung, Versetzung und Kündigung anführt. Dagegen spricht aber m.E., dass durch diese Instrumente dem Interesse des Arbeitgebers auf Ersatz seines Schadens nicht ausreichend Rechnung getragen wird, zumal eine Schadenspauschalierung in Formulararbeitsverträgen nach § 309 Nr. 5 BGB unwirksam ist.

aber der Arbeitgeber muss gleichwohl den Nachweis der Kausalität zwischen Pflichtverletzung und Schaden sowie der konkreten Schadenshöhe führen. Es erweist sich aber als schwierig bei komplexen betrieblichen Organisationsstrukturen, den Anteil jedes einzelnen Arbeitnehmers am Umsatz und Gewinn des Unternehmens ziffernmäßig festzustellen[1056]. Bei der Vertragsauflösung besteht daher eine Disparität der Schutzbedürftigkeit von Arbeitnehmer und Arbeitgeber[1057], da der Arbeitgeber allein durch das Bestehen von Schadensersatzansprüchen gegen den Arbeitnehmer, die er mangels Bezifferbarkeit nicht durchsetzen kann, nur sehr unzureichend geschützt ist[1058].

§ 888 III ZPO begründet deshalb eine arbeitsrechtliche Besonderheit i.S. des § 310 IV 2 Hs. 1 BGB[1059]. Die Vereinbarung einer Vertragsstrafe im Fall des Vertragsbruchs stellt hierbei keine Umgehung des § 888 III ZPO dar, da die Verwirkung der Vertragsstrafe zu einem Sekundäranspruch in Form eines Geldanspruchs führt[1060]. Ferner steht nicht entgegen, dass § 888 III ZPO auch Dienstverträge erfasst, da er im Wesentlichen nur im Arbeitsrecht die Schutzlosigkeit des Dienstberechtigten gegen den Vertragsbruch des Dienstverpflichteten begründet[1061].

Eine Unterscheidung zwischen Diensten einfacherer und höherer Art, wonach Dienste einfacherer Art nach § 887 ZPO vollstreckt werden könnten[1062], scheitert

---

[1056] ArbG Bochum DB 2002, 1943; *Eckert/Wallstein* S. 160; ErfK/*Preis* §§ 305-310 BGB Rn. 93. Das LAG Düsseldorf verneint hingegen schon die Möglichkeit einer Schadensentstehung für den Fall des Nichtantritts der Arbeit, vgl. NZA 2003, 382, 383.

[1057] *Leder/Morgenroth* NZA 2002, 952, 955; *a.A. Koppenfels* NZA 2002, 598, 600 und *Schuster* AiB 2002, 274, 278, die auf das strukturelle Ungleichgewicht zwischen Arbeitgeber und Arbeitnehmer abstellen wollen.

[1058] *Bartz* AuA 2002, 62, 64; *Grobys* DStR 2002, 1002, 1007; *Lingemann* NZA 2002, 181, 191; ArbRHdB/Linck § 60 Rn. 4; ErfK/*Preis* §§ 305-310 BGB Rn. 93; *Lohr* MDR 2000, 429; *Popp* NZA 1988, 455, 457; Preis/*Stoffels* II V 30 Rn. 27; *a.A. Schuster* AiB 2002, 274, 278; LAG Düsseldorf NZA 2003, 382, 384 bzgl. einer Vertragsstrafenklausel wegen Nichtantritt der Arbeitsstelle.

[1059] *Reichenbach* NZA 2003, 309, 312; *a.A. Thüsing* NZA 2002, 591, 592 .

[1060] *Reichenbach* NZA 2003, 309, 310; *Lohr* MDR 2000, 429; *a.A. Langheid* DB 1980, 1219.

[1061] Vgl. *Reichenbach* NZA 2003, 309, 311 f., der auf die Dienstverhältnisse von Organmitgliedern juristischer Personen hinweist, bei denen sich der Dienstberechtigte gegen den Vertragsbruch des Dienstverpflichteten – wenn dieser Unternehmer (§ 14 BGB) ist – in den allgemeinen Grenzen des § 307 BGB durch Vereinbarung einer Vertragsstrafe wegen des nach § 310 I 1 BGB nicht anwendbaren § 309 Nr. 6 BGB schützen kann.

Ferner steht auch der Einordnung als Besonderheit des Arbeitsrechts nicht entgegen, dass § 888 III ZPO auch bei der Verurteilung zur Eingehung der Ehe sowie zur Herstellung des ehelichen Lebens anwendbar ist, so aber *Klevemann* AIB 2002, 579, 581. Denn diese fehlende Vollstreckbarkeit beruht in diesem Fall auf dem Umstand, dass die eheliche Lebensgemeinschaft durch die enge persönliche Beziehung zwischen den Ehegatten geprägt ist, was aber auf sonstige Rechtsbeziehungen nicht übertragen werden kann.

[1062] So *Reichenbach* NZA 2003, 309, 312.

an der Tatsache, dass nach § 613 S. 1 BGB der Arbeitnehmer die Dienste (im Zweifel) in eigener Person zu leisten hat, so dass die Arbeitsleistung eine unvertretbare Handlung ist[1063].

(2) Systematische Erwägungen

Ferner sprechen systematische Erwägungen gegen die Anwendbarkeit des § 309 Nr. 6 BGB, da es im Arbeitsrecht kein *generelles Vertragsstrafenverbot* gibt:

Gegen eine Übertragung des in § 555 BGB geregelten Vertragsstrafenverbots im Mietrecht auf das Arbeitsrecht spricht, dass im Mietrecht der Vermieter durch andere Instrumente, wie z.B. durch das Vermieterpfandrecht (§ 562 I BGB), ausreichend geschützt ist[1064].

Auch ist im Umkehrschluss zu § 5 II Nr. 2 BBiG und § 75 c HGB festzustellen, dass der Gesetzgeber durch die Erstreckung der AGB-Kontrolle auf das Arbeitsrecht Vertragsstrafen weiterhin in Formularverträgen als zulässig ansah[1065]. Denn der Gesetzgeber verdeutlicht durch das spezifische Verbot von Vertragsstrafenabreden in Berufsausbildungsverhältnissen (§ 5 II Nr. 2 BGB) die ansonsten im Arbeitsrecht gegebene Zulässigkeit solcher Vereinbarungen[1066].

h) Eigene Stellungnahme

Das Vertragsstrafenverbot (§ 309 Nr. 6 BGB) ist aus den oben dargelegten verschiedenen Gründen *m.E.* im Arbeitsrecht *nicht anwendbar.*

Dieser Befund wird nicht zuletzt durch den Gesetzeswortlaut selbst untermauert, wonach bei der Inhaltskontrolle von Arbeitsverträgen die im Arbeitsrecht geltenden Besonderheiten angemessen zu berücksichtigen sind (§ 310 IV 2 Hs. 1). Eine Besonderheit des Arbeitsrechts ist aber die fehlende Vollstreckungsmög-

---

[1063] Staudinger/*Richardi* § 611 BGB Rn. 350; *Heinze* NZA 1994, 244, 249 m.w.N.

[1064] *Heinze* NZA 94, 244, 250; *Koppenfels* NZA 2002, 598 Fn. 10; *Lohr* MDR 2000, 429; *Popp* NZA 1988, 455, 457.

[1065] *Henssler* RdA 2002, 129, 138; ArbRHdB/*Linck* § 60 Rn. 4; *Lohr* MDR 2000, 429; *a.A.* LAG Hamm NZA 2003, 499, 501.

[1066] ErfK/*Müller-Glöge* §§ 339-345 Rn. 11; *Stoffels* Vertragsbruch, S. 205. *Preis* Vertragsgestaltung, S. 471 führt ferner als Argument für die Zulässigkeit von Vertragsstrafen den Umstand auf, dass in den Gesetzesentwürfen der Arbeitsgesetzbuchkommission aus dem Jahre 1977 in § 12 III und des DGB in § 29 IV Vertragsstrafenabreden zugelassen waren.

lichkeit bzgl. der Arbeitsleistung (§ 888 III ZPO)[1067] und die Beweisprobleme des Arbeitgebers bei der Geltendmachung von Schadensersatzansprüchen[1068]. Dass der Gesetzgeber mit dem partiellen Verbot von Vertragsstrafen in § 309 Nr. 6 BGB für den Fall des Vertragsbruchs das berechtigte Interesse des Arbeitgebers an der Sanktionierung des Vertragsbruchs mittels Vertragsstrafe als nicht mehr gegeben ansah, ist nicht erkennbar[1069].

Ferner kann die vom Gesetzgeber mit der Aufhebung der Bereichsausnahme für das Arbeitsrecht gewünschte Rechtssicherheit nur mit der Beibehaltung der Rechtsprechung des BAG zur Zulässigkeit der Vertragsstrafen erreicht werden[1070].

Schließlich wird der Arbeitnehmer durch die Möglichkeit eines Vertragsstrafenverbotes in Formulararbeitsverträgen infolge der Nichtanwendung des § 309 Nr. 6 BGB nicht einseitig benachteiligt, da Vertragsstrafenregelungen der Inhaltskontrolle des § 307 I, II BGB unterliegen[1071].

[1067] So auch *Keil* INF 2002, 561, 564; *Reichenbach* NZA 2003, 309, 312; *a.A.* ArbG Bochum DB 2002, 1659.

[1068] Ebenso: *Bartz* AuA 2002, 62, 64; *Grobys* DStR 2002, 1002, 1008; *Henssler* RdA 2002, 129, 138; *Leder/Morgenroth* NZA 2002, 952, 956; ArbRHdb/*Linck* § 60 Rn. 4; *a.A.* Reichenbach NZA 2003, 309, 312 sowie *Thüsing* NZA 2002, 591, 593 f., der nur rechtliche, nicht aber rein tatsächliche Besonderheiten unter § 310 IV 2 Hs. 1 BGB subsumieren will, aber über eine teleologischen Reduktion bestimmte Klauselverbote des § 309 Nr. 6 BGB nicht anwenden will.

[1069] So aber *Koppenfels* NZA 2002, 598, 601; *Reichenbach* NZA 2003, 309, 311.

[1070] So auch *Leder/Morgenroth* NZA 2002, 952, 954.

[1071] Vgl. *Gotthardt* Schuldrechtsreform Rn. 325; *Leder/Morgenroth* NZA 2002, 952, 956; *a.A. Reichenbach* NZA 2003, 309, 311. So ist eine unangemessene Benachteiligung des Arbeitnehmers i.S.v. § 307 I BGB anzunehmen, wenn der Arbeitgeber kein berechtigtes Interesse an einer Vertragsstrafenvereinbarung hat. Das ist der Fall, wenn das sanktionierte Verhalten typischerweise nicht zu einem Schaden oder zu einem völlig unerheblichen Schaden des Arbeitgebers führt oder dieser im Falle des Schadenseintritts den Schaden und seine Höhe ohne größere Schwierigkeiten nachweisen kann, vgl. *Leder/Morgenroth* NZA 2002, 952, 956; Preis/*Stoffels* II V 30 Rn. 29. Ein berechtigtes Interesse des Arbeitgebers an der Vereinbarung einer Vertragsstrafe besteht zur Sicherung der Erfüllung der Arbeitsleistung und der vertraglich verlängerten Kündigungsfristen, vgl. *Leder/Morgenroth* NZA 2002, 952, 956. Die Vertragsstrafe muss zudem der Höhe nach angemessen sein und darf nicht unverhältnismäßig sein, wobei die Höchstgrenze bei einem Monatsgehalt liegen dürfte (vgl. ErfK/*Preis* §§ 305-310 BGB Rn. 94, MüKo/*Basedow* § 309 Nr. 6 BGB Rn. 7) und die Höhe der Vertragsstrafe das für die normale Kündigungsfrist zu zahlende Gehalt nicht übersteigen sollte (LAG Hamm NZA 2003, 499, 502). Daneben ist das Transparenzgebot des § 307 I 2 BGB anzuwenden. Daraus folgt, dass die vereinbarte Strafe und der Tatbestand, der die Strafe auslösen soll, klar und deutlich bezeichnet sind, damit sich der Arbeitnehmer in seinem Verhalten darauf einstellen kann, vgl. *Leder/Morgenroth* NZA 2002, 952, 957; *Reichenbach* NZA 2003, 309, 312 f.

7. Haftungsausschlüsse - § 309 Nr. 7 BGB

a) Wortlaut des § 309 Nr. 7 BGB

Gegen *§ 309 Nr. 7 a BGB* verstößt ein Ausschluss oder eine Begrenzung der Haftung für Schäden aus der Verletzung des Lebens, des Körpers oder der Gesundheit, die auf einer fahrlässigen Pflichtverletzung des Verwenders oder einer vorsätzlichen oder fahrlässigen Pflichtverletzung eines gesetzlichen Vertreters oder Erfüllungsgehilfen des Verwenders beruhen. Gegen *§ 309 Nr. 7 b BGB* verstößt ein Ausschluss oder eine Begrenzung der Haftung für sonstige Schäden, die auf einer fahrlässigen Pflichtverletzung oder auf einer vorsätzlichen oder grob fahrlässigen Pflichtverletzung eines gesetzlichen Vertreters oder Erfüllungsgehilfen des Verwenders beruhen.

b) Allgemeiner Anwendungsbereich

§ 309 Nr. 7 BGB gilt für Verträge jeder Art. Geschützt werden Schadensersatzansprüche wegen Pflichtverletzung (§§ 280, 281, 536 a BGB). Auf deliktische Ansprüche ist § 309 Nr. 7 BGB analog anzuwenden[1072].
§ 309 Nr. 7 BGB erfasst aber nur Ansprüche gegen den Verwender, nicht aber Ansprüche gegen die Erfüllungsgehilfen des Verwenders. Denn der Anspruch gegen den Erfüllungsgehilfen kann in den Grenzen des § 307 BGB durch eine Haftungsfreistellung zu Gunsten Dritter abbedungen werden[1073]. Neben dem Haftungsausschluss ist jegliche Haftungsbegrenzung verboten. Unzulässig sind daher Beschränkungen der Höhe des Anspruchs oder der Ausschluss bestimmter (z.B. mittelbarer, nicht vorhersehbarer) Schäden[1074]. § 309 Nr. 7 BGB gilt auch, wenn die Klausel nicht die Ersatzpflicht, sondern die Sorgfaltspflicht des Verwenders abbedingt oder ein bestimmtes Risiko allein dem Kunden auferlegt[1075].

c) Anwendungsbereich im Arbeitsrecht

§ 309 Nr. 7 BGB ist bei der Inhaltskontrolle von Formulararbeitsverträgen zu beachten[1076]. So hat schon das BAG die Möglichkeit eines Haftungsausschlusses

---

[1072] Palandt/*Heinrichs* § 309 BGB Rn. 41 m.w.N.; MüKo/*Basedow* § 309 Nr. 7 BGB Rn. 9.
[1073] MüKo/*Basedow* § 309 Nr. 7 BGB Rn. 10.
[1074] Palandt/*Heinrichs* § 309 BGB Rn. 44 m.w.N.
[1075] Palandt/*Heinrichs* § 309 BGB Rn. 44.
[1076] ErfK/*Preis* §§ 305-310 BGB Rn. 81; Preis/*Stoffels* II H Rn. 6; früher zu § 11 Nr. 7 AGBG *Preis* Vertragsgestaltung, S. 459; *a.A.* MüKo/*Basedow* § 310 BGB Rn. 95.

für grobe Fahrlässigkeit verneint[1077]. Ferner bringt § 309 Nr. 7 BGB eine ganz allgemeine, für jeden privatrechtlichen Vertrag relevante Wertung zum Ausdruck, die auch in AAB zu beachten ist[1078].

aa) Personenschäden

Eine Haftung des Arbeitgebers für Personenschäden, den ein Versicherungsunfall[1079] verursacht hat, liegt nach § 104 I 1 SGB VII nur vor bei Vorsatz[1080] oder wenn ein sog. Wegeunfall (§ 8 II Nr.1–4 SGB VII) vorliegt[1081]. Da aber ein wirksamer Haftungsausschluss bei Vorsatz nicht möglich ist (vgl. § 276 III BGB), kann eine Haftungsfreistellungsklausel bzgl. § 309 Nr. 7 a BGB nur theoretisch relevant werden bzgl. sog. Wegeunfällen[1082].

bb) Sachschäden

Wegen der in § 104 SGB VII gesetzlich angeordneten Haftungsfreistellung liegt der praktische Anwendungsbereich einer arbeitsvertraglich vereinbarten Haftungsausschlussklausel bei der Haftung des Arbeitgebers für Sachen des Arbeitnehmers[1083]. § 309 Nr. 7 b BGB kann daher in Formulararbeitsverträgen nur bei einem Haftungsausschluss oder bei einer Haftungsbeschränkung für grobe Fahrlässigkeit bzgl. Sachschäden des Arbeitnehmers relevant werden[1084]. Der Haf-

---

1077 BAG AP Nr.26 zu § 611 Fürsorgepflicht. Nach Ansicht des BAG würde ein solcher Haftungsausschluss zu einer Abwertung der Fürsorgepflicht des Arbeitgebers zulasten des Arbeitnehmers führen, was mit den Grundsätzen der Sorgepflicht des Arbeitgebers unvereinbar wäre. Auch würde die personale Struktur des Arbeitsverhältnisses mit der Anerkennung eines Haftungsausschlusses für grobe Fahrlässigkeit des Arbeitgebers entschieden getroffen.

1078 Preis/*Stoffels* II H 10 Rn. 6; so schon *Preis* Vertragsgestaltung, S. 459.

1079 Versicherungsfälle sind nach § 7 I SGB VII Arbeitsunfälle (§ 8 I SGB VII) und Berufskrankheiten (§ 9 SGB VII).

1080 Ob sich Vorsatz i.S.v. § 104 I 1 SGB VII neben der Handlung und dem Erfolg auch auf den konkreten Schadensumfang erstrecken muss, ist streitig, vgl. MünchArbR/*Blomeyer* § 61 Rn. 28; ErfK/*Rolfs* § 104 SGB VII Rn. 20 m.w.N.

1081 Durch § 104 I 1 SGB VII ist auch der Anspruch auf Schmerzensgeld (§ 253 II BGB) ausgeschlossen, vgl. MünchArbR/*Blomeyer* § 61 Rn. 29; ErfK/*Rolfs* § 104 SGB VII Rn. 25.

1082 Der Versicherungsschutz des § 8 II Nr. 1- 4 SGB VII beginnt mit Verlassen des häuslichen Wirkungskreises und endet mit dem Erreichen des Betriebsgeländes, i.d.R. mit dem Durchschreiten des Werkstores, vgl. ErfK/*Rolfs* § 104 SGB VII Rn. 22 m.w.N.; MünchArbR/*Blomeyer* § 61 Rn. 26.

1083 *Preis* Vertragsgestaltung, S. 458.

1084 Bereits früher so zu § 11 Nr. 7 AGBG *Kreßel* RdA 1992, 169, 175; *Preis* Vertragsgestaltung, S. 459; vgl. auch BAG AP Nr. 26 zu § 611 BGB Fürsorgepflicht.

tungsausschluss des Verwenders für *leichte Fahrlässigkeit* bei Sachschäden, der im Rückschluss zu § 309 Nr. 7 b BGB in Formularverträgen grundsätzlich zulässig ist, ist an der Generalklausel des § 307 I BGB zu messen[1085].

Die Haftung für einfache Fahrlässigkeit kann gemäß § 307 I BGB u.a. bei der Verletzung von *Kardinalpflichten* nicht ausgeschlossen werden oder wenn der Haftungsausschluss aus sonstigen Gründen eine unangemessene Benachteiligung des Verwendungsgegners darstellt[1086]. Die Freizeichnung für leichte Fahrlässigkeit ist ferner unwirksam, wenn der Verwender die ihn treffende Schadensersatzhaftung durch eine zumutbare Möglichkeit der Haftpflichtversicherung abdecken kann[1087]. Diese Wertungen sind auf das Arbeitsrecht übertragbar[1088]: Besteht mithin im Einzelfall für den Arbeitgeber eine zumutbare Möglichkeit einer auch die eingebrachten Sachen des Arbeitnehmers umfassenden Versicherung, so ist er gehalten, diese zu ergreifen. Eine Abwälzung des Risikos der leichten Fahrlässigkeit auf den Arbeitnehmer wäre unter diesen Umständen unangemessen (§ 307 I BGB)[1089].

8. Sonstige Haftungsausschlüsse - § 309 Nr. 8 BGB

Der Anwendungsbereich von § 309 Nr. 8 BGB ist bei der Inhaltskontrolle von Formulararbeitsverträgen nicht eröffnet, da diese Klausel nur für Kauf- und Werkverträge gilt[1090].

1085 Palandt/*Heinrichs* § 309 BGB Rn. 48; Preis/*Stoffels* II H 10 Rn. 6.

1086 Palandt/*Heinrichs* § 307 BGB Rn. 45, 48; MüKo/*Basedow* § 309 Nr. 7 BGB Rn. 26; *Westphalen* ZGS 2002, 392, 395 mit Formulierungsbeispiel.

1087 Palandt/*Heinrichs* § 307 BGB Rn. 45.

1088 Denn schon bislang hat das BAG dem Arbeitnehmer analog § 670 BGB den Ersatz des Schadens zugesprochen, den er dadurch erlitten hat, dass er sein privates Auto mit Billigung des Arbeitgebers ohne besondere Vergütung im Tätigkeitsbereich des Arbeitgebers eingesetzt hat, vgl. BAG NJW 1996, 1301. Wenn nun aber der Arbeitgeber schon bislang verschuldensunabhängig bei Sachschäden des Arbeitnehmers haften musste, erscheint es konsequent, einen Haftungsausschluss hinsichtlich Sachschäden auch bei leichter Fahrlässigkeit nicht zuzulassen. So hat das BAG die Zulässigkeit von Haftungsfreizeichnungsklauseln auch für leichte fahrlässige Verletzungen der Verkehrssicherungspflichten auf einem arbeitgeberseitig zur Verfügung gestellten Parkplatz verneint, vgl. BAG AP Nr. 5 zu § 611 BGB Parkplatz.

1089 Preis/*Stoffels* II H 10 Rn. 6.

1090 *Eckert/Wallstein* S. 162; *Vogel/Kümmel* Die Gemeinde 2002, 706, 708; Palandt/*Heinrichs* § 309 BGB Rn. 53; MüKo/*Basedow* § 309 Nr. 8 BGB Rn. 10, 17. Daneben hätte § 309 Nr. 8a BGB (Ausschluss oder Einschränkung des anderen Vertragsteils, sich vom Vertrag zu lösen) im Arbeitsrecht keine Bedeutung, weil das Recht zur außerordentlichen Kündigung (§ 626 BGB) ohnehin unabdingbar ist, vgl. ErfK/*Müller-Glöge* § 626 BGB Rn. 1.

9. Laufzeit bei Dauerschuldverhältnissen - § 309 Nr. 9 BGB

Ferner ist die Anwendbarkeit von § 309 Nr. 9 BGB auf die Inhaltskontrolle von Formulararbeitsverträgen, die vom Arbeitgeber gestellt werden, nicht gegeben[1091].

Denn Voraussetzung für § 309 Nr. 9 BGB ist, dass der *Verwender* eine Dienstleistung erbringt, wobei aber der Arbeitgeber, wenn er die Vertragsklauseln stellt, Verwender ist, aber der Arbeitnehmer die Arbeitsleistung erbringt. Auch kann § 309 Nr. 9 BGB mangels Regelungslücke nicht analog angewandt werden, da die Befristung von Arbeitsverhältnissen in §§ 14, 15 TzBfG abschließend geregelt ist[1092].

10. Wechsel des Vertragspartners - § 309 Nr. 10 BGB

a) Regelungsanliegen

§ 309 Nr. 10 BGB erfasst einen besonders heimtückischen Fall einer „überraschenden Klausel“ und normiert ein Klauselverbot bzgl. des Wechsels des Vertragspartners[1093].

Die Bestimmung soll vermeiden, dass sich der Kunde infolge einer formularmäßigen Klausel nachträglich einem Vertragspartner gegenüber sieht, über dessen wirtschaftliche Leistungsfähigkeit und persönliche Zuverlässigkeit er sich vor der Entscheidung zum Vertragsschluss nicht informieren konnte oder mit dem er, zum Beispiel wegen schlechter früherer Erfahrungen, den Vertrag bei entsprechender Kenntnis nicht abgeschlossen hätte[1094]. Denn Anlass für die Normierung des Klauselverbots war ein Missbrauch auf dem Gebiet des Zeitschriftengeschäfts, bei Fernunterrichtsverträge und Mitgliedschaften in Buchclubs[1095].

b) Allgemeiner Anwendungsbereich

Das Klauselverbot § 309 Nr. 10 BGB erfasst lediglich die rechtsgeschäftliche Vertragsübernahme. Nicht erfasst sind daher Klauseln, die Regelungen der ge-

---

[1091] MüKo/*Basedow* § 310 BGB Rn. 95; *Eckert/Wallstein* S. 162.
[1092] *Eckert/Wallstein* S. 162; MüKo/*Basedow* § 310 BGB Rn. 95;.
[1093] Staudinger/*Coester-Waltjen* § 11 Nr. 13 AGBG Rn. 1.
[1094] RegE BT-Drucks. 7/3919, S. 38.
[1095] Staudinger/*Coester-Waltjen* § 11 Nr. 13 AGBG Rn. 1.

setzlichen Vertragsübernahme (vgl. §§ 566, 613a BGB) nachzeichnen, da diese wegen § 307 III 1 BGB der inhaltlichen Kontrolle entzogen sind[1096].

c) Anwendbarkeit im Arbeitsrecht

§ 309 Nr. 10 BGB erfasst auch Dienstverträge[1097], so dass grundsätzlich auch Arbeitsverträge erfasst sind[1098].

§ 309 Nr. 10 BGB könnte zur Unwirksamkeit sog. *Konzernversetzungsklauseln* führen, die auf eine dauerhafte Versetzung (und damit auf einen Wechsel des Arbeitgebers) abzielen[1099].

§ 309 Nr. 10 BGB ist aber auf die Inhaltskontrolle von Formulararbeitsverträgen *nicht anwendbar*[1100]: Denn die Anwendbarkeit dieser Norm bedeutet keine Stärkung des Arbeitnehmerschutzes. Wenn man nämlich die namentliche Nennung des eintretenden Arbeitgebers (vgl. § 309 Nr. 10 lit. a BGB) als ausreichend für einen Vertragswechsel erachten würde, würde dies im Widerspruch zum zwingenden Kündigungsschutz bzgl. des ersten Vertrags zum ersten Arbeitgeber stehen[1101]. Auch passt die von § 309 Nr. 10 lit. b BGB vorgesehene Möglichkeit der Einräumung eines Lösungsrechts für den Arbeitgeber als Verwender nicht zum

---

1096 MüKo/*Basedow* § 309 Nr. 10 BGB Rn. 5; Staudinger/*Coester-Waltjen* § 11 Nr. 13 AGBG Rn. 10. Teilweise wurde § 11 Nr. 13 AGBG, dem jetzt § 309 Nr. 10 BGB inhaltlich voll entspricht, als leer laufende Bestimmung mit bloßer Klarstellungsfunktion angesehen, da Klauseln mit einem dem Verbot des § 309 Nr. 10 unterfallenden Inhalt bereits nach §§ 305 b, c BGB nicht Vertragsinhalt würden, vgl. Soergel/*Stein* § 11 Nr. 13 AGBG Rn. 151. Jedoch ist eine Überschneidung mit dem Überraschungsverbot des § 305 c BGB nichts Ungewöhnliches. Auch erlangt § 309 Nr. 10 BGB eine über § 305 c BGB hinausgehende eigenständige Bedeutung: Da jede den Verbotstatbestand des § 309 Nr. 10 BGB unterfallende Klausel unwirksam ist, bedarf es einer Überprüfung, ob der Kunde im Einzelfall durch sie überrascht wurde, nicht, vgl. Staudinger/*Coester-Waltjen* § 11 Nr. 13 AGBG Rn. 3.

1097 MüKo/*Basedow* § 309 Nr. 10 BGB Rn. 5.

1098 *Gotthardt* Schuldrechtsreform Rn. 285. § 309 Nr. 10 BGB könnte aber nur eingreifen, wenn keine gesetzliche Vertragsübernahme nach § 613 a BGB vorliegt, vgl. MüKo/*Basedow* § 309 Nr. 10 BGB Rn. 5; *Eckert/Wallstein* S. 163.

1099 Ob bei derartigen Klauseln die antezipierte Zustimmung des Arbeitgebers zum Arbeitnehmerwechsel ausreicht, oder der aktuellen Zustimmung des Arbeitnehmers bedarf, ist streitig, vgl. ErfK/*Preis* §§ 305-310 BGB Rn. 83 m.w.N. Jedenfalls kann neben einer unternehmensbezogenen Versetzungsklausel wirksam vereinbart werden, dass der Arbeitgeber unter Aufrechterhaltung seiner Stellung als Vertragspartner zur Abordnung des Arbeitnehmers in ein anderes Konzernunternehmen berechtigt ist, vgl. *Rolfs* ZGS 2002, 409, 411.

1100 MüKo/*Basedow* § 310 BGB Rn. 95; *Gotthardt* Schuldrechtsreform Rn. 285; ErfK/*Preis* §§ 305-310 BGB Rn. 83; *Eckert/Wallstein* S. 163; offengelassen *Rolfs* ZGS 2002, 409, 410; differenzierend *Löwisch* FS Wiedemann, S. 311, 319, der § 309 Nr. 10 BGB bei der nicht gewerblichen Arbeitnehmerüberlassung anwenden will.

1101 *Gotthardt* Schuldrechtsreform Rn. 285.

Bestandsschutzinteresse des Arbeitnehmers[1102]. Beim Betriebsübergang wird nämlich von der Rechtsprechung[1103] und nun vom Gesetz selbst in § 613 VI BGB dem Arbeitnehmer ein Widerspruchsrecht zugestanden, dessen Ausübung zum Fortbestand des Arbeitsverhältnisses beim ursprünglichen Arbeitgeber führt.

11. Haftung des Abschlussvertreters - § 309 Nr. 11 BGB

§ 309 Nr. 11 BGB ist zwar grundsätzlich im Arbeitsrecht anwendbar. Doch wird es in der Praxis an Anwendungsfällen fehlen, da Arbeitnehmer den Arbeitsvertrag regelmäßig selbst abschließen und keinen Vertreter beauftragen[1104].

12. Beweislastvereinbarungen - § 309 Nr. 12 BGB

a) Wortlaut des § 309 Nr. 12 BGB

Von § 309 Nr. 12 BGB (der weitgehend § 11 Nr. 15 AGBG entspricht) erfasst sind Klauseln, durch die der Verwender die Beweislast zum Nachteil der anderen Vertragspartei ändert, insbesondere indem er (lit. a) diesem die Beweislast für Umstände auferlegt, die im Verantwortungsbereich des anderen Vertragsteils liegen oder (lit. b) den anderen Vertragsteil bestimmte Tatsachen bestätigen lässt.

b) Umfang des Verbots[1105]

§ 309 Nr. 12 BGB nennt zwar unter Buchstabe a und b zwei Fälle unzulässiger Beweislastklauseln, wobei es sich aber nur um Beispielsfälle handelt („insbesondere"), die für typisch und wichtig gehalten wurden[1106].

[1102] ErfK/*Preis* §§ 305-310 BGB Rn. 83.

[1103] Vgl. BAG BB 1996, 1502 f. Das Widerspruchsrecht wurde dogmatisch mit §§ 414, 415 BGB und der Berufsfreiheit des Arbeitnehmers (Art. 12 I GG) begründet, vgl. MünchArbR/*Buchner* § 39 Rn. 31.

[1104] *Eckert/Wallstein* S. 163; *Gotthardt* Schuldrechtsreform Rn. 273.

[1105] Bei der Überprüfung von AGB-Beweislastregelungen ist immer im ersten Schritt festzustellen, wie die Beweislast verteilt gewesen wäre, wenn man sich die vertragliche Beweislastregel wegdenkt und statt dessen die Beweislastregeln des dispositiven Rechts zugrunde legt, vgl. *Mauer* DB 2002, 1442, 1445.

[1106] MüKo/*Basedow* § 309 Nr. 12 BGB Rn. 1.

§ 309 Nr. 12 lit. a BGB verbietet jegliche Änderung der Beweislast zum Nachteil des Kunden, gleichgültig ob es sich um gesetzliche oder richterrechtliche Regelungen handelt[1107].
§ 309 Nr. 12 lit. a BGB erfasst daher nicht nur die Umkehr der Beweislast, sondern ist auch einschlägig, wenn nicht die Beweislast unmittelbar verändert, sondern ein vom Vertragspartner zu führender Beweis erschwert wird (sog. *Änderung der Beweisanforderungen*)[1108]. Gleiches gilt für die Beeinträchtigung der Beweisposition, indem bestimmte Beweismittel vorgeschrieben oder umgekehrt andere ausgeschlossen werden, oder die Anforderungen an die richterliche Überzeugungsbildung erhöht oder ermäßigt werden[1109].
Schließlich verbietet § 309 Nr. 12 lit. a BGB, da die Regeln über die Beweislast auch die Behauptungslast bestimmen, dass der Vertragspartner mit der Behauptung bestimmter Tatsachen ausgeschlossen wird[1110].
§ 309 Nr. 12 lit. b BGB verbietet Tatsachenbestätigungen. Tatsachenbestätigungen sind nach dem Schutzzweck des § 309 Nr. 12 lit. b BGB nicht nur in dem (praktisch seltenen) Fall unzulässig, dass sie die Beweislast umkehren, sondern auch dann, wenn sie die Beweislast faktisch zum Nachteil des Kunden verschieben[1111].

c) Anwendbarkeit auf Arbeitsverträge

Die Wertung des früheren § 11 Nr. 15 AGBG ist bereits vom BAG herangezogen worden[1112], weshalb § 309 Nr. 12 BGB auch weiterhin auf Arbeitsverträge anzuwenden ist, da keine Besonderheiten des Arbeitsrechts entgegenstehen[1113].

d) Anwendbarkeit bei Arbeitnehmerhaftung

Da § 619 a BGB[1114] (aufgrund der systematischen Stellung hinter § 619 BGB) dispositiv ist[1115], ist der Anwendungsbereich des § 309 Nr. 12 lit. a BGB eröffnet.

1107 Palandt/*Heinrichs* § 309 BGB Rn. 100.
1108 BGH NJW-RR 1989, 817, 818;*U/B/H* § 11 Nr. 15 AGBG Rn. 8, 12;*W/H/L* § 11 Nr.15 AGBG Rn.4.
1109 *U/B/H* § 11 Nr. 15 AGBG Rn. 11; *W/H/L* § 11 Nr. 15 AGBG Rn. 4.
1110 *U/B/H* § 11 Nr. 15 Rn. 8.
1111 Palandt/*Heinrichs* § 309 BGB Rn. 100 m.w.N.
1112 BAG AP Nr. 18 zu § 611 BGB Ausbildungsbeihilfe.
1113 *Grobys* DStR 2002, 1002, 1008; *Henssler* RdA 2002, 129, 133; *Lingemann* NZA 2002, 181, 192; *Gotthardt* Schuldrechtsreform Rn. 286; Staudinger/*Oetker* § 619 a BGB Rn. 3; ErfK/*Preis* §§ 305-310 BGB Rn. 77; kritisch *Wallstein* DStR 2002, 1490, 1492.

aa) Anwendungsbereich des § 619 a BGB

§ 619 a BGB betrifft *nicht den Rechtsgrund* für die Haftung des Arbeitnehmers gegenüber dem Arbeitgeber, sondern ist eine *reine Beweisregelung*, wonach der Arbeitgeber das Verschulden des Arbeitnehmers beweisen muss[1116]. Auf andere Anspruchsgrundlagen als § 280 I 1 BGB findet § 619 a BGB keine Anwendung. Es verbleibt bei der üblichen Beweislastverteilung, dass der Arbeitgeber die Voraussetzungen der anspruchsbegründenden Norm darlegen und beweisen muss, wenn die Ersatzpflicht des Arbeitnehmers auf anderen Anspruchsgrundlagen, z.B. einer deliktsrechtlicher Grundlage beruht[1117]. Auch ist § 619 a BGB nicht auf Konstellationen anwendbar, in denen eine (auf § 280 I BGB basierende) Ersatzpflicht des Arbeitgebers gegenüber dem Arbeitnehmer besteht[1118].

[1114] § 619 a BGB wurde auf Anregung von *Löwisch* im letzten Akt der Schuldrechtsreform in das BGB eingefügt, weil die Befürchtung vorgetragen wurde, dass infolge der aus § 280 I 2 BGB folgenden Beweislastumkehr ohne gesonderte Regelung bei der Arbeitnehmerhaftung einschließlich der Mankohaftung eine Veränderung des status quo zu Lasten der Arbeitnehmer eintreten könnte, vgl. *Löwisch* NZA 2001, 465, 466; *a.A. Joussen* NZA 2001, 745, 748, der trotz § 280 I 2 BGB von der Fortgeltung der Rechtsprechung zur Nichtanwendbarkeit des § 282 BGB a.F. ausging. § 619 a BGB knüpft an die Rechtsprechung des BAG an, welche die allgemeinen Regeln, nach denen der Arbeitnehmer sein Nichtvertreten beweisen müsste (§ 282 BGB a.F. analog), im Rahmen der Arbeitnehmerhaftung für nicht anwendbar hielt, vgl. BAG NJW 1999, 1049, 1052 (vgl. hierzu *Lansnicker/Schwirtzek* BB 1999, 259, 260). Das BAG sah die Beweislastumkehr des § 282 BGB (= § 280 I 2 BGB) als Ausdruck des vom Schuldner übernommenen Leistungsrisikos an, während die Einschränkung der Arbeitnehmerhaftung auf der umgekehrten Überlegung beruhe, dass der Arbeitgeber wegen seiner Organisationsmöglichkeiten ein erhöhtes Risiko trägt, vgl. BAG NJW 1999, 1049, 1052. Ob die Normierung der Beweislastverteilung rein deklaratorisch (und damit an sich überflüssig) war, weil die Rechtsprechung des BAG auch ohne ausdrückliche gesetzliche Klarstellung weiter gegolten hätte, erscheint zwar m.E. nahe liegend (so auch *Oetker* BB 2002, 43; *Walker* Jus 2002, 736; *Wallstein* DStR 2002, 1490, 1492; *a.A. Berkowsky* AuA 2002, 11, 12), kann aber angesichts der ausdrücklichen Kodifizierung in § 619 a BGB offen bleiben.

[1115] *Gotthardt* Schuldrechtsreform Rn. 200; *Henssler* RdA 2002, 129, 133; *Schwirtzek* AUA 2003, 20, 22; Staudinger/*Oetker* § 619 a BGB Rn. 3; *a.A. Däubler* NZA 2001, 1329, 1332; Palandt/*Putzo* § 619 a BGB Rn. 2.

[1116] ErfK/*Preis* § 619 a BGB Rn. 1, 5; *Oetker* BB 2002, 43, 44; *Walker* Jus 2002, 736, 740. § 619 a BGB ist bei Berufsausbildungsverhältnissen (vgl. § 3 II BBiG) und bei Arbeitsverhältnissen mit (zwecks Eingliederung) befristete beschäftigt Langzeitarbeitslosen (vgl. §§ 229 ff. SGB III), nicht aber bei freien Dienstverträgen, Anstellungsverhältnissen von Organmitgliedern und die Haftung von Handelsvertretern anwendbar, vgl. *Dedek* ZGS 2002, 320, 321; Staudinger/*Oetker* § 619 a BGB Rn. 4. Ferner wird die analoge Anwendung des § 619 a BGB auf arbeitnehmerähnliche Personen befürwortet, vgl. *Dedek* ZGS 2002, 320, 321; Staudinger/Oetker § 619 a BGB Rn. 4; *ders.* BB 2002, 43, 44; *a.A. Gotthardt* Schuldrechtsreform Rn. 197.

[1117] *Oetker* BB 2002, 43, 44.

[1118] *Oetker* BB 2002, 43, 44.

bb) Teleologische Reduktion des § 619 a BGB

Der Wortlaut des § 619 a BGB bezieht sich allgemein auf jegliche Verletzung von Pflichten aus dem Arbeitsverhältnis. Jedoch ist der Anwendungsbereich des § 619 a BGB *teleologisch zu reduzieren* auf die Fälle, in denen sich tatsächlich die überlegene Organisationsmacht des Arbeitgebers realisiert hat und ihm daher ein erhöhtes Risiko zuzuweisen ist[1119]. Da der Gesetzgeber gerade auf die Rechtsprechung des BAG zur Mankohaftung Bezug nahm[1120], sind von der Beweislastverteilung des § 619 a BGB die Haftungsfälle ausgeschlossen, in denen der eingetretene Schaden nicht durch eine *betriebliche Tätigkeit verursacht* wurde[1121]. Denn die Grundsätze der beschränkten Arbeitnehmerhaftung greifen nur bei betrieblich veranlassten Tätigkeiten ein[1122].

Da § 619 a BGB aber darauf abzielt, die Haftungsprivilegierung des Arbeitnehmers auch im Hinblick auf die Beweislastverteilung aufrechtzuerhalten, entfällt die Ratio des § 619 a BGB, wenn eine Haftungsprivilegierung des Arbeitnehmers ausscheidet[1123]. Daher verbleibt es für Unmöglichkeit (§ 275 BGB) und Verzug (§§ 280 II, 286 BGB)[1124] sowie bei der Verletzung von Wettbewerbsverboten[1125] bei der allgemeinen Beweislastverteilung, so dass § 619 a BGB nicht anwendbar ist. Denn erscheint der Arbeitnehmer nicht oder nicht rechtzeitig zur Arbeit, so kann nur allein er, nicht aber der Arbeitgeber den Grund für diese Pflichtverletzung aufklären[1126].

cc) Erleichterungen der Darlegungs- und Beweislast trotz § 619 a BGB

Hingegen schließt § 619 a BGB nicht aus, zu Gunsten des Arbeitgebers Erleichterungen der Darlegungs- und Beweislast eingreifen zu lassen[1127]. Das gilt nicht nur für das allgemeine Institut des Anscheinsbeweises, sondern auch für die vom BAG dargelegten Grundsätze zu einer abgestuften Darlegungslast des Arbeitge-

---

[1119] PdSR/*Dedek* § 280 Rn. 13.
[1120] Vgl. BT-Drucks. 14/6040, S. 136.
[1121] *Dedek* ZGS 2002, 320, 322; *Gotthardt* Schuldrechtsreform Rn. 197; *Henssler/Muthers* ZGS 2002, 219, 225; *Oetker* BB 2002, 43, 44.
[1122] Vgl. Zuletzt BAG NZA 2003, 37, 38.
[1123] PdSR/*Dedek* § 280 Rn. 13;*Oetker* BB 2002, 43, 44;ErfK/*Preis* § 619a BGB Rn. 4.
[1124] *Dedek* ZGS 2002, 320, 322; *Henssler* RdA 2002, 129, 132; *Henssler/Muthers* ZGS 2002, 219, 225; Staudinger/*Oetker* § 619 a BGB Rn. 5; vgl. auch *Medicus* Jus 2003, 521 ff.
[1125] *Gotthardt* Schuldrechtsreform Rn. 197.
[1126] *Dedek* ZGS 2002, 320, 322; *Henssler* RdA 2002, 129, 132.
[1127] *Oetker* BB 2002, 43, 44; *Walker* Jus 2002, 736, 740.

bers[1128]. Nach dieser Rechtsprechung muss der Arbeitgeber zunächst nur Indizien[1129] vortragen, die auf ein haftungsbegründendes Verschulden des Arbeitnehmers hinweisen. Der Arbeitnehmer muss sich dann zu dem Vortrag des Arbeitgebers substantiiert äußern. Wenn der Arbeitnehmer dies unterlässt, kann das Gericht daraus im Rahmen einer Gesamtwürdigung die entsprechenden Schlüsse ziehen. Verbleiben dann nach Würdigung des gesamten Parteivortrags und der erhobenen Beweise Unklarheiten, gehen diese zu Lasten des Arbeitgebers[1130].

dd) Zwischenergebnis

Klauseln, in denen dem Arbeitnehmer die Beweislast hinsichtlich seines Verschuldens entgegen § 619 a BGB bzw. hinsichtlich seines Verschuldensgrades aufgebürdet wird, sind in Formulararbeitsverträgen nach § 309 Nr. 12 lit. a BGB unzulässig[1131].

e) Arbeitgeberhaftung

§ 309 Nr. 12 lit. a BGB steht Klauseln entgegen, nach denen wegen einer Vertragsverletzung Schadensersatz an den Arbeitnehmer nur zu leisten ist, wenn der Arbeitnehmer (entgegen § 280 I 2 BGB) ein Verschulden des Arbeitgebers nachweist[1132].

f) Tatsachenbestätigungen

Von praktischer Bedeutung im Arbeitsrecht sind die durch § 309 Nr. 12 lit. b BGB hervorgehobenen Tatsachenbestätigungen[1133].
Lässt sich der Arbeitgeber als Klauselverwender vom Arbeitnehmer bestimmte Tatsachen bestätigen, liegt hierin eine *faktische Verschiebung der Beweislast* zu

---

[1128] Staudinger/*Oetker* § 619 a BGB Rn. 9; *ders.* BB 2002, 43, 44; vgl. BAG BB 1999, 264, 266; hierzu *Lansnicker/Schwirtzek* BB 1999, 259, 260 f.

[1129] Zu den Indizien gehört z.B. die Tatsache, dass der Arbeitnehmer die alleinige Kontrolle über bestimmte Bereiche hatte.

[1130] *Walker* Jus 2002, 736, 740.

[1131] *Löwisch* FS Wiedemann, S. 311, 319; Preis/*Preis* II B 30 Rn. 15; *Eckert/Wallstein* S. 163 f.

[1132] ErfK/*Preis* §§ 305-310 BGB Rn. 77; MüKo/*Basedow* § 309 Nr. 12 BGB Rn. 7; vgl. zu ähnlichen Fallgestaltungen: BGH NJW 1985, 3016 ff.; BGHZ 86, 284, 297 f.

[1133] Preis/*Preis* II B 30 Rn. 6.

Ungunsten des Arbeitnehmers, da dieser die bestätigte Tatsache so lange gegen sich gelten lassen muss, bis es ihm gelungen ist, deren Unrichtigkeit nachzuweisen[1134].

aa) Vollständigkeitsklauseln

Vollständigkeitsklauseln in Formulararbeitsverträgen verstoßen nicht gegen § 309 Nr. 12 lit. b BGB, soweit sie lediglich die Richtigkeit und Vollständigkeit des schriftlichen Vertrags wiederholen[1135].

Die Klausel ist aber nach § 307 II Nr. 1 BGB unwirksam, wenn durch sie eine unwiderlegliche Vermutung oder Fiktion der Vollständigkeit schriftlicher Abmachungen geschaffen wird, und damit der Beweis des Nichtvorliegens der vermuteten bzw. fingierten Tatsache ausgeschlossen sein soll. Denn in diesem Fall würde sie den Vorrang der Individualabrede nach § 305 b BGB ausschließen und insoweit wesentlichen Grundgedanken der gesetzlichen Regelung widersprechen[1136].

bb) Sonstige Tatsachenbestätigungen

Vom Verbot des § 309 Nr. 12 lit. b BGB wird auch die Klausel erfasst, wonach der Verwendungsgegner die AGB gelesen und verstanden hat[1137]. Daher sind auch sog. „*Sprachklauseln*", in denen ein (v.a. ausländischer) Arbeitnehmer bestätigt, den Inhalt des Arbeitsvertrags verstanden zu haben, zwar nicht nach § 309 Nr. 12 lit. a BGB[1138], aber nach § 309 Nr. 12 lit. b BGB unwirksam[1139].

[1134] Preis/*Preis* II B 30 Rn. 6. Die Würdigung der Tatsachenbestätigung als volles Beweismittel, als beschränktes Indiz oder als reine Beschreibung ohne Beweiswert ist nach § 286 ZPO dem Richter überlassen, vgl. *W/H/L* § 11 Nr. 15a AGBG Rn. 6.

[1135] Palandt/*Heinrichs* § 307 BGB Rn. 148; MüKo/*Basedow* § 309 Nr. 12 BGB Rn. 14; Preis/*Preis* II V 60 Rn. 5. vgl. auch die ständige Rechtsprechung des BGH: BGHZ 93, 29, 60 f.; BGH NJW 1985, 2329, 2331; *a.A. U/B/H* § 11 Nr. 15 AGBG Rn. 21 mit dem Argument, dass durch die Vollständigkeitsklausel faktisch die Beweisposition des Vertragspartners zu dessen Nachteil verschoben werde.

[1136] Palandt/*Heinrichs* § 307 BGB RN. 148; *W/H/L* § 9 AGBG Rn. S 50; Preis/*Preis* II V 60 Rn. 8.

[1137] BGH NJW 1996, 1819.

[1138] Preis/*Preis* II B 30 Rn. 27: Denn die Beweislast und das Risiko eines sprachlichen Missverständnisses trifft denjenigen, der aus einem bestimmten Inhalt einer von ihm oder einem anderen abgegebenen Erklärung günstige Rechtsfolgen herleiten will. Im Falle der Anfechtung (§ 119 I Alt. 1 BGB) durch den ausländischen Arbeitnehmer trägt dieser ohnehin die

Ferner liegt auch in der Bestätigung der Aushändigung einer schriftlichen Vertragsausfertigung eine Tatsachenbestätigung, die nach dem Schutzzweck des § 309 Nr. 12 lit. b BGB bereits dann unzulässig ist, wenn sie die Beweislast faktisch zum Nachteil des Vertragsgegners verschiebt[1140].

Zwar ist nach § 74 I HGB eine *nachvertragliche Wettbewerbsabrede* für den Arbeitnehmer[1141] nur wirksam, wenn diesem der vom Arbeitgeber unterzeichnete, das Wettbewerbsverbot enthaltende Vertrag ausgehändigt wird.

Aber wegen § 309 Nr. 12 lit. b BGB wird sich der Arbeitgeber die Aushändigung der Wettbewerbsabrede nicht mehr in einem Formulararbeitsvertrag bestätigen lassen können[1142]. Zur Vermeidung der Formnichtigkeit der Wettbewerbsabrede sollte sich der Arbeitgeber die Aushändigung vom Arbeitnehmer in einer gesonderten Erklärung (außerhalb des Formulararbeitsvertrags) bestätigen lassen[1143]. Denn nach § 309 Nr. 12 lit. b (letzter Hs.) BGB sind gesondert unterschriebene oder mit einer gesonderten elektronischen Signatur versehene Empfangsbekenntnisse wirksam[1144].

Auch sog. „*Gesundheitsklauseln*", mit denen der Arbeitnehmer bestätigt, keine körperlichen oder gesundheitlichen Mängel verschwiegen zu haben, die der Verrichtung der geschuldeten Arbeitsleistung entgegenstehen, verstoßen gegen § 309 Nr. 12 lit. b BGB, wenn hiermit die bei einer Anfechtung (z.B. § 123 I BGB) dem Arbeitgeber obliegende Beweislast zu dessen Gunsten erleichtert wird[1145].

Beweislast für das Vorliegen seines Irrtums, so dass sich durch die Sprachklausel kein Unterschied ergibt.

1139 Preis/*Preis* II B 30 Rn. 29. Im Übrigen liegt schon keine rechtlich erhebliche Willenserklärung vor, wenn ein - der deutschen Sprache nicht mächtiger - ausländischer Arbeitnehmer einen Formulararbeitsvertrag unterschreibt und der Arbeitgeber als Erklärungsempfänger erkennt oder als objektiver Beobachter hätte erkennen können, dass der Arbeitnehmer nicht weiß, was er erklärt bzw. unterschreibt, vgl. ArbG Heilbronn BB 1969, 535; Preis/*Preis* II B 30 Rn. 24.

1140 Preis/*Preis* II B 30 Rn. 32.

1141 Die §§ 74 ff. HGB sind über den Wortlaut hinaus auch auf Wettbewerbsabreden mit nichtkaufmännischen Arbeitnehmern anwendbar, vgl. *B/H* § 74 HGB Rn. 3, Preis/*Preis* II B 30 Rn. 31 m.w.N.

1142 ErfK/*Preis* §§ 305-310 BGB Rn. 77.

1143 Preis/*Preis* II B 30 Rn. 33.

1144 Dass das Empfangsbekenntnis „gesondert" zu unterschreiben ist, bedeutet nicht, dass darüber eine besondere Urkunde errichtet sein müsse, die andere Vereinbarungen nicht enthalten darf, vgl. MüKo/*Basedow* § 309 Nr. 12 BGB Rn. 19; Palandt/*Heinrichs* § 309 BGB Rn. 102.

1145 Preis/*Preis* II B 30 Rn. 37, 39.

13. Form von Anzeigen und Erklärungen

a) Inhalt des § 309 Nr. 13 BGB

Gegen § 309 Nr. 13 BGB verstoßen Bestimmungen, durch die Anzeigen oder Erklärungen, die dem Verwender oder einem Dritten gegenüber abzugeben sind, an eine strengere Form als die Schriftform oder an besondere Zugangserfordernisse gebunden werden.

b) Bedeutung des § 309 Nr. 13 BGB

§ 309 Nr. 13 BGB, der inhaltlich § 11 Nr. 16 AGBG entspricht, soll verhindern, dass dem Kunden bei Ausübung seiner Rechte durch übersteigerte Form- und Zugangserfordernisse Rechtsnachteile entstehen[1146].
Daher werden neben rechtsgeschäftlichen und geschäftsähnlichen Handlungen (wie beispielsweise Mahnung oder Fristsetzung) auch alle Äußerungen rein tatsächlicher Art, die für die Rechtsausübung, für die Entstehung von Rechten oder in sonstiger Weise für die Rechtswahrnehmung bedeutsam sind, erfasst[1147].

aa) Formvorschriften

Der Verwender darf keine strengere Form als die Schriftform (§§ 126, 127 BGB) vorschreiben. Er ist daher nicht berechtigt, die Benutzung seiner Formulare zur Wirksamkeitsvoraussetzung für die Erklärung zu machen[1148].

Auch die Festlegung der elektronischen Form (§ 126 a BGB), die nach § 126 III BGB die Schriftform ersetzen kann, oder der Textform (§ 126 b BGB)[1149] stellt einen Verstoß gegen § 309 Nr. 13 BGB dar, da diese Übermittlungsformen dem Kunden besondere Mühen verursachen können und daher als strengere Form als die Schriftform anzusehen sind[1150].

[1146] Staudinger/*Schlosser* § 11 Nr. 16 AGBG Rn. 1.
[1147] *Annuß* BB 2002, 458, 463; *Däubler* NZA 2001, 1329, 1336; MüKo/*Basedow* § 309 Nr. 13 BGB Rn. 3 mit Beispielen.
[1148] Palandt/*Heinrichs* § 309 BGB Rn. 105 m.w.N.
[1149] Die Textform (§ 126 b BGB) erfasst die Übermittlung per Post, Telefax und E-Mail, vgl. Palandt/*Heinrichs* § 126 b BGB Rn. 2.
[1150] MüKo/Basedow § 309 Nr. 13 BGB Rn. 4; *Däubler* 2001, 1329, 1336; *a.A.* Palandt/*Heinrichs* § 309 BGB Rn. 105; offengelassen von *Richardi* NZA 2002, 1057, 1064.

bb) Zugangserfordernisse

Unzulässig sind nach § 309 Nr. 13 BGB Klauseln, die (für Anzeigen oder Erklärungen des Kunden) besondere, von der gesetzlichen Regelung (§ 130 BGB) abweichende Zugangserfordernisse festlegen[1151]. Der Verwender kann daher weder die Übermittlung durch eingeschriebenen Brief noch die Ablieferung gegen Quittung verlangen[1152].

c) Anwendbarkeit im Arbeitsrecht

§ 309 Nr. 13 BGB ist auch auf Formulararbeitsverträge anwendbar, da keine arbeitsrechtlichen Besonderheiten entgegenstehen[1153].
Damit ist zwar mittelbar klargestellt, dass der Arbeitgeber auch im Formulararbeitsvertrag die Einhaltung der Schriftform verlangen darf[1154].
In Formulararbeitsverträgen kann jedoch für die *Kündigung* des Arbeitnehmers wegen § 309 Nr. 13 BGB eine über die Schriftform (§§ 623, 126 BGB) hinausgehende strengere Form oder ein bestimmtes Zugangserfordernis (z.B. Übermittlung durch eingeschriebenen Brief oder gegen Quittung) wirksam nicht vereinbart werden[1155].

Hingegen verstoßen die in Arbeitsverträgen verbreiteten zweistufigen *Ausschlussfristen*, die neben einer fristgerechten, schriftlichen Geltendmachung des

---

[1151] MüKo/*Basedow* § 309 Nr. 13 BGB Rn. 5. Als unzulässige Zugangserschwerung wurde bspw. die Klausel beurteilt, wonach eine Erklärung erst dann zugegangen ist, wenn sie bei einer bestimmten Abteilung des Betriebes oder bei einem bestimmten Angestellten eingegangen ist, vgl. OLG München NJW-RR 1987, 661, 664. Vgl. auch LG Frankfurt NJW 1984, 2419, 2421, das in der Klausel, dass mehrere Reservierungen *„nur in der Reihenfolge des Eingangs"* gültig werden sollen, einen Verstoß gegen § 11 Nr. 16 AGBG sah.

[1152] MüKo/*Basedow* § 309 Nr. 13 BGB Rn. 5; Palandt/*Heinrichs* § 309 BGB Rn. 106 m.w.N. Regelungsgegenstand des § 309 Nr. 13 BGB ist aber nicht die Ausgestaltung von Empfangsvollmachten: Es verstößt daher nicht gegen § 309 Nr. 13 BGB, wenn der Versicherer die Vollmacht seiner Agenten für die Entgegennahme schriftlicher Mitteilungen, die das Versicherungsverhältnis betreffen, ausschließt, vgl. BGH NJW 1999, 1633, 1635; Palandt/*Heinrichs* § 309 BGB Rn. 106; *a.A.* MüKo/*Basedow* § 309 Nr. 13 BGB Rn. 5 m.w.N.

[1153] *Annuß* BB 2002, 458, 463; *Gotthardt* Schuldrechtsreform Rn. 288; *Grobys* DStR 2002, 1002, 1008; so auch schon zu § 11 Nr. 16 AGBG: *Preis/Gotthardt* NZA 2000, 348, 349; *Preis* Vertragsgestaltung, S. 412 f.

[1154] *Richardi* NZA 2002, 1057, 1064; *Eckert/Wallstein* S. 164.

[1155] *Eckert/Wallstein* S. 164; *Grobys* DStR 2002, 1002, 1008; *Hümmerich/Holthausen* NZA 2002, 173, 181; Staudinger/Oetker § 623 BGB Rn. 16; *Preis/Gotthardt* NZA 2000, 348 f.; *Reineke* DB 2002, 583, 586. Denn § 309 Nr. 13 BGB ist in diesem Fall anwendbar, da § 623 BGB bzgl. strengerer Formvorschriften nicht zwingend ist, vgl. *Müller-Glöge/von Senden* AuA 2000, 199, 200.

Anspruchs die fristgebundene Klageerhebung oder bereits in der ersten Stufe die gerichtliche Geltendmachung verlangen, *nicht* gegen § 309 Nr. 13 BGB[1156]. Denn bei einer Ausschlussfrist, die an eine gerichtliche Geltendmachung anknüpft, wird weder ein besonderes Formerfordernis noch eine Zugangserschwerung aufgestellt. Für die gerichtliche Geltendmachung wird nämlich lediglich eine Frist vorgeschrieben, aber keine besondere Form[1157]. Ferner sind arbeitsrechtliche Besonderheiten zu beachten, wonach (zweistufige) Ausschlussklauseln entgegen dem Normzweck des § 309 Nr. 13 BGB (Schutz vor Überraschung durch Form- und Zugangserfordernisse in AGB) nicht objektiv ungewöhnlich sind, was auch gegen die Anwendung des § 309 Nr. 13 BGB spricht[1158].

VI. Anwendbarkeit der Klauselverbote des § 308 BGB

1. Annahme und Leistungsfrist - § 308 Nr. 1 BGB

a) Inhalt von § 308 Nr. 1 BGB

Gegen § 308 Nr. 1 BGB verstößt eine Klausel, durch die sich der Verwender unangemessen lange oder nicht hinreichend bestimmte Fristen für die Annahme oder Ablehnung eines Angebots oder die Erbringung einer Leistung vorbehält.

b) Anwendungsfälle im Arbeitsrecht

§ 308 Nr. 1 BGB ist auf Dauerschuldverhältnisse und somit auch auf den Arbeitsvertrag anwendbar und gilt auch für Geldleistungen[1159].
§ 308 Nr. 1 BGB greift zunächst ein, wenn sich der Arbeitgeber (als Verwender vorformulierter Klauseln) eine *„unangemessen lange Zeit für die Annahme oder Ablehnung eines Angebots"* zum Abschluss eines Arbeitsvertrags vorbehält.

[1156] *Gotthardt* Schuldrechtsreform Rn. 289; *Reineke* DB 2002, 583, 586; *Wiesinger* AuA 2002, 354, 355; *a.A. Annuß* BB 2002, 458, 463; *Däubler* NZA 2001, 1329, 1336; *Hümmerich* NZA 2003, 753, 755; *Hümmerich/Holthausen* NZA 2002, 173, 180; *Schrader* NZA 2003, 345, 350.

[1157] *Eckert/Wallstein* S. 164; *Gotthardt* Schuldrechtsreform Rn. 289; *Rolfs* ZGS 2002, 409, 412; ArbRHdB/*Schaub* § 205 Rn. 32. *Wiesinger* AuA 2002, 354, 355 weist darauf hin, dass die gerichtliche Geltendmachung eines Anspruchs durch Schriftsatz oder mündlich zu Protokoll (§ 46 II 1 ArbGG i.V.m. §§ 495, 496 ZPO) erfolgen kann.

[1158] ErfK/*Preis* §§ 305-310 BGB Rn. 80; vgl. auch *Reineke* DB 2002, 583, 586.

[1159] Vgl. *W/H/L* § 10 Nr. 1 AGBG Rn. 31; MüKo/*Basedow* § 308 Nr. 1 BGB Rn. 7.

Die Angemessenheit der Frist bestimmt sich grundsätzlich nach dem Inhalt und der wirtschaftlichen Bedeutung des Vertrags unter Berücksichtigung der beiderseitigen Interessen und der Verkehrsanschauung[1160].
Abstellend auf die Rechtsprechung des BGH zu Darlehensverträgen[1161] erscheint jedenfalls eine Annahme- bzw. Ablehnungsfrist von mehr als einem Monat als unangemessen.

Ferner verstößt eine Klausel, die eine *„nicht hinreichend bestimmte"* Frist für die Annahme oder Ablehnung eines Angebots enthält, gegen § 308 Nr. 1 BGB[1162]. Das Bestimmtheitsgebot erfordert, dass der Durchschnittskunde (hier: Arbeitnehmer) ohne Schwierigkeit und ohne rechtliche Beratung feststellen können muss, wann die Bindung an sein Angebot endet[1163]. Unzulässig sind daher Klauseln, die den Fristbeginn von Ereignissen außerhalb der Kenntnissphäre des Arbeitnehmers abhängig machen, z.B. dass der Verwender (etwa eine Zeitarbeitsfirma) einen bestimmten Auftrag erhält[1164].

Schließlich darf sich der Verwender keine unangemessen lange oder nicht hinreichend bestimmte Frist für die *Erbringung einer Leistung* vorbehalten.

§ 308 Nr. 1 BGB ist daher dem Wortlaut nach anwendbar, wenn der vorformulierte Arbeitsvertrag eine Bestimmung über ein *Arbeitszeitkonto* enthält und wenn für Zeiten der Freistellung von der Arbeitsleistung Arbeitsentgelt zu zahlen ist, das durch (evtl. lange) vor dieser Zeit erbrachte Arbeitsleistung erzielt worden ist, sog. *Wertguthaben* (§ 7 I a SGB IV)[1165]. Denn in einer solchen Klausel könnte eine nicht hinreichend bestimmte Frist für die vom Arbeitgeber zu entrichtende Leistung (Zahlung des Arbeitslohns) zu sehen sein.

Jedoch stehen einer Prüfung der flexiblen Arbeitszeitmodelle in Form von Arbeitszeitkonten anhand von § 308 Nr. 1 BGB die *§§ 7 I a , I b, 7 a ff. SGB IV* als *Besonderheiten des Arbeitsrechts* entgegen, da in diesen Vorschriften zum Aus-

---

[1160] MüKo/*Basedow* § 308 Nr. 1 BGB Rn. 6 f.; Palandt/*Heinrichs* § 308 BGB Rn. 4.
[1161] Wird der Kunde bei Darlehensverträgen mit Banken einen Monat an seinen Antrag gebunden, so ist dies auch dann noch angemessen, wenn die Beleihungsunterlagen schon vor der Einreichung des förmlichen Darlehensantrags vorliegen und die Kreditbedingungen feststehen, vgl. BGH NJW 1988, 2106, 2107.
[1162] Dies ist aber der Fall, wenn die Frist für den Vertragspartner des Verwenders nicht berechenbar ist, weil die Dauer der Frist von einem Ereignis abhängt, das allein in der Einfluss- oder Kenntnissphäre des Verwenders liegt, vgl. BGH NJW 1988, 2106, 2107 m.w.N.
[1163] Palandt/*Heinrichs* § 308 BGB Rn. 5. Unwirksam sind Klauseln, wonach der Kunde *„bis zum Eingang einer sachlichen Antwort"* oder *„bis zum Ende der Saison"* oder wenn er Waren bestellt, *„bis zur Versendung der Ware"* an sein Angebot gebunden ist, vgl. MüKo/Basedow § 308 Nr. 1 BGB Rn. 6.
[1164] *Eckert/Wallstein* S. 146.
[1165] *Gotthardt* Schuldrechtsreform Rn. 291.

druck kommt, dass der Gesetzgeber gerade auch *Langzeitarbeitszeitkonten* ermöglichen wollte[1166].

Im Übrigen geht die Vereinbarung eines Arbeitszeitkontos auch nicht zu Lasten des Arbeitnehmers: Erbringt der Arbeitnehmer nämlich mehr als die betriebsübliche Arbeitszeit, erlangt er ein Zeitguthaben, erbringt er aber einmal weniger Arbeitsleistung, entsteht ein Zeitverlust, wobei die Höhe des Monatslohnes jeweils gleich ist[1167]. Ferner wird der Arbeitnehmer auch dadurch geschützt, da im Allgemeinen Zeitspannen festgelegt werden, innerhalb derer das Zeitplus abgebaut oder das Zeitminus vom Arbeitnehmer ausgeglichen werden muss[1168].

Daher wird der von § 308 Nr. 1 BGB beabsichtigte Zweck hinsichtlich des Verbots der Vereinbarung einer unbestimmten Leistungsfrist nicht tangiert. Denn hiermit soll erreicht werden, dass der Verwender die dem Kunden im Fall einer Fristüberschreitung zustehenden Rechte, vor allem aus §§ 281, 323 BGB (Schadensersatz, Rücktritt), 280 II, 286 BGB (Verzugsschaden), durch unangemessene Leistungsfristen aushöhlt[1169].

2. Nachfrist - § 308 Nr. 2 BGB

§ 308 Nr. 2 BGB gilt für die Frist der §§ 281, 323, 637 BGB, ist auf die Frist der §§ 651 c III, 651 e II BGB entsprechend anzuwenden und soll verhindern, dass der Verwender durch unangemessen lange Fristen den Schutz dieser Vorschriften aushöhlt[1170].

Da bei einem in Vollzug gesetzten Dauerschuldverhältnis das Rücktrittsrecht gegenüber der Kündigung aus wichtigem Grund (§§ 314 I, 626 I BGB[1171]) subsidiär ist[1172], kann der Anwendungsbereich des § 323 BGB bei Arbeitsverträgen *nicht* tangiert sein.

[1166] *Eckert/Wallstein* S. 146; *Gotthardt* Schuldrechtsreform Rn. 291; *Thüsing* NZA 2002, 591, 592.

[1167] ArbRHdb/*Schaub* § 160 Rn. 42.

[1168] Vgl. ArbRHdb/*Schaub* § 160 Rn. 44.

[1169] MüKo/*Basedow* § 308 Nr. 1 BGB Rn. 12; Palandt/*Heinrichs* § 308 BGB Rn. 6.

[1170] MüKo/*Basedow* § 308 Nr. 2 BGB Rn. 1; Palandt/*Heinrichs* § 308 BGB Rn. 11.

[1171] § 626 I BGB ist lex specialis zu § 314 BGB: Vgl. BT-Drucks. 14/6040, S. 177, wo § 314 BGB als *„allgemeine Vorschrift über die außerordentliche Kündigung von Dauerschuldverhältnissen"* bezeichnet wird; *Berkowsky* AuA 2002, 11, 12; MüKo/*Gaier* § 314 BGB Rn. 3, 9; Palandt/*Heinrichs* § 314 BGB Rn. 4; *Henssler/Muthers* ZGS 2002, 219, 220; Schuldrecht/*Medicus* Kapitel 3 Rn. 194.

[1172] Vgl. MüKo/*Gaier* § 314 BGB Rn. 3; Palandt/*Heinrichs* § 314 BGB Rn. 12 m.w.N. zu Ausnahmen zu diesem Grundsatz.

Daher könnte § 308 Nr. 2 in einem Formulararbeitsvertrag nur noch bzgl. einer Vereinbarung über eine Nachfrist im Rahmen von § 280 III, 281 I 1 BGB hinsichtlich der Lohnzahlungspflicht des Arbeitgebers einschlägig sein[1173]. Hierbei ist zu beachten, dass der Arbeitnehmer hinsichtlich des Arbeitslohnzahlungsanspruches durch die Verzugsvorschriften (§§ 280 II, 286 II Nr. 1 BGB) ausreichend und abschließend geschützt ist.

Mangels Anwendungsfällen von §§ 323, 280 III, 281 I 1 BGB wird somit die Vereinbarung einer gegen § 308 Nr. 2 BGB verstoßenden Nachfrist in einem Formulararbeitsvertrag in der Praxis nicht erfolgen.

3. Rücktrittsvorbehalt - § 308 Nr. 3 BGB

Von vornherein nicht anwendbar ist § 308 Nr. 3 BGB auf die Inhaltskontrolle von Formulararbeitsverträgen, da § 308 Nr. 3 Hs. 2 BGB Dauerschuldverhältnisse ausnimmt[1174].

4. Änderungsvorbehalt - § 308 Nr. 4 BGB

a) Wortlaut des § 308 Nr. 4 BGB

Gegen § 308 Nr. 4 BGB (der inhaltlich § 10 Nr. 4 AGBG entspricht) verstößt die *„Vereinbarung eines Rechts des Verwenders, die versprochene Leistung zu ändern oder von ihr abzuweichen, wenn nicht die Vereinbarung der Änderung oder Abweichung unter Berücksichtigung der Interessen des Verwenders dem anderen Teil zumutbar ist"*.

b) Anwendungsbereich des § 308 Nr. 4 BGB

§ 308 Nr. 4 BGB gilt für Verträge jeder Art, und anders als § 308 Nr. 3 BGB auch für Dauerschuldverhältnisse[1175]. Gleichgültig ist die Art der vom Verwen-

---

[1173] *Gotthardt* Schuldrechtsreform Rn. 290 sieht daher den praktischen Anwendungsbereich des § 308 Nr. 2 BGB im Arbeitsrecht als *„eher gering"* an.
Ein Schadensersatzanspruch aus § 280 I 1 BGB, bei dem eine Nachfristsetzung nicht erforderlich ist, kommt hingegen bei der Verletzung von Nebenpflichten (§ 241 II BGB) in Betracht, vgl. Palandt/*Heinrichs* § 280 BGB Rn. 22 ff.

[1174] Vgl. MüKo/*Basedow* § 308 Nr. 3 BGB zur dogmatischen Begründung für die Freistellung der Dauerschuldverhältnisse aus dem Anwendungsbereich des § 308 Nr. 3 BGB.

der geschuldeten Leistung, so dass auch Geldschulden und Nebenpflichten erfasst werden[1176]. § 308 Nr. 4 BGB betrifft daher alle Klauseln, in denen sich der Verwender das Recht vorbehält, die (von ihm zu erbringende) versprochene Leistung zu ändern oder von ihr abzuweichen[1177]. Die Zumutbarkeit eines Änderungsvorbehalts liegt nur vor, wenn Voraussetzungen und Umfang möglicher Änderungen hinreichend konkretisiert sind und wenn die Klausel jedenfalls solche Änderungen ausschließt, die auf eine erhebliche Störung des Gleichgewichts der Klausel hinauslaufen würden[1178]. Zumutbar i.S.v. § 308 Nr. 4 BGB ist eine Klausel daher, wenn sie Art, Grund und Ausmaß der vorbehaltenen Änderung erkennen lässt[1179]. Im Hinblick auf die besonderen Probleme der einzelnen Branche ist aber zu beurteilen, wie konkret die Umstände der Leistungsänderung umschrieben werden müssen[1180]. Als nicht ausreichend wird es aber angesehen, wenn sich der Verwender Leistungsänderungen *„aus wichtigem Grund“*[1181] und *„soweit für den Kunden zumutbar“*, vorbehält, wenn also lediglich der Gesetzeswortlaut des § 308 Nr. 4 BGB in eine AGB-Klausel übernommen wird[1182].

c) Anwendbarkeit auf Formulararbeitsverträge

Ob und inwieweit das Klauselverbot des § 308 Nr. 4 BGB auf die Inhaltskontrolle von Formulararbeitsverträgen anzuwenden ist, ist streitig[1183].

1175 Staudinger/*Coester-Waltjen* § 10 Nr. 4 AGBG Rn. 5 a.E.; MüKo/*Basedow* § 308 Nr. 4 BGB Rn. 8; Palandt/*Heinrichs* § 308 BGB Rn. 22.

1176 MüKo/*Basedow* § 308 Nr. 4 BGB Rn. 3; Palandt/*Heinrichs* § 308 BGB Rn. 22.

1177 MüKo/*Basedow* § 308 Nr. 4 BGB Rn. 4.
Daher ist § 308 Nr. 4 BGB auch anwendbar, wenn der Änderungsvorbehalt Leistungsmodalitäten - wie Ort und Zeit der Leistung - betrifft, vgl. Palandt/*Heinrichs* § 308 BGB Rn. 22.

1178 OLG Köln NJW-RR 1990, 1232, 1233; BGH NJW 1983, 1322, 1325; MüKo/*Basedow* § 308 Nr. 4 BGB Rn. 7 a.E.

1179 Staudinger/*Coester-Waltjen* § 10 Nr. 4 AGBG Rn. 6.

1180 MüKo/*Basedow* § 308 Nr. 4 BGB Rn. 8; Staudinger/*Coester-Waltjen* § 10 Nr. 4 AGBG Rn. 7.

1181 MüKo/*Basedow* § 308 Nr. 4 BGB Rn. 8.

1182 BGHZ 86, 284, 294 ff.; OLG Hamburg NJW-RR 1986, 1440; MüKo/*Basedow* § 308 Nr. 4 BGB Rn. 8; Staudinger/*Coester-Waltjen* § 10 Nr. 4 AGBG Rn. 6; *a.A.* Palandt/*Heinrichs* § 308 BGB Rn. 23.

1183 *Für* die Anwendung des § 308 Nr. 4 BGB: *Annuß* BB 2002, 458, 462; *Henssler* RdA 2002, 129, 138 f.; *Keil* INF 2002, 561, 564; *Lingemann* NZA 2002, 181, 190 f; *Reichold* ZTR 2002, 202, 207; *ders.* RdA 2002. 321, 332; *Reineke* DB 2002, 583, 585; *Richardi* NZA 2002, 1057, 1063; *Schnitker/Grau* BB 2002, 2120, 2122 ff.; *Sievers* NZA 2002, 1182, 1184; *Schuster* AiB 2002, 274, 275; *Vogel/Kümmel* Die Gemeinde, S. 706, 707 f.; *dagegen*: MüKo/*Basedow* § 308 Nr. 4 BGB Rn. 94; *Gotthardt* Schuldrechtsreform Rn. 293; ErfK/*Preis* §§ 305-310 BGB Rn. 53.

Zwar müssen Dauerschuldverhältnisse wie das Arbeitsverhältnis in viel größerem Umfang anpassungsfähig sein als einmalige Austauschverhältnisse[1184]. Gerade im Arbeitsrecht besteht nämlich ein Bedürfnis, der unsicheren Entwicklung der Verhältnisse Rechnung zu tragen, so dass Widerrufsvorbehalte bei freiwilligen Zusatzleistungen des Arbeitgebers nicht ebenso strengen Anforderungen im Rahmen von § 308 Nr. 4 BGB unterworfen sein können wie etwa Änderungsvorbehalte bei Verträgen, die sich in dem punktuellen Austausch von Waren erschöpfen[1185]. Zu beachten ist aber auch, dass eine Flexibilisierung der Entgeltleistung in schutzwürdige Besitzstände, insbesondere in erdiente Gegenleistungen eingreifen kann[1186]. Daher erscheint es angebracht, § 308 Nr. 4 BGB bei der Inhaltskontrolle von Formulararbeitsverträgen unter Beachtung der arbeitsrechtlichen Besonderheiten anzuwenden[1187].

Da das Klauselverbot § 308 Nr. 4 BGB seinem Wortlaut nach aber nur bei einseitigen Bestimmungsrechten bzgl. der Leistung des Verwenders eingreift[1188], sind von § 308 Nr. 4 BGB somit nicht Klauseln betroffen, mit denen dem Arbeitgeber ein Bestimmungsrecht hinsichtlich der vom Arbeitnehmer zu erbringenden Arbeitsleistung eingeräumt wird[1189].
Daher kann § 308 Nr. 4 BGB nur bzgl. des einseitigen Bestimmungsrechts (in Form von Widerrufs- und Anrechnungsvorbehalten) des Arbeitgebers in Bezug auf das Arbeitsentgelt in Betracht kommen[1190].

[1184] MüKo/*Basedow* § 310 BGB Rn. 94.

[1185] *Lingemann* NZA 2002, 181, 190; *Reichold* ZTR 2002, 202, 207. So soll der Widerruf von Zusatzleistungen für den Fall der Änderung der Verhältnisse (unternehmerische Entscheidungen, wirtschaftliche Lage des Unternehmens, Leistung des Arbeitnehmers) auch trotz § 308 Nr. 4 BGB formularmäßig vorbehalten werden können, vgl. *Schnitker/Grau* BB 2002, 2120, 2123.

[1186] *Preis* Vertragsgestaltung, S. 419; vgl. auch *Buchner* FS Kraft, S. 23, 34.

[1187] A.A. wohl ArbG Düsseldorf DB 2004, 81.

[1188] OLG Köln ZIP 1999, 21, 22; MüKo/*Basedow* § 308 Nr. 4 BGB Rn. 4; Palandt/*Heinrichs* § 308 BGB Rn. 22; Jauernig/*Teichmann* § 308 BGB Rn. 6; *U/B/H* § 10 Nr. 4 AGBG Rn. 4; *a.A. W/H/L* § 10 Nr. 4 Rn. 7; Staudinger/*Coester-Waltjen* § 10 Nr. 4 AGBG Rn. 5 a.E.

[1189] So aber *Berger-Delhey* ZTR 2002, 66, 69; *Däubler* NZA 2001, 1329, 1336; *Hümmerich* NZA 2003, 753, 759.

[1190] *Annuß* BB 2002, 458, 462; *Hennsler* RdA 2002, 129, 138; *Schnitker/Grau* BB 2002, 2120, 2122, 2124; *a.A. Eckert/Wallstein*, S. 147 f. Widerrufsvorbehalte bzgl. der Entgeltzahlungspflicht des Arbeitgebers sind daher nicht an der Generalklausel des § 307 I BGB zu messen, da das Klauselverbot des § 308 Nr. 4 BGB als lex specialis vorgeht, vgl. Palandt/*Heinrichs* Vorb. v. §§ 307-309 BGB Rn. 1. *Gotthardt* (ZIP 2002, 277, 285; *ders.* Schuldrechtsreform Rn. 293) und *Preis* (ErfK/*Preis* §§ 305-310 BGB Rn. 53; offengelassen von *Reichold* RdA 2002, 321, 332 Fn. 143.) sehen hingegen die Abgrenzung von § 308 Nr. 4 BGB zu § 307 BGB als *„schwer zu vollziehen und praktisch unnötig"* an und wollen § 308 Nr. 4 BGB deshalb nicht anwenden.

Freiwillige Leistungen, auf die der Arbeitgeber dem Arbeitnehmer von vornherein keinen Rechtsanspruch einräumt, fallen nicht unter § 308 Nr. 4 BGB[1191]:
Da der Arbeitgeber – anders als bei einem Widerrufsvorbehalt, der zu seiner Aktualisierung erst noch der Ausübung bedarf – bei einem Freiwilligkeitsvorbehalt kein bestimmtes Verhalten in Zukunft versprochen hat, ist ein darauf gerichteter Bestandsschutz nicht gerechtfertigt[1192].
Ferner spricht auch der Wortlaut des § 308 Nr. 4 BGB („*versprochene Leistung*") gegen die Erfassung von Freiwilligkeitsvorbehalten.

d) Anrechnungsklauseln

Da vielfach über den Tariflohn hinaus sog. „übertarifliche Zulagen" gezahlt werden, behält sich der Arbeitgeber über einen *Anrechnungsvorbehalt* im Arbeitsvertrag vor, dass im Fall der Tariflohnerhöhung diese auf die übertariflichen Zulagen angerechnet wird[1193].

aa) Rechtsprechung des BAG

Das BAG ging von einer Anrechnungsbefugnis aus, und zwar auch dann, wenn dies nicht ausdrücklich durch eine Vertragsklausel klargestellt war. So ergebe sich das Recht zur Anrechnung aus dem Vertrag selbst, wenn nicht ausdrücklich ein Ausschluss späterer Anrechenbarkeit vereinbart wurde[1194]. Dem BAG genügte es, wenn eine Zulage als „*übertariflich*" gekennzeichnet war, um eine Anrechnungsbefugnis anzunehmen und auch dann, wenn die übertarifliche Zulage langjährig gewährt wurde, ohne dass eine Verrechnung erfolgt ist[1195]. Soweit es sich um eine Leistungszulage handelt, soll im Zweifel eine Anrechnung auf die Tariflohnerhöhung ausscheiden[1196].

[1191] *Grobys* DStR 2002, 1002, 1007; *Reichold* RdA 2002, 321, 332; *a.A.* wohl *Däubler* NZA 2001, 1329, 1336; *Henssler* RdA 2002, 129, 139; *Ziemann* Rn. 132.
Der Freiwilligkeitsvorbehalt hat seinen Ursprung im Gratifikationsrecht bei der Verhinderung einer betrieblichen Übung, vgl. ErfK/*Preis* §§ 305-310 BGB Rn. 68.

[1192] *Grobys* DStR 2002, 1002, 1007; *Henssler* RdA 2002, 129, 139. Vgl. zur Transparenz (§ 307 I 2 BGB) von Freiwilligkeitsvorbehalten: ErfK/*Preis* §§ 305-310 BGB Rn. 70; früher bereits MünchArbR/*Hanau* § 62 Rn. 94.

[1193] ErfK/*Preis* §§ 305-310 BGB Rn. 64. Weil die *Anrechnung keine Aufrechnung oder ein Zurückbehaltungsrecht* darstellt, scheidet die unmittelbare oder entsprechende Anwendung von § 394 BGB aus, vgl. ArbRHdB/*Schaub* § 87 Rn. 22.

[1194] BAG EzA § 87 BetrVG 1972 Nr. 33 Betriebliche Lohngestaltung.

[1195] BAG EzA Nr. 5, 6 zu § 4 TVG Tariflohnerhöhung.

[1196] BAG EzA Nr. 3 und 4 zu § 4 TVG Tariflohnerhöhung.

bb) Vereinbarkeit mit § 308 Nr. 4 BGB

Anrechnungsklauseln in Formulararbeitsverträgen sind mit § 308 Nr. 4 BGB vereinbar. Denn eine Anrechnung ist dem Arbeitnehmer zumutbar, da der Lohn vor der Anrechnung übertariflich war und er nach der Anrechung genauso stünde, als ob nur der Tariflohn bezahlt wird, da der Nominallohn unverändert bleibt[1197]. Dies folgt auch aus der Rechtsprechung des BAG, wonach die Tariflohnerhöhung für sich gesehen bereits ein sachlicher, die Anrechnung rechtfertigender Grund ist[1198].

An der grundsätzlichen Zulässigkeit von Anrechnungsklauseln in Formulararbeitsverträgen hat sich somit auch nach der Schuldrechtsreform nichts geändert[1199].

e) Widerrufsvorbehalte

Beim Widerrufsvorbehalt wird eine Leistung zunächst unbefristet zugesagt, aber dem Arbeitgeber die Möglichkeit eingeräumt, durch Ausübung des Widerrufsrechts die Weitergewährung der Leistung zu beenden[1200]. Da die beiderseitigen Hauptpflichten (Vergütungs- und Arbeitspflicht) nicht dem allgemeinen Weisungsrecht des Arbeitgebers unterliegen, räumt der Widerrufsvorbehalt dem Arbeitgeber eine gegenüber dem allgemeinen Weisungs- und Direktionsrecht erweiterte Gestaltungsmöglichkeit ein[1201]. Im Unterschied zum *Freiwilligkeitsvorbehalt*, der schon die Entstehung des Anspruchs verhindert[1202], setzt der Wider-

---

[1197] *Schnitker/Grau* BB 2002, 2120, 2123.

[1198] BAG EzA Nr. 3 zu § 4 TVG Tariflohnerhöhung. Denn die Absenkung der Zulage findet ihre Rechtfertigung darin, dass die Tariferhöhung den vorher mit der Zulage verfolgten Zweck erfüllt, das für den Arbeitnehmer verfügbare Einkommen ohne Bindung an bestimmte Voraussetzungen zu erhöhen, vgl. ErfK/*Preis* §§ 305-310 BGB Rn. 66.

[1199] Ob ein *ausdrücklicher Anrechnungsvorbehalt* überhaupt erforderlich ist, ist aber nach wie vor streitig. Teilweise wird die Erforderlichkeit eines solchen Vorbehalts verneint, da sich die vereinbarte Vergütung nicht ändere (*Lingemann* NZA 2002, 181, 191; *Hromadka* FS Dieterich, S. 251, 274). Andererseits wird unter Bezug auf das Transparenzgebot (§ 307 I 2 BGB) ein ausdrücklicher Anrechnungsvorbehalt gefordert (*Preis* FS Kissel, S. 879, 911 f.; ErfK/*Preis* §§ 305-310 BGB Rn. 65). So genüge der von der Rechtsprechung bislang akzeptierte Hinweis „übertariflich" dem Transparenzgebot nicht, weil sich dieser Kennzeichnung nicht entnehmen lässt, dass eine jederzeitige Anrechnung gewollt ist, vgl. Preis/*Preis* II V 70 Rn. 118.

[1200] ErfK/*Preis* §§ 305-310 BGB Rn. 56.

[1201] *Isenhardt* FS Hanau, S. 221, 223; *Sievers* NZA 2002, 1182, 1183.

[1202] *Swoboda/Kinner* BB 2003, 418, 421. Es ist unzulässig, die gesamte oder Teile der regelmäßigen Vergütung für die Arbeitsleistung unter Freiwilligkeitsvorbehalt zu stellen, da eine

rufsvorbehalt einen entstandenen Anspruch voraus, der allerdings unter erleichterten Voraussetzungen wieder entzogen werden kann[1203].

aa) Bisherige Rechtsprechung des BAG

Das BAG erkannte bislang *Widerrufsvorbehalte bei zusätzlichen Leistungen* des Arbeitgebers, z.B. Gratifikationen, Leistungs- und sonstigen Zulagen an. Hierbei hat das BAG Widerrufsvorbehalte bislang einer zweistufigen Prüfung unterzogen[1204]:
Auf der *ersten Stufe* wurde die Wirksamkeit der Klausel selbst geprüft. Eine Kontrolle der Wirksamkeit der vertraglichen Regelung selbst erfolgte aber bisher nicht am Maßstab des AGB-Gesetzes, sondern der §§ 134, 138 BGB. Auf der ersten Stufe sah das BAG Widerrufsvorbehalte durch den Arbeitgeber nur dann als zulässig an, wenn keine „Umgehung kündigungsrechtlicher Vorschriften" vorlag[1205]. Ein Verstoß gegen ein gesetzliches Verbot i.S.v. § 134 BGB wurde somit angenommen, wenn der Vorbehalt darauf abzielte, den gesetzlichen Inhaltsschutz des Arbeitsverhältnisses, den Kündigungsschutz nach § 2 KSchG zu umgehen[1206]. Eine klare Bestimmung einer solchen Umgehung ist hingegen durch die Rechtsprechung nicht erfolgt. Vielmehr wurde eine solche Umgehung des zwingenden Kündigungsschutzes nur bejaht, wenn wesentliche Elemente

---

solche Vereinbarung dem Wesen des Arbeitsvertrags widerspräche, vgl. Preis/*Preis* II V 70 Rn. 101.

1203 ErfK/*Preis* §§ 305-310 BGB Rn. 56; MünchArbR/*Hanau* § 62 Rn. 107.

1204 Auch der *BGH* unterscheidet streng zwischen der Angemessenheitskontrolle der Klausel, welche das Leistungsbestimmungsrecht einräumt, und der Ausübungskontrolle in Bezug auf die darauf beruhende Leistungsbestimmung im konkreten Einzelfall, vgl. BGHZ 93, 29, 34. Die zu § 10 Nr. 4 AGBG ergangene Rechtsprechung des BGH verlangte zum einen, dass die Voraussetzungen und der Umfang möglicher Änderungen hinreichend konkret (bestimmt) vereinbart wurden. So wurden zum einen nur *„schwerwiegende (gewichtige) Änderungsgründe"* als zulässig erachtet. Der Notwendigkeit der Vereinbarung objektiver Voraussetzungen für die Ausübung des Widerrufsvorbehalts konnte nach der Rechtsprechung des BGH nicht mit dem Hinweis begegnet werden, dass der andere Vertragsteil ausreichend geschützt sei, weil die Ausübung des Änderungsvorbehalts einer Kontrolle nach § 315 BGB unterliege, da dies an der Unwirksamkeit einer zu weit gefassten Klausel nichts ändern sollte, vgl. BGHZ 89, 212, 213; BGH NJW 1983, 1322, 1324 f. Einen weniger strengen Maßstab hat der BGH teilweise in anderen Entscheidungen zugrunde gelegt, vgl. BGH NJW 1985, 853 ff. (Bezugsvertrag eines Kfz-Vertragshändlers) sowie BGH NJW 1986, 1803, 1804 (Zinsanpassungsklausel in Kreditverträgen).

1205 Vgl. stellvertretend BAG NZA 1997, 1160, 1162 = BAG BB 1997, 2224.

1206 Vgl. auch BAG Nr. 2, 20 zu § 611 BGB Direktionsrecht; BAG AP Nr. 5 zu § 620 BGB Teilkündigung; zustimmend *Fastricht* FS Wiedemann, S. 251, 260 f.; *Lingemann* NZA 2002, 181, 190 m.w.N.; kritisch *Zöllner* NZA 1997, 121, 125; vgl. zur Entgeltänderung mittels Änderungskündigung *Buchner* FS Kraft, S. 23 ff.

des Arbeitsvertrags einer einseitigen Änderung unterliegen sollten, durch die das *Gleichgewicht zwischen Leistung und Gegenleistung* grundlegend gestört wurde[1207]. Bei dieser Beurteilung war das BAG äußerst großzügig und hat eine unzulässige Beeinträchtigung des Kernbestandes durch einen Widerrufsvorbehalt in keinem Fall angenommen[1208]. So hat das BAG die Grenze zur Umgehung etwa noch nicht als überschritten angesehen bei widerruflichen Provisionen, die 15 % des Tarifgehalts[1209] ausmachten. Ferner sollte die Widerruflichkeit einer übertariflichen Leistungszulage in Höhe von 25 % des tariflichen Stundenlohns zulässig sein[1210]. In einer Entscheidung des BAG aus jüngerer Zeit betonte das BAG, dass nicht nur die prozentuale Höhe des widerruflichen Arbeitsentgelts entscheidend sei, sondern dass auch erheblich sei, welche Vergütung dem Arbeitnehmer unwiderruflich zustehe. Gegenüber Arbeitnehmern in Spitzenpositionen mit Spitzenverdiensten könne sich der Arbeitgeber daher vertraglich weitergehende einseitige Bestimmungsrechte vorbehalten als gegenüber weniger herausgehobenen Arbeitnehmern[1211]. Eine Klausel, die dem Arbeitgeber das Recht zum einseitigen Widerruf nach freiem Ermessen einräumt, wird von der Rechtsprechung insoweit als unwirksam angesehen, soweit sie sich auf Bestandteile des laufenden Verdienstes bezieht[1212] und bindet den Widerruf trotz entgegenstehender Vereinbarung an billiges Ermessen[1213].

Auf der *zweiten Stufe* wird vom BAG die konkrete Ausübung des Widerrufsrechts am Maßstab des § 315 I 1 BGB (billiges Ermessen) geprüft[1214]. Wenn bei der Ausübung die wesentlichen Umstände des Falles abgewogen und die beiderseitigen Interessen angemessen berücksichtigt worden sind, ist das billige Ermessen gewahrt[1215]. Hierbei wurden bloß „vernünftige" Gründe nicht als ausreichend angesehen, vielmehr fordert das BAG einen - am Zweck der Leistung gemessenen - „*sachlichen Grund*" für den Widerruf[1216].

[1207] Vgl. *Hromadka* FS Dieterich, S. 251, 268 f.; *Sievers* NZA 2002, 1182, 1183.

[1208] Preis/*Preis* II V 70 Rn. 16.

[1209] BAG BB 1994, 432; BAG NZA 1996, 603, 605.

[1210] BAG AP Nr. 4 zu § 305 BGB Billigkeitskontrolle = BB 1988, 138.

[1211] BAG NZA 1997, 1160 ff. So soll eine aufgrund einer Entwicklungsklausel vorgenommene Beschränkung des Aufgabenbereichs eines Chefarztes nicht schon deshalb zu einer Umgehung des KSchG führen, weil dadurch seine Einnahmen für die Tätigkeit im dienstlichen Aufgabenbereich auf etwa 75 % und die Gesamteinnahmen aus dienstlicher und genehmigter Nebentätigkeit auf 60 bis 65 % seiner bisherigen Einnahmen sinken.

[1212] LAG Rheinland-Pfalz NZA 1987, 393.

[1213] vgl. BAG AP Nr. 4 zu § 305 BGB Billigkeitskontrolle.

[1214] Vgl. BAG AP Nr. 6 zu § 2 KSchG 1969; ausführlich *Hromadka* DB 1995, 1609 ff.

[1215] BAG AP Nr. 5, 6 zu § 611 BGB Lohnzuschläge; AP Nr. 4 zu 305 BGB - Billigkeitskontrolle.

[1216] BAG AP Nr. 6 zu § 611 BGB Lohnzuschläge; AP Nr. 4 zu § 305 BGB - Billigkeitskontrolle.

Das Schwergewicht der arbeitsgerichtlichen Prüfung lag somit bislang nicht auf der Wirksamkeits- oder Angemessenheitskontrolle der Widerrufsklausel selbst, sondern vielmehr auf einer an § 315 BGB orientierten Ausübungskontrolle[1217].

bb) Auswirkungen durch § 308 Nr. 4 BGB

Ein *Widerrufsvorbehalt* bzgl. des vom Arbeitnehmer zu entrichtenden Entgelts im Formulararbeitsvertrag ist nach § 308 Nr. 4 BGB nur wirksam, wenn die Änderung unter Berücksichtigung der Interessen des Verwenders für den Arbeitnehmer zumutbar ist.

Im Geltungsbereich des § 308 Nr. 4 BGB bedarf es keines Rückgriffes auf das Umgehungsargument des BAG mehr, da der Arbeitnehmer durch das (dem § 134 BGB vorgelagerten) Kriterium der Zumutbarkeit des Widerrufsvorbehalts ausreichend geschützt wird. Auch wenn das BAG bislang auf die Umgehung des Kündigungsschutzes abstellte, ist es künftig nicht gerechtfertigt, die Beurteilung der Zumutbarkeit des Widerrufsvorbehalts allein von der Anwendbarkeit des Kündigungsschutzgesetzes (und einer Umgehung desselben) abhängig zu machen[1218]. Denn § 308 Nr. 4 BGB differenziert nicht danach, ob das Kündigungsschutzgesetz anwendbar ist oder nicht[1219]. Dennoch kann der Widerruf einer Sondervergütung insoweit nicht vorbehalten werden, als dies eine Beeinträchtigung des Kernbereichs des Arbeitsverhältnisses bewirkt. Während dieser Grundsatz bislang vom BAG unter § 134 BGB subsumiert wurde, findet er nunmehr seine Fortführung in dem Begriff der Zumutbarkeit i.S.v. § 308 Nr. 4 BGB, so dass es zur Begründung der Unwirksamkeit eines den Kernbereich des Arbeitsverhältnisses aushöhlenden Widerrufsvorbehalts eines Rückgriffs auf § 134 BGB nicht mehr bedarf[1220].
Eine *über 308 Nr. 4 BGB hinausgehende Einschränkung von Widerrufsvorbehalten* ist nicht notwendig, da zwischen der Inhaltskontrolle nach § 308 Nr. 4 BGB und der Ausübungs- bzw. Billigkeitskontrolle (§ 315 BGB) zu unterscheiden ist, so dass schützenswerte Belange des Arbeitnehmers ausreichend geschützt werden[1221].

1217 Vgl. *Preis* Vertragsgestaltung, S. 423.

1218 *Schnitker/Grau* BB 2002, 2120, 2123; *a.A. Lingemann* NZA 2002, 181, 190 f.; *a.A.* allgemein zur Unangemessenheit i.S.v. § 307 BGB *Fastricht* FS Wiedemann, S. 251, 263 f.

1219 *Schnitker/Grau* BB 2002, 2120, 2123; vgl. auch ArbG Düsseldorf DB 2004, 81 f.

1220 *Annuß* BB 2002, 458, 462; *Schnitker/Grau* BB 2002, 2120, 2123. So ermöglicht § 308 Nr. 4 BGB eine heteronome Zumutbarkeitsprüfung, wobei die Rspr. (i. E.) an den von ihr unter Berufung auf das Umgehungsargument bislang erzielten Ergebnissen auch im Anwendungsbereich des § 308 Nr. 4 BGB weitgehend festhalten wird, vgl. *Annuß* BB 2002, 458, 462.

1221 *Sievers* NZA 2002, 1182, 1184.

Wird daher zum Teil mit Blick auf § 308 Nr. 4 BGB anstelle eines „sachlichen“ ein „*triftiger*“ Grund für die Ausübung des Widerrufsrechts verlangt[1222], so bleibt unberücksichtigt, dass Klauselkontrolle einerseits und Ausübungskontrolle andererseits strikt voneinander zu trennen sind[1223]. Auch wollte der Gesetzgeber über die Norm des § 308 Nr. 4 BGB hinaus, die allein auf die Zumutbarkeit des vereinbarten Widerrufsvorbehalts im Zeitpunkt des Vertragsschlusses abstellt, die Ausübungskontrolle keiner strengeren Bewertung unterziehen[1224].

cc) Angabe von Widerrufsgründen?

Vor dem Hintergrund der Rechtsprechung des BGH, wonach die Gründe, aus denen von einem einseitigen Leistungsbestimmungsrecht Gebrauch gemacht werden kann, möglichst genau zu benennen sind[1225], sowie den Anforderungen durch das Transparenzprinzip (§ 307 I 2 BGB) ist fraglich, ob der Arbeitgeber zukünftig gehalten ist, in der Widerrufsklausel zugleich die (sämtlich in Betracht kommenden) Widerrufsgründe zu benennen[1226].

Bei der strikten Anwendung des Transparenzgebots bestünde aber die Gefahr, dass andere gleichfalls zulässige Widerrufsgründe übersehen werden[1227].

[1222] *Däubler* NZA 2001, 1329, 1336; *Vogel/Kümmel* Die Gemeinde 2002, 706, 708.

[1223] *Schnitker/Grau* BB 2002, 2120, 2124.

[1224] *Schnitker/Grau* BB 2002, 2120, 2124. Ferner ist bei Formulararbeitsverträgen die Zumutbarkeit i.S.v. § 308 Nr. 4 BGB im Hinblick auf Nr. 1 lit. k des Anhangs der Klauselrichtlinie nicht erst dann erfüllt, wenn für die Änderung ein „*triftiger Grund*“ vorliegt, da die Klauselrichtlinie nach Erwägungsgrund Nr. 10 Arbeitsverträge nicht erfasst und der Arbeitnehmer beim Abschluss des Arbeitsvertrags auch nicht als Verbraucher (§ 13 BGB) handelt. Im Übrigen ergäbe sich ein Wertungswiderspruch zu der Kontrolle der Befristung von Arbeitsverträgen. Diese unterliegen nämlich nur einer einmaligen Kontrolle im Hinblick darauf, ob im Zeitpunkt des Abschlusses der Vereinbarung ein *sachlicher Grund* für die Befristung vorlag (§ 14 I 1 TzBfG). Mit dieser gesetzgeberischen Wertung wäre es somit nicht vereinbar, einen Widerrufsvorbehalt, der den Arbeitnehmer weniger belastet als die Befristung des Arbeitsvertrags, schon im Hinblick auf die Zulässigkeit der Vereinbarung einer stärkeren Kontrolle zu unterwerfen als eine Befristungsvereinbarung, vgl. *Sievers* NZA 2002, 1182, 1184.

[1225] BGHZ 89, 212, 213.

[1226] *Schnitker/Grau* BB 2002, 2120, 2124; *Gotthardt* Schuldrechtsreform Rn. 314 wendet das Transparenzgebot an und verneint die Vereinbarkeit von Klauseln, wonach alle freiwilligen Leistungen freiwillig gewährt werden, differenzierend *Sievers* NZA 2002, 1182, 1184. Jedenfalls fordert das Transparenzgebot des § 307 I 2 BGB, dass zumindest klar wird, auf welche (übertarifliche) Leistung sich der Widerrufsvorbehalt bezieht, vgl. ErfK/*Preis* §§ 305-310 BGB Rn. 59.

[1227] *Hromadka* FS Dieterich, S. 251, 273. Gleichfalls ist nicht auszuschließen, dass sich hohe Anforderungen bei der Bestimmung von Widerrufsgründen letztlich hemmend auf die Bereit-

Jedoch führt die Zusammenfassung unter Oberbegriffen wie *„Änderung der tatsächlichen und rechtlichen Umstände“* oder *„sachlicher Grund“* zu Leerformeln, bei denen die entscheidende Frage, welche Änderung der Verhältnisse konkret einen Widerrufsgrund rechtfertigen, weiter offen bleibt[1228]. Daher wird teilweise unterschieden, ob sich der Widerrufsvorbehalt auf im Synallagma stehende Leistungen bezieht[1229].
Unabhängig davon, ob man unter Heranziehung arbeitsrechtlicher Besonderheiten (§ 310 IV 2 Hs. 1 BGB) die Anwendung des Transparenzgebot bei Widerrufsvorbehalten (teilweise) ablehnt[1230], ist mit dem Wortlaut des § 307 I 2 BGB darauf abzustellen, ob tatsächlich im Einzelfall eine unangemessene Benachteiligung des Arbeitnehmers als Verwendungsgegners festgestellt werden kann[1231]. Hierbei erscheint aber die Angabe sämtlicher Widerrufsgründe als entbehrlich, wenn man die Rechtsprechung des BAG zur Ausübungskontrolle als arbeitsrechtliche Besonderheit ansieht, da in diesem Fall ein hinreichender Schutz des Arbeitnehmer auch durch die Schranke des § 315 BGB möglich ist[1232].

5. Fingierte Erklärungen - § 308 Nr. 5 BGB

a) Wortlaut des § 308 Nr. 5 BGB

Gegen § 308 Nr. 5 BGB verstößt eine Klausel, *„wenn eine Erklärung des Vertragspartners des Verwenders bei Vornahme oder Unterlassung einer bestimmten Handlung als von ihm abgegeben oder nicht abgegeben gilt, es sei denn, dass (lit. a) dem Vertragspartner eine angemessene Frist zur Abgabe einer ausdrücklichen Erklärung eingeräumt ist und (lit. b) der Verwender sich verpflichtet, den Vertragspartner bei Beginn der Frist auf die vorgesehene Bedeutung seines Verhaltens besonders hinzuweisen“*.

---

schaft der Arbeitgeber zur Zusage von Sonderleistungen auswirken, vgl. *Schnitker/Grau* BB 2002, 2120, 2124.

1228 *Hromadka* FS Dieterich, S. 251, 273; *Schnitker/Grau* BB 2002, 2120, 2124; *Sievers* NZA 2002, 1182, 1184.

1229 Bei nicht im Gegenseitigkeitsverhältnis stehenden Leistungen (z.B. Beihilfen zu Familienereignissen) seien willkürfreie und konkrete Gründe, die keiner konkreten Sachprüfung unterliegen, erforderlich und ausreichend, wobei als Widerrufsgrund v.a. die wirtschaftlich schlechte Lage des Betriebs in Betracht komme. Erstreckt sich der Widerrufsvorbehalt unmittelbar auf eine synallagmatische Pflicht oder bereits erdiente Rechte, müsse die Vertragsklausel einen konkreten Widerrufsgrund nennen, der die Qualität des dringenden betrieblichen Erfordernisses (vgl. 1 II KSchG) erlangt, vgl. ErfK/*Preis* §§ 305-310 BGB Rn. 60.

1230 Vgl. *Grobys* DStR 2002, 1002, 1007; gegen *„unzumutbare Anforderungen bei der Formulierung des Klauseltextes“* *Sievers* NZA 2002, 1182, 1184.

1231 Schnitker/Grau BB 2002, 2120, 2124; *Westphalen* NJW 2002, 12, 17.

1232 A.A. ArbG Düsseldorf DB 2004, 81 f.

b) Bedeutung des § 308 Nr. 5 BGB

§ 308 Nr. 5 BGB beruht auf § 307 II Nr. 1 BGB, da der Grundsatz, dass Schweigen i.d.R. keine Willenserklärung ist, zu den wesentlichen Prinzipien des Privatrechts gehört und daher nur in sehr engen Grenzen abdingbar sein soll[1233].
§ 308 Nr. 5 BGB erfasst ausschließlich Erklärungen von materiell-rechtlicher Bedeutung und ist daher auf Tatsachenfiktionen (im Gegensatz zu § 309 Nr. 12 b BGB) nicht anwendbar[1234].

c) Anwendbarkeit im Arbeitsrecht

§ 308 Nr. 5 BGB ist auch auf die Inhaltskontrolle von Formulararbeitsverträgen anwendbar, da insofern keine arbeitsrechtlichen Besonderheiten entgegenstehen[1235].

Daher verstößt in Formulararbeitsverträgen die Vereinbarung von Tatbestandsvoraussetzungen, die eine *fingierte Kündigungserklärung* des Arbeitnehmers darstellen sollen, nicht gegen § 308 Nr. 5 BGB, wenn sich der Arbeitgeber im Vertrag selbst verpflichtet, den Arbeitnehmer bei Fristbeginn auf die vorgesehene Bedeutung seines Verhaltens besonders hinzuweisen (§ 308 Nr. 5 lit. b BGB) und dem Arbeitnehmer eine angemessene Frist zur Abgabe einer ausdrücklichen Erklärung eingeräumt wird (§ 308 Nr. 5 lit. a BGB)[1236].
Jedoch scheitert eine derartige Klausel an § 21 TzBfG i.V.m. § 14 I TzBfG, wenn sie als auflösende Bedingung (§ 158 II BGB) angesehen wird[1237], da die Vereinbarung von auflösenden Bedingungen im Arbeitsvertrag ausschließlich mit Sachgrund zulässig ist[1238].

[1233] Palandt/*Heinrichs* § 308 BGB Rn. 25.

[1234] MüKo/*Basedow* § 308 Nr. 5 BGB Rn. 5; Palandt/*Heinrichs* § 308 Nr. 25; *a.A.* Staudinger/*Coester-Waltjen* § 10 Nr. 5 AGBG Rn. 7.

[1235] *Fenn* FS Söllner, S. 333, 360; *Gotthardt* Schuldrechtsreform Rn. 294.

[1236] Vgl. *Eckert/Wallstein* S. 149.

[1237] Vgl. *Fenn* FS Söllner, S. 333, 360, der folgende Vertragsklausel (als Verstoß gegen den Rechtsgedanken des - wegen der Bereichsausnahme in § 23 I AGBG nicht unmittelbar anwendbaren - § 10 Nr. 5 AGBG) anführt: „*Bleibt der Arbeitnehmer mehr als 14 Tage unentschuldigt fern, so gilt das Arbeitsverhältnis als durch den Arbeitnehmer gekündigt.*" Das BAG hat in einem ähnlichen Fall eine auflösende Bedingung angenommen und diese wegen Umgehung des Kündigungsschutzes für unwirksam erklärt, vgl. BAG AP Nr. 3 zu § 620 BGB Bedingung.

[1238] Vgl. ErfK/*Müller-Glöge* § 21 TzBfG Rn. 5. Bei unwirksamer auflösender Bedingung ist der Arbeitsvertrag nach §§ 21, 16 S. 1 TzBfG ohne die Bedingung weiter wirksam, vgl. ErfK/*Müller-Glöge* § 16 TzBfG Rn. 1.

6. Zugangsfiktion - § 308 Nr. 6 BGB

a) Wortlaut des § 308 Nr. 6 BGB

Gegen § 308 Nr. 6 BGB verstößt *„eine Bestimmung, die vorsieht, dass eine Erklärung des Verwenders von besonderer Bedeutung dem anderen Teil als zugegangen gilt*".

b) Anwendungsbereich

§ 308 Nr. 6 BGB erfasst ausschließlich *Zugangsfiktionen*, während für Erklärungsfiktionen § 308 Nr. 5 BGB, für sonstige Tatsachenbestätigungen § 309 Nr. 12 BGB gilt[1239]. Erfasst sind von § 308 Nr. 6 BGB somit nur AGB-Klauseln, die ein Verhalten des Verwenders (im Allgemeinen die Übergabe eines Briefes an die Post), und weitere qualifizierende Tatbestandvoraussetzungen wie die Versendung an eine bestimmte Adresse oder das Verstreichen einer näher festgelegten Frist umschreiben und die außerdem bestimmen, dass die Erklärung als zugegangen gelten solle, wenn die aufgeführten Tatbestandvoraussetzungen erfüllt seien[1240].
Als „Erklärung von besonderer Bedeutung" i.S.v. § 308 Nr. 6 BGB sind alle Erklärungen anzusehen, die für den Empfänger mit nachteiligen Folgen verbunden sind[1241]. Daher sind Zugangsfiktionen unzulässig u.a. für Kündigungen, Mahnungen, Frist- und Nachfristsetzungen[1242].

c) Anwendbarkeit im Arbeitsrecht

§ 308 Nr. 6 BGB ist mangels entgegenstehender arbeitsrechtlicher Besonderheiten auf vorformulierte Arbeitsverträge anwendbar[1243].
Daher sind in Formulararbeitsverträgen von § 308 Nr. 6 BGB neben der Zugangsfiktion von Kündigungen, (Ab)Mahnungen und Fristsetzungen[1244] auch

---

[1239] MüKo/*Basedow* § 308 Nr. 6 BGB Rn. 4; Palandt/*Heinrichs* § 308 Nr. 32.
[1240] MüKo/*Basedow* § 308 Nr. 6 BGB Rn. 3. Von § 308 Nr. 6 BGB erfasst sind somit Klauseln, die sich auf die Fiktion des Zugangs als solchen beschränken, so z.B. wenn eine Erklärung, die an die letztbekannte Adresse des Erklärungsempfängers abgesandt wurde, auch dann als zugegangen gilt, wenn sie als unzustellbar zurückkommt (vgl. OLG Stuttgart BB 1979, 908, 909) oder wenn als Zugangszeitpunkt derjenige festgelegt wird, der bei nicht geänderter Adresse gegolten hätte (vgl. BayObLG NJW 1980, 2818, 2819 f.)
[1241] MüKo/*Basedow* § 308 Nr. 6 BGB Rn. 5; Palandt/*Heinrichs* § 308 BGB Rn. 33.
[1242] MüKo/*Basedow* § 308 Nr. 6 BGB Rn. 5; Palandt/*Heinrichs* § 308 BGB Rn. 33.
[1243] ErfK/*Preis* §§ 305-310 BGB Rn. 97.

Klauseln erfasst, die auf das Zugangserfordernis ganz verzichten und die vorsehen, dass an seine Stelle die bloße Abgabe der Willenserklärung (z.B. am schwarzen Brett) treten soll[1245].

Arbeitsrechtliche Besonderheiten lassen aber auch keine Bestimmung in Ausnahme von § 308 Nr. 6 BGB zu, wonach der Arbeitnehmer unaufgefordert zur Mitteilung eines Wohnsitzwechsels verpflichtet ist und im Falle einer Verletzung dieser Mitwirkungspflicht die hieraus resultierenden Nachteile zu tragen hat[1246]. Zwar soll es in der Praxis laut *Grobys* nicht selten vorkommen, dass Arbeitnehmer nach einer unangekündigten Verlegung des Wohnsitzes weder im Betrieb noch an der in der Personalabteilung bekannten Adresse anzutreffen sind[1247]. Jedoch ist das Zugangsrisiko auch bei anderen Verträgen außerhalb des Arbeitsrechts vorhanden und daher keine Besonderheit des Arbeitsrechts[1248].

7. Abwicklung von Verträgen - § 308 Nr. 7 BGB

a) Anwendungsbereich

Voraussetzung für die Anwendbarkeit des § 308 Nr. 7 BGB ist es, dass der Vertrag durch Kündigung oder Rücktritt wirksam beendigt wird, wobei Aufwendungsersatzansprüche für den Fall, dass ein Vertrag nicht zustande kommt, nicht erfasst werden[1249]. § 308 Nr. 7 BGB ist ferner auf alle Entgeltansprüche anzuwenden, die dem Verwender nach gesetzlichen oder vertraglichen Regelungen bei vorzeitiger Beendigung des Vertrags zustehen[1250].

b) Anwendbarkeit im Arbeitsrecht

§ 308 Nr. 7 BGB ist mangels entgegenstehender arbeitsrechtlicher Besonderheiten auch bei der Inhaltskontrolle von Formulararbeitsverträgen anwendbar:

1244 *Löwisch* FS Wiedemann, S. 311, 317; *Mauer* DB 2002, 1442, 1445; ErfK/*Preis* §§ 305-310 BGB Rn. 97.

1245 *Gotthardt* Schuldrechtsreform Rn. 294. Dies entspricht dem Schutzzweck des § 308 Nr. 6 BGB, der vor den Nachteilen der zeitweiligen Unklarheit über die Abgabe und das Wirksamwerden der Willenserklärung des anderen Teiles schützen soll, vgl. Preis/*Preis* II Z 10 Rn. 29.

1246 *Gotthardt* ZIP 2002, 277, 285; *a.A. Grobys* DStR 2002, 1002, 1007.

1247 *Grobys* DStR 2002, 1002, 1007; vgl. allgemein zur Zugangsproblematik bei Kündigungserklärungen des Arbeitgebers *Mauer* DB 2002, 1442 ff.

1248 *Eckert/Wallstein* S. 149 f.

1249 MüKo/*Basedow* § 308 Nr. 7 BGB Rn. 5; Staudinger/*Coester-Waltjen* § 10 Nr. 7 AGBG Rn. 2; für analoge Anwendung des § 10 Nr. 7 AGBG: LG Dortmund NJW-RR 1994, 305.

1250 Palandt/*Heinrichs* § 308 BGB Rn. 36.

§ 308 Nr. 7 lit. a BGB ist zwar auf Klauseln anwendbar, die eine Abweichung von § 628 I BGB enthalten[1251]. Wenn aber der Arbeitgeber Verwender ist, lässt sich dieser nicht abweichend von § 628 I BGB für die von ihm erbrachte Leistung eine unangemessene Vergütung versprechen, weil es in § 628 I BGB um die vom Arbeitnehmer erbrachte Leistung geht[1252].

Dennoch kann § 308 Nr. 7 lit. a BGB eingreifen, wenn der Arbeitgeber für den Fall der Kündigung des Arbeitsvertrags eine unangemessen hohe Vergütung für die Nutzung oder den Gebrauch einer Sache (z.B. Dienstwagen) verlangt[1253]. Ferner ist § 308 Nr. 7 lit. b BGB einschlägig, wenn der Arbeitnehmer, der vor Arbeitsantritt das Arbeitsverhältnis kündigt, dem Arbeitgeber einen unangemessen hohen Aufwendungsersatz erstatten soll[1254].

8. Nichtverfügbarkeit der Leistung - § 308 Nr. 8 BGB

§ 308 Nr. 8 BGB ist *nicht* bei der Inhaltskontrolle von Formulararbeitsverträgen anwendbar, da § 308 Nr. 8 BGB auf das Klauselverbot § 308 Nr. 3 BGB verweist, welches aber gerade nicht auf Dauerschuldverhältnisse anwendbar ist[1255].

VII. Inhaltskontrolle am Maßstab des § 307 BGB

1. Gegenstand und Maßstab der Inhaltskontrolle

Da Gegenstand der Inhaltskontrolle der (ggfs. durch Auslegung zu ermittelnde objektive) Inhalt der Klausel ist, kann eine unangemessene Klausel nicht deshalb aufrechterhalten werden, weil der Verwender von ihr nur in dem Umfang Gebrauch machen will, der rechtlich unbedenklich ist[1256]. Hat daher eine Vertragsklausel einen unangemessen benachteiligenden Inhalt, ist es für die Wirksamkeit der Klausel nicht ausschlaggebend, ob sich der benachteiligende Inhalt

---

[1251] MüKo/*Basedow* § 308 Nr. 7 BGB Rn. 7; Staudinger/*Coester-Waltjen* § 10 Nr. 7; Palandt/*Heinrichs* § 308 BGB Rn. 36.
[1252] *Gotthardt* Schuldrechtsreform Rn. 290.
[1253] *Eckert/Wallstein* S. 150.
[1254] *Löwisch* FS Wiedemann, S. 311, 317. Eine unzulässige Kündigungserschwerung stellt die Vereinbarung eines Aufwendungsersatzanspruches aber nicht dar, da hier keine Strafvereinbarung gegeben ist, vgl. ErfK/*Müller-Glöge* §§ 339-345 BGB Rn. 16; zur Abgrenzung des § 308 Nr. 7 BGB von § 309 Nr. 5 BGB und § 309 Nr.6 BGB vgl. MüKo/*Basedow* § 308 Nr. 7 BGB Rn. 3.
[1255] MüKo/*Basedow* § 308 Nr. 8 BGB Rn. 3.
[1256] Vgl. BGHZ 82, 121, 130 f.; BGH NJW 83, 159, 161.

auch im konkreten Einzelfall tatsächlich auswirkt. Entscheidend ist vielmehr, welche Rechte nach dem konkreten Inhalt der Klausel geltend gemacht werden können und welche Folgen sich daraus bei genereller Betrachtung ergeben[1257]. Auszugehen ist somit von einer überindividuellen, generalisierenden Betrachtung[1258]. Nach den Vertretern des (in dieser Arbeit abgelehnten) absoluten Verbraucherbegriffs sind Arbeitsverträge gleichzeitig auch Verbraucherverträge, weshalb gemäß § 310 III Nr. 3 BGB bei der Beurteilung der unangemessenen Benachteiligung auch die den Vertragsschluss begleitenden Umstände zu berücksichtigen seien[1259].

2. Ermittlung der unangemessenen Benachteiligung (§ 307 I 1 BGB)

Unangemessen ist die Benachteiligung, wenn der Verwender durch einseitige Vertragsgestaltung missbräuchlich eigene Interessen auf Kosten des Vertragspartners durchzusetzen versucht, ohne von vornherein auch dessen Belange hinreichend zu berücksichtigen und ihm einen angemessenen Ausgleich zuzugestehen[1260]. Zur Feststellung einer unangemessenen Benachteiligung ist die Klausel vor dem *Hintergrund des gesamten Vertrags* auszulegen und zu bewerten[1261]. Eine Kompensation von Vor- und Nachteilen verschiedener Regellungen ist aber grundsätzlich nur zulässig, wenn es sich um sachlich zusammengehörende Regelungen handelt, die zueinander in einem Wechselverhältnis stehen[1262].

3. Gesetzliche Beispiele einer unangemessenen Benachteiligung

a) Transparenzgebot[1263]

Gemäß § 307 I 2 BGB kann sich eine unangemessene Benachteiligung daraus ergeben, dass die Bestimmung nicht klar und verständlich ist[1264].

1257 BGH NJW 1982, 870, 872; BGH NJW 1985, 3013, 3015.

1258 BGHZ 22, 90, 98; 83, 169, 177; 105, 24, 31; 110, 241, 244. Da typisierte Vertragsklauseln nicht nur bei der Auslegung, sondern auch im Rahmen der Inhaltskontrolle nunmehr typisierenden und generalisierenden Wertungen unterzogen werden, sei der Rechtsprechung des BAG, soweit es im Wege der Auslegung eine „kaschierte" Inhaltskontrolle unangemessener Klauseln vorgenommen habe, die Grundlage durch §§ 307 ff. BGB entzogen, vgl. ErfK/*Preis* §§ 305-310 BGB Rn. 42.

1259 Vgl. *Gotthardt* Schuldrechtsreform Rn. 297; ErfK/*Preis* §§ 305-310 BGB Rn. 42.

1260 BGHZ 90, 280, 284; BGHZ 120, 108, 118; BGH NJW 2000, 1110, 1112.

1261 Palandt/*Heinrichs* § 307 BGB Rn. 8.

1262 Staudinger/*Coester* § 9 AGBG Rn. 91.

1263 Ausführlich *Borges* Inhaltskontrolle, S. 125 ff.

aa) Anforderungen des Transparenzgebots

Das Transparenzgebot verpflichtet den Verwender, Rechte und Pflichten seines Vertragspartners in den AGB möglichst klar und durchschaubar darzustellen, wobei es Treu und Glauben auch gebieten, dass die Klausel wirtschaftliche Nachteile und Belastungen so weit erkennen lässt, wie dies nach den Umständen gefordert werden kann[1265]. Hieraus ergeben sich auch formale Anforderungen an die Gestaltung von AGB, ohne dass aber auf rechtlich geprägte Begriffe ganz verzichtet oder dass diese erläutert werden müssten[1266].
Ausprägungen des Transparenzgebots sind das Verständlichkeitsgebot, das Bestimmtheitsgebot und das Täuschungsverbot[1267].

bb) Anwendbarkeit im Arbeitsrecht

Besonderheiten des Arbeitsrechts (§ 310 IV 2 Hs. 1 BGB) stehen der Anwendung des Transparenzgebots nicht entgegen[1268]. Denn bereits bislang hat das BAG bei der Vereinbarung einer auflösenden Bedingung verlangt, dass diese hinreichend bestimmt ausgestaltet ist[1269]. Bei der Kontrolle freiwilliger Sonderzuwendungen ist das BAG davon ausgegangen, dass der Arbeitnehmer nicht nach unbestimmten, den Arbeitnehmer nicht erkennbaren Kriterien verfahren dürfe[1270].

Da übersteigerte Anforderungen an das Transparenzgebot aber nicht gestellt werden dürfen, bedeutet Auslegungsbedürftigkeit nicht zugleich Intranspa-

---

[1264] Die Stellung des § 307 I 2 BGB macht deutlich, dass das Transparenzgebot Bestandteil der Angemessenheitskontrolle ist, vgl. *Gotthardt* Schuldrechtsreform Rn. 301. Während der BGH früher das Transparenzgebot auf §§ 5, 9 AGBG stützte (vgl. BGH NJW 2000, 651, 652; BGH NJW 2000, 515, 519), ist es nun – nachdem der EuGH eine ausdrückliche gesetzliche Grundlage verlangt hatte (vgl. EuGH NJW 2001, 2244 f.) – ausdrücklich in § 307 I 2 BGB normiert worden, wobei sich hieraus in der Sache keine Veränderungen ergeben haben, vgl. Palandt/*Heinrichs* § 307 BGB Rn. 16.

[1265] Palandt/*Heinrichs* § 307 BGB Rn. 17; *Oetker* JZ 2002, 337, 340. Abzustellen ist auf den rechtlich nicht vorgebildeten Durchschnittskunden, der in die Lage versetzt werden muss, die ihn benachteiligende Wirkung einer Klausel ohne Rechtsrat zu erkennen, vgl. *Westphalen* NJW 2002, 12, 16.

[1266] Vgl. *Littbarski* NJW 2001, 3315 ff. zu Klauseln in Lebensversicherungsverträgen.

[1267] *Beineke* Entgeltklauseln, S. 167 ff. m.w.N.; *Oetker* JZ 2002, 337, 340.

[1268] ErfK/*Preis* §§ 305-310 BGB Rn. 44; zu Einschränkungen bei Widerrufsvorbehalten die am Maßstab des § 308 Nr. 4 BGB zu messen sind vgl. Kap. 3, D VI 4 e, cc.

[1269] BAG NZA 1989, 643.

[1270] BAG AP Nr. 2 zu § 305 BGB Billigkeitskontrolle.

renz[1271]. Ferner ergibt sich aus dem Transparenzgebot keine allgemeine Rechtsbelehrungspflicht des Verwenders[1272].

Aus § 307 III 2 BGB folgt, dass die Transparenzkontrolle auch für preisbestimmende, leistungsbeschreibende Vertragsklauseln gilt[1273]. Der Verbraucher soll sich nämlich rasch und zuverlässig über den Preis als Hauptfaktor im Wettbewerb informieren können, da er nur dann eine echte Wahlmöglichkeit zwischen verschiedenen Angeboten hat[1274]. Dieser Gedanke ist auch auf das Arbeitsrecht zu übertragen, da der Arbeitnehmer nur bei Preistransparenz (d.h. wenn der Arbeitnehmer über das Entgelt für die von ihm erbrachte bzw. noch zu erbringende Arbeitsleistung informiert ist) sachgerecht zwischen verschiedenen (potentiellen) Arbeitgebern auswählen kann[1275].

cc) Transparenz von Verweisungsklauseln in Arbeitsverträgen

Obwohl Tarifverträge, Betriebs- und Dienstvereinbarungen nicht am Maßstab des § 307 I 2 BGB zu messen sind, da nach § 310 IV 1 BGB das AGB-Recht insgesamt nicht gilt, unterliegen *Verweisungsklauseln* nach §§ 307 I 2, III 2, 310 IV 3 BGB grundsätzlich dem Transparenzgebot[1276]. Der Gesetzgeber ging somit davon aus, dass die tarifliche Regelung selbst bei vollständiger einzelvertraglicher Inbezugnahme in einem Arbeitsvertrag am Transparenzgebot zu messen ist[1277]. Da von dem Verwender eine präzise und ausführliche Formulierung seiner AGB nur insoweit verlangt werden kann, als ihm diese möglich und zumutbar ist[1278], verstoßen Verweisungsklauseln grundsätzlich gegen das Transparenzgebot, wenn ein Abdruck des Verweisungsobjekts ohne weiteres möglich oder das Verweisungsobjekt dem Vertragspartner nicht ohne weiteres zugänglich ist[1279]. Dynamische Verweisungsklauseln laufen nämlich auf die Einräumung ei-

---

[1271] BGH NJW 1999, 942 ff.

[1272] Vgl. BGH NJW 1999, 276; BAG NZA 1995, 229 für tarifliche Schriftformklausel.

[1273] So bereits zu § 8 AGBG : OLG Köln ZIP 2000, 1836, 1837 f.; *U/B/H* § 8 AGBG Rn. 8a; *W/H/L* § 9 AGBG Rn. 143.

[1274] BT-Drucks. 14/6040, S. 154; *W/H/L* § 9 AGBG Rn. 143.

[1275] Vgl. *Gotthardt* Schuldrechtsreform Rn. 303, der darauf hinweist, dass eine Auswahlentscheidung rein faktisch angesichts der Arbeitsmarktlage oft nicht möglich ist.

[1276] *Oetker* JZ 2002, 337, 340 ff.; BT-Drucks. 14/6857, S. 54; unklar BT-Drucks. 14/7052, S. 188.

[1277] BT-Drucks. 14/6857, S. 54. Dies folgt aus der Tatsache, dass der Tarifvertrag bei einzelvertraglicher Inbezugnahme erst aufgrund der Verweisungsklausel als individueller Abrede Anwendung findet, vgl. *Gotthardt* Schuldrechtsreform Rn. 304.

[1278] BGHZ 106, 42, 49 f.; BGHZ 112, 115, 119; Palandt/*Heinrichs* § 307 BGB Rn. 18.

[1279] *Oetker* JZ 2002, 337, 340.

nes einseitigen Bestimmungsrechts zugunsten desjenigen hinaus, der die Rechtsmacht innehat, das Verweisungsobjekt zu ändern[1280].

Eine *einfache dynamische Verweisung* in einem Formulararbeitsvertrag verstößt hingegen nicht gegen das Transparenzgebot[1281]. Denn die *Wertung des § 2 III NachwG* ist als *arbeitsrechtliche Besonderheit* heranzuziehen[1282]. Da der Gesetzgeber selbst in § 2 III NachwG bei den in § 2 I 2 Nr. 6 bis 9 NachwG genannten „wesentlichen Arbeitsbedingungen" den Hinweis auf den einschlägigen Tarifvertrag im Hinblick auf die Transparenz als ausreichend ansieht, würde es der gesetzgeberischen Wertung widersprechen, wenn die arbeitsvertragliche Bezugnahme auf den Tarifvertrag per se wegen Verstoßes gegen das Transparenzgebot als eine unangemessene Benachteiligung des Arbeitnehmers bewertet und zur Unwirksamkeit der Bezugnahmeklausel führen würde[1283].

Auch bei *großen dynamischen Verweisungen* auf einen Tarifvertrag liegt kein Verstoß gegen das Transparenzgebot vor, wenn die arbeitsrechtliche Bezugnahmeklausel selbst einen Änderungsvorbehalt enthält und die Tatbestände eines Tarifwechsels ausdrücklich benennt[1284]. Auch wenn ein derartiger Inhalt hinter dem Bestimmtheitsgebot des § 307 I 2 BGB[1285] zurückbleibt, ist als Besonderheit des Arbeitsrechts (§ 310 IV 2 Hs. 1 BGB) die Gleichstellungsfunktion einer großen dynamischen Verweisung mit den Arbeitsverhältnissen, bei denen der Tarifvertrag kraft beiderseitiger Tarifgebundenheit unmittelbare und zwingende Wirkung entfaltet, anzusehen[1286]. Da die hiermit intendierte Gleichstellung nicht grundsätzlich zu einer unangemessenen Benachteilung des Arbeit-

---

1280 *Oetker* JZ 2002, 337, 341.

1281 Jedoch hat die Beendigung der Verbandsmitgliedschaft des Arbeitgebers keine Auswirkung auf die Fortgeltung des in Bezug genommenen Tarifvertrags und die Teilhabe der Arbeitnehmer an künftigen Tarifentwicklungen, wenn nicht zur Vermeidung des Eingreifens der Unklarheitenregel (§ 305 c II BGB) eine entsprechende Vertragsklausel enthalten ist, vgl. Kap. 3, IV 5 c, bb.

1282 Vgl. auch *Oetker* JZ 2002, 337, 342, wonach die Aufnahme einer dynamischen Verweisung ihre Rechtfertigung in den „Besonderheiten des Vertragsinhalts" finden kann. Eine unangemessene Benachteiligung liegt nach Oetker JZ 2002, 337, 342 in den Fällen nicht vor, in denen die dynamische Verweisung zur „Erreichung" des Vertragszwecks notwendig ist, wobei dieser die durch die Verweisung in Arbeitsverträgen bezweckte Gleichstellung von nicht tarifgebundenen Arbeitnehmern mit tarifgebundenen Arbeitnehmern anführt.

1283 *Oetker* FS Wiedemann, S. 383, 396. Ferner enthält ein Tarifvertrag als Verweisungsobjekt eine gewisse „*Richtigkeitsgewähr*" dar, so dass keine (grundsätzliche) Gefahr besteht, dass der Arbeitgeber als Verwender über die dynamische Verweisung mittelbar seine Interessen einseitig durchsetzt, vgl. *Oetker* JZ 2002, 337, 341 zur Beurteilung der Transparenz, wenn das Verweisungsobjekt bzw. dessen Änderung von einem neutralen Dritten herrührt.

1284 *Oetker* FS Wiedemann, S. 383, 398.

1285 Vgl. Palandt/*Heinrichs* § 307 BGB Rn. 23.

1286 *Oetker* FS Wiedemann, S. 383, 398.

nehmers führt und die Veränderungen des Verweisungsobjekts lediglich den tariflich geltenden status quo nachvollziehen, trägt eine große dynamische Verweisungsklausel gerade den im Arbeitsrecht geltenden Besonderheiten Rechnung[1287].

b) Beispiele in § 307 II BGB

aa) § 307 II Nr. 1 BGB

Nach *§ 307 II Nr. 1 BGB* ist eine unangemessene Benachteiligung im Zweifel anzunehmen, wenn eine Bestimmung mit wesentlichen Grundgedanken der gesetzlichen Regelung, von der abgewichen werden soll, nicht zu vereinbaren ist. § 307 II Nr. 1 BGB ist als Kodifikation der Idee von der Leitbildfunktion des *dispositiven* Rechts[1288] zugeschnitten auf das dispositive Gesetzesrecht, das ohne die Bestimmung in den AGB auf das Vertragsverhältnis anzuwenden wäre[1289]. § 307 II Nr. 1 BGB ist im Arbeitsrecht anwendbar[1290], zumal der Gesetzgeber die in § 310 IV 2 Hs. 1 BGB angeordnete Berücksichtigung der Besonderheiten des Arbeitsrechts primär auf die besonderen Klauselverbote ohne Wertungsmöglichkeit bezogen hat[1291]. Dennoch wird die praktische Anwendung des § 307 II Nr.1 BGB im Arbeitsrecht als schwierig angesehen, weil das Arbeitsrecht zum großen Teil aus zwingenden Regelungen sowie durch das Richterrecht geprägt sei[1292]. Hierbei kann aber die Rechtsprechung des BGH, die die vom BGH selbst entwickelten Rechtsgrundsätze als gesetzliches Leitbild anerkennt[1293], auf das Arbeitsrecht übertragen werden kann[1294]. Auch kommen die dispositiven Bestimmungen der §§ 611 ff. BGB als gesetzliches Leitbild in Betracht[1295].

Tarifverträge sind jedenfalls keine gesetzliche Regelung i.S.v. § 307 II Nr. 1 BGB[1296]. Daher können durch Formulararbeitsvertrag bei nicht tarifgebundenen

[1287] Oetker FS Wiedemann, S. 383, 398.
[1288] Palandt/*Heinrichs* § 307 BGB Rn. 25.
[1289] *Oetker* FS Wiedemann, S, 383, 394.
[1290] So bereits zu § 9 II Nr. 1 AGBG: *Preis*, Vertragsgestaltung, S. 304; MünchArbR/*Richardi* § 14 Rn. 74 a; *Wolf* RdA 1988, 270, 274; *a.A. Zöllner* RdA 1989, 152, 160.
[1291] Vgl. BT-Drucks. 14/6857, S. 54.
[1292] ErfK/*Preis* §§ 305-310 BGB Rn. 43. So enthalten Tarifverträge und Betriebsvereinbarungen regelmäßig keine dispositiven Vorschriften, von denen zum Nachteil des Arbeitnehmers durch Formulararbeitsverträge abgewichen werden könnte, vgl. *Oetker* FS Wiedemann, S. 383, 394.
[1293] Vgl. bspw. BGHZ 121, 14, 18.
[1294] ErfK/*Preis* §§ 305-310 BGB Rn. 43.
[1295] *Gotthardt* Schuldrechtsreform Rn. 299.
[1296] Vgl. ausführlich oben Kapitel 3, D II 9 c.

Arbeitsverhältnissen von dem tarifvertraglichen Regelungsmodell abgewichen werden, da ansonsten entgegen den Wertungen des Tarifvertrags tarifliche Vorschriften auf tarifliche Außenseiter erstreckt würden[1297].

bb) § 307 II Nr. 2 BGB

Nach 307 II Nr. 2 BGB ist eine unangemessene Bestimmung im Zweifel anzunehmen, wenn eine Bestimmung wesentliche Rechte und Pflichten, die sich aus der Natur des Vertrags ergeben, so einschränkt, dass die Erreichung des Vertragszwecks gefährdet ist.
§ 307 II Nr. 2 BGB ist eine Konkretisierung von § 307 II Nr. 1 BGB[1298].

cc) Kriterienkatalog für die Angemessenheitskontrolle

Für die Inhalts- und Angemessenheitskontrolle im Arbeitsrecht fehlt es bislang an Leitlinien, die für die Rechtssicherheit im Rahmen der Inhaltskontrolle und Vertragsgestaltung notwendig sind[1299].

Für die Angemessenheitskontrolle können die *Art des Arbeitsvertrags, der Status des Arbeitnehmers, der konkret vereinbarte Inhalt, die Vergütungsform und der zeitliche Umfang der geschuldeten Tätigkeiten sowie die Dauer der Vertragsbeziehung* relevant sein[1300].

Abzustellen ist ferner auf das *Erscheinungsbild des Gesamtvertrags*, d.h. es ist der gesamte Vertrag zu betrachten und nicht nur die isolierte Vertragsklausel, so dass kompensierende Effekte möglich sind[1301]. Schließlich sind *verfassungsrechtliche Wertungen* (insb. aus Art. 12 I, 2 I GG) und der Aspekt der gerechten Risikoverteilung zu beachten[1302]. Schwerpunkt der Angemessenheitskontrolle ist aber die Prüfung von *einseitigen Kündigungserschwerungen*, womit unzumutbare Beschränkungen der Vertrags- und Kündigungsfreiheit des Arbeitnehmers abgewendet werden sollen[1303].

1297 *Oetker* FS Wiedemann, S. 383, 394; ErfK/*Preis* §§ 305-310 BGB Rn. 38.
1298 Palandt/*Heinrichs* § 307 BGB Rn. 31.
1299 ErfK/*Preis* §§ 305-310 BGB Rn. 41.
1300 ErfK/*Preis* §§ 305-310 BGB Rn. 46.
1301 Vgl. BGH NJW 1992, 180, 181; BGH NJW 2000, 1110, 1112.
1302 *Gotthardt* Schuldrechtsreform Rn. 300.
1303 *Gotthardt* Schuldrechtsreform Rn. 300; ErfK/*Preis* §§ 305-310 BGB Rn. 50.

4. Ausgewählte Klauseln

a) Ausschlussfristen

aa) Begriff und Abgrenzung

Unter Ausschlussfristen (die gleich bedeutend mit Verfall-, Verwirkungs- und Präklusivfristen sind) werden Fristen verstanden, nach deren Ablauf ein Recht *erlischt*, es sei denn, dass es innerhalb der Frist geltend gemacht worden ist[1304]. Ausschlussfristen dienen daher dem *Rechtsfrieden* und der *Rechtssicherheit*, da der Schuldner sich darauf verlassen können soll, dass nach Fristablauf gegen ihn keine Ansprüche mehr erhoben werden[1305].

Im Gegensatz dazu schneiden Fristen für die Nachprüfung einer Auszahlung oder den Inhalt einer Abrechnung keine Ansprüche ab, sondern dienen der Beseitigung von Irrtümern über Arbeitstatsachen[1306].

Bei Verjährungsfristen wird der Anspruch nicht vernichtet, vielmehr hat der Schuldner nach ihrem Ablauf ein (peremptorisches) Leistungsverweigerungsrecht, das aber nur berücksichtigt wird, wenn der Schuldner es vorbringt (§ 214 I BGB)[1307].

bb) Ausschlussfristen im Arbeitsrecht

Ausschlussfristen für die Geltendmachung tariflicher Rechte können nach § 4 IV 3 TVG nur im Tarifvertrag vereinbart werden[1308]. Die in Arbeitsverträgen vertraglich vereinbarten Ausschlussfristen erfassen daher außertarifliche Ansprüche oder tariflich geregelte Ansprüche, wenn die Parteien nicht tarifgebunden sind[1309].

Umstritten ist, ob unabdingbare gesetzliche Ansprüche tarif- oder einzelvertraglichen Ausschlussfristen unterworfen werden können. Während dies vom BAG in ständiger Rechtsprechung bejaht wird[1310], wird in der Literatur gefordert, dass

---

[1304] *Bauer* NZA 1987, 440 m.w.N.; ArbRHdB/*Schaub* § 205 Rn. 1.

[1305] ErfK/*Preis* §§ 194-218 BGB Rn. 32; BAG ZIP 1989, 180, 181.

[1306] ArbRHdB/*Schaub* § 205 Rn. 2.

[1307] ArbRHdB/*Schaub* § 205 Rn. 2.

[1308] Soweit in Arbeitsverträgen, Betriebsvereinbarungen, Betriebs- und Arbeitsanordnungen Ausschlussfristen für tarifliche Ansprüche enthalten sind, sind diese unwirksam, vgl. ErfK/*Schaub* § 4 TVG Rn. 95.

[1309] BAG ZIP 1989, 180, 181.

[1310] Für tarifvertragliche Ausschlussfristen: BAG AP Nr. 52 § 4 TVG Ausschlussfristen; für einzelvertragliche Ausschlussfristen BAG ZIP 1989, 180, 181. Der Arbeitszeitverringerungs-

Ausschlussfristen in Tarif- oder Einzelverträgen für Gesetzesnormen nur dann wirksam vereinbart werden können, wenn der gesetzliche Anspruch tarifdispositiv ausgestaltet ist[1311]. Hierbei ist aber § 202 I BGB zu berücksichtigen, der die Verjährungsverkürzung auch für unabdingbare gesetzliche Ansprüche zulässt. Daher wird vertreten, dass es aufgrund eines Erst-Recht-Schlusses nicht einsichtig sei, dass für Ausschlussfristen - mit Ausnahme der Regelung in § 4 IV TVG - abweichend zu § 202 I BGB etwas anderes gelten soll[1312].

Das BAG hat (zuletzt) eine *einzelvertragliche, zweistufige Ausschlussfrist*, bei der die schriftliche Geltendmachung von Ansprüchen aus dem Arbeitsverhältnis *innerhalb eines Monats* nach Fälligkeit des Anspruchs und bei Ablehnung des Anspruchs oder Nichtäußerung binnen zweier Wochen die gerichtliche Geltendmachung des Anspruchs innerhalb eines weiteren Monats verlangt wurde, für zulässig erachtet. Das BAG hat dabei maßgeblich darauf abgestellt, dass eine Vielzahl von Tarifverträgen derartige Fristen vorsehen und dies als Beleg für die Angemessenheit der Klausel gewertet[1313].

cc) Inhaltskontrolle von Ausschlussklauseln

Ausschlussklauseln in Tarifverträge unterliegen wegen der Bereichsausnahme des § 310 IV 1 BGB keiner Inhaltskontrolle nach §§ 307 ff. BGB[1314]. Die Kontrollfreiheit gilt nach §§ 310 IV 3, 307 III 1 BGB auch dann, wenn auf den *gesamten Tarifvertrag* einzelvertraglich Bezug genommen wird. Daher findet eine Prüfung am Maßstab der Generalklausel des § 307 I BGB nur statt, wenn die Ausschlussfrist in einem *Formulararbeitsvertrag* enthalten ist, sowie wenn eine *Einzelverweisung* auf eine tarifliche Ausschlussfrist vorliegt[1315]. Die *grundsätzli-*

---

anspruch nach § 8 TzBfG wird hingegen als Anspruch eigener Art mit eigenen Fristenregelungen angesehen, auf den Ausschlussfristen generell nicht anwendbar sind, vgl. LAG Niedersachsen BB 2003, 905.

1311 Vgl. vgl. *Preis* ZIP 1989, 885, 891.

1312 Preis/*Preis* II A 150 Rn. 23.

1313 BAG DB 2001, 928, 929 f. Das BAG prüfte die Zulässigkeit der Klausel am Maßstab der §§ 138 I, 242 BGB, so auch BAG ZIP 1989, 180 ff. Der BGH hat die Verkürzung von Verjährungsfristen auf *drei* Monate bisher in verschiedenen Fällen als unangemessene Benachteiligung verworfen (vgl. BGHZ 64, 238, 245; 104, 292, 294), *sechsmonatige* Verjährungsfristen dagegen nicht, (vgl. BGHZ 129, 323, 326). Andererseits sei im Handelsvertreterrecht nach Ansicht des BGH eine Verkürzung der gesetzlichen Frist von vier Jahren (§ 88 HGB) auf 12 Monate generell unzulässig, wenn die Frist ohne Kenntnis des Handelsvertreters von den zu Grunde liegenden Umständen zu laufen beginne, vgl. BGH NJW 1996, 2097, 2099.

1314 So auch die bisherige Rechtsprechung: vgl. BAG NZA 2000, 551, 554. Vgl. zu zweistufigen tariflichen Ausschlussfristen *Fromm* ZTR 2003, 70 ff.

1315 *Gotthardt* Schuldrechtsreform Rn. 309; ErfK/*Preis* §§ 305-310 BGB Rn. 19.

che Zulässigkeit von Ausschlussklauseln steht hierbei nicht zur Diskussion, nachdem durch § 202 BGB der Spielraum für die Vertragsgestaltung (im Vergleich zu § 225 BGB a.F.) bewusst erweitert wurde[1316]. Auch stehen Besonderheiten des Arbeitsrechts (§ 310 IV 2 Hs. 1 BGB) der Prüfung einzelvertraglicher Ausschlussfristen am Maßstab des § 307 I BGB nicht entgegen, da gerade die Frage der Ausschlussfristen Anlass für die Aufhebung der Bereichsausnahme (§ 23 I AGBG) war[1317].

dd) Prüfungsmaßstab nach der Schuldrechtsreform

Da Tarifverträge kein Prüfungsmaßstab für die Angemessenheitskontrolle (§ 307 I, II Nr. 1 BGB) sind[1318], kann die Begründung des BAG, die auf die Üblichkeit in Tarifverträgen verweist[1319], nicht mehr aufrechterhalten werden. Primärer Prüfungsmaßstab der Angemessenheitskontrolle sind daher die gesetzlichen Regelungen[1320]:
Die vom BAG angeführten § 626 II BGB (Kündigungserklärungsfrist) und die Frist des § 12 S. 1 KSchG[1321] sind mit den sich auf vertragliche Ansprüche beziehenden Ausschlussfristen nicht vergleichbar, da sie andere Lebenssachverhalte betreffen und einen anderen Geltungsgrund haben: § 626 II BGB will als gesetzliche Ausprägung der Verwirkung sicherstellen, dass über den Bestand des Arbeitsverhältnisses nicht längere Zeit Ungewissheit herrscht, worum es aber den vertraglichen Ausschlussfristen gerade nicht geht[1322]. § 12 S. 1 KSchG löst hingegen den Konflikt, wenn der Arbeitnehmer in Unkenntnis des Ausgangs des Kündigungsschutzprozesses und in Wahrnehmung seiner Interessen nach § 615 S. 2 BGB ein neues Arbeitsverhältnis eingegangen ist[1323].
Leitbildcharakter (i.S.v. § 307 II Nr. 1 BGB) bei der Beurteilung von Ausschlussklauseln in Formulararbeitsverträgen haben hingegen die *Verjährungsfristen*[1324]. Hierbei ist zu beachten, dass für Ansprüche aus dem Arbeitsverhältnis

---

[1316] *Henssler* RdA 2002, 129, 137; *Schrader* NZA 2003, 345, 350.
[1317] BT-Drucks. 14/6857, S. 54. § 309 Nr. 8 b BGB, der die Zulässigkeit von Ausschlussfristen für Mängelanzeigen einschränkt, ist auf das Arbeitsrecht nicht anwendbar, vgl. *Vogel/Kümmel* Die Gemeinde 2002, 706, 708.
[1318] S.o. ausführlich Kapitel 3, D II 9 c, dd.
[1319] Vgl. BAG DB 2001, 928, 929 zur Zulässigkeit einer zweistufigen Ausschlussfrist.
[1320] *Gotthardt* Schuldrechtsreform Rn. 310.
[1321] Vgl. BAG DB 2001, 928, 930.
[1322] *Gotthardt* Schuldrechtsreform Rn. 310.
[1323] ErfK/*Ascheid* § 12 KSchG Rn. 1.
[1324] LAG Hamm LAGE Nr. 4 zu § 611 BGB Inhaltskontrolle; *Nägele/Chwalicz* MDR 2002, 1341, 1345; vgl. Palandt/*Heinrichs* § 202 BGB Rn. 8. Vgl. ausführlich zu Verjährungsfristen: *Mansel/Budzikiewicz* Jura 2003, 1 ff.

nunmehr die einheitliche *dreijährige Verjährungsfrist des § 195 BGB* gilt[1325]. Der Verjährungsbeginn stellt auf die Entstehung des Anspruchs (§ 199 I Nr. 1 BGB) und *kumulativ* auf die Kenntnis des Gläubigers ab (§ 199 I Nr. 2 BGB)[1326]. Nach § 202 I BGB kann die Verjährung jedoch – außer bei Haftung wegen Vorsatz – erleichtert werden.

ee) Bestimmung einer zulässigen Mindestfrist

Da bei Ausschlussfristen die Gefahr besteht, dass Arbeitnehmerrechte schon lange ausgeschlossen sind, bevor der Arbeitnehmer überhaupt Kenntnis von seiner Berechtigung erlangen konnte, muss nach allgemeinen zivilrechtlichen Maßstäben in vorformulierten Verjährungsvereinbarungen oder Verfallklauseln von *einem Monat* künftig eine unangemessene Benachteiligung des Arbeitnehmers i.S.v. § 307 II Nr. 1 BGB gesehen werden[1327].

Arbeitsrechtliche Besonderheiten zur Rechtfertigung *extrem kurzer Verfallklauseln* könnten evtl. die lange Tradition von Verfallklauseln in Individualvereinbarungen und Tarifverträgen, technische Notwendigkeiten der Industrie- und Wirtschaftsstruktur sowie die vielfach starke Fluktuation in den Unternehmen, die ein berechtigtes Interesse beider Seiten begründet, noch vor Ablauf der Verjährungsfrist Klarheit über vorhandene Ansprüche zu gewinnen, sein[1328]. *Gegen* kurze Fristen ist hingegen anzuführen, dass angesichts der komplizierten EDV-Abrechnungen und der unübersichtlichen Lohn- und Zulagenstruktur eine generelle Annahme, dass jeder Arbeitnehmer ohne fremde Hilfe seine Ansprüche innerhalb kurzer Fristen selbst ermitteln kann, nicht möglich ist[1329]. Auch wird der

---

1325 *Löwisch* FS Wiedemann, S. 311 kritisiert, dass die Verlängerung der Verjährungsfrist von zwei auf drei Jahre nicht mit dem *„praktischen Bedürfnis nach rascher Erledigung der wechselseitigen Ansprüche nach Beendigung des Arbeitsverhältnisses"* vereinbar ist.
Nach der Rechtslage vor dem SMG betrug die Verjährungsfrist bei Ansprüchen der Arbeitnehmer zwei Jahre (§ 196 I Nr. 8 BGB a.F.), soweit sie ein Entgelt für die geleisteten Dienste darstellten. Hierunter wurden neben dem Anspruch auf Arbeitsvergütung der Anspruch auf Auslagenersatz, der Anspruch auf Verzugsvergütung und der Anspruch auf Auslagenersatz gefasst. Die zweijährige Verjährungsfrist galt damit für alle Ansprüche, die in einem weiteren Sinne Arbeitsentgelt oder sonstige regelmäßige nach dem Vertrag geschuldete Leistungen betreffen, vgl. *Ziemann* Rn. 9. Ansprüche des Arbeitgebers aus pVV verjährten nach § 195 BGB a.F. in 30 Jahren, unabhängig von der Kenntnis (Ausnahme: deliktische Ansprüche - § 852 II BGB).
Vgl. zu den Übergangsregelungen (Art. 229 § 6 EGBGB): *Gsell* NJW 2002, 1297 ff.

1326 Vgl. *Mansel* NJW 2002, 89, 91.

1327 *Henssler* RdA 2002, 129, 137; vgl. auch BGHZ 64, 238, 245; BAG NZA 1996, 702, 703.

1328 *Henssler* RdA 2002, 129, 137 m.w.N.

1329 Henssler RdA 2002, 129, 138 m.w.N.

Arbeitnehmer von der Wirkung einer Ausschlussfrist schon deshalb härter getroffen, weil er vorleistungspflichtig und überwiegend Anspruchssteller ist[1330]. Jedenfalls wird zu prüfen sein, ob die abgekürzte Frist das *berechtigte Anliegen* des Vertragspartners, vor Klageerhebung die Sach- und Rechtslage abschließend prüfen zu können und nicht zu voreiliger Klageerhebung gezwungen zu sein, unvertretbar einschränkt[1331].

Ein Rückschluss zu § 611 a IV 2 BGB zeigt, dass Ausschlussklauseln im Arbeitsrecht durchaus kurz sein können. Denn § 611 a IV 2 Hs. 2 BGB bestimmt eine Mindestfrist von zwei Monaten für eine Ausschlussklausel zur Geltendmachung von Schadensersatzansprüchen. Die Heranziehung der Frist des § 611 a IV BGB ist aber abzulehnen, da § 611 a IV BGB nur für die Ansprüche des § 611 a II, III BGB gilt[1332].

Unter Berücksichtigung der Rechtsprechung des BGH[1333] wird teilweise der Schluss gezogen, dass Ausschlussfristen in Formulararbeitsverträgen nicht unter sechs Monaten betragen sollten[1334]. Eine sechsmonatige Ausschlussfrist (vgl. § 159 I ArbVG 1992) erscheint angesichts einer schnell zu erzielenden Rechtssicherheit aber als zu lang[1335].

Da die absolute Untergrenze der Verkürzung von Verjährungsfristen bei *drei Monaten* liegt, ist diese Wertung auch auf Ausschlussfristen in Formulararbeitsverträgen zu übertragen[1336], zumal die Divergenz zwischen arbeitsvertraglichen

---

[1330] ErfK/*Preis* §§ 194-218 BGB Rn. 49; vgl. hierbei auch *Nägele/Chwalisz* 2002, 1341, 1348.

[1331] ErfK/*Preis* §§ 194-218 BGB Rn. 49.

[1332] *Gotthardt* ZIP 2002, 277, 287; *Wiesinger* AuA 2002, 354, 356 postuliert eine Verlängerung von Ausschlussfristen auf zwei Monate, ohne sich aber explizit auf § 611a IV 2 BGB zu berufen.

[1333] Die Vereinbarung einer Verjährungsfrist im Gesellschaftsvertrag einer Publikums-KG auf *drei Monate* wurde vom BGH für unwirksam erklärt, weil dieser hierin eine unangemessene Benachteiligung der Gläubiger angesichts der zwingenden fünfjährigen Verjährungsfristen im Aktien-, GmbH- und Genossenschaftsrecht (vgl. §§ 93 VI, 116 AktG; § 52 III GmbHG; §§ 41, 34 VI GenG) erkannte, vgl. BGHZ 64, 238, 245. Ferner erklärte der BGH eine Klausel in Verlade- und Transportbedingungen eines Frachtführers, wonach der Anspruch wegen Verlust oder Beschädigung nach *drei Monaten* verjähren sollte, für unwirksam, obwohl die gesetzliche Verjährungsfrist für derartige Ansprüche nur ein Jahr beträgt (§ 439 I 1 HGB), vgl. VersR 1978, 557. Im Übrigen hat der BGH eine *sechsmonatige* Verjährungsfrist nicht beanstandet, vgl. BGHZ 129, 323, 326 ff., dagegen die Verkürzung auf *drei Monate* als unangemessen verworfen, vgl. BGHZ 104, 292, 294.

[1334] Preis/*Preis* II A 150 Rn. 39.

[1335] Im Ergebnis ebenso *Gotthardt* ZIP 2002, 277, 287.

[1336] *Gotthardt* ZIP 2002, 277, 287; *Henssler* RdA 2002, 129, 138; *Preis* ZIP 1989, 885, 899; ErfK/*Preis* §§ 194-218 BGB Rn. 28; Palandt/*Putzo* Einf. v. § 611 BGB Rn. 75 c; *a.A. Lingemann* NZA 2002, 181, 189, der die bisherige BAG-Rechtsprechung weiterführen will. *Schimmel/Buhlmann* ZGS 2002, 109, 114 sehen in Anlehnung an § 309 Nr. 8 b ff. BGB einen

Ausschlussfristen und gesetzlichem Verjährungsrecht noch ausgeprägter ist als bisher[1337].

Schließlich ist zu untersuchen, ob die (dreimonatige) Ausschlussfrist unabhängig von der *Kenntnis des Anspruchsinhabers* vom Bestehen des Anspruchs beginnt. Denn ausgehend vom neuen Leitbild des Verjährungsrechts erscheint eine formularmäßig vereinbarte dreimonatige Ausschlussfrist nur dann als unbedenklich i.S.v. § 307 II Nr. 1 BGB, wenn sie *analog* § 199 I Nr. 2 BGB nur bei *Kenntnis oder grob fahrlässige Unkenntnis des Anspruchinhabers von den den Anspruch begründenden Umständen* eingreift[1338].

ff) Erforderlichkeit einer zweiseitigen Ausschlussfrist

Auch die Frage, ob die Ausschlussfrist *einseitig oder zweiseitig* gilt, ist ein Aspekt bei der Angemessenheitsprüfung (§ 307 I, II Nr. 1 BGB)[1339]:

Zwar hat die *h.M.* in Tarifverträgen einseitige Ausschlussklauseln - Klauseln, die eine Ausschlussfrist allein für Ansprüche des Arbeitnehmers vorsehen - gebilligt, weil es einen beachtlichen sachlichen Unterschied darstellen könne, ob eine Vielzahl von Arbeitnehmern ihre Ansprüche gegen den Arbeitgeber oder ob der Arbeitgeber einer Vielzahl von einzelnen Arbeitnehmern gegenüber kurzfristig und rechtzeitig Ansprüche geltend machen müsse[1340]. Für die Zulässigkeit einseitiger Ausschlussklauseln in Tarifverträgen solle ferner sprechen, dass tarifliche Regelungen regelmäßig das Ergebnis gegenseitigen Nachgebens sind[1341].

Verstoß gegen § 307 I BGB bei der Verkürzung der Verjährungsfrist auf weniger als ein Jahr seit Anspruchsentstehung.
Ferner ist eine Differenzierung zwischen Ansprüchen, die *während* des Arbeitsverhältnisses geltend gemacht werden, und solchen, die erst *nach* dessen Beendigung geltend gemacht werden, möglich. Denn im letzteren Fall ist es den Parteien eher zuzumuten, ihre Ansprüche schneller zu prüfen und geltend zu machen, vgl. *Gotthardt* Schuldrechtsreform Rn. 311.

[1337] *Däubler* NZA 2001, 1329, 1337. Denn eine dreimonatige Ausschlussfrist beträgt gerade noch 1/12 der regelmäßigen Verjährungsfrist von drei Jahren (§ 195 BGB).

[1338] *Däubler* NZA 2001, 1329, 1337; *Henssler* RdA 2002, 129, 138; *Wiesinger* AuA 2002, 354, 356; so auch schon Staudinger/*Coester* § 9 AGBG Rn. 551, der verlangt, dass die Fristdauer bei einer Ausschlussfrist denselben Erfordernissen genügen muss wie eine Verjährungsfrist.

[1339] *Däubler* NZA 2001, 1329, 1336 f.; *Gotthardt* ZIP 2002, 277, 287; ErfK/*Preis* §§ 194-218 BGB Rn.39.

[1340] Vgl. BAG AP Nr. 1 zu § 1 TVG Tarifverträge Fernverkehr; BAG AP Nr. 36, 143 zu § 4 TVG Ausschlussfristen; *Löwisch/Rieble* § 1 TVG Rn. 470; *a.A. Kempen/Zachert* § 4 TVG Rn. 258.

[1341] Vgl. ArbG Heilbronn NZA 1987, 466.

Hingegen greift letztere Erwägung nicht für in Formulararbeitsverträgen vorformulierte einseitige Ausschlussklauseln ein, wenn diese (einseitig) vom Arbeitgeber gestellt werden[1342]. Ferner kann auch die Argumentation zur Zulässigkeit einseitiger tariflichen Ausschlussfristen, wonach es ein Unterschied sei, ob der Arbeitgeber Ansprüche gegen die Arbeitnehmer oder ob umgekehrt der einzelne Arbeitnehmer Ansprüche gegen den Arbeitgeber geltend macht, eine Ungleichbehandlung von Arbeitnehmer und Arbeitgeber bei der Geltendmachung von Ansprüchen nicht rechtfertigen[1343], auch wenn der Arbeitnehmer nach der hier vertretenen Auffassung beim Abschluss des Arbeitsvertrags kein Verbraucher (§ 13 BGB) ist. Gestützt wird diese Auffassung auch durch den Rechtsgedanken des § 622 VI BGB, woraus folgt, dass nicht nur die Kündigungsfrist, sondern auch eine einzelvertragliche Ausschlussfrist für beide Vertragsteile gleich lang sein soll[1344].

Daher ist in einem Formulararbeitsvertrag *eine einseitige Ausschlussfrist unangemessen* i.S.v. § 307 I 1 BGB, da sie für den Arbeitnehmer *nicht zumutbar* ist[1345]. Denn es ist unangemessen i.S.v. § 307 I 1 BGB, wenn der Arbeitnehmer zu einer (im Vergleich zu §§ 195, 199 BGB relativ) schnellen Reaktion gezwungen ist, während der Arbeitgeber die gesetzliche Verjährungsfrist voll ausschöpfen kann.

b) Haftungsverschärfungen

§ 307 BGB kann bei Haftungsverschärfungen nur anwendbar sein, wenn die Grundsätze des innerbetrieblichen Schadensausgleichs (zur Beschränkung der Haftung des Arbeitnehmers) dispositives Recht sind.

aa) Rechtsprechung zum innerbetrieblichen Schadensausgleich

Die Rechtsprechung stützt die Abweichung der Arbeitnehmerhaftung bisher auf eine analoge Anwendung des § 254 BGB[1346]. Die analoge Anwendung des § 254 BGB beruht auf der Überlegung, dass ein beiläufiges Versagen des Arbeitneh-

---

[1342] Vgl. auch ArbG Heilbronn NZA 1987, 466.

[1343] So schon *Fenski* AuR 1989, 168, 173; offengelassen von ErfK/*Preis* §§ 194-218 BGB Rn. 50; *Gotthardt* ZIP 2002, 277, 287.

[1344] Preis/*Preis* II A 150 Rn. 25.

[1345] Palandt/*Putzo* Einf. v. § 611 BGB Rn. 75 c; *Hunold* NZA-RR 2002, 225, 229; ArbG Heilbronn NZA 1987, 466 (hierzu kritisch *Bauer* NZA 1987, 440, 442); *a.A.* ArbG Frankfurt/Main MDR 2000, 221.

[1346] Vgl. zuletzt BAG NZA 2003, 37, 39; zustimmend *Sandmann* Haftung, S. 134.

mers bei Erbringung der Arbeitsleistung ebenso zur Risikosphäre des Arbeitgebers gehört wie der gelegentliche Ausfall einer Maschine[1347].

Die Grundsätze über die Beschränkung der Arbeitnehmerhaftung gelten für alle Arbeiten, die *durch den Betrieb veranlasst* sind und aufgrund des Arbeitsverhältnisses geleistet werden. Eine gefahrgeneigte Arbeit ist *nicht* erforderlich[1348]. Daher muss die Tätigkeit in nahem Zusammenhang mit dem Betrieb und seinem betrieblichen Wirkungskreis stehen, so dass ein lediglich räumlicher oder zeitlicher Zusammenhang der Pflichtverletzung und der Arbeit mithin unzureichend sind[1349].

Für die Höhe der Beschränkung der Arbeitnehmerhaftung nach § 254 BGB ist maßgeblich, welcher Verschuldensgrad dem Arbeitnehmer zur Last zu legen ist[1350].

bb) Änderungen der dogmatischen Grundlage?

Fraglich ist, ob nach der Schuldrechtsreform die dogmatische Grundlage des innerbetrieblichen Schadensausgleichs nicht mehr in § 254 BGB (analog)[1351], sondern in § 276 I 1 BGB zu sehen ist. Denn nach § 276 I 1 BGB hat der Schuldner Vorsatz und Fahrlässigkeit zu vertreten, *wenn eine strengere oder mildere Haftung weder bestimmt, noch aus dem sonstigen Inhalt des Schuldverhältnisses zu entnehmen ist.*

[1347] Vgl. *Dütz* Arbeitsrecht, Rn. 198.

[1348] GmS OGB NJW 1994, 856; vgl. *Hanau/Rolfs* NJW 1994, 1439 ff.; *Richardi* NZA 1994, 241, 244.

[1349] BAG NZA 2003, 37, 38.

[1350] BAG NZA 2003, 37, 39; vgl. auch *Ahrens* DB 1996, 934 ff. Ist der Schaden auf *leichteste Fahrlässigkeit* zurückzuführen, haftet der Arbeitnehmer überhaupt nicht. Der Arbeitgeber muss aufgrund seines Betriebsrisikos für den vollen Schaden einstehen. Bei *normaler bzw. mittlerer Fahrlässigkeit* hat der Arbeitnehmer den Schaden anteilig zu tragen. Ob und gegebenenfalls in welchem Umfang er zum Ersatz verpflichtet ist, richtet sich im Rahmen einer Abwägung der Gesamtumstände, insbesondere dem Schadensanlass und den Schadensfolgen, nach Billigkeits- und Zumutbarkeitsgesichtspunkten. Primär ist hierbei auf den Grad des dem Arbeitnehmer zur Last fallenden Verschuldens, die Gefahrgeneigtheit der Arbeit, die Höhe des Schadens, die Versicherbarkeit der Risikos, die Stellung des Arbeitnehmers im Betrieb etc. abzustellen.
Bei *grober Fahrlässigkeit* des Arbeitnehmers ist eine Haftungserleichterung zu seinen Gunsten nicht ausgeschlossen, sondern von einer Abwägung im Einzelfall abhängig.
Bei *Vorsatz* haftet der Arbeitnehmer uneingeschränkt, wobei sich aber der Vorsatz auf den Schaden beziehen muss, vgl. *Walker* Jus 2002, 736, 739.

[1351] Zu anderen dogmatischen Ansätzen vgl. *Annuß* NZA 1998, 1089, 1090 ff.

Mit dem Inhalt des Schuldverhältnisses in § 276 BGB meint der Gesetzgeber wohl, wie die Beispiele in § 276 I 1 BGB zeigen, vertragliche Haftungsbeschränkungen[1352].

Da der Gesetzgeber die Frage jedoch ausdrücklich offen gelassen hat, indem er betont, dass es der Rechtsprechung „*unbenommen*" bleibe, „*bei der bisherigen dogmatischen Begründung (...) zu bleiben*"[1353] und da eine Haftungsbeschränkung durch einen anderen Maßstab des Vertretenmüssens entweder zu einer vollen oder überhaupt keiner Haftung führt und damit nicht flexibel genug ist, um die erforderliche umfassende Interessenabwägung umzusetzen[1354], ist die *dogmatische Grundlage* für die Grundsätze der Haftungsprivilegierung des Arbeitnehmers *weiterhin § 254 BGB analog und nicht § 276 I 1 BGB*[1355].

cc) Dispositivität der Arbeitnehmer-Haftung?

Bislang hat die Rechtsprechung die Grundsätze der Haftungsprivilegierung als *einseitig zwingendes Arbeitnehmerschutzrecht* bezeichnet, von dem weder einzel- noch kollektivvertraglich zu Lasten der Arbeitnehmer abgewichen werden kann[1356]. Da aber vom Gesetzgeber eine eigenständige umfassende gesetzliche Regelung der Arbeitnehmerhaftung nicht vorgenommen worden ist, bedarf es für alle arbeitsrechtlichen Sonderentwicklungen, durch die von allgemeinen zivilrechtlichen Grundsätzen abgewichen wird, einer hinreichenden Legitimation[1357]. Ferner berücksichtigt die Rechtsprechung zum zwingenden Charakter der Arbeitnehmerhaftung nicht ausreichend das *Instrument der Angemessenheits- und Inhaltskontrolle*, welches Vertragsfreiheit und Arbeitnehmerschutz schonend zum Ausgleich bringt[1358]. Dies gilt gerade vor dem Hintergrund der Aufhebung der Bereichausnahme in § 310 IV 1 BGB für Arbeitsverträge und der Tatsache, dass aufgrund der Inhalts- und Angemessenheitskontrolle (§ 307 I, II BGB) Abweichungen zu Lasten der Arbeitnehmer nur wirksam sind, wenn die Interessen der Arbeitnehmer angemessen berücksichtigt werden[1359].

Die *Gesetzesbegründung* zu § 276 und § 619 a BGB ist *widersprüchlich*, weil der Gesetzgeber einerseits sich geäußert hat, dass er an den Grundsätzen der

---

1352 *Gotthardt* Schuldrechtsreform Rn. 195.
1353 BT-Drucks. 14/6857, S. 48.
1354 *Henssler* RdA 2002, 129, 133.
1355 *Henssler/Muthers* ZGS 2002, 219, 225; *a.A.* Palandt/*Heinrichs* § 276 BGB Rn. 40; *Walker* Jus 2002, 736, 737.
1356 BAG BB 1999, 264, 266 = NJW 1999, 1049, 1052.
1357 *Otto/Schwarze* Haftung des Arbeitnehmers, Rn. 1.
1358 *Preis* Vertragsgestaltung, S. 465; *Stollenwerk* Mankohaftung, S. 139 f.
1359 *Schwirtzek* AuA 2003, 20, 21.

Haftungsprivilegierung nichts ändern wolle und sich auf eine Entscheidung des BAG bezogen hat, die gerade den zwingenden Charakter behandelt[1360], aber andererseits eine Einordnung als vertragliche Haftungsbeschränkung vorgenommen hat[1361]. Jedenfalls sollten durch die gesetzlich in § 619 a BGB geregelte Beweislastverteilung im Arbeitsrecht die Grundsätze der Haftungsprivilegierung des Arbeitnehmers nicht angetastet werden[1362].

Die richterliche Rechtsfortbildung zur Arbeitnehmerhaftung ist aber keine Fortbildung zwingenden Rechts, sondern eine Ersetzung des dispositiven „*Alles-oder-Nichts-Prinzips*" des § 276 BGB durch ein – gesetzlich nicht vorhandenes – dispositives Leitbild der beschränkten Arbeitnehmerhaftung[1363]. Da aber von dispositiven Leitbildern abgewichen werden kann, ist die dogmatisch auf § 254 BGB analog gestützte Haftungsprivilegierung grundsätzlich *dispositiv*[1364]. Jedoch darf die jeweilige Haftungsregelung das generelle Schutzniveau des innerbetrieblichen Schadensausgleichs nicht unterschreiten[1365].

dd) Maßstäbe der Inhaltskontrolle

Grundsätzlich bringt jede Abweichung von den Grundsätzen der Beschränkung der Arbeitnehmerhaftung die Gefahr einer unangemessenen Benachteiligung des Arbeitnehmers (§ 307 I BGB)[1366].

Daher ist eine Unangemessenheit der Haftungsvereinbarung von vornherein ausgeschlossen, wenn die Haftung des Arbeitnehmers auf Vorsatz und grobe Fahrlässigkeit begrenzt wird, zumal bereits § 276 III BGB nur den Vorausverzicht auf die Haftung wegen Vorsatzes ausschließt[1367].

Eine unangemessene Benachteiligung liegt aber vor, wenn die Haftung des Arbeitnehmers auf den ganzen Schaden *unabhängig vom Grad des Verschuldens* erstreckt wird[1368].

[1360] BT-Drucks. 14/7052, S. 204, wo auf BGH BB 1999, 264, 266 = NJW 1999, 1049, 1052 Bezug genommen wird.

[1361] BT-Drucks. 14/6857, S. 48; BT-Drucks. 14/7052, S. 204.

[1362] BT-Drucks. 14/6857, S. 48; 14/7052, S.204; *Dittmann* AuA 2002, 443, 445; *a.A. Däubler* NZA 2001, 1329, 1332.

[1363] *Preis* Vertragsgestaltung, S. 464 f.; *ders.* zur Rechtsfortbildung im Individualarbeitsrecht allgemein RdA 1989, 327 ff.

[1364] *Gotthardt* Schuldrechtsreform, S. 83 Rn. 185; *Preis* Vertragsgestaltung, S. 465.

[1365] Preis/*Preis* II H 20 Rn. 20; in diese Richtung auch *Deinert* RdA 2000, 33.

[1366] ErfK/*Preis* §§ 305-310 BGB Rn. 82.

[1367] *Preis* Vertragsgestaltung, S. 465.

[1368] *Gotthardt* Schuldrechtsreform Rn. 318.

Nach Ansicht des *LAG Düsseldorf* kann der Arbeitgeber die Haftung des Arbeitnehmers dadurch verschärfen, dass die Haftungssumme von vornherein unabhängig vom Verschuldensgrad des Arbeitnehmers der Höhe nach begrenzt wird[1369]. So wurde eine Haftungsvereinbarung bei einer summenmäßigen Haftungsbegrenzung auf 250,-- DM je schuldhaft herbeigeführten Verkehrsunfall unabhängig vom Verschuldensgrad als angemessen gebilligt[1370]. Durch eine derartige Klausel wird aber eine Haftung des Arbeitnehmers wegen *Vorsatz* nicht erfasst (vgl. § 276 III BGB). Ferner geht diese Haftungsbegrenzung im Bereich der groben und mittleren Fahrlässigkeit über die richterrechtliche Haftungsprivilegierung hinaus. Gleichwohl wird aber die Haftung (entgegen der Rechtsprechung des BAG zum innerbetrieblichen Schadensausgleich) auch auf *leichteste Fahrlässigkeit* erstreckt[1371].

Ob eine derartige Haftungsvereinbarung angemessen i.S.v. § 307 I 1 BGB ist[1372], erscheint fraglich, da es von den Umständen des Einzelfalls abhängt, ob der Vorteil einer summenmäßigen Begrenzung die Erstreckung der Haftung auf leichteste Fahrlässigkeit aufwiegt[1373].

Neben der Vereinbarung einer summenmäßige Haftungsbegrenzung *unabhängig vom Verschulden* ist aber jedenfalls sicherzustellen, dass ein Maximalhaftungsbetrag für sämtliche durch den Arbeitnehmer innerhalb eines bestimmten Zeitraums verursachte Schäden bestimmt wird.

c) Mankoabreden

Besonders praxisrelevant (und daher in den letzten Jahren auch mehrmals Gegenstand höchstrichterlicher Rechtsprechung) sind *Mankoabreden*, in denen sich der Arbeitnehmer verpflichtet, ein entstandenes „Manko“ zu ersetzen[1374]. Durch

---

[1369] LAG Düsseldorf BB 1966, 80.
[1370] LAG Düsseldorf BB 1966, 80.
[1371] Preis/*Stoffels* II H 20 Rn. 21.
[1372] So *Gotthardt* Schuldrechtsreform Rn. 318.
[1373] Offengelassen von Preis/*Stoffels* II H 20 Rn. 21. Hierbei ist sicherzustellen, dass das Aufrechnungsverbot des § 394 BGB i.V.m. §§ 850 ff. ZPO nicht unterlaufen wird, vgl. zu § 394 BGB Preis/*Stoffels* II A 110 Rn. 6 f.
[1374] Vier, sich zum Teil überschneidende, *Fallgruppen* lassen sich bei der Mankohaftung herausbilden: Hauptanwendungsfälle der Mankohaftung sind *Fehlbeträge* in einer vom Arbeitnehmer geführten Kasse, die durch Verzählen oder Rechenfehler bei der Rückgabe von Wechselgeld oder durch unberechtigte Entnahmen durch den Arbeitnehmer selbst erfolgen. Daneben sind *Transportverluste*, *Warenverluste* (in Geschäften oder Lagern) und *Fehlbestände bei den zur Ausführung der Arbeit anvertrauten Gegenständen* (z.B. Werkzeug) zu nennen, vgl. MünchArbR/*Blomeyer* § 59 Rn. 72; *Pauly* BB 1996, 2038.

Mankoabreden wird ein - vom Bestehen anderer Anspruchsgrundlagen (§§ 280 I, 280 III, 283, 604 I, 667, 695; 823 I BGB)[1375], von einer festgestellten Vertragspflichtverletzung und von einem Verschulden unabhängig – neuer Schuldgrund geschaffen[1376].

aa) Abgrenzung

Von den echten Mankoabreden sind *Beweisvereinbarungen über das Manko* zu unterscheiden, nach denen sich der Arbeitnehmer nicht auf die Unrichtigkeit solcher Inventuren berufen kann, an denen er teilgenommen hat oder sich zu Unrecht geweigert hat, daran teilzunehmen[1377].
Jedoch ist eine Änderung der Beweislast zu Lasten des Arbeitnehmers abweichend von § 619 a BGB schon nach § 309 Nr. 12 BGB unwirksam, und auch in Mankoabreden nicht mehr zulässig[1378].

bb) Rechtsprechung

Zunächst wurden von der Rechtsprechung Mankoabreden wegen der bestehenden Vertragsfreiheit (§§ 241 I, § 311 I BGB) als wirksam angesehen, wenn sie eine sinnvolle, den Eigenarten des Betriebs und der Beschäftigung angepasste Beweislastvereinbarung enthielten oder eine vom Verschulden des Arbeitnehmers unabhängige Haftung für in seinem Arbeits- und Kontrollbereich aufkommende Fehlbeträge darstellten und wenn als Kompensation ein Mankogeld vom Arbeitgeber gezahlt wurde[1379].
Prüfungsmaßstab war § 138 I BGB, wonach im Fall eines auffälligen Missverhältnisses zwischen Mankorisiko des Arbeitnehmers und Mankogeldzahlung des Arbeitgebers die Vereinbarung als sittenwidrig und nichtig angesehen wurde[1380].
Soweit die Schwelle der Sittenwidrigkeit nicht erreicht wurde, hielt das BAG

[1375] Vgl. *Deinert* RdA 2000, 22, 23 ff. ausführlich zu den Haftungsgrundlagen.
[1376] *Manko* ist die Differenz zwischen Soll- und Istbestand, die in einer dem Arbeitnehmer anvertrauten Kasse oder ihm anvertrauter Waren oder Gerätschaften entsteht. ArbRHdB/*Linck*, § 52 Rn. 100; ErfK/*Preis* § 619 a BGB Rn. 28; *Deinert* RdA 2000, 22, 23; *Lansnicker/Schwirtzek* BB 1999, 259; *Pauly* BB 1996, 2038.
[1377] ArbRHdB/*Linck*, § 52 Rn. 103 m.w.N.; *Deinert* RdA 2000, 22, 29 ff.
[1378] ErfK/*Preis* §§ 305-310 BGB Rn. 87; Preis/*Stoffels* II M 10 Rn. 19; *Gotthardt* Schuldrechtsreform Rn. 320; so schon *Deinert* RdA 2000, 22, 35 m.w.N; differenzierend *Schwirtzek* AuA 2003, 20, 22.
[1379] BAG AP Nr. 67 zu § 626 BGB; BAG AP Nr. 53, 54 zu § 611 BGB Haftung des Arbeitnehmers.
[1380] BAG AP Nr. 4, 54, 77 zu § 611 BGB – Haftung des Arbeitnehmers.

auch einen Verstoß gegen Treu und Glauben nach § 242 BGB für möglich[1381]. Teilweise wurde eine Angemessenheitskontrolle nur am Maßstab des § 242 BGB ohne Rückgriff auf § 138 I BGB vertreten[1382].

Nach der neueren Rechtsprechung des BAG, welche davon ausgeht, dass die Grundsätze der Arbeitnehmerhaftung zwingend sind, darf die Haftung aufgrund einer Mankoabrede die Summe der gezahlten Mankogelder nicht übersteigen[1383], so dass eine Haftung mit der Grundvergütung nicht mehr möglich ist[1384]. Denn der Arbeitnehmer soll *„die Chance erhalten, durch Aufmerksamkeit einen Überschuss zu erzielen“*[1385]. Dann wird der Arbeitnehmer keiner gesetzlich nicht vorgesehenen Haftung ausgesetzt, sondern verliert allenfalls die „Erfolgsprämie“ der Mankovergütung[1386]. Unzulässig ist eine Mankoabrede ferner, wenn sie für Bereiche getroffen wird, auf die neben dem Arbeitnehmer noch andere Personen Zugriff haben[1387].

cc) Angemessenheitskontrolle

„Unechte“ Mankoabreden[1388], bei denen die (verschuldensunabhängige) *Mankohaftung durch die Summe der Mankogelder*, die sich an einem durchschnittlichen Fehlbetrag orientieren, *begrenzt* wird, stellen *keine unangemessene Benachteiligung* (§ 307 I 1 BGB) des Arbeitnehmers dar[1389]. Dabei ist es aber nicht

---

1381 BAG AP Nr. 77 zu § 611 BGB – Haftung des Arbeitnehmers.

1382 *Otto/Schwarze* Haftung des Arbeitnehmers Rn. 299.

1383 BAG BB 1999, 264, 267; vgl. die Anmerkungen von *Boemke* JuS 1999, 926, 927 u. *Mache* AuR 1999, 118.

1384 BAG NZA 2000, 715. Das BAG bestätigte hiermit eine bereits in der Literatur geäußerte Auffassung, wonach die Absenkung des Arbeitnehmerschutzniveaus unter das von der Rechtsprechung entwickelte System des innerbetrieblichen Schadensausgleichs als Abweichung von zwingendem Arbeitnehmerschutzrecht der einzelvertraglichen Vereinbarungsmacht entzogen sei, vgl. *Ahrens* DB 1986, 934, 938; *Mache* AiB 1995, 698, 699; *Otto/Schwarze* Haftung des Arbeitnehmers Rn. 301; *a.A. Preis* Vertragsgestaltung, S. 464 f.

1385 BAG BB 1999, 264, 267. *Schwirtzek* AuA 2003, 20 bezeichnet daher Mankoabreden für den Arbeitgeber bestenfalls als *„Nullsummenspiel“*. Auch wenn derartige Abreden zunächst nachteilig für den Arbeitgeber erscheinen, sind dennoch positive Folgen auf die Arbeitsleistung des Arbeitnehmers nicht ausgeschlossen, da dieser nicht mit der ständigen *„Haftungsangst“* konfrontiert wird, sondern vielmehr bedingt durch die Chance einer Zusatzvergütung eine Motivationssteigerung eintreten kann.

1386 BAG NZA 2000, 715.

1387 BAG BB 1999, 264, 266; ErfK/*Preis* § 619 a BGB Rn. 38.

1388 Vgl. zur Terminologie *Stollenwerk* Mankohaftung, S. 174 f.

1389 MünchArbR/*Blomeyer* § 59 Rn. 77; *Deinert* RdA 2000, 22, 34; *Gotthardt* Schuldrechtsreform Rn. 319; Staudinger/*Richardi* § 611 BGB Rn. 466; *Schwirtzek* AuA 2003, 20, 22; Preis/*Stoffels* II M 10 Rn. 11. Hierbei ist – unter Heranziehung der Rechtsprechung des BAG

erforderlich, dass in jedem Fall die Summe der gezahlten Mankogelder durch den Umfang der vertraglich vereinbarten Haftung nicht überschritten wird[1390], wobei man eine maximale Haftungshöchstgrenze von 10 % des Bruttolohns im Ausgleichszeitraum noch als angemessen ansehen kann[1391]. Formularmäßig vereinbarte Mankospannen zur Ausgrenzung minimaler Rechnungsposten[1392] sind mangels unangemessener Benachteiligung (§ 307 I 1 BGB) wirksam[1393].
Zwar konkretisiert das BAG die „Angemessenheit" des Mankogeldes nicht näher[1394]. Jedoch unterliegt im Hinblick auf die Kontrollfreiheit von Entgeltvereinbarungen (§ 307 III 1 BGB), zu denen auch Neben- und Zusatzleistungen gehören[1395], die Höhe des Mankogelds nicht der Inhalts- und Angemessenheitskontrolle nach § 307 I BGB[1396]. Jedoch kann die Rechtsprechung des BAG aber nicht dadurch unterlaufen werden, indem ein möglichst hoher Anteil der Gesamtvergütung als Mankogeld bezeichnet wird. Eine derartige Vertragsgestaltung scheitert jedenfalls am Umgehungsverbot des § 306 a BGB[1397].

d) Einseitige Leistungsbestimmungsrechte

aa) Angemessenheitskontrolle

Außerhalb des Anwendungsbereichs des § 308 Nr. 4 BGB verbleiben noch einseitige Leistungsbestimmungsrechte in Form von Versetzungsklauseln bei der

---

(BAG BB 1999, 264, 267) – ein Ausgleichzeitraum von bis zu einem Jahr angemessen, vgl. MünchArbR/Blomeyer § 59 Rn. 77; offengelassen von Preis/*Stoffels* II M 10 Rn. 12.

1390 *Gotthardt* Schuldrechtsreform Rn. 283; *a.A. Deinert* RdA 2000, 22, 34.

1391 *Schwirtzek* AuA 2003, 20, 22.; *Stollenwerk* Mankohaftung, S. 197, wonach es zu einer Saldierung kommen soll, wenn innerhalb des Ausgleichzeitraums mehrere Fehlbestände auftreten, so dass die Haftung für den gesamten Abrechnungszeitraum die Summe der in dieser Zeit gezahlten Gelder nicht überschreiten darf. Wenn innerhalb eines Haftungszeitraums ein bestimmter Fehlbetrag abgerechnet wird, müsse dieser auf die bis dahin bezahlten Mankogelder begrenzt bleiben und entweder der Lauf eines neuen Abrechnungszeitraums beginnen oder die Haftung für weitere Fehlbeträge innerhalb des Abrechnungszeitraums auf die seit dem letzten Haftungsfall gezahlten Mankogelder begrenzt werden, vgl. *Deinert* RdA 2000, 22, 34.

1392 Z.B.: Manki sollen nur bei Überschreiten einer Mindestgrenze (z.B. 10 €) ersetzt werden.

1393 *Deinert* RdA 2000, 22, 35.

1394 Vgl. BAG BB 1999, 264, 267.

1395 Palandt/*Heinrichs* § 307 BGB Rn. 61 m.w.N.; ausführlich zur Abgrenzung der Kontrollfähigkeit: *Preis* Vertragsgestaltung, S. 294 ff.

1396 *A.A. Stollenwerk* Mankohaftung, S. 211.

1397 Daher kann die Frage, ob die Aufteilung des Tariflohns in Grundlohn und Mankogeld mit der damit verbundenen Gefahr einer im Mankofall untertariflichen Entlohnung nachteilig i.S.v. § 4 III TVG ist, (so bspw. *Stollenwerk* Mankohaftung, S. 201; *a.A. Deinert* RdA 2000, 22, 33) dahinstehen

Tätigkeit und Änderungsvorbehalte bei der Arbeitszeit, die am Maßstab des § 307 I 1 BGB zu messen sind[1398].
Grundsätzlich stellen alle individualrechtlichen Änderungen der Arbeitsbedingungen, die nicht im Rahmen des Direktionsrechts als Weisungen einzuordnen sind, Vertragsänderungen dar. Das gilt auch für die „antizipierte Vertragsänderung", die auch als Änderungsvorbehalt bzw. Umgestaltungsvorbehalt bezeichnet wird[1399].
Im Rahmen einer zweiteiligen Prüfung wird zwischen der Angemessenheitskontrolle der Klausel und der Ausübungskontrolle unterschieden[1400].
Das BAG hat bislang die Wirksamkeit eines Änderungsvorbehaltes insbesondere an einer Umgehung des § 2 KSchG geprüft und bejaht, wenn in den *Kernbereich* des Arbeitsverhältnisses eingegriffen wird[1401]. Nunmehr ist mit der Verankerung der Angemessenheitsprüfung in § 307 BGB, die für alle Arbeitsverhältnisse gilt, und nicht wie die Umgehungsrechtsprechung auf den Anwendungsbereich des § 2 KSchG beschränkt ist, diese zweistufige Prüfung auf sämtliche Formulararbeitsverträge zu übertragen[1402]. So wird der „Kernbereich" die Schwelle markieren, ab der Änderungsvorbehalte unangemessen benachteiligend (§ 307 I 1 BGB) wirken[1403].

bb) Versetzungsklauseln

Bei der Angemessenheitskontrolle von Versetzungsklauseln sind zunächst die durch die Rechtsprechung entwickelten Grundsätze heranzuziehen[1404]. Jedoch

---

[1398] Die Problematik von Widerrufsvorbehalten zu Gunsten des Arbeitgebers in Bezug auf Lohnbestandteile wurde im Rahmen von § 308 Nr. 4 BGB erörtert, so dass im Wesentlichen auf die obigen Ausführungen (Kap. 3, D VI 4 e) verwiesen wird.
[1399] *Reichold* RdA 2002, 321, 330.
[1400] *Hromadka* FS Dieterich, S. 251, 265 ff.
[1401] Vgl. BAG AP Nr. 5 zu § 620 BGB Teilkündigung. Dieser Rspr. liegt die Einsicht zugrunde, dass eine vertragliche Ermächtigung zur *Sprengung der Äquivalenz zwischen Leistung und Gegenleistung* durch Vorbehaltsklauseln in aller Regel nicht wirksam erteilt werden kann.
[1402] *Schnitker/Grau* BB 2002, 2120, 2123; ebenso *Gotthardt* Schuldrechtsreform Rn. 316.
[1403] ErfK/*Preis* §§ 305-310 BGB Rn. 54. Unangemessen i.S.v. § 307 I 1 BGB sind Klauseln, durch die der Arbeitgeber zur Festlegung der Arbeitszeit, d.h. auch zu deren Reduzierung mit der Folge entsprechender Entgeltabsenkung ermächtigt wird, da in das Austauschverhältnis eingegriffen wird, vgl. BAG AP Nr. 6 zu § 2 KSchG.
Im Rahmen eines abgestuften Prüfungsmaßstabs ist bei Leistungen, die im Gegenseitigkeitsverhältnis stehen, ein konkreter Widerrufsgrund erforderlich, der vor dem Hintergrund der §§ 1, 2 KSchG bestehen muss, während bei nicht synallagmatischen Leistungen geringere Anforderungen zu stellen sind, vgl. ErfK/*Preis* §§ 305-310 BGB Rn. 60.
[1404] Da der Arbeitsvertrag als Dauerschuldverhältnis einer ständigen, bei Vertragsschluss nicht vorwegnehmbaren Anpassung bedarf (vgl. *Hromadka* FS Dieterich, S. 251, 266 f.; *Zöllner*

tragen Versetzungsklauseln dem im Arbeitsrecht bestehenden spezifischen Anpassungs- und Flexibilisierungsbedürfnis Rechnung, was nach § 310 IV 2 Hs. 1 BGB zu berücksichtigen ist[1405]. Ferner ist für die grundsätzliche Vereinbarkeit von formularmäßigen Versetzungsvorbehalten entscheidend, dass der Arbeitnehmer als Gegenleistung für die von ihm in einem Versetzungsvorbehalt abverlangte Flexibilität eine Erhöhung der Arbeitsplatzsicherung erhält[1406], da der Arbeitgeber vor dem Ausspruch einer Kündigung zu prüfen hat, ob der Arbeitnehmer entsprechend der Reichweite des Versetzungsvorbehalts auf einen anderen freien Arbeitsplatz im Betrieb oder Unternehmen versetzt werden kann[1407], und sich außerdem der Kreis der Sozialauswahl erhöht[1408]. Auch halten Versetzungsklauseln einer Inhaltskontrolle am Maßstab des § 307 I BGB stand, wenn der potenzielle neue Arbeitsort vom aktuellen „persönlichen Lebensbereich" des Arbeitnehmers weit entfernt ist und wenn neben dem Versetzungsvorbehalt keine ausdrückliche Regelung hinsichtlich der Übernahme der Fahrtkosten durch den Arbeitgeber getroffen wird[1409]. Denn hierbei folgt die Belastung des Arbeitnehmers nicht durch die Versetzungsklausel selbst, sondern erst durch dessen Ausübung[1410].

e) Abgeltungsklauseln

Als Abgeltungsklauseln werden arbeitsvertragliche Regelungen zur pauschalen Abgeltung von Überstunden verstanden[1411].

RdA 1989, 152, 160) wurden auch weit gefasste einseitige Leistungsbestimmungsrechte als zulässig erachtet. So wurde etwa der Vorbehalt der Zuweisung einer geringwertigen Tätigkeit „aus dienstlichen Gründen" ohne weiteres für zulässig erachtet (BAG AP Nr. 2 zu § 611 BGB Direktionsrecht). Auch unbeanstandet blieb eine Anpassungsklausel zum Umfang der Arbeit, die dem Arbeitgeber die Änderung eines Verkaufsbezirks erlaubte, was eine Verringerung der Gesamtbezüge des Mitarbeiters um bis zu 20 % zur Folge hatte (LAG Köln NZA 1985, 258).

1405 *Schnitker/Grau* BB 2002, 2120, 2125; ber. früher *Hromadka* FS Dieterich, S. 251, 266 f.

1406 Schon bislang ist anerkannt, dass eine Kompensation von Belastungen im Rahmen der Angemessenheitsprüfung nach § 307 I 1, II Nr. 1 BGB zu beachten ist, vgl. BGH NJW 2000, 1110, 1112; Staudinger/*Schlosser* § 9 AGBG Rn. 91; *Zöllner* RdA 1989, 152, 160.

1407 *Schnitker/Grau* BB 2002, 2120, 2125.

1408 *Hromadka* FS Dieterich, S. 251, 270; *Lingemann* NZA 2002, 181, 191.

1409 *Schnitker/Grau* BB 2002, 2120, 2125 f. Die durch die Versetzung entstandenen höheren Fahrtkosten sind ohnehin vom Arbeitgeber nach § 670 BGB analog zu tragen, vgl. BAG BB 1973, 983; ArbRHdB/*Linck* § 45 Rn. 21.

1410 Ob und wie der Versetzungsvorbehalt ausgeübt wird, ist im Ztpkt. des Abschlusses des Arbeitsvertrags nämlich noch nicht absehbar, so dass Aspekte wie Entfernung der potenziellen Arbeitsorte, Fahrtzeit dorthin oder Übernahme der Fahrtkosten im Rahmen der Angemessenheitskontrolle nicht berücksichtigungsfähig sind, *Schnitker/Grau* BB 2002, 2120, 2126.

1411 Vgl. die Beispiele von *Hümmerich* NZA 2003, 753, 756.

aa) Bisherige Beurteilung

Während die Wirksamkeit pauschaler Abgeltungsklauseln in Teilen der Literatur in Frage gestellt wurde[1412], war die Beurteilung in der Rechtsprechung unterschiedlich:
So meinte das *LAG Köln*, es bestehe kein allgemeiner Rechtsgrundsatz, dass jede Mehrarbeitszeit oder jede dienstliche Anwesenheit eines Angestellten über die vereinbarten oder betriebsüblichen Wochenarbeitszeiten zu vergüten sei[1413].
Das *BAG*, das Pauschalierungsabreden am Maßstab des § 138 BGB gemessen hat[1414], sah in der Vereinbarung pauschaler Überstundenabgeltung einen Ausfluss der Vertragsfreiheit. Daher sei es nicht ausgeschlossen, dass nach dem Inhalt des Arbeitsvertrags für Mehrarbeit überhaupt keine Grundvergütung zu zahlen sei[1415]. Habe der Arbeitnehmer keinen vertraglichen Anspruch auf Grundvergütung, dann stehe ihm erst recht kein Mehrarbeitszuschlag zu. Es müsse sich aus der getroffenen Abrede nur klar ergeben, dass die vereinbarte Vergütung Äquivalent für die gesamte Arbeitsleistung sei[1416]. Hierbei sollte es genügen, wenn der Arbeitgeber den Arbeitnehmer darauf hinweist, dass Mehr- bzw. Überarbeit nicht gesondert vergütet wird, auch wenn nicht im einzelnen klar ist welcher Gehaltsteil Pauschalabgeltung für die Mehrarbeit ist[1417].
In einer jüngeren Entscheidung sah das *LAG Köln* das Äquivalenzverhältnis in besonders krasser Weise beeinträchtigt, wenn eine vorformulierte Kombination der Verpflichtung zur Leistung von Überstunden mit einer Pauschalierungsabrede besteht[1418].

bb) Vereinbarkeit mit § 307 I 1,2 BGB?

Vorformulierte Nebenabreden zur Hauptleistungspflicht der Arbeitszeit (arbeitszeitmodifizierende Nebenabreden) unterliegen der Inhaltskontrolle. Denn die Kontrolle einer Abrede, die die Befugnis zur Anordnung von Überstunden kombiniert mit einer Pauschalabgeltung vorsieht, ist keine Kontrolle von Hauptleistungspflichten[1419].

[1412] Vgl. *Hümmerich/Rech* NZA 1999, 1132, 1135 f.; *Kerger* RdA 1971, 275 ff.
[1413] LAG Köln NZA 1990, 349, 350.
[1414] BAG AP Nr. 1 zu § 15 AZO.
[1415] BAG AP Nr. 11 zu § 611 BGB Dienstverordnung-Angestellte.
[1416] BAG AP Nr. 1 zu § 1 AZO; AP Nr. 5 zu § 611 BGB Mehrarbeitsvergütung.
[1417] BAG AP Nr. 1 zu § 15 AZO.
[1418] LAG Köln AuR 2002, 193.
[1419] ErfK/*Preis* §§ 305-310 BGB Rn. 88. Im Übrigen ergibt sich aus § 307 III 2 BGB, dass die Transparenzkontrolle (§ 307 I 2 BGB) auch für preisbestimmende, leistungsbeschreibende Vertragsklauseln und damit auf Vereinbarungen über Hauptleistungspflichten gilt.

Eine *pauschale Abgeltungsklausel* ist *nicht klar und verständlich* i.S.v. § 307 I 2 BGB und damit unangemessen (§ 307 I 1 BGB), da der Arbeitnehmer über eine im Arbeitsvertrag enthaltene Überstundenpauschale nicht den Umfang seiner für die Vergütung zu erbringenden Arbeitsleistung erkennen kann[1420].

Ferner liegt eine krasse Beeinträchtigung des Äquivalenzverhältnisses und damit eine unangemessene Benachteiligung (§ 307 I 1 BGB) vor, wenn in vorformulierten AAB die Verpflichtung zur Ableistung von Mehr- und Überarbeit mit einer Pauschalabgeltung verbunden wird[1421]. Denn ohne *Begrenzung* der Anordnung von Mehr- bzw. Überarbeit wird dem Arbeitgeber damit das Recht zum einseitigen Einbruch in das Synallagma des Arbeitsvertrags ermöglicht[1422]. Keine unangemessene Benachteiligung liegt daher vor, wenn nur *geringfügige Überschreitungen der regelmäßigen Arbeitszeit (bis ca. 10 %)* mit dem vereinbarten Gehalt abgegolten sein sollen[1423].

f) Rückzahlungsklauseln bzgl. überbezahltem Arbeitsentgelt

aa) Ausgangslage

Die Überzahlung durch den Arbeitgeber entsteht, wenn dieser sich verrechnet oder irrtümlich geglaubt hat, aufgrund tariflicher Vorschriften zur Leistung verpflichtet zu sein oder den Arbeitnehmer irrtümlich in eine zu hohe tarifliche Lohngruppe eingruppiert hat[1424].

[1420] *Hümmerich/Holthausen* NZA 2002, 173, 180; Preis/*Preis* II M 20 Rn. 28. Eine Abgeltungsklausel ist mit dem Transparenzgebot aber vereinbar, wenn erkennbar ist, welcher Teil einer Pauschale Mehr- bzw. Überarbeit abgelten soll, vgl. ErfK/*Preis* §§ 305-310 BGB Rn. 89.

[1421] ErfK/*Preis* §§ 305-310 BGB Rn. 89.

[1422] ErfK/*Preis* §§ 305-310 BGB Rn. 89; LAG Köln AuR 2002, 193.

[1423] ErfK/*Preis* §§ §305-310 BGB Rn. 89. Eine (dem Transparenzgebot genügende) formularmäßige Abgeltungsklausel ist daher in Bezug auf § 307 BGB nicht zu beanstanden, wenn die Pauschalabgeltung in einem angemessenen Verhältnis zu den vereinbarten (maximal zu leistenden) Überstunden steht. Denn hier kann sich die Pauschalierungsabrede auch zugunsten des Arbeitnehmers auswirken, wenn Überstunden tatsächlich nicht geleistet werden müsse, vgl. Preis/*Preis* II M 20 Rn. 25.

[1424] ArbRHdB/*Schaub* § 74 Rn. 1. Hat der Arbeitgeber aber *vorgeleistet* und tritt wegen der Nichterbringung der Arbeitsleistung Unmöglichkeit (§ 275 I BGB) ein, folgt ein Rückabwicklung nach Rücktrittsrecht aus § 326 IV BGB i.V.m. § 346 BGB, wobei dem Arbeitnehmer die Berufung auf § 818 III BGB von vornherein versagt ist, vgl. *Berkowsky* AuA 2002, 11, 16; *Kocher* KJ 2002, 133, 151; *Löwisch* FS Wiedemann, S. 311, 326 f. *Joussen* NZA 2001, 745, 750 will dem Arbeitnehmer in diesem Fall über § 242 BGB eine Einwendung gegen den Rückzahlungsanspruch geben; einschränkend *Henssler/Muthers* ZGS 2002, 219, 224.

Hat der Arbeitgeber irrtümlich eine zu hohe Arbeitsvergütung bezahlt, so ist der Arbeitnehmer nach §§ 812 ff. BGB (Bereicherungsrecht) zur Rückzahlung verpflichtet[1425]. Der bereicherungsrechtliche Rückzahlungsanspruch ist nach § 818 III BGB ausgeschlossen, wenn der Arbeitnehmer nicht mehr bereichert ist. Eine Entreicherung des Arbeitnehmers, für die dieser selbst die Darlegungs- und Beweislast trägt[1426], liegt vor, wenn er den überbezahlten Lohn ausgegeben hat, ohne dass dafür noch ein Gegenwert in seinem Gehalt vorhanden ist[1427].

bb) Vereinbarkeit mit § 307 I 1 BGB?

Durch eine Rückzahlungsklausel wird der Arbeitnehmer ohne Rücksicht auf den Wegfall der Bereicherung zur Rückzahlung überbezahlter Beträge verpflichtet[1428].

In der Rechtsprechung wurden Klauseln mit einer uneingeschränkten Rückzahlungspflicht bei Lohnüberzahlungen und die damit verbundene Belastung des Arbeitnehmers mit dem Risiko unrichtiger Lohnberechnung für zulässig gehalten, da nach § 276 II BGB a.F. und § 278 S. 2 BGB a.F. die Haftung für leichte und grobe Fahrlässigkeit abbedungen werden könne[1429].
Jedoch ist zu beachten, dass den Arbeitgeber (aus der allgemein anerkannten Leistungstreuepflicht) eine Nebenpflicht zu richtiger Lohnberechnung trifft[1430].

Da die *vollständige Verlagerung des Risikos der Entgeltüberzahlung* auf den Arbeitnehmer in einem Formulararbeitsvertrag einer Freizeichnung für grobe

---

1425 ArbRHdB/*Schaub* § 74 Rn. 1.
Das BAG hat sich zunächst gegen die unmittelbare Anwendung der §§ 812 ff. BGB gewandt und statt dessen eine eigenständige Rückerstattungspflicht aus der arbeitsvertraglichen Treuepflicht entwickelt (vgl. BAG AP Nr. 5 zu § 394 BGB = NJW 1960, 1589; BAG AP Nr. 1 zu § 819 BGB = NJW 1961, 622), ist aber in neueren Entscheidungen darauf nicht mehr ausdrücklich zurückgekommen (vgl. BAG AP Nr. 5 zu § 812 BGB; BAG AP Nr. 3 zu § 818 BGB).

1426 Hierbei gilt der Anscheinsbeweis, dass Arbeitnehmer der unteren oder mittlerer Gehaltsgruppen geringfügige Überzahlungen für den Lebensunterhalt ausgegeben haben, vgl. BAG AP Nr. 3 zu § 818 BGB. Das BAG hat die Geringfügigkeitsgrenze auf 10 % der für den Zeitraum zustehenden Gesamtbezüge konkretisiert, vgl. BAG AP Nr. 5 zu § 812 BGB. Die Beweiserleichterung des Anscheinsbeweises soll aber dann entfallen, wenn der Arbeitnehmer als Bereicherungsschuldner über nennenswerte weitere Einkünfte verfügt. Dazu genüge der plausible Vortrag anderweitiger Einkünfte seitens des Bereicherungsgläubigers. Diesen habe dann der Bereicherungsschuldner zu widerlegen, vgl. BAG EzA Nr. 8 zu § 818 BGB.

1427 ArbRHdB/*Schaub* § 74 Rn. 6.

1428 ArbRHdB/*Schaub* § 74 Rn. 7.

1429 BAG AP Nr. 2 zu § 611 BGB Lohnrückzahlung; vgl. BGH NJW-RR 1998, 1425 f.

1430 *Preis* Vertragsgestaltung, S. 506; ArbRHdB/*Schaub* § 74 Rn. 8; BAG AP Nr. 2 zu § 611 BGB Lohnrückzahlung; BAG NZA 1987, 380.

Fahrlässigkeit gleichkomme, wird ein Verstoß gegen § 309 Nr. 7 b BGB bejaht[1431]. Hierbei ist aber problematisch, ob durch die falsche Berechnung des Arbeitslohns, die eine Pflichtverletzung des Arbeitgebers nach § 280 I BGB darstellt, dem Arbeitnehmer überhaupt ein Schaden entstehen kann[1432].

Jedenfalls ist die vollständige Risikoverlagerung auf den Arbeitnehmer wegen der vollständigen Abkehr vom Leitbilds des (dispositiven[1433]) § 818 III BGB als unangemessen anzusehen (§ 307 II Nr. 1 BGB)[1434]. Denn der Arbeitnehmer ist zwar durch die Möglichkeit des Entreicherungseinwands stark privilegiert, doch ist die Richtigkeit der Gehaltsabrechnung nicht ohne weiteres für den Arbeitnehmer nachprüfbar[1435]. Dem entspricht auch die Rechtsprechung des BAG, das die globale Freizeichnung des Arbeitgebers für die von ihm verursachten oder zu verantworteten Betriebsrisiken in AAB als unwirksam ansah[1436]. Auch ist zu berücksichtigen, dass Irrtümer bei der Lohn- und Gehaltsabrechnung in die Risikosphäre des Arbeitgebers fallen und die fortgesetzte falsche Lohnberechnung zu erheblichen Rückzahlungsforderungen führen kann[1437].

Eine Rückzahlungsklausel in AAB ist daher nur wirksam und mit § 309 Nr. 7 b BGB (analog) vereinbar, wenn sie den Arbeitgeber nur von leichter Fahrlässigkeit bei der Lohnberechnung freizeichnet[1438].
Eine unangemessene Benachteiligung (§ 307 I 1 BGB) liegt in der Freizeichnung für leichte Fahrlässigkeit nicht, da die korrekte Gehaltsabrechnung keine Kardinalpflicht des Arbeitgebers ist[1439].
Ferner ist ein besonderes Vertrauen des Arbeitnehmers, ihm nicht zustehende Lohnüberweisungen behalten zu dürfen, nicht erkennbar[1440].

1431 ErfK/*Preis* §§ 305-310 BGB Rn. 90.
1432 Ablehnend LAG Frankfurt AP Nr. 1 zu § 611 BGB; BAG AP Nr. 2 zu § 611 BGB Lohnrückzahlung.
1433 Palandt/*Sprau* § 818 BGB Rn. 33; *Preis* Vertragsgestaltung, S. 506.
1434 ErfK/*Preis* §§ 305-310 BGB Rn. 90; *a.A. Bartz* AuA 2002, 62, 64.
1435 *Preis* Vertragsgestaltung, S. 507 f.
1436 BAG EzA Nr. 1 zu 611 BGB Parkplatz.
1437 Preis/*Preis* II A 80 Rn. 13 m.w.N.
1438 Darüber hinaus werden in Anlehnung an § 12 II 2 BBesG; § 87 II 2 BBG; § 53 II 2 BRRG Rückzahlungsklauseln als zulässig angesehen, die die Berufung auf den Entreicherungseinwand des § 818 III BGB entgegen §§ 818 IV, 819 I BGB bereits dann ausschließen, wenn die rechtsgrundlose Überzahlung für den Arbeitnehmer erkennbar war, vgl. Preis/*Preis* II A 80 Rn. 17; zweifelnd MüKo/*Lieb* § 818 BGB Rn. 83 a. Demgegenüber wird eine derartige Vertragsgestaltung als überflüssig beurteilt, da den Arbeitnehmer ohnehin eine allgemeine Vertragspflicht treffe, auf erkannte oder ohne weiteres erkennbare Überzahlungen hinzuweisen, wobei die Verletzung dieser Vertragspflicht einen Schadensersatzanspruch des Arbeitgebers auslösen könne, vgl. MünchArbR/*Hanau* § 76 Rn. 4.
1439 Vgl. Palandt/*Heinrichs* § 307 BGB Rn. 35 ff; *Preis* Vertragsgestaltung, S. 509.
1440 Preis/*Preis* II A 80 Rn. 19.

g) Rückzahlungsklauseln zu Ausbildungs-[1441] und Fortbildungskosten[1442]

Bislang hat das BAG bei Rückzahlungsklauseln in Einzelarbeitsverträgen am Maßstab von §§ 138, 242 BGB im Rahmen einer Interessenabwägung geprüft, ob die Erstattungspflicht einem begründeten und billigenswerten Interesse des Arbeitgebers entspricht, sowie dem Arbeitnehmer nach Treu und Glauben zuzumuten ist[1443].
Nach Aufhebung der Bereichsausnahme erfolgt die Inhaltskontrolle für Rückzahlungsklauseln in AAB am Maßstab des § 307 BGB[1444]. Hierbei sind als Leitlinien der Angemessenheitskontrolle die von der Rechtsprechung aufgestellten schematischen Grenzen der zulässigen Bindungsdauer heranzuziehen[1445].

[1441] § 5 II Nr. 1 BBiG ist ein gesetzliches Verbot vertraglicher Rückzahlungsklauseln. Die Gesetzessystematik (§ 5 BBiG steht im mit „Berufsausbildungsverhältnis" überschriebenen zweiten Teil des BBiG) und der Umstand, dass § 5 BBiG der besonderen Abhängigkeit des Auszubildenden vom Ausbildungsbetrieb Rechnung trägt, spricht gegen eine Anwendung auf berufliche Fortbildungs- und Umschulungsmaßnahmen i.S.v. §§ 1 III, IV, 46, 47 BBiG, vgl. Preis/*Stoffels* II A 120 Rn. 14. Ferner ist § 5 BBiG auf Berufsausbildungsverhältnisse zu beschränken und einer Verallgemeinerung oder gar analogen Anwendung über § 19 BBiG nicht zugänglich, vgl. BAG EzA Nr. 12 zu Art. 12 GG. Schließlich ist eine Rückzahlungsvereinbarung, die sich auf die Arbeitgeberanteile zur Sozialversicherung erstreckt, nach § 32 I SGB I nichtig, vgl. Preis/*Stoffels* II A 120 Rn. 15.

[1442] Der Arbeitgeber trägt anfallende Kosten von Aus- und Weiterbildungsmaßnahmen in der Erwartung, dass diese Investitionen seinem Betrieb zukünftig in Form qualifizierter Arbeitsleistung zugute kommen. Gleichzeitig muss er damit rechnen, dass Konkurrenzunternehmen versuchen, derartig qualifizierte Arbeitnehmer abzuwerben, vgl. *Rischar* BB 2002, 2550; Preis/*Stoffels* II A 120 Rn. 3. Daher wird die Übernahme von Fortbildungskosten in der betrieblichen Praxis nach wie vor regelmäßig mit der Vereinbarung von Rückzahlungsklauseln verbunden.

[1443] Vgl. BAG AP Nr. 28 zu § 611 BGB Ausbildungsbeihilfe; BAG DB 2002, 744 ff. Voraussetzung der Zumutbarkeit für den Arbeitnehmer ist, dass er mit der Aus- oder Fortbildungsmaßnahme eine angemessene Gegenleistung für die Rückzahlungsverpflichtung erhält, vgl. BAG AuA 2003, 54. Trotz wirksamer Vereinbarung kann aber die Rückforderung von Fortbildungskosten für den Arbeitnehmer unzumutbar sein, wenn einerseits der Arbeitgeber für die Weiterbeschäftigung des Arbeitnehmers keinen Bedarf mehr hat und andererseits der Arbeitnehmer sehr schwerwiegende, persönlich anerkennenswerte und billigenswerte Gründe hat, aufgrund derer er vorzeitig ausscheiden und die Bindungszeit nicht einhalten will, vgl. BAG BB 1980, 1470f. = DB 1980, 1703 f.

[1444] ErfK/*Preis* §§ 305-310 BGB Rn. 91. Zu beachten, dass die Rückzahlungsverpflichtung begrenzt ist durch den Betrag, den der Arbeitgeber tatsächlich aufgewandt hat, da ansonsten eine Vertragsstrafe vorliegt, vgl. *Rischar* BB 2002, 2550, 2551.

[1445] *Gotthardt* Schuldrechtsreform Rn. 324; ErfK/*Preis* §§ 305-310 BGB Rn. 91.
Für das Verhältnis der Fortbildungs- und der Bindungsdauer hat die Rechtsprechung *folgende Grundsätze* aufgestellt (vgl. BAG SAE 1995, 167, 172 = DB 1994, 1726 = BB 1994, 1643): Bei einer Lehrgangsdauer von bis zu zwei Monaten ohne Verpflichtung zur Arbeitsleistung ist eine Bindung bis zu einem Jahr zulässig (BAG AP Nr. 17 zu § 611 BGB Ausbildungsbeihil-

h) Entgeltrisiko

aa) Inhalt der §§ 615, 616 BGB

§§ 615, 616 BGB enthalten gesetzliche Ausnahmen von dem Grundsatz, dass der Anspruch auf Arbeitsentgelt nur bei Erbringung einer realen Arbeitsleistung entsteht (vgl. § 326 I 1 BGB)[1446]: § 615 S. 1, 2 BGB regelt den Annahmeverzug des Arbeitgebers. § 615 S. 3 BGB regelt die Rechtsfolgen des Betriebsrisiko, welches vorliegt, wenn der Arbeitgeber ohne eigenes Verschulden die Belegschaft aus betriebstechnischen Gründen nicht beschäftigen kann[1447]. § 616 BGB regelt die Fälle der Arbeitsverhinderung ohne Krankheit und erhält dem Arbeitnehmer den Vergütungsanspruch für Fälle persönlicher Verhinderung[1448].

bb) Formularmäßige Abdingbarkeit?

(1) § 615 S. 1 BGB

§ 615 BGB ist zwar grundsätzlich eine dispositive Vorschrift[1449], was aus § 619 BGB folgt, der § 615 BGB gerade nicht erwähnt[1450]. Da § 615 S. 1 BGB aber

---

fe). Bei einer Lehrgangsdauer von drei bzw. vier Monaten ist eine Bindung bis zu zwei Jahren zulässig (BAG AP Nr. 23 zu § 611 BGB Ausbildungsbeihilfe; *a.A.* LAG Köln BB 1993, 222). Bei einer Lehrgangsdauer von sechs Monaten von bis zu einem Jahr ist eine Bindung bis zu drei Jahren möglich (BAG NZA 1984, 288 f.). Bei einer Lehrgangsdauer von mehr als zwei Jahren ist eine Bindung bis zu fünf Jahre möglich (BAG AP Nr. 1, 4 zu § 611 BGB Ausbildungsbeihilfe). Eine über fünf Jahre hinausgehende Bindungsdauer ist aber unzulässig, vgl. BAG BB 1994, 433, 434.

[1446] *Preis* Vertragsgestaltung, S. 331; ausf. zum Gläubigerverzug: *Feuerborn* JR 2003, 177 ff.

[1447] LAG Düsseldorf LAGE Nr. 1 zu § 615 BGB; BAG AP Nr. 70 zu Art. 9 GG Arbeitskampf; *Auktor* ZTR 2002, 464; ErfK/*Preis* § 615 BGB Rn. 126.
Ausgehend vom RG (RGZ 106, 272 ff.), über das RAG (RAG ARS 3, 116 ff.) vertrat auch das BAG die Ansicht, dass die Fälle des Betriebsrisikos weder über § 323 I BGB a.F. (= § 326 I BGB n.F.), noch über § 615 BGB a.F. gerecht gelöst werden könnten. Aufgrund dieser Regelungslücke haben die Gerichte die Betriebsrisikolehre entwickelt, wonach grundsätzlich der Arbeitgeber das Betriebsrisiko trägt. Wenn die Fortsetzung des Betriebs wegen Auftrags- oder Absatzmangels wirtschaftlich sinnlos wird, spricht man vom Wirtschaftsrisiko, wobei betriebstechnisch die Arbeitsleistung möglich bleibt, vgl. ErfK/*Preis* § 615 BGB Rn. 126.

[1448] ErfK/*Dörner* § 616 BGB Rn. 2.

[1449] BAG AP Nr. 24 zu § 615 BGB (für den Annahmeverzug); BAG AP Nr. 16 zu § 615 BGB (für das Betriebsrisiko); Erman/*Belling* § 615 BGB Rn. 3, 73; ErfK/*Preis* § 615 BGB Rn. 8, 138.; Palandt/*Putzo* § 615 BGB Rn. 5; *Löwisch* FS Wiedemann, S. 311, 331; *Gotthardt* Schuldrechtsreform, S. 127 Rn. 285; Staudinger/*Richardi* § 615 BGB Rn. 9; MüKo/*Schaub* § 615 BGB Rn. 51; Soergel/*Kraft* § 615 BGB Rn. 8.

Ausdruck einer *elementaren Gerechtigkeitsvorstellung* ist[1451], stellt ein Abweichen von dieser Vorschrift zum Nachteil des Arbeitnehmers in Formulararbeitsverträgen eine unangemessene Benachteiligung (§ 307 II Nr. 1 BGB) dar[1452].

(2) § 615 S. 3 BGB

Gegen die Abdingbarkeit des Betriebsrisikos durch Tarifvertrag bestehen keine Bedenken[1453]. Auch ist die Verlagerung des Betriebsrisikos auf den Arbeitnehmer durch einzelvertragliche Regelung unter der Prämisse möglich, dass der Arbeitnehmer bei oder nach Eintritt des Betriebsrisikoereignisses mit einer Suspendierung einverstanden ist[1454]. Jedoch stellt die Verlagerung des Betriebsrisikos (§ 615 S. 3 BGB) auf den Arbeitnehmer in einem Formulararbeitsvertrag grds. eine unangemessene Benachteiligung (§ 307 I 1 BGB) dar[1455]. Dies kann dann ausnahmsweise nicht der Fall sein, wenn dem Arbeitnehmer für die Belastung mit dem Betriebsrisiko ein angemessener Ausgleich gewährt wird[1456].

(3) § 616 BGB

§ 616 BGB ist zwar (aufgrund der Nichterwähnung in § 619 BGB) dispositiv[1457], jedoch ist die vollständige formularmäßige Abbedingung wegen der *Umkehrung der gesetzlichen Risikoverlagerung* unangemessen i.S.v. § 307 I 1 BGB[1458].

1450 ArbRHdB/*Linck* § 95 Rn. 5. Jedoch schließt die Klausel *„Bezahlt wird nur die Zeit, in der wirklich gearbeitet wird"* nur den Anspruch des § 616 BGB, nicht aber § 615 BGB aus, vgl. BAG AP Nr. 13, 31 zu § 615 BGB Betriebsrisiko; BAG NZA 1999, 1166, 1167.

1451 Staudinger/*Richardi* § 615 BGB Rn. 10 ff.

1452 ErfK/*Preis* §§ 305-310 BGB Rn. 79; *ders.* Vertragsgestaltung, S. 332; *Gotthardt* Schuldrechtsreform Rn. 321; *a.A. Löwisch* FS Wiedemann, S. 311, 331.

1453 BAG NZA 1991, 519 ff.

1454 MünchArbR/*Boewer* § 79 Rn. 76; vgl. auch die Ausnahme in § 11 IV 2 AÜG.

1455 ErfK/*Preis* §§ 305-310 BGB Rn. 79; in diese Richtung auch Staudinger/*Richardi* § 615 BGB Rn. 10; *a.A. Löwisch* FS Wiedemann, S. 311, 331, der in den mglw. weitreichenden wirtschaftlichen Folgen einer Betriebsstörung eine arbeitsrechtliche Besonderheit sieht. Dagegen spricht aber, dass § 615 S. 3 BGB gerade eingefügt wurde, um im Hinblick auf das allgemeine Leistungsstörungsrecht die Besonderheiten des Arbeitsrechts abzusichern, vgl. BT-Drucks. 14/6857, S. 11, 47 f.
Jedenfalls widerspricht eine generelle Abwälzung des Beschäftigungs- und Lohnrisikos auf den Arbeitnehmer dem Arbeitnehmerschutzgedanken, wonach der Arbeitgeber das Betriebs- und Wirtschaftsrisiko trägt, vgl. MünchArbR/*Boewer* § 79 Rn. 76.

1456 *Gotthardt* Schuldrechtsreform Rn. 321; vgl. auch BAG AP Nr. 47 zu § 138 BGB.

1457 BAG AP Nr. 8, 30, 35, 43, 49, 55, 63 zu § 616 BGB; Erman/*Belling* § 616 BGB Rn. 15; ErfK/*Dörner* § 616 BGB Rn. 19; Soergel/*Kraft* § 616 BGB Rn. 4; ArbRHdB/Linck § 97 Rn.

Diese Ansicht wird durch die Rechtsprechung gestützt, wonach ein völliger Ausschluss des § 616 BGB durch die Verhältnisse des Betriebes oder Wirtschaftszweiges sachlich gerechtfertigt sein muss[1459]. Eine Modifizierung des § 616 BGB ist hingegen auch in einem Formulararbeitvertrag möglich[1460].

i) Ausgleichsquittungen

Wenn Ausgleichsquittungen als *formularmäßige Verzichtserklärungen* ausgestaltet sind[1461], unterliegen sie dem Anwendungsbereich der §§ 305 ff. BGB[1462]. Wegen § 305 I 1 BGB ist es unerheblich, dass die hierfür verwendeten Formularverträge meist recht kurz sind[1463]. Sofern sich die Ausgleichsquittung auf den bloßen Rechtsverzicht des Arbeitnehmers beschränkt und der Arbeitnehmer keine (kompensatorische) Gegenleistung erhalte, soll sie nach einer im Schrifttum vertretenen Ansicht für den Arbeitnehmer unangemessen benachteiligend (§ 307 I 1 BGB) sein[1464]. So liege eine Gegenleistung auch nicht darin, dass der Arbeitgeber seinerseits bescheinigt, gegen den Arbeitnehmer keine Ansprüche mehr zu

---

20; Staudinger/*Oetker* § 616 BGB Rn. 141; Palandt/*Putzo* § 616 BGB Rn. 3; *a.A. Dersch* RdA 1952, 53, 56 f.
Anerkannt als Ausschluss des Entgeltfortzahlungsanspruchs aus § 616 S. 1 BGB ist die Klausel *„bezahlt wird nur die wirklich geleistete Arbeit"*, vgl. BAG AP Nr. 55, 58 zu § 616 BGB.

1458 ErfK/*Preis* §§ 305-310 BGB Rn. 79; so auch MünchArbR/*Boewer* § 80 Rn. 9; Staudinger/*Oetker* § 616 BGB Rn. 144; offen gelassen von BAG AP Nr. 49 zu § 616 BGB = NJW 1980, 903. Daran ändert auch die Tatsache nichts, dass die gesetzliche Sozialversicherung in weitem Umfang die materielle Absicherung der Arbeitnehmer gewährleistet, so aber Soergel/*Kraft* § 616 BGB Rn. 4.

1459 BAG AP Nr. 49 zu § 616 BGB.

1460 Staudinger/*Oetker* § 616 BGB Rn. 148.

1461 Nach *Apel*, S. 67 handelt es sich bei dem größten Teil der vorkommenden Ausgleichsquittungen nicht um im Einzelfall ausgehandelte Vereinbarungen, sondern um in Vertragsformularen vorgedruckte Klauseln. Die Rechtsnatur des in der Ausgleichsquittung enthaltenen „Verzichts" hängt von seinem Inhalt ab: Gehen beide Parteien davon aus, dass noch Forderungen bestehen, die aber erlassen werden sollen, liegt ein Erlassvertrag vor (§ 397 I BGB). Bestand über die Existenz einer Forderung oder deren Höhe Streit und wurde dieser durch gegenseitiges Nachgeben beendet, liegt ein Vergleich (§ 779 BGB) vor. Sind Arbeitgeber und Arbeitgeber aber der Ansicht, dass keine Ansprüche mehr bestehen, handelt es sich um ein deklaratorisches negatives Schuldanerkenntnis. Sollen alle bekannten und unbekannten Ansprüche nicht mehr bestehen, liegt ein konstitutives negatives Schuldanerkenntnis vor (§ 397 II BGB), vgl. Preis/*Rolfs* II A 130 Rn. 3; ArbRHdB/*Schaub* § 72 Rn. 7.

1462 ErfK/*Preis* § 611 BGB Rn. 517.

1463 So schon zu § 1 AGBG: *Preis* AuR 1979, 97, 101.

1464 ErfK/*Preis* § 611 BGB Rn. 517; *ders.* §§ 305-310 BGB Rn. 96; *Reineke* DB 2002, 583, 586. Dieser Aspekt wurde bereits von *Apel*, S. 84 angesprochen.

haben[1465]. Zulässig seien daher neben echten Vergleichen (§ 779 BGB), die als Individualabreden (§ 305 I 3 BGB) nicht der Inhaltskontrolle der §§ 307-309 BGB unterfallen[1466], formularmäßige Verzichtsvereinbarungen nur noch in Verbindung mit einer Abfindung[1467]. Gegen diese Ansicht ist aber vorzubringen, dass aufgrund § 307 III 1 BGB eine Inhaltskontrolle des Verhältnisses von Leistung und Gegenleistung nicht stattfindet[1468]. Ferner ist nicht erkennbar, welcher Maßstab für die vom Arbeitgeber zu erbringende Gegenleistung anzusetzen ist[1469]. Auch besteht überhaupt kein Bedürfnis, die Angemessenheit des Verzichts zu überprüfen[1470].

VIII. Rechtsfolgen unwirksamer Vertragsklauseln

1. Ausgangssituation: § 306 I, II, III BGB

Wenn AGB ganz oder teilweise nicht Vertragsbestandteil geworden oder unwirksam sind, bleibt der Vertrag im Übrigen (abweichend von § 139 BGB) wirksam nach § 306 I BGB (früher § 6 I AGBG) und nach § 306 II BGB (früher § 6 II AGBG) richtet sich der Inhalt des Vertrags nach den gesetzlichen Vorschriften.

Ausnahmsweise ist der Vertrag nach § 306 III BGB unwirksam, wenn das Festhalten auch unter Berücksichtigung der nun geltenden gesetzlichen Vorschriften eine unzumutbare Härte für eine Vertragspartei darstellen würde.

2. Verbot der geltungserhaltenden Reduktion

Aus § 6 II AGBG (= § 306 II BGB) leitete der BGH das Verbot einer geltungserhaltenden Reduktion, d.h. der Rückführung der Vertragsbestimmung auf das noch zulässige Maß, ab[1471].

Aus dem Wortlaut der §§ 9-11 AGBG ließe sich eine teilweise Aufrechterhaltung nicht herleiten, da das Gesetz in diesen Vorschriften stets von der Unwirk-

---

1465 *Reineke* DB 2002, 583, 586.
1466 *Reineke* DB 2002, 583, 586.
1467 ErfK/*Preis* §§ 305-310 BGB Rn. 96.
1468 Zur Abfindungszahlung beim Aufhebungsvertrag: LAG Hamm DB 2003, 1443.
1469 *Gotthardt* Schuldrechtsreform Rn. 306.
1470 Der Arbeitnehmer wird durch § 307 I 2 BGB und § 305 c II BGB bereits ausreichend geschützt. In diese Richtung früher auch schon *Preis* AuR 1979, 97, 106.
1471 BGHZ 84, 109, 115 ff.

samkeit der einzelnen Vorschriften spricht. Auch der Zweck des AGB-Gesetzes, auf einen angemessenen Inhalt der in der Praxis verwendeten oder empfohlenen AGB hinzuwirken und den Kunden die Möglichkeit sachgerechter Information über die ihnen aus dem vorformulierten Vertrag erwachsenden Rechte und Pflichten zu verschaffen, sei nicht erreichbar, wenn der Verwender von AGB zunächst einmal diese gefahrlos einseitig ausgestalten kann und es allein der Initiative des Vertragspartners und der Gerichte überlassen bleibe, überschießende Klauseln auf das noch zulässige Maß zurückzuführen[1472].

Enthält jedoch die Klausel neben der unwirksamen auch inhaltlich unbedenkliche, aus sich heraus verständliche sprachlich und inhaltlich teilbare Bestimmungen, sollen diese gleichwohl wirksam bleiben, wenn sie den gleichen Sachkomplex betreffen[1473].

3. Bisherige Beurteilung im Arbeitsrecht

a) Rechtsprechung des BAG

Bei unwirksamen Vertragsklauseln wurde schon bislang vom BAG die Auslegungsregel § 139 BGB nicht angewandt, und der Vertrag im Übrigen aufrechterhalten, so dass trotz der Bereichsausnahme des § 23 I AGBG das selbe Ergebnis erzielt wurde wie bei Anwendbarkeit des AGB-Gesetzes und Geltung des § 6 I AGBG[1474].

Das BAG befürwortete bislang die *geltungserhaltende Reduktion* überschießender Vertragsbedingungen und hat so etwa die erhöhte Bindungsdauer bei der Verpflichtung zur Rückzahlung von Fortbildungskosten auf das angemessene Maß herabgesetzt[1475].

[1472] Palandt/*Heinrichs* Vorb. v. §§ 307-309 Rn. 8.
[1473] Palandt/*Heinrichs* Vorb. v. §§ 307-309 Rn. 8.
[1474] BAG AP Nr. 117 zu Art. 3 GG; AP Nr. 11 zu § 611 BGB Anwesenheitsprämie.
[1475] BAG AP Nr. 8 zu § 611 BGB Ausbildungsbeihilfe = NZA 1984, 288, 289. Gleichzeitig hat das BAG in dieser Entscheidung die Staffelung des Rückzahlungsbetrags der neuen Frist angepasst. Hingegen hat das BAG vor allem bei unklaren Klauseln zu Lasten des Arbeitgebers Unwirksamkeit angenommen. Eine Klausel zur Rückzahlung des Weihnachtsgeldes sah das BAG daher als unwirksam an, weil sie weder Voraussetzungen für die Rückzahlungspflicht, noch einen eindeutig bestimmten Zeitraum für die Bindung des Arbeitnehmers festlegt, vgl. BAG NZA 1995, 1034. In den meisten Fällen, bei Versetzungsklauseln (BAG NJW 1984, 381; NZA 1987, 125; NZA 1992, 644) und Widerrufsvorbehalten (vgl. BAG NZA 1996, 603) hat das BAG eine Ausübungskontrolle durchgeführt.

b) Beurteilung im Schrifttum

In der arbeitsrechtlichen *Literatur* wurde zumindest teilweise ein Verbot der geltungserhaltenden Reduktion gefordert[1476]. Dies wurde damit begründet, dass der vorformulierende Arbeitgeber durch die Privilegierung der geltungserhaltenden Reduktion von der Verantwortung für die sachgerechte Vertragsgestaltung befreit werde. Nur das Risiko, dass die von ihm verwendeten Klauseln insgesamt kassiert werden und er nach dispositivem Gesetzesrecht behandelt wird, werde den Arbeitgeber wirksam dazu disziplinieren, die Zulässigkeit seiner Formularbedingungen gründlich zu erwägen[1477]. Gegen den Einwand, dass es im Arbeitsvertragsrecht wegen der fehlenden Kodifikation kaum dispositives Recht gibt und deshalb auch die Regelung des § 6 II AGBG praktisch selten zu einer Lösung führe[1478], wurde vorgebracht, dass auch das AGBG eine Vielzahl von atypischen, gesetzlich nicht geregelten Vertragsschuldverhältnissen erfasse und entstandene Vertragslücken subsidiär durch die Grundsätze der ergänzenden Vertragsauslegung geschlossen werden können[1479].

4. Auswirkungen der Schuldrechtsreform

Nach Aufhebung der Bereichsausnahme ist § 306 II BGB und das daraus abgeleitete Verbot der geltungserhaltenden Reduktion grundsätzlich auch bei unangemessenen Klauseln in vorformulierten Arbeitsverträgen anzuwenden[1480].
Zu untersuchen ist, ob nicht die im Arbeitsrecht geltenden Besonderheiten (§ 310 IV 2 Hs.1 BGB) einer Anwendung des § 306 II BGB entgegenstehen[1481].

a) Anwendbarkeit des Verbots der geltungserhaltenden Reduktion?

aa) Interessenlage

Für die Anwendung des Verbots der geltungserhaltenden Reduktion spricht, dass dem Arbeitgeber als Verwender, dem bei vorformulierten Vertragswerken erhebliche Gestaltungsmacht zukommt, das *Risiko der Kassation der unange-*

[1476] *Fenn* FS Söllner, S. 333, 362 ff.; *Preis* Vertragsgestaltung, S. 350, 367; *Wolf* RdA 1988, 270, 276; *a.A. Hromadka* FS Dieterich, S. 251, 276.
[1477] *Fenn* FS Söllner, S. 333, 363.
[1478] Vgl. *Hromadka* FS Dieterich, S. 251, 277.
[1479] *Preis* Vertragsgestaltung, S. 359.
[1480] LAG Hamm NZA 2003, 499, 503 (zu Vertragsstrafen); *Reineke* DB 2002, 583, 586.
[1481] Mit der Aufhebung der Bereichsausnahme für Arbeitsverträge hat sich somit die Beweislast für die Nichtanwendbarkeit umgekehrt, vgl. Gotthardt Schuldrechtsreform Rn. 329.

messenen Klausel nicht durch richterliche Reduktion abgenommen werden darf[1482].

bb) Besonderheiten des Arbeitsrechts

Der Umstand, dass das Arbeitsverhältnis ein *Dauerschuldverhältnis* ist und dass die Kündigungsmöglichkeit erschwert sei, ist zwar grundsätzlich eine arbeitsrechtliche Besonderheit[1483]. Dennoch ist aber § 306 II und das damit verbundene Verbot der geltungserhaltenden Reduktion auch bei Formulararbeitsverträgen anzuwenden, da schon bislang das Verbot der geltungserhaltenden Reduktion bei Dauerschuldverhältnissen angewandt wurde[1484]. Die Anwendung des § 306 II BGB kann auch nicht mit dem Hinweis auf das vom BAG geschaffene *Richterrecht* zur Reduktion unangemessener Klauseln als arbeitsrechtliche Besonderheit verneint werden[1485]. Einerseits würde der Schutz des Arbeitnehmers (der zwar beim Abschluss des Arbeitsvertrags kein Verbraucher ist) ungerechtfertigt beschnitten und der Arbeitgeber privilegiert. Andererseits besteht keine sachlich gerechtfertigte Veranlassung, bei Formulararbeitsverträgen eine andere Beurteilung als in Bezug auf sonstige Formularverträge vorzunehmen. Schließlich könnte die Rechtsprechung des BAG zur geltungserhaltenden Reduktion nur in den Fällen eine Besonderheit des Arbeitsrechts darstellen, in denen nunmehr Vertragsklausen dem Anwendungsbereich der §§ 307 ff. BGB unterfallen[1486].

cc) Zwischenergebnis

Arbeitsrechtliche Besonderheiten stehen der Anwendung des § 306 II BGB und dem Verbot der geltungserhaltenden Reduktion nicht entgegen[1487].

[1482] *Gotthardt* Schuldrechtsreform Rn. 331; *Lindemann* AuR 2002, 81, 87; *Reichenbach* NZA 2003, 309, 313; vgl. ferner die Ausführungen oben unter Kap. 3, D VIII 3 b. Daher hat der BGH auch in arbeitsrechtlichen Konstellationen das Verbot der geltungserhaltenden Reduktion angewendet, vgl. BGHZ 139, 333, 339. In dem bei BGHZ 139, 333 ff. entschiedenen Fall ging es um die Berechnung der Zusatzversorgung für teilzeitbeschäftigte Lehrer.

[1483] *Hromadka* FS Dieterich, S. 251, 276; *a.A. Gotthardt* Schuldrechtsreform Rn. 331.

[1484] Bei Wohnraummietverträgen: BGHZ 108, 1, 10; BGHZ 136, 314, 322.

[1485] So aber *Thüsing* BB 2002, 2666, 2674.

[1486] *A.A. Lingemann* NZA 2002, 181, 187, der in einer Entscheidung des BAG zur Anhebung einer entgegen § 10 I 1 BBiG unangemessen niedrigen Vergütungsvereinbarung (BAG NZA 1999, 265) eine Besonderheit des Arbeitsrechts sieht. Da aber Preisvereinbarungen nicht der Inhaltskontrolle nach § 307 I BGB unterliegen (§ 307 III 1 BGB), kann diese Entscheidung die Unanwendbarkeit des § 306 II BGB nicht begründen.

[1487] *Annuß* BB 2002, 458, 462; *Singer* RdA 2003, 194, 203 f.; *a.A.* MüKo/*Basedow* § 310 BGB Rn. 92.

dd) Sonderfall Altverträge

Aufgrund der Übergangsregelung des Art. 229 § 5 S. 2 EGBGB unterfallen auch Formulararbeitsverträge, die vor dem 01.01.2002 geschlossen wurden (sog. „Altverträge"), seit 01.01.2003 unter den Anwendungsbereich der §§ 305 ff. BGB. Soweit aber der Arbeitnehmer ein Angebot des Arbeitgebers auf Änderung des Altvertrags ablehnt[1488] und soweit man die Zulässigkeit einer Änderungskündigung ablehnt[1489], stellt sich das Problem, dass Vertragsklauseln, die nach bisheriger Rechtsprechung geltungserhaltend reduziert wurden, nunmehr (bei Verneinung arbeitsrechtlicher Besonderheiten) im Ganzen unwirksam sind[1490]. Aufgrund des aus dem Rechtsstaatsprinzip (Art. 20 III GG) zu entnehmenden Vertrauensschutzes und der Tatsache, dass der Gesetzgeber eine konkrete Übergangsregelung für die Anwendbarkeit des AGB-Rechts für entbehrlich hielt, wird deshalb für (nunmehr) unwirksame Klauseln in Altverträgen, die vor dem 01.01.2002 abgeschlossen wurden, eine geltungserhaltende Reduktion befürwortet[1491]. Diese Beurteilung entspricht auch der Rechtsprechung des BGH zu § 28 II AGBG, die eine geltungserhaltende Reduktion für Altverträge, die vor dem Inkrafttreten des AGBG geschlossen worden waren, zugelassen hat[1492].

b) Problematik des § 306 II BGB

aa) Anwendung dispositiver Rechtsgrundsätze

Wenn, wie häufig im Arbeitsrecht, *dispositive Regelungen* fehlen, die nach § 306 II BGB an Stelle der unwirksamen Vertragsbestimmung treten sollen, sind die von Rechtsprechung herausgebildeten *ungeschriebenen Rechtsgrundsätze* (Richterrecht) heranzuziehen[1493]. Das dispositive Recht kann aber nicht ausschließlich im Wege eines Rückschlusses der von der Rechtsprechung bei der

---

[1488] Der Großteil der Arbeitnehmer wird sich auf eine Vertragsänderung zu ihren Ungunsten nicht einlassen, sofern diesen die Unwirksamkeit als mögliche Rechtsfolge der betroffenen Klauseln bekannt ist, vgl. *Wisskirchen/Stühm* DB 2003, 2225, 2226.

[1489] So *Hromadka* NJW 2002, 2523, 2530; *a.A. Wiesinger* AuA 2002, 354, 358.

[1490] Vgl. *Gotthardt* Schuldrechtsreform Rn. 353, der als Bsp. überhöhte Vertragsstrafen nennt.

[1491] *Gotthardt* Schuldrechtsreform Rn. 353. *Hromadka* NJW 2002, 2523, 2530 will darüber hinaus bei der Übergangsregelung des Art. 229 § 5 S. 2 EGBGB arbeitsrechtliche Besonderheiten berücksichtigen, so dass Altverträge nach altem Recht zu beurteilen seien, wenn der Arbeitnehmer einem Änderungsangebot des Arbeitgebers nicht zugestimmt hat.

[1492] Vgl. BGH NJW 1984, 2404, 2405 f.; BGH NJW 1985, 2693, 2695.

[1493] BGH NJW 1996, 2092 f.; Palandt/*Heinrichs* § 306 BGB Rn. 6. Wichtiges Beispiel für eine richterrechtliche Regel im Arbeitsrecht ist das Direktionsrecht, vgl. *Preis* Vertragsgestaltung, S. 369.

geltungserhaltenden Reduktion einer Vertragsklausel erzielten Ergebnisse erschlossen werden, da das hierdurch reduzierte Maß nicht notwendig inhaltsgleich ist mit der zutreffenden dispositiven Rechtsregel[1494].

bb) Ergänzende Vertragsauslegung

Passender, wenn auch in der Diskussion nach dem SMG nur ansatzweise erörtert, erscheint es daher, auf die Möglichkeit der *ergänzenden Vertragsauslegung* zurückzugreifen[1495]. Fehlen nämlich für eine Vertragsergänzung geeignete Vorschriften und ist die ersatzlose Streichung der Klausel keine interessengerechte Lösung, ist die Lücke durch ergänzende Vertragsauslegung (§§ 133, 157 BGB) zu schließen. An die Stelle der Klausel tritt die Regelung, die die Parteien bei sachgerechter Abwägung der beiderseitigen Interessen gewählt hätten, wenn ihnen die Unwirksamkeit bewusst gewesen wäre[1496]. Denn es ist nicht Sinn und Zweck des § 306 II BGB und des Verbots der geltungserhaltenden Reduktion, dem Kunden durch den ersatzlosen Wegfall von Klauseln Vorteile zu verschaffen, die das Vertragsgefüge völlig einseitig zu seinen Gunsten verschieben[1497]. Daher ist die *ergänzende Vertragsauslegung* als *Besonderheit des Arbeitsrechts* dann zuzulassen, wenn die beiderseitigen Interessen der Vertragsparteien typischerweise eine Regelung des betroffenen Gegenstandes erfordern[1498]. Eine ergänzende Vertragsauslegung scheitert aber, wenn verschiedene Gestaltungsmöglichkeiten zur Ausfüllung der Lücke in Betracht kommen und kein Anhaltspunkt für einen bestimmten Willen der Parteien besteht[1499]. Dabei führt die Lückenschließung des Vertrags durch eine „angemessene" Regelung im Wege ergänzender Vertragsauslegung oft zu denselben Ergebnissen, wie die Rückführung der Klausel auf das Angemessene im Wege geltungserhaltender Reduktion[1500]. Auch führt die ergänzende Vertragsauslegung, die sich als Entwicklung und Anwendung einer im geschriebenen Recht nicht vorhandenen Rechtsvorschrift darstellt, zur Entwicklung allgemeiner richterrechtlicher Grundsätze zu einem bestimmten Vertragstyp[1501].

[1494] *Preis* Vertragsgestaltung, S. 369.
[1495] *Grobys* DStR 2002, 1002, 1009; zur erg. Vertragsauslegung *Niebling* Schranken, S. 82 ff.
[1496] Palandt/*Heinrichs* § 306 BGB Rn. 7.
[1497] BGHZ 137, 153, 157.
[1498] *Grobys* DStR 2002, 1002, 1009; *Lingemann* NZA 2002, 181, 189.
[1499] *Lingemann* NZA 2002, 181, 187.
[1500] So konnte das LAG Köln bei einer unzulässig langen Bindungsdauer bei einer Gratifikationszusage den Streit offen lassen, vgl. LAG Köln NZA-RR 2001, 461, 462 ff. Vgl. auch *Annuß* BB 2002, 458, 462; *Gotthardt* Schuldrechtsreform Rn. 330; *Hromadka* FS Dieterich, S. 251, 277 f.; *ders.* NJW 2002, 2523, 2529; kritisch *Preis* Vertragsgestaltung, S. 370.
[1501] *Preis* Vertragsgestaltung, S. 372 f.

c) Unwirksamkeit des gesamten Vertrags (§ 306 III BGB)

Nach § 306 III BGB ist der Vertrag unwirksam, wenn das Festhalten an ihm unter Berücksichtigung der nach § 306 II BGB vorgesehenen Änderung eine unzumutbare Härte für eine Vertragspartei darstellen würde.

So verlangt der BGH eine grundlegende Störung des Vertragsgleichgewichts[1502]. Da die als Ausnahme konzipierte Bestimmung in der Praxis keine Bedeutung erlangt hat, wird auch der Anwendungsbereich des § 306 III BGB für das Arbeitsrecht gering sein[1503]. Denn im Sinne des Arbeitnehmerschutzes wird der Vertrag auch bei Unwirksamkeit einzelner Klauseln aufrechtzuerhalten sein.

5. Grenzen der Vertragsgestaltung

Bei salvatorischen Klauseln in Formulararbeitsverträgen ist zu unterscheiden[1504]: Klauseln, die als Ausnahme zu § 139 BGB, nur die Nichtigkeit der unangemessenen Klausel bei Fortbestand des übrigen Vertrags anordnen, sind zwar zulässig, aber wegen § 306 I BGB (der dies ebenfalls regelt) und der nur ganz ausnahmsweise nach § 306 III BGB eingreifenden Totalnichtigkeit, überflüssig[1505]. Hingegen sind in Formulararbeitsverträgen *Ersetzungsklauseln, Reduktionsklauseln*[1506] und *gesetzesverweisende Klauseln*[1507] nicht geeignet, eine andere Rechtsfolge als von § 306 II BGB gesetzlich angeordnet, zu erreichen. Denn diese Klauseln wollen unzulässigerweise dem Arbeitgeber als Klauselverwender das Risiko der Unwirksamkeit von Vertragsklauseln abnehmen[1508]. Dieser den salva-

---

[1502] BGH NJW-RR 1996, 1009, 1010.

[1503] *Gotthardt* Schuldrechtreform Rn. 332.

[1504] Zu beachten ist, dass *salvatorische Klauseln* in ausgehandelten Individualarbeitsverträgen zulässig sind, vgl. Preis/*Preis* II S 10 Rn. 4 m.w.N.

[1505] ErfK/*Preis* §§ 305-310 BGB Rn. 92.

[1506] Reduktionsklauseln enthalten keine konkrete Ersatzregelung, sondern nur einen Maßstab, anhand dessen die Ersetzung vorgenommen werden soll. Durch Reduktionsklauseln wird versucht, z.B. übermäßig lange Fristen, überhöhte Schadenspauschalen und Vertragsstrafen oder uneingeschränkte Freizeichnungsklauseln auf einen nicht zu beanstandenden Inhalt zu reduzieren, vgl. Preis/*Preis* II S 10 Rn. 25.

[1507] Mit gesetzesverweisenden Klauseln wird das Ziel verfolgt, von vornherein eine Unwirksamkeit der formularvertraglichen Bestimmungen zu vermeiden und doch im Rahmen der rechtlichen Möglichkeiten eine für den Formularverwender möglichst günstige Gestaltung des Vertrags zu erreichen, Preis/*Preis* II S 10 Rn. 26.

[1508] So verstoßen *Ersetzungsklauseln*, die das Eingreifen des dispositiven Rechts verhindern wollen, gegen § 306 II BGB sowie gegen das Transparenzgebots und sind daher unwirksam, vgl. Palandt/*Heinrichs* § 306 BGB Rn. 9. Aus Gründen der Rechtssicherheit und der Einbeziehungskontrolle (§ 305 c II BGB) sind selbst Klauseln, die eine konkrete Ersatzregelung

torischen Klauseln innewohnende Zweck steht im Gegensatz zu der Erwägung, dass erst das Risiko der Totalunwirksamkeit der Klausel für den Arbeitgeber Anreiz zur Formulierung und Verwendung angemessener Klauseln ist[1509].

6. Ausschluss der Verbandsklage

a) Gesetzesbegründung

Nach § 15 UKlaG findet das Unterlassungsklagengesetz auf das Arbeitsrecht keine Anwendung, so dass die Unwirksamkeit von in einem Formulararbeitsvertrag enthaltenen Klauseln über den Weg des Individualprozesses zu klären ist. Der Gesetzgeber hat dies mit der Unzweckmäßigkeit von Unterlassungsansprüchen im Arbeitsrecht begründet[1510]: *Nach § 6 UKlaG seien die Zivilgerichte für Klagen nach dem UKlaG zuständig und müssten sich mit der Frage unwirksamer Klauseln in Arbeitsverträgen beschäftigen, obwohl dies eigentlich den Arbeitsgerichten zugewiesen sei. Des weiteren sei unklar, wer die Ansprüche aus dem UKlaG geltend machen solle, da neben den Gewerkschaften auch andere Verbände auf Arbeitnehmerseite klagebefugt sein könnten. Jedoch ändere dies nichts an den bestehenden Klagemöglichkeiten der Gewerkschaften, und stehe auch der richterlichen Rechtsfortbildung nicht entgegen.*

b) Kritik

Wenn der Gesetzgeber selbst auf mögliche Unklarheiten bei der Erstreckung der Verbandsklage auf das Arbeitsrecht verweist, wäre dieser selbst dazu aufgerufen gewesen, diese Zweifelsfragen durch entsprechende Sondervorschriften zu be-

---

benennen, unwirksam, vgl. BGHZ 109, 240, 248; ErfK/*Preis* §§ 305-310 BGB Rn. 92; Palandt/*Heinrichs* § 306 BGB Rn. 9; *a.A.* Staudinger/*Schlosser* § 6 AGBG Rn. 11. *Reduktionsklauseln*, die eine unwirksame Regelung auf ein angemessenes Maß zurückführen sollen, verstoßen gegen das Verbot der geltungserhaltenden Reduktion, BGHZ 96, 18, 25 f.; BGHZ 84, 109, 116.

Gesetzesverweisende Klauseln sind im Regelfall unwirksam, vgl. BGHZ 93, 29, 48; BGH NJW 1987, 1815, 1818; BGH NJW 1990, 716, 718; *W/H/L* § 9 AGBG Rn. 144; *U/B/H* § 2 AGBG Rn. 53; Palandt/*Heinrichs* Vorb. v. §§ 307-309 BGB Rn. 13. Dies folgt (außerhalb des Arbeitsrechts) schon aus § 305 II Nr. 2 BGB, ferner wegen Verstoßes gegen das Transparenzgebot (§ 307 I 2 BGB), vgl. Preis/*Preis* II S 10 m.w.N.

Zur Frage, ob Klauseln mit gesetzesverweisenden salvatorischen Zusätzen bei unsicherer Rechtslage zulässig sein können, vgl. Preis/*Preis* II S 10 Rn. 29 ff.

[1509] ErfK/*Preis* §§ 305-310 BGB Rn. 92.

[1510] BT-Drucks. 14/7052, S. 189 f.; vgl. auch BT-Drucks. 14/7052, S. 209.

seitigen[1511]. Trotz der unklaren Gesetzesbegründung, wonach § 15 UKlaG der „richterlichen Rechtsfortbildung“ nicht entgegen stehe, ist angesichts des klaren Wortlauts des § 15 UKlaG eine *analoge Anwendung* der Vorschriften des UKlaG auf unwirksame Klauseln in Formulararbeitsverträgen unmöglich[1512].

IX. Zeitlicher Anwendungsbereich[1513]

1. Neuverträge ab 01.01.2002

Aus dem Umkehrschluss aus Art. 229 § 5 S. 1 EGBGB und aus allgemeinen Grundsätzen folgt, dass auf alle ab dem 01.01.2002 abgeschlossen (Arbeits)Verträge das neue Recht anzuwenden ist[1514].

2. Altverträge

a) Art. 229 § 5 S. 1 EGBGB

Für Schuldverhältnisse, die vor dem 01.01.2002 entstanden sind, gilt das bisherige Recht, Art. 229 § 5 S. 1 EGBGB[1515]. Für die Frage, ob ein so genannter „Altvertrag“ vorliegt, ist somit entscheidend, ob der Vertrag vor dem 01.01.2002 entstanden ist[1516]. Daher kann aus Gründen der Rechtssicherheit nur maßgeblich sein, wann der Vertrag geschlossen wurde[1517]. Hierbei ist darauf abzustellen, ob der ganze Entstehungstatbestand verwirklicht worden ist, also ob Angebot und Annahme des Arbeitsvertrags vor dem 01.01.2002 wirksam geworden sind[1518]. Dennoch entspricht es dem Parteiwillen (§§ 133, 157 BGB), dass bei einem vor dem 01.01.2002 abgegebenen (und damit stillschweigend auf das alte Recht ab-

---

[1511] *Reineke* DB 2002, 583, 587 sieht daher in § 15 a UKlaG ein *„erhebliches Defizit“*.
[1512] Im Ergebnis auch so *Gotthardt* Schuldrechtsreform Rn. 333.
[1513] Art 229 § 5 EGBGB enthält die allgemeine Übergangsvorschrift zum Schuldrechtsmodernisierungsgesetz und entspricht in etwa Art. 170, Art. 232 § 1 EGBGB.
[1514] *Däubler* NJW 2001, 3729; *Gotthardt* Schuldrechtsreform Rn. 351.
[1515] D.h. konkret das BGB, das AGBG, das VerbrKrG und das HTWG in der zu dieser Zeit gültigen Fassung. Daher findet § 312 I 1 BGB auf einen Aufhebungsvertrag, der einen vor dem 01.01.2002 geschlossenen Arbeitsvertrag betrifft, keine Anwendung, vgl. LAG Köln DB 2003, 1447.
[1516] MüKo/*Basedow* § 310 BGB Rn. 87; *Gotthardt* Schuldrechtsreform Rn. 352.
[1517] So auch *Däubler* NZA 2001, 1329, 1330; *Heß* NJW 2002, 253, 255; *Bartz* AuA 2002, 62, 63; *Lindemann* AuR 2002, 81, 87; *Wiesinger* AuA 2002, 354.
[1518] Palandt/*Heinrichs* Art. 229 § 5 EGBGB Rn. 3; Schuldrecht/*Rolland* Kap. 9 Rn. 2. Bzgl. des Zugangs der Willenserklärung ist auf § 130 BGB, bzgl. deren Abgabe auf § 151 BGB abzustellen.

stellenden) Angebot, das jedoch erst nach dem Stichtag (ab 01.01.2002) angenommen wird, für den Vertrag altes Recht gelten soll[1519].

b) Art. 229 § 5 S. 2 EGBGB - Dauerschuldverhältnisse

aa) Vereinheitlichung des Rechts seit 01.01.2003

Art. 229 § 5 S. 2 EGBGB enthält eine Sonderregelung für Dauerschuldverhältnisse[1520], und somit auch für Arbeitsverträge, die vor dem 01.01.2002 entstanden sind. Danach findet erst ab 01.01.2003 auf sie das neue Recht, d.h. das BGB in der dann geltenden Fassung Anwendung.

Unerheblich ist hierbei, zu welchem Zeitpunkt die tatsächliche Arbeitsaufnahme erfolgte. So ist auf Arbeitsverträge, die noch vor dem 01.01.2002 geschlossen worden sind, aber erst danach durch Arbeitsaufnahme vollzogen worden sind, bis einschließlich 31.12.2002 das alte Recht, und damit die Bereichsausnahme des § 23 I AGBG gültig[1521].

[1519] So *Heß* NJW 2002, 253, 255; Palandt/*Heinrichs* Art. 229 § 5 Rn. 3; *a.A. Ott* MDR 2002, 1, 3 f.; *Brambring* DNotZ 2001, 590; *Hertel* DNotZ 2001, 742, 743; Schuldrecht/*Rolland* Kap. 9 Rn. 2; offengelassen von *Gotthardt* Schuldrechtsreform Rn. 352. Für Dauerschuldverhältnisse ist dieser Streit (durch Zeitablauf) erledigt, da seit 01.01.2003 auch Altverträge dem neuen Recht unterfallen, Art. 229 § 5 S. 2 EGBGB.

[1520] Die Dauerschuldverhältnisse sind in § 314 BGB nun erstmals im BGB erwähnt. Das Dauerschuldverhältnis unterscheidet sich von dem auf eine einmalige Leistung gerichteten Vertrag dadurch, dass aus ihm während seiner Laufzeit ständig neue Leistungs-, Neben- und Schutzpflichten entstehen, vgl. *Ott* MDR 2002, 1, 3; *Westphalen* ZGS 2002, 431. Es wird durch seine zeitliche Dimension und das Merkmal ständiger Pflichtanspannung gekennzeichnet. Begrifflich setzt es voraus, dass ein dauerndes Verhalten oder wiederkehrende Leistungen geschuldet werden, und dass der Gesamtumfang der Leistung von der Dauer der Rechtsbeziehung abhängt, Palandt/*Heinrichs* § 314 BGB Rn. 2; für einen besonderen intertemporalen Begriff des Dauerschuldverhältnisses *Heß* NJW 2002, 253, 256. Als weitere Beispiele für Dauerschuldverhältnisse sind neben dem Arbeitsvertrag besonders die Miete (§ 535 BGB), Pacht, Leihe (§ 598 BGB), Factoring und Franchising anzuführen, vgl. ferner ausführlich *Armbrüster/Wiese* DStR 2003, 334; *Kirsch* NJW 2002, 2520, 2521. Ein Dauerschuldverhältnis i.S.v. § 314 BGB ist ferner der (ohne Festlegung auf eine bestimmte Liefermenge abgeschlossene) Bezugsvertrag, nicht aber der (über eine Gesamtmenge geschlossene) Ratenlieferungsvertrag, vgl. Palandt/*Heinrichs* § 314 BGB Rn. 2; *Westphalen* ZGS 2002, 431, 432 stuft auch den Bezugsvertrag und den Rahmenvertrag nicht als Dauerschuldverhältnisse ein. (Arbeitsrechtliches) Dauerschuldverhältnis ist neben dem Arbeitsvertrag selbst ein nachvertragliches Wettbewerbsverbot, nicht aber ein Aufhebungsvertrag, vgl. *Gotthardt* Schuldrechtsreform Rn. 351.

[1521] *Gotthardt* Schuldrechtsreform Rn. 352; LAG Köln, DB 2003, 1447 zu § 312 BGB.

Mit dieser Übergangsvorschrift wollte der Gesetzgeber den Arbeitsvertragsparteien eine Anpassung der Verträge an das neue Recht ermöglichen[1522] und gleichzeitig erreichen, dass Dauerschuldverhältnisse nicht vielleicht noch über Jahrzehnte nach altem Recht zu behandeln sind[1523].

bb) Keine verfassungsrechtlich unzulässige Rückwirkung

Eine gegen das Rechtsstaatsprinzip (Art. 20 III GG) verstoßende und damit verfassungsrechtlich unzulässige *Rückwirkung* liegt in der Übergangsvorschrift des Art. 229 § 5 S. 2 BGB nicht vor, da an einen bestehenden, aber noch nicht abgeschlossenen Sachverhalt angeknüpft wird (sog. unechte Rückwirkung oder tatbestandliche Rückanknüpfung)[1524].

Zwar wird auf einen in der Vergangenheit abgeschlossenen Vertrag das AGB-Recht angewendet, obwohl dies im Zeitpunkt des Vertragsschlusses wegen der Bereichsausnahme (§ 23 I AGBG) nicht der Fall war, doch sind diese Altverträge noch nicht vollzogen[1525].

3. Gestaltungsfreiheit der Arbeitsvertragsparteien

a) Vorziehen der Übergangsfrist

In der von Art. 229 § 5 S. 2 EGBGB angeordneten Übergangszeit vom 01.01.2002 bis 31.12.2002 hatten die Vertragsparteien daher die Möglichkeit, ihre „Altverträge" an das neue Recht anzupassen, und konnten zu diesem Zweck

---

[1522] BT-Drucks. 14/6040, S. 273.

[1523] Schuldrecht/*Medicus* Kap.3 Rn. 23; *Ott* MDR 2002, 1, 3; *Votteler* INF 2002, 18, 22.

[1524] Vgl. BVerfGE 24, 266; 25, 290; Palandt/*Heinrichs* Art. 229 § 5 EGBGB Rn. 7; *Wisskirchen/Stühm* DB 2003, 2225, 2226; *a.A. Eckert* DStR 2002, 2222, 2223, der aber auf die Rechtsprechung des BVerfG nicht eingeht. Zur Rückwirkung der Rechtsprechung vgl. *Medicus* NJW 1995, 2577 ff.

[1525] Dies folgt aus dem Charakter des Arbeitsverhältnisses als Dauerschuldverhältnis, vgl. Palandt/*Heinrichs* (61. Aufl.) § 28 AGBG Rn. 2. Im Übrigen sind aus Gründen des Vertrauensschutzes Klauseln in Altverträgen, die nach Maßstäben des AGB-Rechts unwirksam sind, geltungserhaltend zu reduzieren, vgl. Kap. 3, D VIII 4 a, dd.
Auch kann keine Vertragspartei eines Dauerschuldverhältnisses bei dessen Abschluss darauf vertrauen, dass sich die rechtliche Bewertung der Vertragsbeziehung während der gesamten Durchführung und Abwicklung bis hin zur Beendigung nicht ändern wird, vgl. *Wisskirchen/Stühm* DB 2003, 2225, 2226.

Rechtswahlklauseln vereinbaren mit dem Inhalt, dass neues Recht schon vor dem 01.01.2003 galt[1526].

b) Grenzen der Abdingbarkeit

Von besonderer Relevanz war die Fragestellung, ob die Arbeitsvertragsparteien für ab dem 01.01.2002 abgeschlossene Verträge noch bis zum 31.12.2002 die Anwendung der §§ 305 ff. BGB abbedingen und damit die Bereichsausnahme des § 23 I AGBG wieder herstellen konnten[1527].

Jedoch folgt aus § 306 a BGB, wonach die §§ 305 ff. BGB auch dann Anwendung finden, wenn sie durch andere Vorschriften umgangen werden, dass die §§ 305 ff. BGB zwingend sind[1528].
Soweit daher in den AGB eine Regelung in der Art vorgesehen ist, dass die Bereichsausnahme des § 23 I AGBG auch für Neuverträge bis 31.12.2002 gilt, ist eine derartige Klausel nach § 307 II Nr. 1 BGB unwirksam[1529]. Denn die Überleitungsvorschrift des Art. 229 § 5 EGBGB hat „Leitbildfunktion", so dass Abweichungen eine Individualvereinbarung erforderten[1530].

1526 AnwK/*Mansel* Art. 229 § 5 EGBGB Rn. 7; *Gotthardt* Schuldrechtsreform Rn. 352; ErfK/*Preis* §§ 305-310 BGB Rn. 24; Staudinger/*Löwisch* Vor. §§ 275-283 BGB Rn.11.

1527 Grundsätzlich können die Vertragsparteien vereinbaren, dass auf ein nach dem 31.12.2001 entstandenes Schuldverhältnis altes Recht anzuwenden ist, wenn nicht zwingendes Recht (vgl. § 475 BGB) entgegensteht, vgl. Palandt/*Heinrichs* Art. 229 § 5 EGBGB Rn. 2; *Heß* NJW 2002. 253, 255 f.

1528 Palandt/*Heinrichs* § 306 a BGB Rn. 1; Schuldrecht/*Medicus* Kapitel 3 Rn. 26; *Gotthardt* Schuldrechtsreform Rn. 352.

1529 ErfK/*Preis* §§ 305-310 BGB Rn. 24; Palandt/*Heinrichs* Art. 229 § 5 EGBGB Rn. 2.

1530 Palandt/*Heinrichs* Art. 229 § 5 EGBGB Rn. 2; *Gotthardt* a.a.O.
Ob bei der Herstellung des alten Leistungsstörungsrecht durch Formularvertrag die neuen Regelungen als gesetzliche Leitbilder i.S.v. § 307 II Nr. 1 BGB anzusehen sind und den alten Regeln nicht generell weiterhin Angemessenheit zugesprochen werden kann, ist umstritten, vgl. *Gotthardt* Schuldrechtsreform Rn. 352, der dem Leistungsstörungsrecht nach der Schuldrechtsreform Leitbildcharakter zumisst; *a.A.* Staudinger/*Löwisch* Vorbem. §§ 275-283 Rn. 11.

Kapitel 4: Änderungen des Übereilungsschutzes bei Aufhebungsverträgen durch die Schuldrechtsreform?

A. Beurteilung des Übereilungsschutzes vor der Schuldrechtsreform

I. Kein Widerrufsrecht aus § 242 BGB

1. Überrumpelungsentscheidung des LAG Hamburg

Die sogenannte „Überrumpelungs-Entscheidung" des LAG Hamburg[1531] bildete den Ausgangspunkt für die Diskussion eines Übereilungsschutzes beim Abschluss von Aufhebungsverträge zugunsten der Arbeitnehmer. Das LAG Hamburg billigte einer Arbeitnehmerin trotz formal ordnungsgemäß geschlossenem Aufhebungsvertrag ein Recht zum Widerruf der geschlossenen Vereinbarung zu. Als unzulässige Rechtsausübung i.S.v. § 242 BGB wurde die Berufung des Arbeitgebers auf einen Aufhebungsvertrag angesehen, wenn der Aufhebungsvertrag in der Weise zustandegekommen war, dass der Arbeitgeber den Arbeitnehmer zu einem Gespräch bittet, das Thema dieses Gesprächs jedoch nicht mitteilt, in diesem Gespräch den Arbeitnehmer zu einer Vereinbarung über die einvernehmliche Auflösung des Arbeitsverhältnisses veranlasst und dem Arbeitnehmer weder eine angemessene Bedenkzeit in Abwesenheit des Arbeitnehmers noch ein Rücktritts- oder Widerrufsrecht einräumt[1532].

2. Literatur

Die Literatur hat die Entscheidung des LAG Hamburg fast einhellig abgelehnt[1533]. Hauptargument gegen ein Widerrufsrecht aus § 242 BGB war, dass die Anfechtungsbestimmungen der §§ 119, 123 BGB sowie §§ 104, 105 BGB ihre

---

[1531] LAG Hamburg NZA 1992, 309 = LAGE Nr. 6 zu § 611 BGB Aufhebungsvertrag.

[1532] Ebenso für die Verpflichtung des Arbeitgebers zur Einräumung einer Widerrufs- oder Überlegungsfrist: ArbG Freiburg DB 1991, 2600.

[1533] Vgl. nur *Bauer* Aufhebungsverträge Rn. 105; *Bengelsdorf* NZA 1994, 193, 195; *Ehrich* NZA 1994, 438, 440; *Hoß/Erich* DB 1997, 625, 627; *Haller* BB 1994, 787, 789; *Pauly* MDR 1995, 1081, 1084; *Wisskirchen/Worzalla* DB 1994, 577, 580; *Zwanziger* DB 1994, 982, 983. Einzig *Däubler* hat die Absage an ein Widerrufsrecht bedauert mit dem Hinweis, dass bereits früher die Rechtsprechung ein Widerrufsrecht aus § 242 BGB bejaht hatte, vgl. *Däubler* Das Arbeitsrecht 2, S. 609. Dem ist aber entgegenzuhalten, dass der von Däubler zitierten Entscheidung des LG Oldenburg (MDR 1969, 392; ablehnend: *Klunzinger* ZRP 1970, 270, 271; *Jung* ZRP 1981, 137, 139; zustimmend: *Mittelstein* MDR 1970, 18; *Schuffenhauer* MDR 1970, 17) durch die Einführung des AbzG bzw. des VerbrKrG sowie des HWiG die Grundlage entzogen wurde, vgl. *Schacht* Übereilungsschutz, S. 92.

Bedeutung verlieren würden[1534] und so ein Widerspruch zu vorhandenen gesetzlichen Wertungen entstehen würde[1535]. Auch existiere kein Rechtsinstitut bzw. kein allgemeines Rechtsprinzip der Widerruflichkeit von wirksam geschlossenen Verträgen, an das sich ein Widerrufsrecht auf Basis des § 242 BGB anlehnen könne[1536]. Daher stelle das Urteil des LAG Hamburg einen missglückten Versuch dar, ein Widerrufsrecht des Arbeitnehmers im Wege richterlicher Rechtsfortbildung einzurichten[1537].

3. Rechtsprechung des BAG

Mit Urteil vom 30.09.1993 hat das BAG der Auffassung des LAG Hamburg eine deutliche Absage erteilt:

Das BAG entschied, dass ein Aufhebungsvertrag nicht allein deshalb unwirksam sei, weil der Arbeitgeber dem Arbeitnehmer weder eine Bedenkzeit noch ein Rücktritts- bzw. Widerrufsrecht eingeräumt und ihm auch nicht das Thema des beabsichtigten Gesprächs vorher mitgeteilt hat[1538]. So lehnte das BAG eine analoge Anwendung des § 123 BGB allein wegen Zeitdrucks ausdrücklich ab[1539]. Eine unzulässige Rechtsausübung (§ 242 BGB) lehnte das BAG mit Hinweis auf die von Art. 12 I GG geschützte Beendigungsfreiheit, die als negative Vertragsfreiheit Bestandteil der Privatautonomie im Arbeitsvertragsrecht ist, ab[1540]. Durch die Konstruktion eines gesetzlich nicht vorgesehenen Rücktritts- oder Widerrufsrechts werde der Grundsatz „pacta sunt servanda“ durchbrochen[1541]. Vielmehr bezeichnete das BAG die Berufung auf § 242 BGB als *„April-April-Syndrom“*[1542].

In Folgeentscheidungen hat der BGH diese Auffassung bestätigt[1543]: So schließe die Vertragsfreiheit des Arbeitnehmers auch die Möglichkeit ein, voreilig und ohne hinreichende rationale Überlegung Willenserklärungen abzugeben, wie es auch jedem anderen Teilnehmer am Rechtsleben geschehen könne[1544].

[1534] *Ehrich* DB 1992, 2239, 2243; *Bengelsdorf* NZA 1996, 904, 906; *ders.* NZA 1997, 874, 879; *Pauly* MDR 1995, 1081, 1084 m.w.N.
[1535] *Bauer* NJW 1994, 980, 981; *Schacht* Übereilungsschutz, S. 98.
[1536] *Schacht* Übereilungsschutz, S. 97.
[1537] *Bengelsdorf* NZA 1994, 193, 195 f.
[1538] BAG NZA 1994, 209 = NJW 1994, 1021; vorher so ArbG Köln DB 1993, 2135.
[1539] BAG NZA 1994, 209, 210; so auch LAG Düsseldorf NZA 1993, 702.
[1540] BAG NZA 1994, 209, 211.
[1541] BAG NZA 1994, 209, 211.
[1542] BAG NZA 1994, 209, 212.
[1543] BAG NZA 1996, 535; BAG NJW 1996, 2593.
[1544] BAG NZA 1996, 535, 538.

Auch sei der Arbeitnehmer beim Abschluss eines Aufhebungsvertrags nicht strukturell unterlegen i.S. der Rechtsprechung des BVerfG zu Bürgschaftsverträgen[1545]. Denn dem Arbeitnehmer, der dem Ansinnen des Arbeitgebers nur ein schlichtes „Nein“ entgegenzusetzen brauche, könne nicht „die zur Durchsetzung seiner berechtigten Interessen erforderliche Verhandlungsmacht abgesprochen werden“[1546].

II. Kein Widerrufsrecht nach § 1 I 1 Nr. 1 HWiG

Der Anwendbarkeit des § 1 HWiG[1547] auf arbeitsrechtliche Aufhebungsverträge wurde weder in Rechtsprechung noch in der Literatur große Aufmerksamkeit geschenkt:

1. Rechtsprechung des BAG

Obgleich der Grundsatzentscheidung des BAG vom 30.09.1993 ein Sachverhalt zugrunde lag, wonach der Aufhebungsvertrag in einem Aufenthaltsraum der Arbeitsstelle abgeschlossen war, zog das BAG eine direkte Anwendung des § 1 HWiG nicht einmal in Erwägung. Das BAG führte lediglich aus, dass die „Regelung von Widerrufstatbeständen in anderen Gesetzen (§ 1 HWiG; § 7 VerbrKrG)“ nicht analog heranzuziehen seien, „da diese Regelungen andere Tatbestände und Personenkreise betreffen“[1548]. Auch in den Folgeentscheidungen ging das BAG nicht auf die Anwendbarkeit des HWiG ein, obwohl sogar in einem Fall der Arbeitgeber den Arbeitnehmer in dessen Wohnung aufgesucht hatte, in der der Aufhebungsvertrag dann unterzeichnet wurde[1549].

2. Literatur

Auch in der weit überwiegenden Literatur wurde allenfalls eine analoge Anwendung des § 1 HWiG bzw. § 7 VerbrKrG diskutiert, letztlich aber abgelehnt[1550].

[1545] BAG NZA 1996, 535, 538; BAG NJW 1996, 2593.
[1546] BAG NJW 1996, 2593.
[1547] Das HWiG war die deutsche Umsetzung der RL 85/577/EWG v. 20.12.1985 betreffend den Verbraucherschutz im Fall von außerhalb von Geschäftsräumen geschlossenen Verträgen, ABlEG Nr. L 372, S. 31.
[1548] BAG NZA 1994, 209, 212.
[1549] BAG NJW 1996, 2593.
[1550] *Bauer* NJW 1994, 980, 981; *ders.* NZA 1992, 1015; *Bauer* Aufhebungsverträge Rn. 91 d; *Ernst* Aufhebungsverträge, S. 114; *Kast/Pietrzyk* Aufhebungsverträge, S. 23 f.; *Nägele* BB

Lediglich eine Mindermeinung in der arbeitsrechtlichen Literatur hat sich für eine direkte Anwendung des § 1 HWiG ausgesprochen[1551]. *Lorenz* hat bspw. darauf abgestellt, dass der vom BAG gegen die Anwendung des § 138 BGB „*zutreffend vorgebrachte Einwand, es bestehe beim Abschluss eines Aufhebungsvertrags kein strukturelles Ungleichgewicht, weil der Arbeitnehmer dem Ansinnen des Arbeitgebers ein schlichtes „Nein" entgegensetzen könne, für die Frage der Anwendbarkeit des HWiG unbeachtlich*" sei[1552].

B. Übereilungsschutz durch § 312 I 1 Nr. 1 BGB?

I. Fragestellung, Meinungsstand und praktische Folgen

1. Fragestellung

Während bis zur Schuldrechtsreform somit in Literatur und Rechtsprechung weitgehend Einigkeit darüber herrschte, dass der Arbeitnehmer bei Aufhebungsverträgen kein gesetzliches Widerrufsrecht hat[1553], ist infolge der Schuldrechtsreform die Diskussion hierüber neu entflammt.

Streitig ist, ob der Arbeitnehmer bei Abschluss eines Aufhebungsvertrags, der am Arbeitsplatz[1554] abgeschlossen wird, ein Widerrufsrecht nach §§ 312 I 1 Nr. 1 (Alt. 1), 355 I BGB (= § 1 I 1 Nr. 1 HWiG) hat[1555].

1992, 1274, 1276; *Pauly* MDR 1995, 1081, 1085; *Germelmann* NZA 1997, 236, 240; MüKo/*Ulmer* § 1 HWiG Rn. 22. *Schacht* Übereilungsschutz, S. 80, 85 lehnt die direkte und die analoge Anwendung des § 1 HWiG auf Aufhebungsverträge ab.

[1551] *Lorenz* JZ 1997, 277, 279; *Fischer/Machunsky* § 1 HWiG Rn. 36, 90; so wohl auch *Zerres* HWiG, S. 97, der zwar das HWiG nicht als „Arbeitnehmerschutzgesetz" ansieht, aber dennoch im Rückschluss aus § 6 Nr. 1 HWiG (a.F.) auch solche Geschäfte von Arbeitnehmern erfassen will, die diese typischerweise in Ausübung oder gelegentlich ihrer beruflichen Tätigkeit abschließen; *a.A. Schacht* Übereilungsschutz, S. 71 ff.

[1552] *Lorenz* JZ 1997, 277, 279.

[1553] Anerkannt war, dass sich der Arbeitnehmer nur dann vom Aufhebungsvertrag lösen kann, wenn entweder ein tarifvertragliches Widerrufsrecht eingeräumt ist oder die Voraussetzungen einer Anfechtung, insb. durch widerrechtliche Drohung mit einer Kündigung (§ 123 BGB) vorliegen, vgl. *Rieble/Klumpp* ZIP 2002, 2153, 2158 m.w.N.

[1554] Ferner sind auch Fälle bekannt, in denen der Vertragsschluss in der Privatwohnung des Arbeitnehmers erfolgt, vgl. BAG NJW 1996, 811.

[1555] Der Arbeitnehmer hat bzgl. des Arbeitsvertrags selbst kein Widerrufsrecht nach §§ 312 I 1 Nr.1, 355 BGB, da er zu diesem Zeitpunkt noch keinen Arbeitsplatz im Unternehmen hat, vgl. *Bauer/Kock* DB 2002, 42, 44; *Gotthardt* Schuldrechtsreform Rn. 216; *Hümmerich* AnwBl 2002, 671, 676; *Schleusener* NZA 2002, 949, 951 Fn. 24; *Fischer/Machunsky* § 1 HWiG Rn. 90; *a.A.* wohl *Löwisch* FS Wiedemann, S. 311, 316.

2. Meinungsstand

Da § 312 I 1 Nr. 1 BGB (im Wesentlichen) inhaltsgleich mit § 1 I 1 Nr. 1 HWiG ist[1556], und man daher von einer Fortgeltung der h.M. im (früheren) Schrifttum zu § 1 HWiG, die das Bestehen eines Widerrufsrechts ablehnte, ausgehen konnte, vertritt auch jetzt nur eine Mindermeinung[1557], dass der Arbeitnehmer einen am Arbeitsplatz geschlossenen Aufhebungsvertrag nach § 312 I 1 Nr. 1 BGB widerrufen kann.

In der Rechtsprechung haben bislang das *ArbG Frankfurt/Oder*, das *LAG Brandenburg* sowie das *LAG Hamm* Stellung zur Anwendbarkeit des § 312 I 1 Nr. 1 BGB auf arbeitsrechtliche Aufhebungsverträge genommen und in den zu entscheidenden Fällen eine dem Schutzzweck des § 312 I 1 Nr. 1 BGB unterfallende Überrumpelungssituation verneint[1558].

3. Praktische Folgen der Bejahung eines Widerrufsrechts

Um die Bedeutung der Fragestellung (hinsichtlich der Existenz des gesetzlichen Widerrufsrechts nach § 312 I 1 Nr. 1 Alt. 1 BGB bei arbeitsrechtlichen Aufhebungsverträgen) herauszustellen, sollen zunächst die praktischen Konsequenzen eines solchen Widerrufsrechts beleuchtet werden:

[1556] PdSR/*Schmidt* § 312 BGB Rn. 2: Wesentliche Änderung durch das SMG ist, dass § 2 HWiG (Erlöschen des Widerrufsrechts bei unterbliebener Belehrung erst einen Monat nach beiderseitig vollständiger Leistungserbringung) durch § 355 III BGB ersetzt wurde, sowie für den Inhalt der Belehrung ergänzend der neu eingeführte § 312 II BGB gilt. Neu ist auch, dass der Oberbegriff „Haustürgeschäft“ in § 312 I 1 BGB als Legaldefinition für alle betroffenen Vertriebsorte eingeführt wurde, vgl. *Grigoleit* NJW 2002, 1151.

[1557] *Falke/Barthel* BuW 2003, 255, 259; *Hümmerich/Holthausen* NZA 2002, 173, 178; *Kittner* Schuldrecht Rn. 910; *Schleusener* NZA 2002, 949, 951; *Singer* RdA 2003, 194, 197; *a.A.* und damit gegen die Anwendbarkeit des § 312 BGB die h.M.: *Bauer/Kock* DB 2002, 42, 45; *Bauer* NZA 2002, 169, 171; *Brors* DB 2002, 2046, 2048; *dies.* ZGS 2003, 34, 36, 38; *Gotthardt* Schuldrechtsreform Rn. 216; Palandt/*Heinrichs* § 312 BGB Rn. 8; *Lieb* FS Ulmer, S. 1231, 1238 f.; ArbRHdB/*Linck* § 122 Rn. 2; ErfK/*Müller-Glöge* § 620 BGB Rn. 13; Staudinger/*Neumann* Vorbem. zu §§ 620 ff. BGB Rn. 14; *Rieble/Klumpp* ZIP 2002, 2153, 2161; PdSR/*Schmidt* § 312 BGB Rn. 16; *Schulte* ArbRB 2003, 246, 252; MüKo/*Ulmer* § 312 BGB Rn. 38; *Weber/Ehrich/Burmester* Rn. 865; *Wolff* AuA 2003, 15. 16.

[1558] ArbG Franfurt/Oder ZIP 2002, 2190, 2192; LAG Brandenburg NZA 2003, 503, 505 (DB 2003, 1446, 1447); LAG Hamm DB 2003, 1443 (LAGE Nr. 3 zu § 312 BGB). Mittlerweile hat auch das *BAG* (Urteil v. 27.11.2003 – 2 AZR 177/03) die Entscheidungen des ArbG Frankfurt/Oder und des LAG Brandenburg bestätigt und ein Widerrufsrecht nach § 312 BGB abgelehnt.

a) Kurzüberblick zum Widerrufsrecht (§§ 355 ff. BGB)

aa) Wesen des Widerrufs

Das allgemein in §§ 355-359 BGB (=§§ 361a, b BGB a.F.[1559]) normierte Widerrufsrecht regelt nicht die Voraussetzungen, sondern die Ausübung und die Rechtsfolgen des Widerrufsrechts[1560], das durch andere Normen (vgl. §§ 312, 312 d I, 485 I, 495 I, 505 I 1 BGB) eingeräumt wird[1561].
Die Regelungen des § 355 BGB sind grundsätzlich halbzwingender Natur und stehen vertraglichen Vereinbarungen nur insoweit entgegen, als sie den Verbraucher belasten, nicht aber soweit sie ihn begünstigen[1562].
Ferner steht das Widerrufsrecht nach § 355 BGB dem Verbraucher unabhängig davon zu, ob zugleich andere zivilrechtliche Rechtsbehelfe bestehen, mit deren Hilfe sich der Verbraucher von einem Vertrag lösen und dessen Rückabwicklung herbeiführen kann[1563].

Das Widerrufsrecht ist ein *Gestaltungsrecht*[1564] und gibt seinem Inhalt nach die Rechtsmacht, einen zunächst wirksamen Vertrag durch Widerruf der Willenserklärung des Verbrauchers in ein Abwicklungsverhältnis umzugestalten[1565]. Bis zur Ausübung des Widerrufs sind die widerrufliche Willenserklärung des Verbrauchers und der abgeschlossene Vertrag gültig und somit „schwebend wirksam"[1566]. Der Verbraucher hat somit gegen den Unternehmer einen Erfüllungsanspruch[1567].

1559 Zum Vergleich von §§ 361a, b BGB a.F., §§ 355 ff. BGB: *Fischer* DB 2002, 253, 254 ff.

1560 Vgl. zu den Rechtsfolgen des Widerrufs *Grigoleit* NJW 2002, 1151, 1153 f.

1561 *Bülow* NJW 2002, 1145, 1148; MüKo/*Ulmer* § 312 BGB Rn. 3; MüKo/*Ulmer* § 355 BGB Rn. 18; *Lorenz/Riehm* Schuldrecht, Rn. 438; *Däubler* NJW 2001, 3729, 3734; *Fischer* DB 2002, 253, 254; *Kittner* Schuldrecht Rn. 882.

1562 MüKo/*Ulmer* § 312 BGB Rn. 4.

1563 MüKo/*Ulmer* § 355 BGB Rn. 27; *Reiner* AcP 203 (2003), 1, 38 f.

1564 Palandt/*Heinrichs* § 355 BGB Rn. 3; *Fischer/Machunsky* § 1 HWiG Rn. 281; *Riehm* Jura 2000, 505, 506; Schuldrecht/*Schäfer* Kapitel 8 Rn. 5; *a.A. Reiner* AcP 203 (2003), 1, 25.

1565 *Kittner* Schuldrecht Rn. 890; Schuldrecht/*Rolland* Kapitel 8 Rn. 91.

1566 *Reiner* AcP 203 (2003), 1, 7; *Riehm* Jura 2000, 505, 507; MüKo/*Basedow* § 355 BGB Rn. 32. Nach ursprünglicher Fassung des § 1 HWiG (i.d.F. 1985) war der Vertrag zunächst schwebend unwirksam, vgl. *Fischer/Machunsky* § 1 HWiG Rn. 286; MüKo/*Ulmer* § 1 HWiG Rn. 3, 6; *Certa* Widerruf, S. 85 m.w.N.; *Rott* Umsetzung, S. 19; *Reiner* AcP 203 (2003), 1, 5. Der BGH sah daher den Widerruf als nach §§ 767 II, 796 II ZPO präkludiert an, weil er den Einwand der schwebenden Unwirksamkeit prozessual als rechtshindernde Einwendung beurteilte, vgl. BGHZ 131, 82, 85 f; so jetzt auch (noch) *Reiner* AcP 203 (2003), 1, 24 f.; *a.A. Fischer/Machunsky* § 1 HWiG Rn. 292.

1567 Palandt/*Heinrichs* § 355 BGB Rn. 4; *Lorenz/Riehm* Schuldrecht Rn. 440. Aus dem Zweck des Widerrufsrechts, dem Verbraucher während der laufenden Widerrufsfrist die Entscheidungsfreiheit über den Vertragsabschluss zu bewahren, folgt, dass der Verbraucher bis zum

Die wirksame Ausübung des Widerrufsrechts führt zum Wegfall der primären Leistungspflichten der Beteiligten und zu der mit „*Ex nunc*“ - *Wirkung* eintretenden Umwandlung des Verbrauchervertrags in ein *Rückabwicklungsverhältnis*[1568], wobei aufgrund der Verweisung des § 357 I 1 BGB die Vorschriften der §§ 346 ff. BGB (Rechtsfolgen bei Ausübung eines gesetzlichen oder vertraglichen Rücktrittsrechts[1569]) in Kombination mit den in § 357 II, III BGB vorgesehenen Modifikationen gelten[1570].

bb) Frist des Widerrufs

Das mit dem Zeitpunkt der Belehrung beginnende Widerrufsrecht (§ 355 II 1 BGB[1571]) muss innerhalb von zwei Wochen ausgeübt werden (§ 355 I 2 BGB). Nach § 355 III 1 BGB i.d.F. des SMG[1572] erlosch das Widerrufsrecht – unabhängig von einer Belehrung – spätestens sechs Monate nach Vertragsschluss. Der EuGH hat jedoch auf Vorlage des BGH[1573] entschieden, dass der nationale Gesetzgeber gehindert ist, eine Frist für das Widerrufsrecht bei „Haustürgeschäften“ vorzusehen, weil Art. 4, 5 der Haustürgeschäfterichtlinie überhaupt keine Frist für diesen Fall vorsehen[1574]. Infolgedessen fügte der Gesetzgeber durch Art. 25 Nr. 6 des Gesetzes zur Änderung des Rechts der Vertretung durch Rechtsan-

Ablauf der Widerrufsfrist ein Leistungsverweigerungsrecht hat, vgl. Schuldrecht/*Rolland* Kapitel 4 Rn. 92.

1568 Die schwebende Wirksamkeit des Vertrags hat für die Beurteilung der Präklusion des § 767 II ZPO zur Folge, dass auf den Zeitpunkt der Widerrufserklärung abzustellen ist, vgl. MüKo/*Ulmer* § 355 BGB Rn. 34 m.w.N.; *Thomas/Putzo* § 767 Rn. 22 ff.; *Reiner* AcP 203 (2003), 1, 38; ebenso *Staudinger* ZGS 2002, 136, 137 (unter Berufung auf EuGH ZIP 2002, 31 – Heininger).

1569 Vgl. zur Rückabwicklung: *Herold* Rückabwicklungsschuldverhältnis, S. 71 ff.

1570 MüKo/*Ulmer* § 355 BGB Rn. 33; *Bülow* NJW 2002, 1145, 1148.

1571 Die Widerrufsbelehrung bei Haustürgeschäften darf dem Verbraucher nicht vor der Abgabe seiner auf den Vertragsschluss gerichteten Willenserklärung erteilt werden, BGH ZGS 2002, 375, 378.

1572 BGBl. I 2001, S. 3183 ff.

1573 BGH ZIP 2000, 177: Im sog. „*Heininger-Fall*“ ging es neben der Frage, ob der gänzliche Ausschluss des Widerrufsrechts nach § 3 II Nr. 2 VerbrKrG (= 491 III Nr. 1 BGB a.F.) und § 5 II HWiG (= § 312 a BGB a.F.) von in einer Haustürsituation geschlossenen Realkreditverträgen europarechtskonform ist, auch um die Frage, ob die in § 7 II 3 VerbrKrG geregelte zeitliche Befristung des Widerrufsrechts in Fällen rechtmäßig ist, in denen ein Haustürgeschäft die Gewährung eines Realkredits i.S.v. § 3 II Nr. 2 VerbrKrG zum Gegenstand hat und die Belehrung unterblieben ist. Mit der „Heininger-II“-Entscheidung (ZIP 2002, 1075 = NJW 2002, 1881) hat der BGH der Entscheidung des EuGH Rechnung getragen und festgestellt, dass § 5 II HWiG richtlinienkonform einschränkend auszulegen ist (zustimmend *Lange* EWiR 2002, 523, 524; *a.A.* OLG Bamberg EWiR 2002, 525).

1574 EuGH ZIP 2002, 31 = NJW 2002, 281; vgl. hierzu *Hoffmann* ZIP 2002, 145 ff.

wälte vor den Oberlandesgerichten (vom 23.07.2002)[1575] § 355 III 3 BGB, wonach bei unterlassener oder fehlerhafter Belehrung das Widerrufsrecht abweichend von § 355 I 1 BGB nicht erlischt, sowie § 355 II 2 BGB, wonach bei einer Belehrung nach Vertragsschluss das Widerrufsrecht einen Monat nach der Belehrung erlischt, ein[1576].

b) Etwaige Folgen für den arbeitsrechtlichen Aufhebungsvertrag

Bei Bejahung eines gesetzlichen Widerrufsrechts nach § 312 I 1 Nr. 1 BGB könnte der (nicht über sein Widerrufsrecht belehrte) Arbeitnehmer *zeitlich unbegrenzt* (§ 355 III 3 BGB) den (am Arbeitsplatz abgeschlossenen) Aufhebungsvertrag widerrufen[1577]. Eine zeitliche Beschränkung der Ausübung des Widerrufs könnte allenfalls in der aus § 242 BGB abgeleiteten Verwirkung zu sehen sein[1578]. Ein zeitlich unbefristetes Widerrufsrecht ließe sich aber mit den in §§ 4, 7 KSchG und § 17 TzBfG zum Ausdruck gekommenen Anliegen des Gesetzgebers, innerhalb von drei Wochen Klarheit darüber zu schaffen, ob ein Arbeitnehmer die Beendigung eines Arbeitsverhältnisses in Zweifel zieht, nicht vereinbaren[1579].

1575 BGBl. I 2002, S. 2850 ff.; hierzu: *Hoffmann* ZIP 2002, 1066, 1072; *Meinhof* NJW 2002, 2273 ff.; *Schmidt-Räntsch* ZIP 2002, 1100, 1103 ff.

1576 Der Gesetzgeber hätte zwar für Widerrufsrechte nach anderen Vorschriften als § 312 BGB bei der Maximalfrist des § 355 III BGB bleiben können, hat dies aber aus Gründen der Rechtsvereinheitlichung verworfen, vgl. *Franzen* JZ 2003, 321, 329.
Die weiteren Änderungen des BGB (in §§ 312 a, 312 d, 358, 491 III BGB) sind arbeitsrechtlich ohne Belang (vgl. zu den Änderungen des BGB durch das OLGVertrÄndG die Synopse von *Schulte-Nölke/Börger* ZGS 2002, 323 ff.).
Nach Art. 229 § 8 I 2 EGBGB (Übergangsregelung) findet die Neuregelung des § 355 III BGB auf sämtliche Haustürgeschäfte Anwendung, die nach dem 31.12.2001 abgeschlossen wurden, vgl. hierzu *Schmidt-Kessel* ZGS 2002, 311, 317 ff.

1577 Jeglicher einschränkende Zusatz (z.B. „soweit gesetzlich vorgesehen") macht die Belehrung unwirksam und führt zur Unanwendbarkeit des § 355 III 3 BGB, vgl. *Rolfs* ZGS 2002, 301. Der Arbeitgeber könnte die Belehrung nachholen und so eine Widerrufsfrist von einem Monat in Gang setzen (§ 355 II 2 BGB; vgl. zum Übergangsrecht: Art. 229 § 8 II EGBGB).

1578 *Gaul/Otto* DB 2002, 2049; *Gotthardt* Schuldrechtsreform Rn. 210; *Rieble/Klumpp* ZIP 2002, 2153, 2154; *Schleusener* NZA 2002, 949, 951; *Schmidt-Kessel* ZGS 2002, 311, 313.
Für ein zeitlich unbegrenztes Widerrufsrecht: *Ring* BuW 2003, 554, 557; *Staudinger* ZGS 2002, 18; *Schneider* ZGS 2003, 21, 25; offengelassen von *Reim* DB 2002, 2434, 2438.
Zur Vermeidung dieser Rechtsunsicherheit wird teilweise eine vorsorgliche Belehrung über das Widerrufsrecht empfohlen, vgl. *Bauer* NZA 2002, 169, 172; *Schulte* ArbRB 2003, 246, 252; *Wolff* AuA 2003, 15, 16.

1579 LAG Hamm DB 2003, 1443, 1444; LAG Brandenburg NZA 2003, 503, 504; ebenso *Hansen* ZGS 2003, 373, 377; *Kienast/Schmiedl* DB 2003, 1440, 1443; a.A. *Hümmerich* AnwBl 2002, 671, 678.

Auch wäre eine vom Arbeitgeber vorbereitete *einseitige Verzichtserklärung* des Arbeitnehmers in Bezug auf das Widerrufsrecht *nicht möglich*, da nach § 312 f S. 1 BGB von den Vorschriften der §§ 312–312 e BGB nicht zum Nachteil des Verbrauchers (weder vertraglich noch einseitig) abgewichen werden kann[1580].

Da der Widerruf nur „Ex nunc“ - Wirkung hat[1581], käme bei Bejahung eines Widerrufsrechts zwar ein Annahmeverzugslohn (§§ 611, 615 BGB) für die Zeit zwischen dem ursprünglich vorgesehenen Ende des Arbeitsverhältnisses und dem Zugang des Widerrufs beim Arbeitgeber nicht in Betracht[1582]. Jedoch ist problematisch, wie die Rückabwicklung eines Aufhebungsvertrags, der durch den Widerruf in ein Rückgewährschuldverhältnis (§§ 357 I 1, 346 ff. BGB) umgewandelt würde, erfolgen soll[1583]. Denn wenn als Leistung des Arbeitnehmers die Zustimmung zum Aufhebungsvertrag anzusehen wäre, kann die „Herausgabe“ nur in Form eines Angebots des Arbeitgebers auf Abschluss eines neuen Arbeitsvertrags erfolgen[1584]. Da aber die Rücktrittsregelungen für diese Art der Rückabwicklung nicht konzipiert sind, wäre zu erwägen, ob der Arbeitgeber, wenn er den Arbeitsplatz neu besetzt hat, zumindest dem widerrufenden Arbeitnehmer Wertersatz zu leisten hätte[1585].

Ferner stellt sich das Problem, dass der Arbeitsplatz des Arbeitnehmers nach Abschluss des Aufhebungsvertrags selten noch frei sein wird. Denn der Aufhebungsvertrag dient entweder dem Arbeitsplatzabbau oder es ist inzwischen vom Arbeitgeber ein anderer Arbeitnehmer eingestellt worden[1586]. Hat der Arbeitgeber einen externen Bewerber auf die Stelle gesetzt, droht die Gefahr, dass der „Rückkehrer“ im Fall seiner betriebsbedingten Kündigung sich mit Erfolg auf eine fehlerhafte Sozialauswahl nach § 1 III KSchG beruft. Ist die Stelle dagegen aufgrund einer „internen Lösung“ mit einem Arbeitnehmer besetzt worden, der sozial schutzwürdiger als der „Rückkehrer“ ist, stellt sich die weitere Frage, ob in diesem Fall der Arbeitgeber wirksam betriebsbedingt kündigen kann[1587].

[1580] *Bauer* NZA 2002, 169, 172; *Schleusener* NZA 2002, 949, 952; MüKo/*Ulmer* § 312 BGB Rn. 9; Palandt/*Heinrichs* § 312 f Rn. 1 m.w.N.; *Reiner* AcP 203 (2003), 1, 25, 36 f.; *Fuchs* AcP 196, 313, 356 hält einen nachträglichen Verzicht aber für zulässig (zu § 18 S. 1 VerbrKrG), diesem widersprechend *Certa* Widerruf, S. 133 f.

[1581] *Kittner* Schuldrecht Rn. 890.

[1582] *Bauer* NZA 2002, 169, 172.

[1583] *Rieble/Klumpp* ZIP 2002, 2153, 2160.

[1584] So *Lorenz* JZ 1997, 277, 278 zu § 1 HWiG.

[1585] *Rieble/Klumpp* ZIP 2002, 2153, 2160.

[1586] *Rieble/Klumpp* ZIP 2002, 2153, 2154 sehen daher in der Ausübung eines Widerrufsrechts eine dem Widerspruchsrecht beim Betriebsübergang (§ 613 a VI BGB) vergleichbare Interessenlage.

[1587] Vgl. *Bauer* NZA 2002, 169, 172, der in der betriebsbedingten Kündigung des „Rückkehrers“ keinen Verstoß gegen das Maßregelungsverbot des § 612 a BGB sieht. Kritisch *Hümme-*

II. Unmittelbare Anwendbarkeit des § 312 I 1 Nr. 1 BGB

1. Sachlicher Anwendungsbereich

Der sachliche Anwendungsbereich des § 312 I 1 Nr. 1 BGB ist nur eröffnet, wenn der zwischen Arbeitnehmer und Arbeitgeber abgeschlossene Aufhebungsvertrag ein Vertrag ist, der eine „*entgeltliche Leistung zum Gegenstand hat*".

a) Vertrag, der eine entgeltliche Leistung zum Gegenstand hat

Ein Vertrag, der i.S.v. § 312 BGB eine entgeltliche Leistung zum Gegenstand hat, liegt beim gegenseitigen Vertrag oder Austauschvertrag i.S.v. § 320 BGB sowie beim einseitig den Verbraucher verpflichtenden Vertrag vor[1588].

§ 312 BGB ist auch nicht auf Vertragsarten beschränkt, die einen einmaligen Leistungsaustausch zum Inhalt haben[1589], weshalb auch Dauerschuldverhältnisse grundsätzlich erfasst sind, wenn die situativen Voraussetzungen des § 312 BGB gegeben sind[1590].

Da für die Anwendung des § 312 BGB die Art und Weise der Vertragsanbahnung entscheidend ist, kommen als Vertragsgegenstand grundsätzlich alle Arten von Leistungen in Betracht[1591].

---

rich AnwBl 2002, 671, 678, der eine etwaige Rechtsunsicherheit ablehnt, indem er auf die Verkürzung der Widerrufsfrist auf zwei Wochen durch ordnungsgemäße Belehrung hinweist.

[1588] AnwK/*Ring* § 312 BGB Rn. 10; MüKo/*Ulmer* § 312 BGB Rn. 20, 21. Der BGH hat den Anwendungsbereich des § 1 HWiG (= § 312 BGB) auf den an sich einseitig verpflichtenden Bürgschaftsvertrag (BGH NJW 1998, 2356) und die Verpflichtung zur Bestellung einer Sicherungsgrundschuld ausgedehnt (BGH NJW 1996, 55). Zur Begründung hat der BGH ausgeführt, es genüge für das Merkmal der Entgeltlichkeit, wenn der Verbraucher eine Verbindlichkeit „in der dem Gegner erkennbaren Erwartung eingehe, ihm oder einem bestimmten Dritten werde ein Vorteil erwachsen", in diesem Fall die Kreditgewährung an den Hauptschuldner. Jedoch ist ein Widerruf des Bürgen nur möglich, wenn sowohl die Bürgschaft als auch die gesicherte Hauptschuld als Haustürgeschäft nach § 312 BGB zustande kommen (EuGH NJW 1998, 1295, 1296; BGH NJW 1998, 2356).

[1589] Die Gesetzesbegründung geht davon aus, dass mit der Einstellung des § 312 BGB in das allgemeine Schuldrecht eine Ausstrahlungswirkung auf alle Schuldverhältnisse aus Verträgen gewollt ist, vgl. BT-Drucks. 14/6040, S. 166.

[1590] Palandt/*Heinrichs* § 312 BGB Rn. 8; MüKo/*Ulmer* § 312 BGB Rn. 24; bereits so für § 1 HWiG: BT-Drucks. 10/2876, S. 10; *Drygala* NJW 1994, 3260, 3262; *Michalski* Jura 1996, 169, 171; MüKo/*Ulmer* § 1 HWiG Rn. 10; Erman/*Saenger* § 1 HWiG Rn. 16; *Martis* Verbraucherschutz, S 185.

[1591] MüKo/*Ulmer* § 312 BGB Rn. 25; *Fischer/Machunsky* § 1 HWiG Rn. 17.

b) Einordnung des arbeitsrechtlichen Aufhebungsvertrags

aa) Vorüberlegung

Die Eröffnung des sachlichen Anwendungsbereichs des § 312 BGB scheint dem Wortlaut nach festzustehen, wenn im Aufhebungsvertrag eine finanzielle Leistung (Abfindung, Versorgungszusage, Freistellung gegen Fortzahlung der Bezüge) an den Arbeitnehmer enthalten ist.
Dem würde grundsätzlich nicht entgegen stehen, dass der Arbeitnehmer das Entgelt oder die Abfindung enthält und selbst keine finanzielle Verpflichtung eingeht, da es nach dem Wortlaut des § 312 BGB nicht darauf ankommt, welcher der beiden Vertragspartner die Geldleistung erhält, und § 312 BGB überdies auch nicht dem Vermögensschutz dient[1592].

bb) Problematik der dogmatischen Einordnung

Die Einordnung von arbeitsrechtlichen Aufhebungsverträgen als Verträge über eine entgeltliche Leistung ist jedoch *dogmatisch* problematisch, wenn Aufhebungsverträge als *abstrakte Verfügungsgeschäfte* angesehen werden[1593], da § 312 BGB allein Verpflichtungsgeschäfte erfasst[1594]. Die für die Eröffnung des sachlichen Anwendungsbereich des § 312 BGB (und auch für die Kondiktionsfestigkeit des Aufhebungsvertrags) erforderliche schuldrechtliche causa kann dann

---

[1592] *Brors* ZGS 2003, 34, 36; *Bauer/Kock* DB 2002, 42, 45; *Falke/Barthel* BuW 2003, 255; *Hümmerich/Holthausen* NZA 2002, 173, 178; MüKo/*Ulmer* § 312 BGB Rn. 24; *a.A. Fischer/Machunsky* § 1 HWiG Rn. 22. *Rieble/Klumpp* ZIP 2002, 2153, 2159 sowie das *LAG Brandenburg* NZA 2003, 503, 504 folgern aus dem Untertitel „Besondere Vertriebsformen" vor § 312 BGB, dass hiermit nur entgeltliche Leistungen des Verbrauchers gemeint sein könnten. Diesen ist entgegenzuhalten: Zwar wird bei Haustürgeschäften i.d.R. der Unternehmer in der Anbieterrolle sein, jedoch sind auch Fälle denkbar, in denen der Verbraucher zwar Empfänger der entgeltlichen Leistung ist, aber gleichwohl des Schutzes durch § 312 BGB bedarf, vgl. MüKo/*Ulmer* § 312 BGB Rn. 24, der an der Haustür geschlossene Verträge über Antiquitäten bzw. Gebrauchtwagen nennt, bei denen der Verbraucher als *Verkäufer* auftritt.

[1593] MüKo/*Söllner* (2. Aufl.) § 305 BGB (a.F.) Rn. 28; MüKo/*Thode* (4. Aufl.) § 305 BGB (a.F.) Rn. 47; MüKo/*Emmerich* § 311 BGB Rn. 34; *Gernhuber*, S. 397. Nach der Gegenansicht – BAG BB 1970, 261; LAG Brandenburg NZA 2003, 503, 504; *Fikentscher* § 39 Rn. 298; Palandt/*Heinrichs* Überbl. v. § 311 BGB Rn. 6; Staudinger/*Rieble* § 397 BGB Rn. 34; Erman/*Westermann* § 397 BGB Rn. 3 – ist der Aufhebungsvertrag nicht abstrakt, sondern trägt vielmehr seinen Rechtsgrund in sich, da er das Gegenstück zu dem Vertrag sei, der aufgehoben werde. Daher sei der Aufhebungsvertrag selbst kausal und könne auch ohne weiteres Verpflichtungsgeschäft nicht kondiziert werden.

[1594] PdSR/*Schmidt* § 312 BGB Rn. 8; LAG Brandenburg NZA 2003, 503, 504; OLG Koblenz NJW-RR 1999, 1178 f.

nur in einem – gleichzeitig mit dem abstrakten Verfügungsgeschäft abgeschlossenen – *Verpflichtungsvertrag* liegen[1595]. Daher wurde bereits zu § 1 HWiG und wird jetzt auch zu § 312 BGB vertreten, dass das dem Aufhebungsvertrag zugrunde liegende Verpflichtungsgeschäft als Vertrag über eine entgeltliche Leistung anzusehen ist[1596].

cc) Ansichten in der Literatur

Teilweise wird die Anwendbarkeit des § 312 BGB auf Aufhebungsverträge mit einer finanziellen Leistung an den Arbeitnehmer beschränkt[1597].
Demgegenüber wird auch der Abschluss eines Aufhebungsvertrags ohne finanziellen Ausgleich für den Arbeitnehmer als „Vertrag über eine entgeltliche Leistung" i.S.d. § 312 BGB angesehen[1598]. Als Argumente werden angeführt, dass der Aufhebungsvertrag *„actus contrarius"* des Arbeitsvertrags sei, der im Hinblick auf die Entgeltzahlungsverpflichtung ein Vertrag über eine entgeltliche Leistung sei[1599] und dass die Entgeltlichkeit im Verzicht des Arbeitnehmers auf seine vertraglich geschützte Position, insbesondere die Einhaltung der Kündigungsfrist, liege[1600]. Zwar verbleibe bei Bejahung des § 312 für Aufhebungsverträge ohne Abfindung nur die Verpflichtung des Arbeitnehmers und des Arbeitgebers zur Mitwirkung an der Aufhebung des Arbeitsvertrags, was zur gegenseitigen Befreiung von den jeweiligen Verpflichtungen aus dem Arbeitsvertrag führe[1601]. Jedoch setze Entgeltlichkeit nicht voraus, dass sich die Vertragsparteien gegenseitige Verpflichtungen versprechen, da bei Berücksichtigung der zu

---

1595 *Drygala* NJW 1994, 3260, 3263; OLG Koblenz NJW-RR 1999, 1178 f. (zur Grundschuldbestellung); vgl. auch *Lorenz* JZ 1997, 277, 278, wonach beim Aufhebungsvertrag der verpflichtende Schuldvertrag *„uno actu"* mit dem abstrakten Verfügungsgeschäft zusammenfallen kann.

1596 *Lorenz* JZ 1997, 277, 278 (zu § 1 HWiG); *Bauer/Kock* DB 2002, 42, 45; *Schleusener* NZA 2002, 949, 951; *a.A. Drygala* NJW 1994, 3260, 3263 zur Aufhebung von Wohnungsmietverträgen, wonach die zugrunde liegende Kausalvereinbarung bei unentgeltlicher Aufhebung keine beiderseitigen Verpflichtungen enthalte. Denn die jeweilige Verpflichtung von der Verbindlichkeit sei nicht Entgelt, da sie als Rechtsfolge der Vertragsaufhebung von Gesetzes wegen eintrete.

1597 *Hümmerich/Holthausen* NZA 2002, 173, 178; kritisch hierzu *Wolff* AuA 2003, 15.

1598 *Bauer/Kock* DB 2002, 42, 45; *Gotthardt* Schuldrechtsreform Rn. 215; *Schleusener* NZA 2002, 949, 951.

1599 *Schleusener* NZA 2002, 949, 951; *a.A. Rieble/Klumpp* ZIP 2002, 2153, 2159, da der Aufhebungsvertrag gerade auf die Aufhebung der Entgeltlichkeit gerichtet sei.

1600 *Gotthardt* Schuldrechtsreform Rn. 215.

1601 *Bauer/Kock* DB 2002, 42, 45; *Schleusener* NZA 2002, 949, 951; *Lorenz* JZ 1997, 277, 278.

Grunde liegenden EG-Richtlinie auch einseitig verpflichtende Verträge in den Anwendungsbereich des § 312 BGB fielen[1602].

dd) Stellungnahme

Die Unterscheidung zwischen dem abstrakten Verfügungsgeschäft und dem zugrunde liegenden schuldrechtlichen Verpflichtungsgeschäft beim Abschluss des Aufhebungsvertrags erfüllt zwar formal die Anforderungen des im Zivilrecht geltenden *Trennungs- und Abstraktionsprinzips*[1603]. Jedoch vermag an dieser Auffassung nicht zu überzeugen, warum auch Aufhebungsverträge ohne Abfindung als entgeltlich anzusehen sind:
Die Entgeltlichkeit könnte nur durch einen Verzicht des Arbeitnehmers auf das – erst durch seine Arbeitsleistung noch zu verdienende – Arbeitsentgelt konstruiert werden[1604]. Dies widerspricht aber dem Regelungszweck des § 312 BGB. Denn § 312 BGB zielt gerade auf Verträge ab, die auf den Austausch von (einmaligen oder dauerhaften[1605]) Leistungen gerichtet sind[1606] und durch die eine entgeltliche Leistung tatsächlich in Form einer Zahlung erbracht werden soll oder in denen (zumindest wie beim Bürgschaftsvertrag) der Verbraucher eine Verbindlichkeit eingeht. § 312 BGB zielt aber gerade nicht auf Verträge ab, in denen auf bestehende Rechte verzichtet wird[1607]. Würde man hingegen eine *„mittelbare Entgeltlichkeit“*[1608] durch den Verzicht des Arbeitnehmers auf das künftige Arbeitsentgelt für die Eröffnung des sachlichen Anwendungsbereichs des § 312 BGB genügen lassen, würde der Entgeltlichkeitsbegriff jegliche Konturen verlieren[1609]. Im Übrigen erscheint es auch nicht fern liegend, den (kausalen)

[1602] *Bauer/Kock* DB 2002, 42, 45 m.w.N.

[1603] Zum Abstraktions- und Trennungsprinzip: Palandt/*Bassenge* Einf. v. § 854 BGB Rn. 15.

[1604] So aber *Lorenz* JZ 1997, 277, 278; *Gotthardt* Schuldrechtsreform Rn. 215; *Hümmerich* AnwBl 2002, 671, 677.
Löwisch FS Wiedemann, S. 311, 316 meint gar, eine entgeltliche Leistung i.S.v. § 312 BGB könne in Form der Arbeitsleistung des Arbeitnehmers bestehen.

[1605] So bei Dauerschuldverhältnissen wie dem Mietvertrag (§§ 535 ff. BGB).

[1606] Für § 1 HWiG: *Wassermann* Jus 1990, 548, 549. Zwar fassen MüKo/*Ulmer* § 312 BGB Rn. 20 sowie *Fischer/Machunsky* § 1 HWiG Rn. 32 unter die sonstigen gegenseitigen Verträge, die unter § 312 BGB fallen, auch solche, die bestehende Rechtsverhältnisse „modifizieren“. Mit Modifikation kann aber in diesem Zusammenhang nicht die Aufhebung eines Vertrags gemeint sein.

[1607] In diese Richtung auch *Rieble/Klumpp* ZIP 2002, 2153, 2159.

[1608] Vgl. den Ansatz von *Bülow* NJW 1996, 2289, 2290, der mit dem Begriff der „mittelbaren Entgeltlichkeit“ die direkte Anwendbarkeit des HWiG auf Bürgschaften begründen will.

[1609] LAG Brandenburg NZA 2003, 503, 504; *Rieble/Klumpp* ZIP 2002, 2153, 2159 weisen auf die Problematik bei der Beurteilung der Entgeltlichkeit des Verzichts des Käufers bzw. Bestellers bei Kauf- und Werkverträgen hin.

Schuldvertrag bei einem mit Abfindungszahlung an den Arbeitnehmer verbundenen Aufhebungsvertrag als in der Wirkung wie einen *einseitig den Arbeitgeber verpflichtenden Vertrag* anzusehen, da letztlich nur dieser durch die Zahlung einer Abfindung belastet wird. § 312 BGB erfasst aber einseitig den Unternehmer verpflichtende Verträge nicht, da es hierbei an einer Gefährdungssituation für den Verbraucher fehlt[1610].

Jedenfalls zeigt der Wortlaut des § 312 BGB, wonach Gegenstand des Widerrufsrechts „*die auf den Abschluss eines Vertrags über eine entgeltliche Leistung gerichtete Willenserklärung*" ist, dass sich § 312 BGB auf die *Begründung* von Leistungsbeziehungen und nicht auf deren (durch den Aufhebungsvertrag beabsichtigte) Beendigung bezieht[1611].

c) Zwischenergebnis

Da der arbeitsrechtliche Aufhebungsvertrag somit kein Vertrag ist, der „eine entgeltliche Leistung zum Gegenstand hat", ist der sachliche Anwendungsbereich des § 312 I 1 Nr. 1 BGB bzgl. am Arbeitsplatz abgeschlossener Aufhebungsverträge *nicht* gegeben.

2. Situativer Anwendungsbereich

a) Begriff des Arbeitsplatzes

Der situative Anwendungsbereich des § 312 I 1 Nr. 1 BGB ist eröffnet bei Verträgen, zu deren Abschluss der Verbraucher durch mündliche Verhandlungen[1612] an seinem Arbeitsplatz bestimmt worden ist[1613].

[1610] MüKo/*Ulmer* § 312 BGB Rn. 23. Dem steht es nicht entgegen, wenn der Unternehmer in einer Haustürsituation als Ankäufer auftritt, da der Kaufvertrag kein einseitig verpflichtender Vertrag ist.

[1611] *Rieble/Klumpp* ZIP 2002, 2153, 2159; *Schacht* Übereilungsschutz, S. 78; *Ziemann* Rn. 212.

[1612] Mündliche Verhandlungen am Arbeitsplatz setzen die *persönliche Anwesenheit* voraus und liegen jedenfalls *nicht* vor, wenn nur fernmündlich (schriftlich oder per Email) zwischen den Vertragsparteien kommuniziert wurde, vgl. Gesetzesbegründung zu § 1 HWiG, BT-Drucks. 10/2876, S. 11; BGH NJW 1996, 929 = DB 1996; 1671; *Bauer/ Kock* DB 2002, 42, 44; AnwK/*Ring* § 312 BGB Rn. 14; MüKo/*Ulmer* § 312 BGB Rn. 58; Palandt/*Heinrichs* § 312 BGB Rn. 10; PdSR/*Schmidt* § 312 BGB Rn. 15; *Fischer/Machunsky* § 1 HWiG Rn. 77; *Michalski* Jura 1996 169, 172; *a.A. Klingsporn* NJW 1997, 1546, 1547; Erman/*Saenger* § 1 HWiG Rn. 33.

Erfasst werden von § 312 I 1 Nr. 1 BGB auch die Arbeitsstellen von Auszubildenden, wobei auch sonstige Stätten, die wie Berufs-, aber auch allgemein bildende Schulen oder Hochschulen der Berufsausbildung dienen, als Arbeitsplatz anzusehen sind[1614].
Auch ist nicht die Dauer der an der „Arbeitsstelle" ausgeübten Tätigkeit entscheidend. Daher findet § 312 I 1 Nr. 1 BGB auch für Geschäfte mit Aushilfen, Teilzeitbeschäftigten oder z.B. in Putzkolonnen tätigen Arbeitnehmern an deren Arbeitsplatz Anwendung[1615]. Denn im Hinblick auf den Schutzzweck des § 312 BGB kann es keine Rolle spielen, in welcher Häufigkeit die Arbeitsstelle aufgesucht wird, da die Gefahr der Beeinträchtigung der rechtsgeschäftlichen Entschließungsfreiheit grundsätzlich dieselbe ist[1616].
Der Begriff „Arbeitsplatz" darf ferner nicht in einem zu engen Sinne verstanden werden[1617]. Vielmehr ist eine extensive Auslegung dahingehend geboten, dass jeder Ort im Betriebsgebäude oder Betriebsgelände dazugehört, weil dort überall die überraschende Einflussnahme möglich ist[1618]. Daher sind alle Vertragsabschlüsse erfasst, die in der „*beruflichen Sphäre*" des Verbrauchers stattfinden, so dass auch geschäftliche Kontakte erfasst werden, die im Umfeld des Arbeitsplatzes des Verbrauchers angeknüpft werden, also am Arbeitsplatz eines in demselben Betrieb oder der Behörde tätigen Kollegen, in der Kantine, im Aufenthaltsraum und auf dem Betriebsgelände außerhalb der Betriebsräume[1619].
Somit würde auch der Abschluss eines Aufhebungsvertrags in einem Personalbüro den situativen Anwendungsbereich des § 312 I 1 Nr. 1 BGB eröffnen[1620].

Katalogversandhandel, Telefonmarketing und Internetshopping sind abschließend in den §§ 312 b ff. BGB geregelt, PdSR/*Schmidt* § 312 BGB Rn.15; MüKo/*Ulmer* § 312 BGB Rn. 58.

1613 Streitig ist, ob § 312 I 1 Nr. 1 BGB auch Arbeitsplätze von selbständigen, insb. freiberuflich Tätigen erfasst, wenn sich die Kontaktaufnahme nicht auf dessen in § 13 BGB ausgenommene selbständige Tätigkeit bezieht; für ein Widerrufsrecht: OLG Düsseldorf BB 1999, 1784; Palandt/*Heinrichs* § 312 BGB Rn. 11; MüKo/*Ulmer* § 312 BGB Rn. 37; Jauernig/*Berger* § 312 BGB Rn. 8; *Fischer/Machunsky* § 1 HWiG Rn. 85; Erman/*Saenger* § 1 HWiG Rn. 30; *Michalski* Jura 1996, 169, 172 Fn. 44; *a.A.* Staudinger/*Werner* § 1 HWiG Rn. 80; offengelassen von BGH NJW 1994, 2759.

1614 So zu § 1 I Nr. 1 HWiG: *Fischer/Machunsky* § 1 HWiG Rn. 85.

1615 So zu § 1 I 1 Nr. 1 HWiG: *Fischer/Machunsky* § 1 HWiG Rn. 86.

1616 *Zerres* HWiG, S. 96.

1617 MüKo/*Ulmer* § 312 BGB Rn. 37.

1618 Jauernig/*Berger* § 312 BGB Rn. 8; Palandt/*Heinrichs* § 312 BGB Rn. 11; AnwK/*Ring* § 312 BGB Rn. 14; MüKo/*Ulmer* § 312 BGB Rn. 37; Staudinger/*Werner* § 1 HWiG Rn. 79.

1619 MüKo/*Ulmer* § 312 BGB Rn. 37; *Fischer/Machunsky* § 1 HWiG Rn. 87; Erman/*Saenger* § 1 HWiG Rn. 30; *Wassermann* Jus 1990, 548, 550; zweifelnd *Gilles* NJW 1986, 1131, 1140. Daher gehört für einen Berufsfußballer das gesamte Trainingsgelände zu seinem Arbeitsplatz, vgl. OLG Hamm NJW-RR 1993, 1532 für die Anbahnung eines Spielerberatervertrags.

1620 *Bauer/Kock* DB 2002, 42, 44; *Gotthardt* Schuldrechtsreform Rn. 216; Palandt/*Heinrichs* § 312 BGB Rn. 11; *Schacht* Übereilungsschutz, S. 71.

b) Teleologische Reduktion bei Aufhebungsverträgen

Es ist zu untersuchen, ob das Widerrufsrecht nach § 312 I 1 Nr. 1 BGB in den Fällen teleologisch einzuschränken ist, in denen der Arbeitgeber mit dem Arbeitnehmer Verträge abschließt, die das Arbeitsverhältnis betreffen.

aa) § 312 BGB als Kodifikation von Überrumpelungssituationen

Der Grund für die Einbeziehung bestimmter Örtlichkeiten in den Schutzbereich des § 312 BGB ist, dass bei diesen Fallgestaltungen die Betroffenen typischerweise unvorbereitet sind, überrascht oder überrumpelt werden[1621]. Denn der Betroffene wird in einer Situation überrascht, in der er mit Vertragsverhandlungen nicht rechnen muss[1622]. Daher ergibt sich die unterlegene Verhandlungsposition gerade aus der Zeit und dem Ort der Vertragsverhandlungen[1623]. Maßgeblich für das Widerrufsrecht ist nämlich, dass sich das Angebot des Unternehmers auf die konkrete Situation beschränkt und der Verbraucher schon deshalb keine Vergleichsinformationen einholen kann[1624].
Die Überrumpelung liegt in dem Informationsdefizit des Verbrauchers, der vor die Wahl gestellt wird, das Geschäft sofort abzuschließen oder es sich entgehen zu lassen, da der Verkäufer auf ihn zukommt und nach dem Angebot wieder in seinem unbekannten Geschäftsbereich verschwindet[1625].
Das Widerrufsrecht nach § 312 I 1 Nr. 1 BGB beruht daher auf dem Umstand, dass der Arbeitnehmer während seiner Arbeitszeit und der Ausübung seiner beruflichen Tätigkeit einer anbieterorientierten Kontaktaufnahme ausgesetzt wird, obwohl er nicht auf den Abschluss von Geschäften eingestellt ist[1626].

bb) Sondersituation Aufhebungsverträge

(1) Arbeitsplatz als natürlicher Verhandlungsort

Wenn aber ein Arbeitnehmer mit dem Arbeitgeber am Arbeitsplatz einen Aufhe-

---

[1621] *Brors* ZGS 2003, 34, 36; *Grigoleit* NJW 2002, 1151; zu § 1 HWiG: *Gilles* NJW 1986, 1131; *Wassermann* Jus 1990, 548.
[1622] *Teske* ZIP 1986, 624, 626.
[1623] *Schacht* Übereilungsschutz, S. 72.
[1624] *Brors* DB 2002, 2046, 2047.
[1625] LAG Hamm DB 2003, 1443, 1444; *Brors* DB 2002, 2046, 2047 nennt als Beispiel den Zeitungsverkäufer an der Haustür; *Rieble/Klumpp* ZIP 2002, 2153, 2159; vgl. instruktiv zur Verkaufspsychologie im Direktvertrieb *Förschler* HWiG, S. 63 ff.
[1626] *Zerres* HWiG, S. 94.

bungsvertrag abschließt, geht die Gefahr einer übereilten und unsachgemäßen Vertragsentscheidung nicht vom Ort der Vertragsverhandlung aus, da das Überraschungsmoment nicht mit dem Ort der Ansprache verbunden ist[1627].
Aufgrund des Charakters des Arbeitsverhältnisses als Dauerschuldverhältnis, bei dem jederzeit die Möglichkeit bzw. der Bedarf entstehen kann, eine mit dem Arbeitsvertrag in Zusammenhang stehende Frage zu erörtern, muss der Arbeitnehmer aber jederzeit damit rechnen, am Arbeitsplatz zu einem Gespräch gebeten zu werden, in dem es um Fragen rund um das Arbeitsverhältnis geht und insbesondere über die Beendigung des Arbeitsverhältnisses gesprochen wird[1628].
Vielmehr erwartet der Arbeitnehmer auch, dass derartige das Arbeitsverhältnis betreffende Abreden nur an seiner Arbeitsstelle besprochen, vorbereitet und abgeschlossen werden, da die Privatwohnung des Arbeitnehmers ein ungewöhnlicher Verhandlungsort wäre[1629].
Daher *fehlt* beim Abschluss eines arbeitsrechtlichen Aufhebungsvertrags am Arbeitsplatz der für § 312 I 1 Nr. 1 BGB typische „Überrumpelungseffekt"[1630].

(2) Keine Schutzbedürftigkeit vor Direktvertrieb

Aus dem nicht ausdrücklichen Ausschluss der Widerruflichkeit von Verträgen, die im Zusammenhang mit dem Arbeitsverhältnis stehen, kann nicht die An-

---

[1627] *Schacht* Übereilungsschutz, S. 72.

[1628] *Reim* DB 2002, 2434, 2438; *Rieble/Klumpp* ZIP 2002, 2153, 2159 f.; PdSR/*Schmidt* § 312 BGB Rn. 16; *Däubler* NZA 2001, 1329, 1334. Aus diesem Grund wurde die Anwendbarkeit des HWiG verneint, wenn der von § 1 HWiG erfasste rechtsgeschäftliche Kontakt im Rahmen einer *ständigen Geschäftsbeziehung* erfolgte, vgl. *Drygala* NJW 1994, 3260, 3265 m.w.N.

[1629] ArbG Frankfurt/Oder ZIP 2002, 2190, 2191; *Brors* ZGS 2003, 34, 36; *Gotthardt* Schuldrechtsreform Rn. 216; Staudinger/*Werner* § 1 HWiG Rn. 81.

[1630] *Grundstein* FA 2003, 41, 43; *Hadeler* FA 2002, 66, 71; *Henssler* RdA 2002, 129, 135; *Kienast/Schmiedl* DB 2003, 1440, 1442; *Rieble/Klumpp* ZIP 2002, 2153, 2159 f.; PdSR/*Schmidt* § 312 BGB Rn. 16; MüKo/Ulmer § 312 BGB Rn. 38; offen gelassen ArbG Frankfurt/Oder ZIP 2002, 2190, 2191; *a.A.* ArbG Berlin AuR 2002, 193, 194. Gegen eine *am Einzelfall orientierte Betrachtung* des Überrumpelungseffekts (für eine einzelfallorientierte Betrachtung: ArbG Frankfurt/Oder ZIP 2002, 2190 ff. = ZGS 2002, 418 ff.; *Reim* DB 2002, 2434, 2438; *Wolff* AuA 2003, 15, 17) von am Arbeitsplatz abgeschlossenen Aufhebungsverträgen spricht die dadurch erfolgende Rechtsunsicherheit und der Umstand, dass der Arbeitnehmers bereits durch andere Mechanismen (z.B. durch § 623 BGB sowie das Anfechtungsrecht) geschützt wird, vgl. auch *Mankowski* EWiR 2003, 15.
Jedoch liegt der situative Anwendungsbereich des § 312 I 1 Nr. 1 BGB vor, wenn der Arbeitgeber den Arbeitnehmer in seiner Privatwohnung oder anlässlich einer Betriebsfeier zum Abschluss eines Aufhebungsvertrags aufsucht, vgl. *Gotthardt* Schuldrechtsreform Rn. 217; *Reim* DB 2002, 2434, 2438; *a.A. Bengelsdorf* NZA 1997, 874, 877. Das BAG hat in einer Fallgestaltung, in der der Arbeitgeber den Arbeitnehmer in dessen Wohnung aufsuchte, diesen Aspekt gleichwohl nicht gewürdigt, vgl. BAG NJW 1996, 2593.

wendbarkeit des § 312 I 1 Nr. 1 auf am Arbeitsplatz abgeschlossene Aufhebungsverträge geschlossen werden[1631].
Denn vielmehr ist der Regelungshintergrund des HWiG, der gleichermaßen für § 312 BGB fort gilt, zu berücksichtigen[1632]:

Das HWiG richtete sich gegen eine Geschäftspraxis, bei der die Anbieter außerhalb ihres unmittelbaren Geschäftsbetriebs unmittelbar an die Nachfrager herantraten[1633], während die herkömmliche Handelspraxis dadurch geprägt war, dass die potentiellen Kunden beim so genannten „Ladengeschäft“ selbst die Initiative zur Vertragsanbahnung ergriffen, indem sie das Ladenlokal des Anbieters aufsuchten[1634].

Dass Zweck des § 312 BGB auch weiterhin der Schutz des Verbrauchers vor den Gefahren des Direktvertriebs ist, zeigt gerade die dem § 312 BGB vorangestellte Überschrift des zweiten Untertitels „*Besondere Vertriebsformen*“[1635].

Beim Abschluss eines Aufhebungsvertrags ist aber der Arbeitnehmer weniger schutzbedürftig als die einer aggressiven Vertriebspraktik in Form von Direkt-

---

[1631] So aber früher *Fischer/Machunsky* § 1 HWiG Rn. 90 mit dem Argument, dass das HWiG keine dem § 23 I AGBG entsprechende Bereichsausnahme enthalte; in diese Richtung jetzt auch *Gotthardt* Schuldrechtsreform Rn. 213; für ein am Arbeitsplatz abgegebenes Schuldanerkenntnis ArbG Berlin AuR 2002, 193, 194. *Fischer/Machunsky* § 1 HWiG Rn. 89 erkennen aber an, dass „nach dem Sinn und Zweck“ des HWiG kaum jedes Geschäft widerrufbar sein könne, welches der Kunde (jetzt: Verbraucher) am Arbeitsplatz abgeschlossen hat. Ausgeschlossen müssten daher Geschäfte sein, die der Kunde in einer an seinem Arbeitsplatz befindlichen geschäftsähnlichen Einrichtung abschließt, worunter etwa der Erwerb von Essensmarken falle.

[1632] Denn der Gesetzgeber wollte durch die Aufnahme des HWiG die „Transparenz und Verständlichkeit“ stärken (BT-Drucks. 14/6040, S. 97), wobei keine Änderung in der Sache erfolgen sollte, da § 312 I 1 Nr. 1 BGB dem § 1 I 1 Nr. 1 HWiG inhaltlich entspricht (BT-Drucks. 14/6040, S. 167).

[1633] BT-Drucks. 10/2876, S. 6, 7; *Michalski* Jura 1996, 169; *Pudor* Widerrufsrechte, S. 7; Schuldrecht/*Schäfer* Kapitel 8 Rn. 50; MüKo/*Ulmer* § 1 HWiG Rn. 1; *Wassermann* Jus 1990, 548; *Werner/Machunsky* vor § 1 HWiG Rn. 4.

[1634] *Gilles* NJW 1986, 1131, 1132; *Teske* ZIP 1986, 624, 626; Erman/*Saenger* Vorbem. HWiG Rn. 16 ff.; *Schacht* Übereilungsschutz, S. 74.

[1635] *Ziemann* Rn. 212. Nach der einschränkenden Auffassung des IX. Zivilsenats des BGH (NJW 1996, 930, 931) soll der Verbraucher allerdings nicht generell vor Überraschungssituationen, sondern nur insoweit geschützt werden, als ihm hierdurch die Möglichkeit zu einem Marktvergleich abgeschnitten werde, weshalb der Widerruf bei unentgeltlichen Geschäften wie der Bürgschaft generell ausscheide. Da der EuGH (NJW 1998, 1295) hingegen in der Rechtssache „Dietzinger“, ohne auf Schutzzweckerwägungen einzugehen, nur entschieden hat, dass die Bürgschaft jedenfalls dann nicht als Haustürgeschäft anzusehen sei, wenn der Hauptschuldner zu unternehmerischen Zwecken gehandelt hat, ist die Interpretation des Schutzzwecks weiterhin offen, vgl. Schuldrecht/*Schäfer* Kapitel 8 Rn. 50.

marketing ausgesetzten Personen, da der Arbeitsplatz – bezogen auf den Arbeitsvertrag – der Geschäftsraum ist, an dem normalerweise die vertraglichen Regelungen zustande kommen[1636]. Denn der Arbeitnehmer unterliegt beim Abschluss eines Aufhebungsvertrags nicht dem für § 312 BGB maßgeblichen zeitlichen Entscheidungsdruck[1637].
Im Übrigen unterliegt der Arbeitnehmer beim Abschluss eines Aufhebungsvertrags (infolge Überrumpelung) auch nicht einem Informationsdefizit, durch das ihm der Marktvergleich abgeschnitten wird, und das somit der Vermarktungstechnik eines Haustürgeschäfts vergleichbar ist[1638]. Denn Aufhebungsverträge unterliegen keinem Marktvergleich, als die Höhe der Abfindung als wesentlicher Vertragsinhalt i.d.R. individuell ausgehandelt wird. Ferner sind auch bei Formularaufhebungsverträgen Preisvereinbarungen wegen § 307 III 1 BGB nicht kontrollfähig[1639].

(3) Wertungen des Gesetzgebers

Ferner sind auch vom Gesetzgeber selbst diejenigen Geschäfte aus dem Anwendungsbereich des § 312 BGB ausdrücklich ausgenommen, bei denen der Gesetzeszweck entweder mangels Überraschungssituation des Verbrauchers nicht eingreift (§ 312 III 1 Nr. 1, 3 BGB) oder in denen der Verbraucher angesichts beiderseitiger Erfüllung und der Geringfügigkeit des Entgelts (§ 312 III 1 Nr. 2 BGB) keines besonderen Schutzes bedarf[1640]. Daraus ist zu schließen, dass auch andere Konstellationen - außerhalb der in § 312 III BGB ausdrücklich normierten Ausnahmen – existieren können, in denen der Gesetzeszweck des § 312 BGB gleichfalls nicht tangiert wird[1641].

Zudem spricht die Systematik („*Besondere Vertriebsformen*") gegen die Anwendung des § 312 I 1 Nr. 1 BGB auf Aufhebungsverträge[1642]:

[1636] *Gotthardt* Schuldrechtsreform Rn. 216; *Henssler* RdA 2002, 129, 135; PdSR/*Schmidt* § 312 BGB Rn. 16; *Werner/Machunsky* § 1 HWiG Rn. 83; in diese Richtung auch: *Rolfs* ZGS 2002, 301.
[1637] Der Arbeitgeber steht nämlich weiterhin als Vertragspartner zur Verfügung und der Arbeitnehmer tritt durch die Schutzvorschriften des KSchG als gleichberechtigter Vertragspartner auf *Brors* ZGS 2003, 34, 36; *dies.* DB 2002, 2046, 2048.
[1638] *Brors* ZGS 2003, 34, 38; *Henssler* RdA 2002, 129, 135.
[1639] In diese Richtung auch *Lingemann* NZA 2002, 181, 185.
[1640] So auch zu § 1 HWiG: *Martis* Verbraucherschutz, S. 175.
[1641] *A.A. Gotthardt* Schuldrechtsreform Rn. 212.
[1642] LAG Brandenburg NZA 2003, 503, 504; ErfK/*Müller-Glöge* § 620 BGB Rn. 13; *Bauer* NZA 2002, 169, 171; *Bauer/Kock* DB 2002, 42, 45; *Fiebig* DB 2002, 1608, 1610; *Henssler* RdA 2002, 129, 135; in diese Richtung auch *Rolfs* ZGS 2002, 301; *a.A.*: Hümmerich AnwBl

Durch die Zusammenfassung des HWiG und des FernAbsG und der Umsetzung von Art. 10 und 11 der E-Commerce-Richtlinie unter der Überschrift „Besondere Vertriebsformen" in einem eigenen Untertitel (§§ 312 bis 312 f BGB) wird aber gerade das diesen drei Bereichen gemeinsame Strukturelement verdeutlicht, nämlich die Tatsache, dass Vertragsanbahnung und –abschluss außerhalb fester Verkaufs- und Geschäftsräume erfolgen[1643]. Arbeitsverhältnisse und Vereinbarungen über deren Beendigung haben aber nichts mit Vertriebsformen zu tun[1644].

c) Zwischenergebnis

Der situative Anwendungsbereich des § 312 I 1 Nr. 1 BGB greift *nicht* ein bei am Arbeitsplatz abgeschlossenen Aufhebungsverträgen[1645].

3. Persönlicher Anwendungsbereich

Der persönliche Anwendungsbereich des § 312 I 1 Nr. 1 BGB ist ausgeschlossen, da der Arbeitnehmer beim Abschluss eines arbeitsrechtlichen Aufhebungsvertrags *nicht* als Verbraucher (§ 13 BGB) anzusehen ist[1646].

4. Eigene Stellungnahme

Die oben dargestellte Betrachtung der Rechtsfolgen ergibt, dass bei Bejahung eines gesetzlichen Widerrufsrechts nach § 312 I 1 Nr.1 BGB auf am Arbeitsplatz abgeschlossene Aufhebungsverträge ein (nur schwer aufzulösendes) Mengengelage zwischen Rückabwicklung und Kündigungsschutz entstünde. Da § 312 BGB aber gerade dem Schutz des Verbrauchers dienen soll, ist ein solcher Schutz bei der Anwendung dieses gesetzlichen Widerrufsrechts auf arbeitsrechtliche Aufhebungsverträge sehr zweifelhaft, wenn das Arbeitsverhältnis – nach

---

2002, 671, 677 („*Die Überschriften sind nicht Gesetz...*"); *Reim* DB 2002, 2434, 2438; *Schleusener* NZA 2002, 949, 951.

[1643] *Huber/Faust* § 19 Rn. 54.

[1644] ArbRHdB/*Linck* § 122 Rn. 2; *Bauer* NZA 2002, 169, 171; *Bauer/Kock* DB 2002, 42, 45; so auch *Gotthardt* Schuldrechtsreform Rn. 211, der aber das Strukturelement „Vertriebsformen" bei Aufhebungsverträgen in der Privatwohnung für gegeben hält.

[1645] *Brors* DB 2002, 2046, 2048; *Gotthardt* Schuldrechtsreform Rn. 216; *Henssler* RdA 2002, 129, 135; *a.A. Schleusener* NZA 2002, 949, 951; *Wolff* AuA 2003, 15; (zu § 1 HWiG:) *Fischer/Machunsky* § 1 HWiG Rn. 36; *Lorenz* JZ 1997, 277, 279.

[1646] Vgl. ausführlich oben Kapitel 3, D III 4.

Rückabwicklung des Aufhebungsvertrags infolge Widerruf – in der Regel durch eine dann erfolgende Kündigung ohnehin beendet würde.
Daher ist ein Widerrufsrecht aus § 312 I 1 Nr. 1 BGB bei am Arbeitsplatz abgeschlossenen Arbeitsverträgen schon aus diesem Grund abzulehnen.

5. Zusammenfassung

§ 312 I 1 Nr. 1 BGB ist auf am Arbeitsplatz abgeschlossene arbeitsrechtliche Aufhebungsverträge *direkt nicht anwendbar*, da weder der sachliche noch der situative und auch nicht der persönliche Anwendungsbereich der Norm eröffnet ist.

III. Analoge Anwendbarkeit des § 312 I 1 Nr. 1 BGB

Analogie ist die Übertragung der für einen oder für mehrere bestimmte Tatbestände im Gesetz vorgesehenen Regel auf einen anderen, aber rechtsähnlichen Tatbestand[1647]. Ferner muss für den anderen Tatbestand eine Rechtsnorm im Gesetz fehlen[1648]. Die Analogie überschreitet dabei die Grenze des möglichen Wortsinnes, die für die eigentliche Auslegung eine Schranke darstellt[1649].

1. Vergleichbare Interessenlage?

a) Kein Vermögensschutz

Bei einem Aufhebungsvertrag verliert der Arbeitnehmer mit dem Arbeitsplatz die wirtschaftliche Grundlage seiner Existenz, während dies bei Haustürgeschäften (i.d.R.) nicht der Fall ist[1650]. Auch wenn der Arbeitnehmer daher mindestens so schutzbedürftig erscheint wie ein Verbraucher, der oberhalb der Bagatellgrenze von 40 Euro bei Haustürgeschäften (§ 312 III Nr. 2 BGB) bereits widerrufsberechtigt ist[1651], begründet dieser Umstand noch keine vergleichbare Inte-

---

[1647] Palandt/*Heinrichs* Einl. Rn. 40; *Sauer* Methodenlehre, S. 305.
[1648] *Sauer* Methodenlehre, S. 306.
[1649] BGHZ 46, 74, 76; BGH NJW 1988, 2109. Bei der auch als *Einzelanalogie* bezeichneten Gesetzesanalogie wird die Rechtsfolge einer Norm auf einen *im Gesetz nicht geregelten*, ihm aber wertungsmäßig „*vergleichbaren*" Tatbestand übertragen, vgl. *Larenz* Methodenlehre, S. 381. Bei der *Rechtsanalogie* wird aus mehreren Rechtssätzen ein übergeordnetes Prinzip herausgearbeitet u. dann auf ähnlich gelagerte Fälle angewendet, Palandt/*Heinrichs* Einl. Rn. 40.
[1650] *Grunewald* AuR 1994, 260, 261.
[1651] *Reim* DB 2002, 2434, 2438; früher schon so *Hjort* Aufhebungsvertrag, S. 187.

ressenlage für eine analoge Anwendbarkeit des § 312 BGB[1652]. Denn das Widerrufsrecht nach §§ 312, 355 BGB soll nicht das Vermögen des Verbrauchers schützen, sondern dient dem Schutz des Verbrauchers gegenüber den mit einem Haustürgeschäft verbundenen Gefahren und der mit der Überrumpelung einhergehenden Beeinträchtigung der Entscheidungsfreiheit[1653].

b) Kein strukturelles Ungleichgewicht

Der Gesetzgeber wollte dem Verbraucher mit der Einräumung des Widerrufsrechts bei Haustürgeschäften eine nachträgliche Überlegungsfrist und die Möglichkeit einräumen, einen übereilten Entschluss rückgängig zu machen[1654]. Beim Abschluss eines arbeitsrechtlichen Aufhebungsvertrags besteht zwar typischerweise die Gefahr einer unsachgemäßen und übereilten Vertragsentscheidung auf Seiten des Arbeitnehmers, da der Arbeitnehmer sich in einer psychologisch ungünstigen Verhandlungssituation befindet, in der er sich der überlegenen Autorität des Arbeitgebers gegenübersieht und der er sich wegen der vertraglichen Verpflichtung zur Anwesenheit und des Direktionsrechts des Arbeitgebers nur schwer entziehen kann[1655].

Daher wird vertreten, dass ein strukturelles Ungleichgewicht beim Abschluss eines Aufhebungsvertrags besteht, was zu einer analogen Anwendung des § 312 BGB führen soll[1656].

Dem ist aber entgegenzuhalten, dass der Begriff der strukturellen Unterlegenheit für die Beurteilung des situativen Anwendungsbereichs des § 312 BGB unbeachtlich ist[1657]. So hat auch das BAG die Anwendung des Kriteriums der „strukturellen Unterlegenheit" für den Bereich der Aufhebungsverträge zurückgewiesen[1658]. Im Übrigen scheidet bei Zahlung einer angemessenen Abfindung durch den Arbeitgeber bereits ein unangemessener Interessenausgleich im Sinne der Rechtsprechung des BVerfG aus[1659]. Ferner unterliegt der Arbeitnehmer auf-

---

[1652] So aber wohl *Schuster* AiB 2002, 274, 275.
[1653] Palandt/*Heinrichs* § 312 BGB Rn. 3; PdSR/*Schmidt* § 312 BGB Rn. 1; Schuldrecht/*Schäfer* Kapitel 8 Rn. 50; so zu § 1 HWiG: *Fischer/Machunsky* Einf. Rn. 10; MüKo/*Ulmer* vor § 1 HWiG Rn. 1; *Drygala* NJW 1994, 3260, 3266; *Schacht* Übereilungsschutz, S. 82; unklar *Rieble/Klumpp* ZIP 2002, 2153, 2159 die wohl zu einem vermögensschützenden Charakter des § 312 BGB tendieren.
[1654] BT-Drucks. 10/2876, S. 10; PdSR/*Schmidt* § 312 BGB Rn. 1; *Löwe* BB 1986, 821, 822 ff.
[1655] *Grunewald* AuR 1994, 260, 261; *a.A. Brors* DB 2002, 2046, 2048.
[1656] *Schuster* AiB 2002, 274, 275.
[1657] LAG Brandenburg NZA 2003, 503, 505; so auch *Lorenz* JZ 1997, 277, 279 zum HWiG.
[1658] BAG NZA 1996, 811, 812. Vgl. auch zur „strukturellen Unterlegenheit" o. Kap. 2, D I, II.
[1659] *Hoß/Ehrich* DB 1997, 625, 627; *Schacht* Übereilungsschutz, S. 131.

grund seiner Abschlussfreiheit keinem „Kontrahierungszwang“[1660], so dass der Arbeitgeber keine Möglichkeit hat, seinen Wunsch nach einvernehmlicher Beendigung des Arbeitsverhältnisses einseitig zu verwirklichen[1661]. Schließlich ist der durch das KSchG geschützte Arbeitnehmer - wirtschaftlich betrachtet – nicht der schwächere Vertragsteil, sondern sogar der stärkere[1662].

c) Keine Informationsasymetrie

Auch liegt keine den Haustürgeschäften vergleichbare Informationsasymmetrie beim Abschluss eines arbeitsrechtlichen Aufhebungsvertrags vor[1663].
So hat bspw. nach der Rechtsprechung des BAG der Arbeitgeber beim Abschluss von Aufhebungsverträgen auf Grund seiner Fürsorgepflicht[1664] eine Beratungs- und Aufklärungsfunktion über die (möglichen) Folgen für die sozialrechtliche Absicherung des Arbeitnehmers, wenn er selbst die Auflösung des Arbeitsverhältnisses anregt oder der Arbeitnehmer sich nach den sozialversicherungsrechtlichen Konsequenzen erkundigt[1665]. Geht daher der Aufhebungsvertrag auf die Initiative des Arbeitgebers zurück, muss dieser den Arbeitnehmer etwa auf mögliche Versorgungsnachteile hinweisen oder eine fachkundige Stelle, z.B. das zuständige Versorgungsamt, benennen[1666].

d) Ausschluss durch Gesetzessystematik

Eine vergleichbaren Interessenlage zwischen dem Übereilungsschutz bei Haustürgeschäften (§ 312 BGB) und der Situation bei arbeitsrechtlichen Aufhe-

---

[1660] Das BAG, NJW 1996, 2593, hat daher die strukturelle Unterlegenheit des Arbeitnehmers beim Abschluss eines Aufhebungsvertrags mit dem Argument abgelehnt, dass dieser mit einem schlichten „Nein“ das Angebot des Arbeitgebers ablehnen könne.
[1661] *Bengelsdorf* BB 1995, 978, 982; *Adomeit* NJW 1994, 2467, 2468.
[1662] *Boemke* NZA 1993, 532, 537; *Bauer/Diller* DB 1995, 1810, 1812; *Schacht* Übereilungsschutz, S. 134.
[1663] *Brors* DB 2002, 2046, 2048; *Rieble/Klumpp* ZIP 2002, 2153, 2161; zum Marktversagen als Folge einer Informationsasymetrie vgl. *Kötz* Jus 2003, 209, 212 f.
[1664] Die Fürsorgepflicht geht auf den Grundsatz von Treu und Glauben (§ 242 BGB) zurück und ist eine spezielle Ausprägung vertraglicher Nebenpflichten der Arbeitsvertragsparteien, vgl. *Becker-Schaffner* BB 1993, 1281; *Nägele* BB 1992, 1274, 1277; *Wisskirchen/Worzalla* DB 1994, 577, 580.
[1665] BAG DB 1990, 2431; BB 1990, 211; NZA 1988, 837. Unterlässt der Arbeitgeber die gebotene Aufklärung (§ 280 I BGB), können Schadensersatzansprüche des Arbeitnehmers entstehen, vgl. Preis/*Peters-Lange* II A 100 Rn. 4.
[1666] BAG DB 2001, 286 = BAG NZA 2001, 206; vgl. auch ArbRHdB/*Linck* § 122 Rn. 6.

bungsverträgen muss aber jedenfalls wegen der systematischen Stellung des § 312 BGB ausscheiden[1667].

Denn der dem § 312 BGB vorangestellte Untertitel „Besondere Vertriebsformen" verdeutlicht, dass der Gesetzgeber den Verbraucher gerade *nur* in Situationen des aggressiven Direktvertriebs schützen will[1668].

d) Zwischenergebnis

Die für eine analoge Anwendung des § 312 I 1 Nr. 1 BGB erforderliche vergleichbare Interessenlage bzgl. am Arbeitsplatz abgeschlossener Aufhebungsverträge ist nicht vorhanden.

2. Planwidrige Regelungslücke?

Ferner stellt die Nichtregelung eines gesetzlichen Widerrufsrechts bei arbeitsrechtlichen Aufhebungsverträgen keine planwidrige Regelungslücke dar. Denn der Arbeitnehmer wird beim Abschluss eines Aufhebungsvertrags bereits ausreichend geschützt[1669]: So wird einer etwaigen Überrumpelungsgefahr bereits durch das Schriftformgebot des § 623 BGB begegnet[1670]. Ferner hat der Arbeitnehmer ein Anfechtungsrecht nach § 123 I BGB, wenn der Arbeitgeber mit ei-

---

1667 *Henssler* RdA 2002, 129, 135; ErfK/*Müller-Glöge* § 620 BGB Rn. 13; *a.A. Reim* DB 2002, 2434, 2438.

1668 ArbRHdB/*Linck* § 122 Rn. 2; i.E. ebenso *Brors* ZGS 2003, 34, 36; *Kellermann* JA 2003, 834, 836.

1669 *Däubler* NZA 2001, 1329, 1334; vgl. auch *Schiefer/Worzalla* S. 132 (Rn. 7.22).

1670 *Rieble/Klumpp* ZIP 2002, 2153, 2160. Nach *Preis/Gotthardt* (NZA 2000, 348, 354) dient § 623 beim Aufhebungsvertrag der Inhaltsklarheit und dem Schutz des Arbeitnehmers vor unüberlegter Beendigung des Arbeitsverhältnisses. Zu § 623 BGB bei Aufhebungsverträgen allgemein: *Böhm* NZA 2000, 561 ff.; *Müller-Glöge/v. Senden* AuA 2000, 199, 200; *Schaub* NZA 2000, 344, 347 f.

Bei Nachtragsvereinbarungen ist die Schriftform des § 126 BGB gewahrt, wenn der Zweitvertrag auf den Erstvertrag Bezug nimmt und ihm eindeutig zu entnehmen ist, dass es hinsichtlich der nicht in die neue Urkunde aufgenommenen Vertragsbestandteile bei dem früher vereinbarten bleiben soll, vgl. BGH NJW-RR 2000, 1108. Diese Rechtsprechung ist auf arbeitsrechtliche Aufhebungsverträge zu übertragen, so dass die mit seiner Unterschrift verbundene Annahmeerklärung des Arbeitnehmers auf derselben Urkunde unterhalb des Vertragsangebots des Arbeitgebers und dessen Unterschrift der Schriftform des §§ 126, 623 BGB genügt, vgl. *Brors* ZGS 2003, 34, 35.

Wegen des Schutzes des Bürgen durch das Schriftformgebot (§ 766 BGB) wird ebenso eine analoge Anwendung des VerbrKrG auf die Bürgschaft abgelehnt, vgl. MüKo/*Ulmer* § 1 VerbrKrG Rn. 37.

ner Kündigung gedroht hat, obwohl ein verständiger Arbeitgeber eine (außerordentliche) Kündigung nicht ernsthaft in Erwägung ziehen durfte[1671].

Auch wird der Schutz des Arbeitnehmers über dem Arbeitgeber obliegende Informationspflichten und das Gebot fairen Verhandelns sichergestellt[1672].

3. Zusammenfassung

§ 312 I 1 Nr. 1 BGB ist *nicht* analog auf am Arbeitsplatz abgeschlossene Aufhebungsverträge anzuwenden, da die Voraussetzungen für eine Analogie, vergleichbare Interessenlage und planwidrige Regelungslücke, nicht vorliegen[1673].

4. Eigene Stellungnahme

Die analoge Anwendung des Widerrufsrechts aus §§ 312, 355 BGB würde in erheblicher Weise in die Vertragsfreiheit eingreifen und dem Arbeitnehmer ein – gerade mit dem Grundsatz „pacta sunt servanda" kaum zu vereinbarendes – Reuerecht zubilligen. Die analoge Anwendung eines Widerrufsrechtes muss daher restriktiv gehandhabt werden[1674].

Im Übrigen ist die erst im Jahre 2000 erfolgte Einführung des Schriftformerfordernisses für Aufhebungsverträge in Form des § 623 BGB so zu verstehen, dass der Gesetzgeber den hierdurch eintretenden Schutz als ausreichend ansah. Dies zeigt sich nicht zuletzt auch daran, dass das in § 131 II ArbVG 92 vorgesehene Widerrufsrecht[1675] vom Gesetzgeber nicht kodifiziert wurde[1676].

[1671] Vgl. ErfK/*Müller-Glöge* § 620 BGB Rn. 10 m.w.N. zur Rechtsprechung.
[1672] *Däubler* NZA 2001, 1329, 1334.
[1673] LAG Hamm DB 2003, 1443, 1444; im Ergebnis ebenso *Brors* ZGS 2003, 34, 36.
[1674] In diese Richtung auch LAG Brandenburg NZA 2003, 503, 505; ArbG Frankfurt/Oder ZIP 2002, 2190, 2191; *Rieble/Klumpp* ZIP 2002, 2153, 2159; *Reiner* AcP 203 (2003), 1, 8 ff. *Ziemann* Rn. 212; früher schon so *Bauer* NJW 1994, 980, 981.
[1675] Abgedruckt in Beilage zu NZA, Heft 17/1992, S. 16. § 131 II ArbVG 92 lautet: „*Hat der Arbeitgeber dem Arbeitnehmer nicht eine Überlegungsfrist von mindestens drei Tagen eingeräumt, so kann der Arbeitnehmer den Aufhebungsvertrag innerhalb einer Woche widerrufen.*"
[1676] So auch *Weber/Ehrich/Burmester* Rn. 865.

Kapitel 5: Schlussbetrachtung

A. Zusammenfassung der wichtigsten Ergebnisse in Form von Thesen

1. Durch die Aufhebung der Bereichsausnahme für Arbeitsverträge in § 310 IV 1, 2 BGB wird die Inhaltskontrolle von Formulararbeitsverträgen auf eine einheitliche Rechtsgrundlage (§§ 307-309 BGB) gestellt.

   Die Unterscheidung zwischen Arbeitsverträgen und Verträgen von arbeitnehmerähnlichen Personen ist im Bereich von Formularverträgen weitgehend bedeutungslos geworden, da jeweils die §§ 305 ff. BGB anwendbar sind.
   Bei Formularverträgen von arbeitnehmerähnlichen Personen sind (aber im Gegensatz zu Formulararbeitsverträgen) die § 305 II, III BGB zusätzlich anwendbar, während die „im Arbeitsrecht geltenden Besonderheiten" (§ 310 IV 2 Hs. 1 BGB) hingegen dort nicht gelten.

2. Durch die Erstreckung der AGB-Kontrolle auf Formulararbeitsverträge sind arbeitsrechtliche Individualvereinbarungen nicht kontrollfrei geworden. Zwar sind auf arbeitsrechtliche Individualvereinbarungen die Bestimmungen der §§ 305 ff. BGB weder direkt noch (mangels Regelungslücke) analog anzuwenden. Dennoch können die in den §§ 305 ff. BGB zum Ausdruck kommenden Rechtsgedanken über die Generalklauseln (§§ 138, 242, 315 BGB) auch zukünftig berücksichtigt werden.

3. Die Bereichsausnahme des § 310 IV 1 BGB ist verfassungskonform auszulegen, so dass kirchliche Arbeitsverhältnisse, die im Rahmen des Dritten Weges zustandegekommen sind, vom Anwendungsbereich der §§ 305 ff. BGB ausgenommen sind.

4. Formularmäßige Aufhebungsverträge unterfallen dem Anwendungsbereich der §§ 305 ff. BGB und damit auch der Inhaltskontrolle der §§ 307-309 BGB.

5. Formulararbeitsverträge, die Globalverweisungen oder (gesetzlich geregelte) Teilverweisungen (bzgl. eines geschlossenen Komplexes) auf Tarifverträge (oder Betriebsvereinbarungen) enthalten, unterliegen hinsichtlich der in Bezug genommenen Regelwerke nicht der Inhaltskontrolle nach §§ 307-309 BGB, soweit auf den *jeweils einschlägigen* Tarifvertrag (bzw. Betriebsvereinbarung) Bezug genommen wird.
   Hingegen unterfallen bei Einzelverweisungen auch die in Bezug genommenen Vorschriften der Inhaltskontrolle nach §§ 307-309 BGB.

6. Besonderheiten des Arbeitsrechts (§ 310 IV 2 Hs. 1 BGB) sind im Rahmen der Inhaltskontrolle bei den Klauselverboten mit und ohne Wertungsmöglichkeit (§§ 308, 309 BGB) sowie bei der Generalklausel (§ 307 I, II BGB) zu berücksichtigen.
   Die Einschränkung des § 310 IV 2 Hs. 1 BGB schließt daher die Anwendung der Klauselverbote der §§ 308, 309 BGB nicht generell aus.

7. Der Arbeitnehmer handelt beim Abschluss eines Arbeits- bzw. Aufhebungsvertrags *nicht* als Verbraucher (§ 13 BGB):

   Denn § 13 BGB entspricht § 24 a AGBG a.F., der aber wegen der Bereichsausnahme des § 23 I AGBG nicht auf das Arbeitsrecht anwendbar war. Mit der Aufhebung der Bereichsausnahme in § 310 IV BGB war keine Erweiterung des Anwendungsbereichs des § 13 BGB verbunden. Etwaige Passagen in der Gesetzesbegründung, die den Arbeitnehmer als Verbraucher ansehen, beziehen sich aber nicht auf den Abschluss von Arbeits- bzw. Aufhebungsverträgen, sondern auf die sonstigen Rechtsbeziehungen zwischen Arbeitgeber und Arbeitnehmer außerhalb des Arbeitsverhältnisses.

   Infolge der Ablehnung der Verbrauchereigenschaft des Arbeitnehmers liegt beim Abschluss eines Arbeitsvertrags bzw. Aufhebungsvertrags kein Verbrauchervertrag i.S.v. § 310 III BGB vor.

   § 288 II BGB, der den Zinssatz für Entgeltforderungen bei Rechtsgeschäften regelt, an denen kein Verbraucher ist, ist *richtlinienkonform* auszulegen: Danach ist § 288 II BGB nur anwendbar im Geschäftsverkehr zwischen Unternehmern und somit nicht im Rahmen des Arbeitsverhältnisses. Es gilt damit im Arbeitsverhältnis der (verminderte) Zinssatz des *§ 288 I BGB*.

8. Wegen § 310 IV 2 Hs. 2 BGB ist die Anwendung der Einbeziehungskontrolle des § 305 II BGB weder direkt noch analog auf Formulararbeitsverträge möglich.

   Die konkludente Einbeziehung von AAB ist grundsätzlich möglich. Die Einbeziehung von Tarifverträgen über eine Verweisungsklausel ist am Maßstab der §§ 145 ff. BGB zu messen, weshalb auch eine stillschweigende Einbeziehung von Tarifverträgen (grundsätzlich) möglich ist.

9. Die Gleichstellung von Tarifverträgen, Betriebs- und Dienstvereinbarungen in § 310 IV 3 BGB mit Rechtsvorschriften i.S.v. § 307 III BGB soll lediglich klarstellen, dass diese Regelwerke auch bei ihrer Anwendbarkeit

über eine Verweisungsklausel keiner Angemessenheitskontrolle (§ 307 BGB) unterliegen. Keinesfalls sind daher Tarifverträge oder Betriebsvereinbarungen Maßstab einer Angemessenheitskontrolle (§ 307 II Nr. 1 BGB). Dies ergibt sich nach der Wortlautauslegung, der systematischen und der verfassungskonformen Auslegung von §§ 310 IV 3, 307 III BGB.

10. Bei der Inhaltskontrolle von Formulararbeitsverträgen sind folgende *Klauselverbote ohne Wertungsmöglichkeit anwendbar*: §§ 309 Nr. 2 bis 5, § 309 Nr. 7, § 309 Nr. 11 bis 13 BGB. Zwar ist der Anwendungsbereich von § 309 Nr. 7 lit. a BGB und § 309 Nr. 11 BGB (theoretisch) eröffnet, doch haben diese Klauselverbote bei der Inhaltskontrolle von Formulararbeitsverträgen keine praktische Relevanz.

    Die Klauselverbote § 309 Nr. 1, § 309 Nr. 6, § 309 Nr. 8, § 309 Nr. 9, § 309 Nr. 10 BGB sind bei der Inhaltskontrolle von Formulararbeitsverträgen *nicht* anzuwenden.

11. Die Klauselverbote (*mit Wertungsmöglichkeit*) § 308 Nr. 3 BGB und § 308 Nr. 8 BGB sind bei der Inhaltskontrolle von Formulararbeitsverträgen *nicht* anwendbar.

    Das grundsätzlich anwendbare Klauselverbot § 308 Nr. 1 BGB steht der Vereinbarung von Arbeitszeitkonten nicht entgegen.

    Das Klauselverbot des § 308 Nr. 4 ist bei der Inhaltskontrolle von Formulararbeitsverträgen anwendbar, erfasst aber nur eine Vertragsklausel, in der dem *Verwender* (Arbeitgeber) das Recht zugestanden wird, von seiner Leistung (Lohnzahlung) abzuweichen. *Anrechnungsklauseln* sind mit § 308 Nr. 4 BGB vereinbar. *Widerrufsvorbehalte* unterfallen zwar § 308 Nr. 4 BGB, doch ist die bisherige Umgehungsrechtsprechung des BAG auf das Tatbestandsmerkmal „unzumutbar" zu übertragen. In Abweichung zur Rechtsprechung des BGH sind aber nicht sämtliche Widerrufsgründe zu nennen, da der Arbeitnehmer durch die Ausübungskontrolle (§ 315 BGB) noch ausreichend geschützt wird.

    Ferner sind die Klauselverbote § 308 Nr. 5 - 7 BGB anwendbar.

    Das grundsätzlich anwendbare Klauselverbot des § 308 Nr. 2 BGB wird mangels praktischen Anwendungsfällen bei der Inhaltskontrolle von Formulararbeitsverträgen nicht relevant werden.

12. Dynamische Verweisungen in Formulararbeitsverträgen verstoßen nicht gegen das Transparenzgebot (§ 307 I 2 BGB).

13. Zweiseitige (= für Arbeitnehmer und Arbeitgeber gleichermaßen geltende) Ausschlussklauseln sind angemessen i.S.v. §§ 307 I 1, II Nr. 1 BGB, wenn eine Mindestfrist von drei Monaten eingehalten wird und der Fristbeginn analog § 199 I Nr. 2 BGB auf die Kenntnis oder grob fahrlässige Unkenntnis des Anspruchinhabers (in Bezug auf die den Anspruch begründenden Tatsachen) abstellt.

14. Abgeltungsklauseln verstoßen gegen § 307 I 1 BGB, wenn der Arbeitnehmer gleichzeitig zu einer (zeitlich nicht beschränkten) Mehrarbeit verpflichtet wird.

15. Formularmäßige Ausgleichsquittungen sind nicht unangemessen i.S.v. § 307 I 1 BGB, weil sie auf den bloßen Rechtsverzicht des Arbeitnehmers beschränkt sind. Daher halten formularmäßige Ausgleichsquittungen einer Angemessenheitskontrolle auch stand, wenn der Arbeitnehmer keine „kompensatorische Gegenleistung" erhält.

16. § 306 II BGB ist bei Formulararbeitsverträgen anwendbar, so dass Vertragsklauseln, die wegen der Unvereinbarkeit mit §§ 307-309 BGB unwirksam sind, nicht geltungserhaltend aufrechterhalten werden können. Wenn keine gesetzliche Bestimmung i.S.v. § 306 II BGB existiert, muss im Wege ergänzender Vertragsauslegung eine Regelung erreicht werden, die den Interessen von Arbeitgeber und Arbeitnehmer entspricht.

17. Arbeitsrechtliche *Aufhebungsverträge*, die am Arbeitsplatz des Arbeitnehmers abgeschlossen werden, sind *nicht nach §§ 312 I 1 Nr. 1, 355 BGB widerruflich.*

    a) Eine *unmittelbare Anwendbarkeit* des § 312 I 1 Nr. 1 BGB ist nicht gegeben:

    aa) Mangels Verbrauchereigenschaft des Arbeitnehmers ist der persönliche Anwendungsbereich des § 312 I 1 Nr. 1 BGB nicht eröffnet.

    bb) Auch liegt der situative Anwendungsbereich des § 312 I 1 Nr. 1 BGB infolge teleologischer Reduktion nicht vor, da der Arbeitnehmer beim Abschluss des Aufhebungsvertrags nicht denselben Gefahren wie beim Direktvertrieb ausgesetzt ist.

    cc) Ferner ist auch der sachliche Anwendungsbereich des § 312 I 1 Nr. 1 BGB nicht eröffnet, da § 312 BGB auf die Begründung von Vertragsverhältnissen und nicht auf deren Beendigung abstellt.

b) Auch eine *analoge Anwendung* des §§ 312 I 1 Nr. 1, 355 BGB scheidet aus:

aa) Eine *vergleichbare Interessenlage* liegt nicht vor. Denn § 312 BGB dient zum einen nicht dem Vermögensschutz und zum anderen ist der Arbeitnehmer beim Abschluss des Aufhebungsvertrags auch nicht strukturell unterlegen i.S.d. Rechtsprechung des BVerfG. Ferner existiert beim Abschluss eines Aufhebungsvertrags keine den typischen Haustürgeschäften immanente Informationsasymetrie. Im Übrigen zeigt der dem § 312 BGB vorangestellte Untertitel „Besondere Vertriebsformen", dass der Gesetzgeber den Verbraucher gerade in Situationen des *aggressiven Direktvertriebs* schützen will.

bb) Ferner liegt keine *planwidrige Regelungslücke* vor. Denn der Gesetzgeber hat den Arbeitnehmer beim Abschluss eines Aufhebungsvertrags durch das Schriftformgebot des § 623 BGB und das Anfechtungsrecht des § 123 I BGB (im Fall der unberechtigten Drohung des Arbeitgebers mit der Kündigung) ausreichend geschützt.

B. Ausblick

Die Untersuchung hat gezeigt, dass die Erstreckung der §§ 305 ff. BGB auf Formulararbeitsverträge einige unnötige Streitfragen hervorgebracht hat, die unter Umständen durch ein weniger hektisches Gesetzgebungsverfahren hätten vermieden werden können, indem man die Frage der Teilaufhebung der Bereichsausnahme des § 23 I AGBG getrennt von der Schuldrechtsreform behandelt hätte[1677].
Es bleibt daher abzuwarten, inwieweit die Rechtsprechung in den nächsten Jahren diese Streitfragen einer (praxisgerechten) Lösung zuführt.
Hierbei ist vor allem eine höchstrichterliche Klärung der Frage, ob der Arbeitnehmer beim Abschluss eines Arbeits- oder Aufhebungsvertrags als Verbraucher (§ 13 BGB) auftritt, im Sinne der Rechtssicherheit wünschenswert[1678].

Zwar erscheint es nicht völlig ausgeschlossen, dass eine (derzeit in der politischen Diskussion stehende) Flexibilisierung bzw. Liberalisierung des Arbeits-

[1677] Vgl. auch die Ausführungen von *Joost* FS Ulmer, S. 1199, 1209 f.
[1678] Das BAG hat in seiner Entscheidung zur Frage der Anwendbarkeit des § 312 BGB auf Aufhebungsverträge (Urteil v. 27.11.2003 – 2 AZR 177/03) offengelassen, ob der Arbeitnehmer Verbraucher (§ 13 BGB) ist.

markts[1679] zu einer Korrektur des § 310 IV BGB und damit zu einer Wiederherstellung der Bereichsausnahme für das Arbeitsrecht nach dem Vorbild des § 23 I AGBG führen wird. Der Gesetzgeber sollte aber der Rechtsprechung vor einer solchen Entscheidung ausreichend Zeit zu einer Konkretisierung der §§ 305 ff. BGB bei der Anwendung auf Formulararbeitsverträge lassen. Denn nur so kann sich zeigen, ob bzw. inwieweit der vom Gesetzgeber beabsichtigte Arbeitnehmerschutz einseitig zu Lasten der Vertragsgestaltungsfreiheit des Arbeitgebers gestärkt wurde. Im Vorfeld eines erneuten gesetzgeberischen Eingriffs wäre auch zu überlegen, ob klarstellende Gesetzeskorrekturen die bessere Alternative zum pauschalen Ausschluss von Formulararbeitsverträgen aus dem Anwendungsbereich der §§ 305 ff. BGB (durch die Wiedereinführung der Bereichsausnahme für Arbeitsverträge) wären.
Hierbei wäre zu überlegen, die Inhaltskontrolle von Formulararbeitsverträgen auf die Generalklausel des § 307 BGB zu beschränken oder einzelne Klauselverbote der §§ 308, 309 BGB ausdrücklich für unanwendbar zu erklären, so dass der wenig Rechtsklarheit erzeugende Neologismus des § 310 IV 2 Hs. 1 BGB (*„im Arbeitsrecht geltenden Besonderheiten“)* wieder aufgehoben werden kann.

[1679] Vgl. stellvertretend *Buchner* DB 2003, 1510 ff.

Literaturverzeichnis

Adomeit, Klaus: Verbraucherschutz – ein letzter Triumph von Karl Marx?, NJW-Editorial, Heft 43/ 2002

ders.: Die gestörte Vertragsparität – ein Trugbild, NJW 1994, 2467 ff.

ders.: Arbeitsplätze und Solidarität, NJW 1994, 837 f.

Ahrens, Martin: Arbeitnehmerhaftung bei betrieblich veranlasster Tätigkeit, DB 1996, 934 ff.

Annuß, Georg: Der Arbeitnehmer als solcher ist kein Verbraucher!, NJW 2002, 2844 ff.

ders.: AGB-Kontrolle im Arbeitsrecht: Wo geht die Reise hin?, BB 2002, 458 ff.

ders.: Die einzelvertragliche Bezugnahme auf Tarifverträge, BB 1999, 2558 ff.

ders.: (Nichts) Neues zur Arbeitnehmerhaftung?, NZA 1998, 1089 ff.

Apel, Wolfgang: Die Ausgleichsquittung im Arbeitsrecht, Düsseldorf, Kaarst, Gelsenkirchen 1982 (*zitiert*: Apel)

Armbrüster, Christian / Wiese, Volker: Die Folgen der Schuldrechtsreform für vor dem 1.1.2002 begründete Dauerschuldverhältnisse, DStR 2003, 334 ff.

Artz, Markus: Schuldrechtsmodernisierung 2001/2002 – Integration der Nebengesetze in das BGB, Jus 2002, 528 ff.

ders.: Der Verbraucher als Kreditnehmer, Berlin 2001 (zitiert: *Artz* Verbraucher)

Auktor, Christian: Die Verteilung des Betriebsrisikos nach der Schuldrechtsreform, ZTR 2002, 464 f.

Bärenz, Christian: Die Auslegung der überscheißenden Umsetzung von Richtlinien am Beispiel des Gesetzes zur Modernisierung des Schuldrechts, DB 2003, 375 f.

Bartz, Alexander: „AGB“-Kontrolle nun auch im Arbeitsrecht, AuA 2002, 62 ff.

Bauer, Jobst-Hubertus: Neue Spielregeln für Aufhebungs- und Abwicklungsverträge durch das geänderte BGB?, NZA 2002, 169 ff.

ders.: Europäische Antidiskriminierungsrichtlinien und ihr Einfluss auf das deutsche Arbeitsrecht, NJW 2001, 2672 ff.

ders.: Arbeitsrechtliche Aufhebungsverträge, 6. Auflage, München 1999 (zitiert: *Bauer* Aufhebungsverträge)

ders.: Unwirksame Aufhebungsverträge, NJW 1994, 980 ff.

ders.: Beseitigung von Aufhebungsverträgen, NZA 1992, 1015 ff.

ders.: Beiderseitige und einseitige Ausschlussfristen, NZA 1987, 440 ff.

Bauer, Jobst-Hubertus / Diller, Martin: Nachvertragliche Wettbewerbsverbote: Änderungen durch die Schuldrechtsreform, NJW 2002, 1609 ff.

dies.: Wettbewerbsverbote, 2. Auflage, München 1999 (zitiert: *Bauer/Diller* Wettbewerbsverbote)

dies.: Zur Inhaltskontrolle von Aufhebungsverträgen, DB 1995, 1810 ff.

Bauer, Jobst-Hubertus / Haußmann, Katrin: Tarifwechsel durch Branchenwechsel, DB 2003, 610 ff.

Bauer, Jobst-Hubertus / Kock, Martin: Arbeitsrechtliche Auswirkungen des neuen Verbraucherschutzrechts, DB 2002, 42 ff.

Baumbach, Adolf / Hopt, Klaus J.: Handelsgesetzbuch, 30. Auflage, München 2000 (zitiert: *Baumbach/Hopt*)

Becker-Schaffner, Reinhard: Umfang und Grenzen der arbeitgeberseitigen Hinweis- und Belehrungspflichten, BB 1993, 1281 ff.

Beineke, Claudia: Die richterliche Kontrolle von Entgeltklauseln der Kreditwirtschaft nach dem AGB-Gesetz, Köln 2001 (zitiert: *Beineke* Entgeltklauseln)

Bengelsdorf, Peter: Privatautonomie und Aufhebungsvertrag, NZA 1997, 874 ff.

ders.: Plädoyer für die Beendigungsfreiheit, NZA 1996, 904 ff.

ders.: Arbeitsrechtlicher Aufhebungsvertrag und gestörte Vertragsparität; BB 1995, 978 ff.

ders.: Der gesetzes- und verfassungswidrige Zugriff auf die arbeitsrechtliche Beendigungsfreiheit, NZA 1994, 193ff.

Berger-Delhey, Ulf: „Oft scheint der Teufel an der Tür zu klopfen und es ist doch nur der Schornsteinfeger", ZTR 2002, 66 ff.

Berkowsky, Wilfried: Was ändert die Reform im Arbeitsrecht?, AuA 2002, 11 ff.

ders.: § 288 I BGB und die arbeitsrechtliche „Büchse der Pandora", NJW-Editorial, Heft 37/ 2002

Berrisch, Hansjörg: Verzugszinsen: Auf ein Neues!, FA 2002, 72

Beyer,Thomas C.W. / Möllers, Thomas M.J.: Die Europäisierung des Arbeitsrechts, JZ 1991, 24 ff.

Böhm, Wolfgang: § 623 BGB: Risiken und Nebenwirkungen, NZA 2000, 561 ff.

Boemke, Burkhard: Höhe der Verzugszinsen für Entgeltforderungen des Arbeitnehmers, BB 2002, 96 f.

ders.: Anm. zu BAG, Urteil v. 17.09.1998 – 8 AZR 175/97, Jus 1999, 926 f.

ders.: Privatautonomie im Arbeitsvertragsrecht, NZA 1993, 532 ff.

Boemke, Burkhard / Fischer, Thorsten: Anmerkung zu BAG, Urteil v. 07.03.2001, GS 1/00, SAE 2002, 152 ff.

Borges, Georg: Die Inhaltskontrolle von Verbraucherverträgen, Berlin 2000 (zitiert: *Borges* Inhaltskontrolle)

Brambring, Günter: Schuldrechtsreform und Grundstückskaufvertrag, DNotZ 2001, 590 ff.

Brandner, Hans Erich: Transparenz als Maßstab der Inhaltskontrolle? Eine Problemskizze, in: Festschrift für Horst Locher, Köln 1990, S. 317 ff. (zitiert: *Brandner* FS Locher)

Brechmann, Winfried: Die richtlinienkonforme Auslegung, München 1994 (zitiert: *Brechmann* Die richtlinienkonforme Auslegung)

Brors, Christiane: Arbeitnehmer und Verbraucher – keine deckungsgleichen Begriffe!, ZGS 2003, 34 ff.

dies.: Das Widerrufsrecht des Arbeitnehmers, DB 2002, 2064 ff.

Brox, Hans: Allgemeiner Teil des BGB, 26. Aufl., Köln, Bonn, Berlin, München 2002 (zitiert: *Brox* AT)

Brüggemeier, Gert / Reich, Norbert: Europäisierung des BGB durch große Schuldrechtsreform?, BB 2001, 213 ff.

Büdenbender, Ulrich: Das Kaufrecht nach dem Schuldrechtsreformgesetz (Teil II), DStR 2002, 361 ff.

Bülow, Peter / Artz, Markus: Fernabsatzverträge und Strukturen eines Verbraucherprivatrechts im BGB, NJW 2000, 2049 ff.

Bülow, Peter: Verbraucherkreditrecht im BGB, NJW 2002, 1145 ff.

ders.: Sicherungsgeschäfte als Haustür- oder Verbraucherkreditgeschäfte, NJW 1996, 2889 ff.

Büßer, Janko: Das Widerrufsrecht des Verbrauchers, Frankfurt am Main 2001 (zitiert: *Büßer* Widerrufsrecht)

Buchner, Herbert: Reform des Arbeitsmarkts – Was brauchen und was können wir?, DB 2003, 1510 ff.

ders.: Die Tarifnorm – das Maß aller Dinge? Gesetzgebung auf ordnungspolitischem Irrweg, in: Festschrift für Herbert Wiedemann, München 2002, S. 211 ff. (zitiert: *Buchner* FS Wiedemann)

ders.: Das Recht der Arbeitnehmer, der Arbeitnehmerähnlichen und der Selbständigen – jedem das Gleiche oder jedem das Seine?, NZA 1998, 1144 ff.

ders.: Keine Entgeltänderung mittels Änderungskündigung?, in: Festschrift für Alfons Kraft, Neuwied, Kriftel 1998, S. 23 ff. (zitiert: *Buchner* FS Kraft)

ders.: Tarifvertragsgesetz und Koalitionsfreiheit, München 1964 (zitiert: *Buchner* Tarifvertragsgesetz)

Bunte, Hermann Josef: Gedanken zur Rechtsharmonisierung in der EG auf dem Gebiet der missbräuchlichen Klauseln in Verbraucherverträgen, in: Festschrift für Horst Locher, Köln 1990, S. 325 ff. (zitiert: *Bunte* FS Locher)

Busch, Ralf: Vorschläge zur Reform des Arbeitsrechts, BB 2003, 470 ff.

Bydlinski, Franz: Zu den dogmatische Grundfragen des Kontrahierungszwanges, AcP 180 (1980), 1 ff.

Canaris, Claus-Wilhelm: Schuldrechtsreform 2002, München 2002 (zitiert: Canaris Schuldrechtsreform 2002)

ders.: Verfassungs- und europarechtliche Aspekte der Vertragsfreiheit in der Privatrechtsgesellschaft, in: Festschrift für Peter Lerche, München 1993, S. 873 ff. (zitiert: *Canaris* FS Lerche)

ders.: Verstöße gegen das verfassungsrechtliche Übermaßverbot im Recht der Geschäftsfähigkeit und im Schadensersatzrecht, JZ 1987, 993 ff.

ders.: Grundrechte und Privatrecht, AcP 184 (1984), 201 ff.

Certa, Patrick: Widerruf und schwebende Unwirksamkeit nach den Verbraucherschutzgesetzen, Mannheim 2000 (zitiert: *Certa* Widerruf)

Clemens, Fabian: Anmerkung zu ArbG Hamburg, Urteil v. 01.08.2002 – 15 Ca 48/02, ZGS 2003, 80

Conein-Eikelmann, Karin: Erste Rechtsprechung zur Wirksamkeit von Vertragsstrafenabreden nach der Schuldrechtsreform, DB 2003, 2546 ff.

Coester, Michael: AGB-rechtliche Inhaltskontrolle im Lichte des europäischen Gemeinschaftsrechts, in: Festschrift für Helmut Heinrichs, München 1998, S. 99 ff. (zitiert: *Coester* FS Heinrichs)

Coester-Waltjen, Dagmar: Die Inhaltskontrolle von Verträgen außerhalb des AGBG, AcP 190 (1990), 1 ff.

Däubler, Wolfgang: Die Auswirkungen der Schuldrechtsmodernisierung auf das Arbeitsrecht, NZA 2001, 1329 ff.

ders.: Neues Schuldrecht – ein erster Überblick, NJW 2001, 3729 ff.

ders.: Das Arbeitsrecht 2, 10. Auflage; Reinbek/Hamburg 1995

Däubler-Gmelin, Herta: Die Entscheidung für die so genannte Große Lösung bei der Schuldrechtsreform, NJW 2001, 2281 ff.

Dauner-Lieb, Barbara: Ein „Kaufmann" als „Verbraucher"? – Zur Verbrauchereigenschaft des Personengesellschafters, DB 2003, 1666 ff.

dies.: Ein Jahr Schuldrechtsreform – Eine Zwischenbilanz, ZGS 2003, 10 ff.

dies.: Reichweite und Grenzen der Privatautonomie im Ehevertragsrecht, AcP 201 (2001), 295 ff.

dies., u.a.: Anwaltkommentar, Schuldrecht, Köln 2002 (zitiert: AnwK/*Bearbeiter*)

dies.: Verbraucherschutz durch Ausbildung eines Sonderprivatrechts für Verbraucher, Berlin 1983 (zitiert: *Dauner-Lieb* Verbraucherschutz)

Dauner-Lieb, Barbara / Thiessen, Jan: Garantiebeschränkungen in Unternehmenskaufverträgen nach der Schuldrechtsreform, ZIP 2002, 108 ff.

Dedek, Helge: Die Beweislastvereinbarung nach § 619a BGB,ZGS 2002, 320 ff.

Deinert, Olaf: Mankohaftung, RdA 2000, 22 ff.

Dersch, H.: Wechselwirkungen zwischen Arbeitsrecht und Sozialversicherung auf dem Gebiet der Leistungen, RdA 1952, 53 ff.

Dieterich, Thomas / Hanau, Peter / Schaub, Günter: Erfurter Kommentar zum Arbeitsrecht, 2. Aufl., München 2001, 3. Aufl., München 2003 (zitiert: ErfK/*Bearbeiter*)

Dieterich, Thomas: Die grundrechtsdogmatischen Grenzen der Tarifautonomie in der Rechtsprechung des Bundesarbeitsgerichts, in: Festschrift für Herbert Wiedemann, München 2002, S. 229 ff. (zitiert: *Dieterich* FS Wiedemann)

ders.: Flexibilisiertes Tarifrecht und Grundgesetz, RdA 2002, 1 ff.

ders.: Grundgesetz und Privatautonomie im Arbeitsrecht, Frankfurt am Main 1995 (zitiert: *Dieterich* Privatautonomie)

ders.: Erwiderung auf Bauer/Diller (DB 1995, 1810), DB 1995, 1813 f.

Dittmann, Andreas: Grundsätze der Arbeitnehmerhaftung, AuA 2002, 443 ff.

Dörner, Heinrich: Bürgerliches Gesetzbuch, Handkommentar, 1. Aufl., Baden-Baden 2001 (zitiert: HK-BGB/*Bearbeiter*)

ders.: Die Integration des Verbraucherrechts in das BGB, in: Schulze, Rainer/Schulte-Nölke, Hans, Die Schuldrechtreform vor dem Hintergrund des Gemeinschaftsrechts, S. 177 ff., Tübingen 2001 (zitiert: *Dörner* in Schulze/Schulte-Nölke)

Dörrie, Robin: Verbraucherdarlehen und Immobilienfinanzierung nach der Schuldrechtsmodernisierung, ZfIR 2002, 89 ff.

Dreher, Meinrad: Der Verbraucher – Das Phantom in der opera des europäischen und des deutschen Rechts, JZ 1997, 167 ff.

Drygala, Tim: Wohnungsmietverträge als Haustürgeschäft?, NJW 1994, 3260 ff.

Dübbers, Robert: Prozesszinsen bei Immobiliardarlehnsverträgen nach neuem Recht, ZGS 2003, 93 ff.

Dütz, Wilhelm: Arbeitsrecht, 3. Auflage, München 1997 (zitiert: *Dütz* Arbeitsrecht)

Eckert, Michael: Arbeitsrecht aktuell zur Jahreswende: neue Gesetze, wichtige Urteile, aktuelle Tendenzen, DStR 2002, 2222 ff.

Eckert, Michael / Wallstein, Caroline: Das neue Arbeitsvertragsrecht, München 2002 (zitiert: *Eckert/Wallstein*)

Ehrich, Christian: Unwirksamkeit eines Aufhebungsvertrags wegen „Überrumpelung“ durch den Arbeitgeber, NZA 1994, 438 ff.

ders.: Recht des Arbeitnehmers zum Widerruf eines Aufhebungsvertrags wegen „Überrumpelung“ durch den Arbeitgeber, DB 1992, 2239 ff.

Erman, Walter: Handkommentar zum Bürgerlichen Gesetzbuch, Band 1, 10. Auflage, Köln 2000 (zitiert: Erman/*Bearbeiter*)

Ernst, Falk: Aufhebungsverträge zur Beendigung von Arbeitsverhältnissen; Köln, Berlin u.a. 1993 (zitiert: *Ernst* Aufhebungsverträge)

Ernst, Wolfgang / Gsell, Beate: Kaufrechtsrichtlinie und BGB, ZIP 2000, 1410 ff.

Ernst, Wolfgang: Die Schuldrechtsreform 2001, 2002, ZRP 2001, 1 ff.

Fahr, Peter: Inhaltskontrolle, Transparenzgebot und § 8 AGBG, München 1999 (zitiert: *Fahr* Inhaltskontrolle)

Falke, Martin / Barthel, Thomas: Aufhebungsvertrag und Verbraucherschutz, BuW 2003, 255 ff.

Fastricht, Lorenz: Bestandsschutz und Vertragsinhaltsschutz im Arbeitsrecht, in: Festschrift für Herbert Wiedemann, München 2002, S. 251 ff. (zitiert: *Fastricht* FS Wiedemann)

ders.: Inhaltskontrolle im Arbeitsrecht nach der Bürgschaftsentscheidung des Bundesverfassungsgerichts vom 19.10.1993, RdA 1997, 65 ff.

ders.: Richterliche Inhaltskontrolle im Privatrecht, München 1992 (zitiert: *Fastricht* Inhaltskontrolle)

Faustmann, Julius / Woldenberg, Klaus van der: Rechtliche Wirkung tarifvertraglicher Bestimmungen auf außertarifliche Arbeitsverhältnisse, NZA 2001, 1113 ff.

Fehrenbacher, Oliver / Herr, Gunther: Die BGB-Gesellschaft – eine natürliche Person im Sinne des Verbraucherrechts, BB 2002, 1006 ff.

Fenn, Herbert: Formulararbeitsverträge, gesamteinheitliche Arbeitsbedingungen und das AGBG, in: Festschrift für Alfred Söllner, München 2000, S. 333 ff. (zitiert: *Fenn* FS Söllner)

Fenski, Martin: Ausschlußklauseln in Allgemeinen Arbeitsbedingungen, AuR 1989, 168 ff.

Feuerborn, Andreas: Der Verzug des Gläubigers – Allgemeine Grundzüge und Besonderheiten im Arbeitsverhältnis, JR 2003, 177 ff.

Fiebig, Andreas: Der Arbeitnehmer als Verbraucher, DB 2002, 1608 ff.

Fikentscher, Wolfgang: Schuldrecht, 9. Auflage, Berlin, New York 1997 (zitiert: *Fikentscher*)

Fischer, Nikolay: Das verbraucherschützende Widerrufsrecht und die Schuldrechtsreform, DB 2002, 253 ff.

Fischer, Ansgar / Machunsky, Jürgen: Haustürwiderrufsgesetz: Kommentar, 2. Auflage, Neuwied, Kriftel, Berlin 1995 (zitiert: *Fischer/Machunsky*)

Flämig, Sandra: Zeitarbeit – gesetzliche Chance vertan, AuA 2002, 304 ff.

Flume, Werner: Vom Beruf unserer Zeit für Gesetzgebung, ZIP 2000, 1427 ff.

ders.: Allgemeiner Teil des Bürgerlichen Rechts, Band II, Das Rechtsgeschäft, 3. Auflage, Berlin 1979 (zitiert: *Flume* Rechtsgeschäft)

Förschler, Frank Peter: Kritische Betrachtungen zum Haustürwiderrufsgesetz, Darmstadt 1991 (zitiert: *Förschler* HWiG)

Franke, Karl: Bedeutung des Nachweisgesetzes für die Darlegungs- und Beweislast im arbeitsgerichtlichen Verfahren, DB 2000, 274 ff.

Franzen, Martin: „Heininger" und die Folgen: ein Lehrstück zum Gemeinschaftsprivatrecht, JZ 2003, 321 ff.

Friedrich, Klaus: AGB-Gesetz und Verträge mit arbeitnehmerähnlichen Personen, MDR 1979, 190 ff.

Fromm, Erwin: Zweistufige tarifliche Ausschlussfristen nach der Schuldrechtsreform, ZTR 2003, 70 ff.

Fuchs, Andreas: Zur Disponibilität gesetzlicher Widerrufsrecht im Privatrecht , AcP 196 (1996), 313 ff.

Gamillscheg, Franz: Der Abschluss des Arbeitsvertrags im neuen Arbeitsvertragsrecht, in: Festschrift für Werner Weber, Berlin 1974, S. 793 ff. (zitiert: *Gamillscheg* FS Weber)

Gast, Wolfgang: Perspektiven des Arbeitsrechts, BB 1986, 1513 ff.

Gaul, Björn: Die einzelvertragliche Bezugnahme auf einen Tarifvertrag beim Tarifwechsel des Arbeitgebers, NZA 1998, 9 ff.

ders.: Erstreckungsinhalt und Umfang einer tariflichen Bezugnahmeklausel auf den BAT, ZTR 1991, 188 ff.

Gaul, Björn / Otto, Björn: Das Widerrufsrecht bei Aufhebungsverträgen, DB 2002, 2049 ff.

Geißler, Markus: Die Privatautonomie im Spannungsfeld sozialer Gerechtigkeit, Jus 1991, 617 ff.

Germelmann, Claas-Hinrich: Grenzen der einvernehmlichen Beendigung von Arbeitsverträgen, NZA 1997, 236 ff.

Gernhuber, Joachim: Die Erfüllung und ihre Surrogate, 2. Auflage, Tübingen 1994 (zitiert: *Gernhuber*)

Gierke, Otto von: Die soziale Aufgabe des Privatrechts, Vortrag v. 05.04.1889, Nachdruck 1948

Gilles, Peter: Das Gesetz über den Widerruf von Haustürgeschäften und ähnlichen Geschäften, NJW 1986, 1131 ff.

ders.: Zur neueren Verbraucherschutzgesetzgebung in ihrem Verhältnis zum klassischen Privatrecht, JA 1980, 1 ff.

Gotthardt, Michael: Der Arbeitsvertrag auf dem AGB-rechtlichen Prüfstand, ZIP 2002, 277 ff.

ders.: Arbeitsrecht nach der Schuldrechtsreform, 2. Auflage, München 2003 (zitiert: *Gotthardt* Schuldrechtsreform)

Grigoleit, Hans Christoph: Besondere Vertriebsformen im BGB, NJW 2002, 1151 ff.

ders.: Rechtsfolgenspezifische Analyse „besonderer" Informationspflichten am Beispiel der Reformpläne für den E-Commerce, WM 2001, 597 ff.

Grobys, Marcel: AGB-Kontrolle von Arbeits- und Dienstverträgen nach dem Schuldrechtsmodernisierungsgesetz, DStR 2002, 1002 ff.

Groeschke, Peer: Die Haftung einkommensschwacher und vermögensloser Bürgen, BB 1994, 725 ff.

Grundstein, Walther: Widerrufsrecht des Arbeitnehmers bei Abschluss eines Aufhebungsvertrags, FA 2003, 41 ff.

Grunewald, Benno: Der arbeitsrechtliche Aufhebungsvertrag und Arbeitnehmerschutz de lege lata und de lege ferenda, AuR 1994, 260 ff.

Grunsky, Wolfgang: Vertragsfreiheit und Kräftegleichgewicht, Berlin, New York 1995

Gsell, Beate: Schuldrechtsreform: Die Übergangsregelungen für die Verjährungsfristen, NJW 2002, 1297 ff.

Haas, Lothar u.a.: Das neue Schuldrecht, München 2002 (zitiert: Schuldrecht/*Bearbeiter*)

Habersack, Mathias: Vertragsfreiheit und Drittinteressen, Berlin 1991

Hadeler, Indra: Auswirkungen der Schuldrechtsreform auf das Arbeitsrecht, FA 2002, 66 ff.

Hager, Johannes: Grundrechte im Privatrecht, JZ 1994, 373 ff.

Haller, Robert: Widerruf von arbeitsrechtlichen Aufhebungsverträgen, BB 1994, 787 f.

Hanau, Peter: Gebremster Schub im Arbeitsrecht, NJW 2002, 1240 ff.

ders.: Kurzkommentar zu BAG, Urteil v. 23.05.2001 – 5 AZR 527/99, EWiR 2002, 419 f.

ders. : Anmerkung zu BAG, Urteil vom 07.03. 2001 – GS 1/00, AP Nr. 4 zu § 288 BGB

Hanau, Peter / Kania, Thomas: Die Bezugnahme auf Tarifverträge durch Arbeitsvertrag und betriebliche Übung, in: Festschrift für Günter Schaub, München 1998, S. 239 ff. (zitiert: *Hanau/Kania* FS Schaub)

Hanau, Peter / Rolfs Christian: Abschied von der gefahrgeneigten Arbeit, NJW 1994, 1439 ff.

Hansen, Ralf: Widerrufsrecht bei arbeitsvertraglichen Aufhebungsverträgen nach §§ 312, 355 BGB, ZGS 2003, 373 ff.

Härting, Niko: Fernabsatz – Änderungen durch das Schuldrechts-Modernisierungsgesetz, MDR 2002, 61 ff.

Hartlage-Laufenberg, Barbara: Fälle der Nichtgeltung einer durch Bezugnahme auf einen Tarifvertrag vereinbarten Ausschlussfrist wegen fehlender Kenntnis des Arbeitnehmers; Berlin 1987 (zitiert: *Hartlage-Laufenberg* Ausschlussfrist)

Heinrich, Christian: Formale Freiheit und materiale Gerechtigkeit, Tübingen 2000 (zitiert: *Heinrich* Formale Freiheit)

Heinrichs, Helmut: Die EG-Richtlinie zur Bekämpfung des Zahlungsverzugs im Geschäftsverkehr und die Reform des Verzugsrechts, in: Schulze, Rainer / Schulte-Nölke, Hans, Die Schuldrechreform vor dem Hintergrund des Gemeinschaftsrechts, S. 81 ff., Tübingen 2001 (zitiert: *Heinrichs* in Schulze/Schulte-Nölke)

ders.: Umsetzung der EG-Richtlinie über missbräuchliche Klauseln in Verbraucherverträgen durch Auslegung, NJW 1995, 153 ff.

ders.: Die Entwicklung des Rechts der Allgemeinen Geschäftsbedingungen im Jahr 1993, NJW 1994, 1380 ff.

Heinze, Meinhard: Konventionalstrafe und andere Sanktionsmöglichkeiten in der arbeitsrechtlichen Praxis, NZA 1994, 244 ff.

Heldrich, Karl: Die Form des Vertrags, AcP 147 (1942), 89 ff.

Heldrich, Andreas: Ein zeitgemäßes Gesicht für unser Schuldrecht, NJW 2001, 2521 ff.

Hensen, Horst-Diether: Das Fernabsatzgesetz oder: Man könnte heulen, ZIP 2000, 1151 f.

ders.: Zur Entstehung des AGB-Gesetzes, in: Festschrift für Helmut Heinrichs, München 1998, S. 335 ff. (zitiert: *Hensen* FS Heinrichs)

Henssler, Martin: Arbeitsrecht und Schuldrechtsreform, RdA 2002, 129 ff.

Henssler, Martin / Muthers, Christof: Arbeitsrecht und Schuldrechtsmodernisierung, ZGS 2002, 219 ff.

Henssler, Martin / Westphalen, Friedrich von: Praxis der Schuldrechtsreform, Recklinghausen 2002 (zitiert: PdSR/*Bearbeiter*)

Hermes, Georg: Grundrechtsschutz durch Privatrecht auf neuer Grundlage?, NJW 1990, 1764 ff.

Herold, Kathrin: Das Rückabwicklungsschuldverhältnis aufgrund vertraglichen oder gesetzlichen Rücktritts, Berlin 2001 (zitiert: *Herold* Rückabwicklungsschuldverhältnis)

Hertel, Christian: Vorwirkungen des neuen Schuldrechts auf notarielle Angebote, DNotZ 2001, 742 ff.

Hesse, Hans Albrecht / Kaufmann, Peter: Die Schutzpflicht in der Privatrechtsprechung, JZ 1995, 219 ff.

Heß, Burkhard : Das neue Schuldrecht – In-Kraft-Treten und Übergangsregelungen, NJW 2002, 253 ff.

Hildebrandt, Reinhard: Disparität und Inhaltskontrolle im Arbeitsrecht, Göttingen 1987 (zitiert: *Hildebrandt* Inhaltskontrolle)

Hildenbrand, Thomas: Effizienter Verbraucherschutz durch das Teilzeit-Wohnrechtegesetz?, NJW 1998, 2940 ff.

Hjort, Jens Peter: Aufhebungsvertrag und Abfindung, Frankfurt am Main 2001 (zitiert: *Hjort* Aufhebungsvertrag)

Hönn, Günther: Der Schutz des Schwächeren in der Krise, in: Festschrift für Alfons Kraft, Neuwied, Kriftel 1998, S. 251 ff. (zitiert: *Hönn* FS Kraft)

ders.: Zur Problematik der Privatautonomie, Jura 1984, 57 ff.

ders.: Wirksamkeitskontrolle als Instrument des allgemeinen Privatrechts zur Bewältigung von Ungleichgewichtslagen, JZ 1983, 677 ff.

ders.: Kompensation gestörter Vertragsparität, München 1982 (zitiert: *Hönn* Kompensation)

Hoeren, Thomas: Gestaltungsvorschläge für Musterverträge und Einkaufsbedingungen nach Inkrafttreten des Schuldrechtsmodernisierungsgesetzes – Teil 1, ZGS 2002, 10 ff.

ders.: Gestaltungsvorschläge für Musterverträge und Einkaufsbedingungen nach Inkrafttreten des Schuldrechtsmodernisierungsgesetzes – Teil 2, ZGS 2002, 68 ff.

Hoffmann, Jochen: Realkredite im Europäischen Verbraucherschutzrecht, ZIP 2002, 145 ff.

ders.: Haustürgeschäfte bei Realkrediten und verbundenes Geschäft, ZIP 2002, 1066 ff.

Holtkamp, Werner: Der Arbeitnehmer als Verbraucher?, AuA 2002, 250 ff.

Hommelhoff, Peter: Zivilrecht unter dem Einfluß europäischer Rechtsangleichung, AcP 192 (1992), 71 ff.

Honsell, Heinrich: Einige Bemerkungen zum Diskussionsentwurf eines Schuldrechtsmodernisierungsgesetzes, JZ 2001, 18 f.

Hoß, Axel / Ehrich, Christian: Hinweis- und Aufklärungspflichten des Arbeitgebers beim Abschluss von Aufhebungsverträgen, DB 1997, 625 ff.

Hoyningen-Huene, Gerrick von: Öffnungsklauseln für Kirchen in Arbeitsrechts-Gesetzen?, RdA 2002, 65 ff.

ders.: Gesellschafter, „Scheingesellschafter" oder Arbeitnehmer?, NJW 2000, 3233 ff.

ders.: Die Billigkeit im Arbeitsrecht, München 1978 (zitiert: *Hoyningen-Huene* Billigkeit)

Hromadka, Wolfgang: Schuldrechtsmodernisierung und Vertragskontrolle im Arbeitsrecht, NJW 2002, 2523 ff.

ders.: Inhaltskontrolle von Arbeitsverträgen, in: Festschrift für Thomas Dieterich, München 1999, S. 251 ff. (zitiert: *Hromadka* FS Dieterich)

ders.: Arbeitnehmerbegriff und Arbeitsrecht, NZA 1997, 569 ff.

ders.: Das Leistungsbestimmungsrecht des Arbeitgebers, DB 1995, 1609 ff.

Hromadka, Wolfgang / Maschmann, Frank: Arbeitsrecht Band 1, Individualarbeitsrecht, 2. Auflage, Berlin, Heidelberg, New York 2001 (zitiert: *Hromadka/Maschmann* [Arbeitsrecht])

Huber, Peter / Faust, Florian: Schuldrechtsmodernisierung, München 2002 (zitiert: *Huber/Faust*)

Hunold, Wolf: Ausgewählte Rechtsprechung zur Vertragskontrolle im Arbeitsverhältnis, NZA-RR 2002, 225 ff.

Hümmerich, Klaus: Gestaltung von Arbeitsverträgen nach der Schuldrechtsreform, NZA 2003, 753 ff.

ders.: Erweiterte Arbeitnehmerrechte durch Verbraucherschutz, AnwBl 2002, 671 ff.

ders.: Abschied vom arbeitsrechtlichen Aufhebungsvertrag, NZA 1994, 200 ff.

Hümmerich, Klaus / Holthausen, Joachim: Der Arbeitnehmer als Verbraucher, NZA 2002, 173 ff.

Hümmerich, Klaus / Rech, Heribert: Antizipierte Einwilligung in Überstunden durch arbeitsvertragliche Mehrarbeitsabgeltungsklauseln?, NZA 1999, 1132 ff.

Isenhardt, Udo: Individualrechtliche Flexibilisierung von Arbeitsbedingungen, in: Festschrift für Peter Hanau, Köln 1999, S. 221 ff. (zitiert: *Isenhardt* FS Hanau)

Jauernig, Othmar: Bürgerliches Gesetzbuch, 10. Auflage, München 2003 (zitiert: Jauernig/*Bearbeiter*)

Joussen, Jacob: Arbeitsrecht und Schuldrechtsreform, NZA 2001, 745 ff.

Joost, Detlev: Allgemeine Geschäftsbedingungen und Arbeitsvertrag – Ein Beispiel für eine missglückte Gesetzgebung, in: Festschrift für Peter Ulmer zum 70. Geburtstag am 02.01.2003, Berlin 2003, S. 1199 ff. (zitiert: *Joost* FS Ulmer)

Jung, Eberhard: Bedeutung und dogmatische Erfassung eines Widerrufsrechts bei „Haustürgeschäften", ZRP 1981, 137 ff.

Kast, Wolfram / Pietrzyk, Rainer: Aufhebungsverträge, 2. Auflage, Planegg 1994

Keil, Anne-Katrin: Arbeitsverträge – Inhaltskontrolle nach dem AGB-Gesetz, INF 2002, 561 ff.

Kellermann, Markus: Anmerkung zu LAG Brandenburg, Urteil v. 30.10.2003 – 7 Sa 386/02, JA 2003, 834 ff.

Kempen, Otto Ernst / Zachert, Ulrich: Tarifvertragsgesetz, 3. Auflage, Köln 1997 (zitiert: *Kempen/Zachert*)

Keppeler, Frank: Der Aufhebungsvertrag – wirklich ein mitbestimmungsfreier Raum?, AuR 1996, 263 ff.

Kerger, W.: Die Vereinbarung einer pauschalen Mehrarbeitsvergütung, RdA 1971, 275 ff.

Kienast, Rainer/ Schmiedl, Wolfgang: Rechtsprechung zum Widerrufsrecht bei arbeitsrechtlichen Aufhebungsverträgen nach §§ 312, 355 BGB, DB 2003, 1440 ff.

Kirsch, Andreas: Schuldrechtsreform und Unternehmen – Umstellungen bei Langzeitverträgen, NJW 2002, 2520 ff.

Kittner, Michael: Schuldrecht, München, 2. Auflage 2002 (zitiert: *Kittner* Schuldrecht)

Klevemann, Joachim: Anmerkung zu ArbG Bochum, Urteil v. 08.07.2002 – 3 Ca 1287/02, AiB 2002, 579 ff.

Klingsporn, Burkhard: Zum Widerruf telefonisch angebahnter Haustürgeschäfte, NJW 1997, 1546 f.

Klunzinger, Eugen: Zur Einführung gesetzlicher Rücktrittsrechte beim Kauf, ZRP 1970, 270 ff.

Knütel, Rolf: Zur Schuldrechtsreform, NJW 2001, 2519 ff.

Kocher, Eva: Das neue deutsche Schuldrecht – „modern“ und vorläufig?, KJ 2002, 133 ff.

Kohler, Jürgen: Das Rücktrittsrecht in der Reform, JZ 2001, 325 ff.

Koller, Ingo: Anmerkung zu BAG, Urteil v. 26.05.1993 – 5 AZR 219/92, SAE 1994, 48 ff.

Koppenfels, Katharina von: Vertragsstrafen im Arbeitsrecht nach der Schuldrechtsmodernisierung, NZA 2002, 598 ff.

Kornau, Dagmar: Schadensersatzansprüche bei Verwendung Allgemeiner Geschäftsbedingungen, Diss. Erlangen-Nürnberg 1998 (zitiert: *Kornau* Schadensersatzansprüche)

Kötz, Hein: Der Schutzzweck der AGB-Kontrolle – Eine rechtsökonomische Skizze, Jus 2003, 209 ff.

Kraft, Alfons: Sanktionen im Arbeitsverhältnis, NZA 1989, 777 ff.

Krasshöfer, Horst-Dieter: Die Beendigung des Arbeitsverhältnisses aufgrund Befristung oder Aufhebungsvertrag, Berlin 1997 (zitiert: *Krasshöfer*)

Krebs, Peter: Verbraucher, Unternehmer oder Zivilperson, DB 2002, 517 ff.

Kreßel, Eckhard: Parklätze für Betriebsangehörige, RdA 1992, 169 ff.

Lakies, Thomas: Inhaltskontrolle von Vergütungsvereinbarungen im Arbeitsrecht, NZA-RR 2002, 337 ff.

Lambrich, Thomas: Anmerkung zu BAG, Urteil vom 26.09.2001 – 4 AZR 544/00, BB 2002, 1267 ff.

Lange, Knut Werner: Kurzkommentar zu BGH, Urteil v. 09.04.2002 – XI ZR 91/99, EWiR 2002, 523 f.

Langenfeld, Gerrit: Zur gerichtlichen Kontrolle von Eheverträgen, DNotZ 2001, 272 ff.

ders.: Vertragsgestaltung, Methode – Verfahren – Vertragstypen, München 1991 (zitiert: *Langenfeld* Vertragsgestaltung)

Langheid, Theodor: Vertragsstrafenvereinbarungen in Arbeitsverträgen, DB 1980, 1219 f.

Lansnicker, Frank / Schwirtzek, Thomas: Neuordnung der Mankohaftung, BB 1999, 259 ff.

Larenz, Karl: Methodenlehre der Rechtswissenschaft, 6. Auflage, Berlin u.a. 1993 (zitiert: *Larenz* Methodenlehre)

Larenz, Karl / Wolf, Manfred: Allgemeiner Teil des Bürgerlichen Rechts, 8. Auflage, München 1997 (zitiert: *Larenz/Wolf* BGB AT)

Laufke, Franz: Vertragsfreiheit und Grundgesetz, in: Festschrift für Heinrich Lehmann, I. Band, Berlin 1956, S. 145 ff. (zitiert: *Laufke* FS Lehmann)

Leder, Tobias / Morgenroth, Sascha: Die Vertragsstrafe im Formulararbeitsvertrag, NZA 2002, 952 ff.

Leßmann, Herbert: Die willentliche Gestaltung von Rechtsverhältnissen im BGB – Inhalt und Grenzen des Parteiwillens bei der Willenserklärung, JA 1983, 341 ff.

Leuchten, Alexius: Der Einfluss der EG-Richtlinien zur Gleichbehandlung auf das deutsche Arbeitsrecht, NZA 2002, 1254 ff.

Lieb, Manfred: AGB-Recht und Arbeitsrecht nach der Schuldrechtsmodernisierung, in: Festschrift für Peter Ulmer zum 70. Geburtstag am 02.01.2003, Berlin 2003, S. 1231 ff. (zitiert: Lieb FS Ulmer)

ders.: Sonderprivatrecht für Ungleichgewichtslagen? Überlegungen zum Anwendungsbereich der sogenannten Inhaltskontrolle privatrechtlicher Verträge, AcP 178 (1978), 196 ff.

Lindacher, Walter F.: Kenntnisnahmemöglichkeit und Kenntnisnahmeobliegenheit bei Allgemeinen Geschäftsbedingungen, JZ 1981, 131 ff.

Linde, Klaus / Lindemann, Viola: Der Nachweis tarifvertraglicher Ausschlussfristen, NZA 2003, 649 ff.

Lindemann, Viola: Neuerungen im Arbeitsrecht durch die Schuldrechtsreform, AuR 2002, 81 ff.

Lindena, Bodo: Publizität von Tarifverträgen, DB 1988, 1114 ff.

Lingemann, Stefan: Allgemeine Geschäftsbedingungen und Arbeitsvertrag, NZA 2002, 181 ff.

Littbarski, Sigurd: Die kapitalbildende Lebensversicherung im Visier des Verbraucherschutzes, NJW 2001, 3315 ff.

Lohr, Martin: Vertragsstrafen im Arbeitsverhältnis, MDR 2000, 429 ff.

Lorenz, Stephan: Der Schutz vor dem unerwünschten Vertrag, München 1997

ders.: Arbeitsrechtlicher Aufhebungsvertrag, Haustürwiderrufsgesetz und „undue influence", JZ 1997, 277 ff.

Lorenz, Stefan / Riehm, Thomas: Lehrbuch zum neuen Schuldrecht, München 2002 (zitiert: *Lorenz/Riehm* Schuldrecht)

Lorenz, Werner: Das Problem der Aufrechterhaltung formnichtiger Verträge, AcP 156 (1957), 381 ff.

Loritz, Karl, Georg: Anmerkung zu BGH, Urteil v. 24.02.1994, IX ZR 277/93, DNotZ 1994, 543 ff.

Löwe, Walter: Bürgen in Sippenhaft dürfen aufatmen, ZIP 1993, 1759

ders.: Schutz gegen Überrumpelung beim Vertragsabschluss, BB 1986, 821 ff.

Löwisch, Manfred: Auswirkungen der Schuldrechtsreform auf das Recht des Arbeitsverhältnisses, in: Festschrift für Herbert Wiedemann, München 2002, S. 311 ff. (zitiert: *Löwisch* FS Wiedemann)

ders.: Zweifelhafte Folgen des geplanten Leistungsstörungsrechts für das Arbeitsvertragsrecht , NZA 2001, 465 ff.

Löwisch, Manfred / Rieble, Volker: Tarifvertragsgesetz, München 1992 (zitiert: *Löwisch/Rieble*)

Lüke, Gerhard: Zur Krise des Rechtsstaats, NJW 1995, 173 ff.

Mache, Wolf: Anmerkung zu BAG, Urteil v. 17.09.1999 – 8 AZR 175/97, AuR 1999, 118 f.

ders.: Haftungsbeschränkungen auch bei der „Mankohaftung“?, AiB 1995, 698 ff.

Mankowski, Peter: Kurzkommentar zu ArbG Frankfurt/Oder, Urteil v. 29.05.2002, EWiR 2003, 15 f.

ders.: Der Verbraucher und das Verzugsrecht, ZGS 2002, 177 ff.

Mansel, Heinz-Peter: Die Neuregelung des Verjährungsrechts, NJW 2002, 89 ff.

Mansel, Heinz-Peter / Budzikiewicz, Christine: Einführung in das neue Verjährungsrecht, Jura 2003, 1 ff.

Martens, Klaus-Peter: Rechtsgeschäft und Drittinteressen, in: AcP 177 (1977), 113 ff.

Martis, Rüdiger: Verbraucherschutz, München 1998 (zitiert: *Martis* Verbraucherschutz)

Maunz, Theodor / Dürig, Günter u.a.: Grundgesetz, Kommentar, Loseblattsammlung, Band 1, Art. 1-11 GG, Lieferungen 1-41, Band 2, Art. 12-20 GG, Lieferungen 1-41 (zitiert: Maunz/Dürig/*Bearbeiter*)

Mauer, Reinhold: Zugangsfiktionen für Kündigungserklärungen in Arbeitsverträgen, DB 2002, 1442 ff.

Mayer-Maly, Theo: Der liberale Gedanke und das Recht, in: Festschrift für Adolf Märkl, München, Salzburg 1970, S. 247 ff. (zitiert: *Mayer-Maly* FS Märkl)

Medicus, Dieter: Die Leistungsstörungen im neuen Schuldrecht, Jus 2003, 521 ff.

ders.: Dogmatische Verwerfungen im geltenden deutschen Schuldrecht, in: Schulze, Rainer/Schulte-Nölke, Hans, Die Schuldrechtsreform vor dem Hintergrund des Gemeinschaftsrechts, S. 33 ff., Tübingen 2001 (zitiert: *Medicus* in Schulze/Schulte-Nölke)

ders.: Schutzbedürfnisse (insbesondere der Verbraucherschutz) und das Privatrecht, Jus 1996, 761 ff.

ders.: Über die Rückwirkung der Rechtsprechung, NJW 1995, 2577 ff.

ders.: Abschied von der Privatautonomie im Schuldrecht?, Köln 1994 (zitiert: *Medicus* Abschied)

ders.: Der Grundsatz der Verhältnismäßigkeit im Privatrecht, AcP 192 (1992), 35 ff.

Meinhof, Alexander: Neuerungen im modernisierten Verbrauchvertragsrecht durch das OLG-Vertretungsänderungsgesetz, NJW 2002, 2273 ff.

Michalski, Lutz: Das Haustürwiderrufsgesetz, Jura 1986, 169 ff.

Micklitz, Hans W.: Fernabsatz und E-Commerce im Schuldrechtsmodernisierungsgesetz, EuZW 2001, 133 ff.

Mittelstein, Rainald: Rücktrittsrecht des beim Hausbesuch überredeten Abzahlungskäufers, MDR 1970, 18 ff.

Moll, Wilhelm / Reufels, Martin: Aufhebungsverträge – Abschluss und Zustandekommen, MDR 2001, 361 ff.

Mook, Klaus-Georg: Einseitig formulierte Rechtswahlklauseln in Arbeitsverträgen, DB 1987, 2252 ff.

Müller, Christopher: Arbeitsrechtliche Aufhebungsverträge, Baden-Baden 1991

Müller, Gerhard: Die Tragweite der tarifvertraglichen Bezugnahmeklauseln, RdA 1990, 321 ff.

Müller-Glöge, Rudi / Senden, Ulrike von: Gesetzliche Schriftform für Kündigung, Auflösungsvertrag und Befristung, AuA 2000, 199 ff.

Müller-Volbehr, Gerd: Teilzeitarbeit und kirchliche Arbeitsverhältnisse, NZA 2002, 301 ff.

Münchener Kommentar: Kommentar zum Bürgerlichen Gesetzbuch, Hrsg. Kurt Rebmann und Franz Jürgen Säcker:
- Band 1, Allgemeiner Teil (§§ 1- 240) AGBG, 4. Auflage, München 2001
- Band 2, Schuldrecht Allgemeiner Teil (§§ 241-432), 2. Auflage, München 1985, 3. Auflage, - München 1994, 4. Auflage, München 2001
- Band 2a, Schuldrecht Allgemeiner Teil (§§ 241-432), 4. Auflage, München 2003
- Band 3, Schuldrecht Besonderer Teil I (§§ 433-606) VerbrKrG, HWiG, MHG u.a., 3. Auflage, München 1995
- Band 4, Schuldrecht Besonderer Teil II (§§ 607-704), 3. Auflage, München 1997
- Band 5, Schuldrecht Besonderer Teil III (§§ 705-853), 3. Auflage, München 1997
- Band 4, Sachenrecht (§§ 854-1296; WEG; ErbbauVO), 2. Auflage, München 1986

(zitiert: MüKo/*Bearbeiter*)

Münchener Kommentar: Kommentar zum Handelsgesetzbuch, Hrsg. Karsten Schmidt, Band 1 (§§ 1-104), München 1996 (zitiert: MüKoHGB/*Bearbeiter*)

Natzel, Ivo: Schutz des Arbeitnehmers als Verbraucher?, NZA 2002, 595 ff.

Nägele, Stefan: Aufklärungs- und Hinweispflichten des Arbeitgebers bei Abschluss eines Aufhebungsvertrags, BB 1992, 1274 ff.

Nägele, Stefan / Chwalisz, Patrizia: Schuldrechtsreform – Das Ende arbeitsvertraglicher Ausschlussfristen, MDR 2002, 1341 ff.

Neumann, Johannes: Geltungserhaltende Reduktion und ergänzende Auslegung von Allgemeinen Geschäftsbedingungen, Baden-Baden 1988

Neuner, Jörg: Diskriminierungsschutz durch Privatrecht, JZ 2003, 57 ff.

Nickel, Rainer: Handlungsaufträge zur Bekämpfung ethnischer Diskriminierungen in der neuen Gleichbehandlungsrichtlinie 2000/43/EG, NJW 2001, 2668 ff.

Nicolai, Andrea: Anwendbarkeit des AGB-Gesetzes auf „nichtarbeitsrechtliche Beziehungen" zwischen Arbeitgeber und Arbeitnehmer?, ZIP 1995, 359 ff.

Niebling, Jürgen: Die Schranken der Inhaltskontrolle nach § 8 AGB-Gesetz, Tübingen 1988 (zitiert: *Niebling* Schranken)

Niemöller, Stefan: Das Verbraucherleitbild in der deutschen und europäischen Rechtsprechung, München 1999

Oetker, Hartmut: Dynamische Verweisungen in Allgemeinen Geschäftsbedingungen als Rechtsproblem, JZ 2002, 337 ff.

ders.: Neues zur Arbeitnehmerhaftung durch § 619 a BGB?, BB 2002, 43 ff.

ders.: Arbeitsvertragliche Bezugnahme auf Tarifverträge und AGB-Kontrolle, in: Festschrift für Herbert Wiedemann, München 2002, S. 383 ff. (zitiert: *Oetker* FS Wiedemann)

Oßwald, Manfred: Der (bedingte) Aufhebungsvertrag im Arbeitsrecht und die Privatautonomie im Kündigungsschutzrecht, Nürnberg 1990

Ott, Sieghart: Das neue Schuldrecht – Überleitungsvorschriften und Verjährung, MDR 2002, 1 ff.

Otto, Hansjörg: Kurzkommentar zu BAG, Urteil. V. 18.04.2002 – 8 AZR 348/01, EWiR 2002, 1073 f.

Otto, Hansjörg / Schwarze, Roland: Die Haftung des Arbeitnehmers, 3. Auflage; Karlsruhe 1998 (zitiert: *Otto/Schwarze* Haftung des Arbeitnehmers)

Pahlke, Armin: Der „Dritte Weg" der Kirchen im Arbeitsrecht, NJW 1986, 350 ff.

Palandt, Otto: Bürgerliches Gesetzbuch, 61. Auflage, München 2002; 62. Auflage, München 2003 (zitiert: Palandt/*Bearbeiter*)

Pape, Gerhard: Die neue Bürgschaftsrechtsprechung, ZIP 1994, 515 ff.

Papier, Hans-Jürgen: Arbeitsmarkt und Verfassung, RdA 2000, 1 ff.

ders.: Der verfassungsrechtliche Rahmen für Privatautonomie im Arbeitsrecht, RdA 1989, 137 ff.

Pauly, Holger: Analoge Anwendung des AGB-Gesetzes auf Formulararbeitsverträge?, NZA 1997, 1030 ff.

ders.: Grundfragen der Mankohaftung, BB 1996, 2038 ff.

ders.: Widerrufsrecht bei arbeitsrechtlichen Aufhebungsverträgen, MDR 1995, 1081 ff.

Petershagen, Jörg: Der neue Basiszinssatz des BGB – eine kleine Lösung in der großen Schuldrechtsreform, NJW 2002, 1455 ff.

Pfeiffer, Thomas: Der Verbraucher nach § 13 BGB, in: Schulze, Reiner/Schulte-Nölke Hans (Hrsg.), Die Schuldrechtsreform vor dem Hintergrund des Gemeinschaftsrechts, S. 133 ff.; Tübingen 2001 (zitiert: *Pfeiffer* in Schulze/Schulte-Nölke) *ders.*: Die Integration von Nebengesetzen in das BGB, in: Ernst, Wolfgang / Zimmermann, Reinhard: Zivilrechtswissenschaft und Schuldrechtsreform, Tübingen 2001, S. 481 ff. (zitiert: *Pfeiffer* in Ernst/Zimmermann)

ders.: Vom kaufmännischen Verkehr zum Unternehmensverkehr, NJW 1999, 169 ff.

Pfeiffer, Thomas / Schinkels, Boris: Schuldrechtsmodernisierung und AGB-Gesetz, in: Micklitz/Pfeiffer/Tonner/Willingmann (Hrsg.), Schuldrechtsreform und Verbraucherschutz, Baden Baden 2001, S. 133 ff. (zitiert: *Pfeiffer/Schinkels* in Micklitz / Pfeiffer / Tonner / Willingmann)

Picker, Eduard: Schuldrechtsreform und Privatautonomie, JZ 2003, 1035 ff.

ders.: Tarifautonomie – Betriebsautonomie – Privatautonomie, NZA 2002, 761 ff.

Pieroth, Bodo / Schlink, Bernhard: Grundrechte, Staatsrecht II, 11. Auflage, 1995 (zitiert: *Pieroth/Schlink*)

Plander, Harro: Die Ausgleichsquittung als Rechtsanwendungs- und Gesetzgebungsproblem, DB 1986, 1873 ff.

Popp, Gerfried Josef: Schadensersatz und Vertragsstrafe bei Arbeitsvertragsbruch, NZA 1988, 455 ff.

Preis, Bernd: Abschied von der Ausgleichsquittung, AuR 1979, 97 ff.

Preis, Ulrich / Gotthardt, Michael: Schriftformerfordernisse für Kündigungen, Aufhebungsverträge und Befristungen nach § 623 BGB, NZA 2000, 348 ff.

Preis, Ulrich / Rolfs, Christian : Gestörte Vertragsparität und richterliche Inhaltskontrolle, DB 1994, 261 ff.

Preis, Ulrich / Stoffels, Markus: Die Inhaltskontrolle der Verträge selbständiger und unselbständiger Handelsvertreter, ZHR 160 (1996), 442 ff.

Preis, Ulrich: Der Arbeitsvertrag, Köln 2002 (zitiert: Preis/*Bearbeiter*)

ders.: Arbeitsvertragliche Verweisungen auf Tarifverträge, in: Festschrift für Herbert Wiedemann, München 2002, S. 425 ff. (zitiert: *Preis* FS Wiedemann)

ders.: Anmerkung zu BAG, Urteil v. 13.12.2000, 10 AZR 168/00, RdA 2002, 42 ff.

ders.: Anrechnung und Widerruf über- und außertariflicher Entgelte – vertragsrechtlich betrachtet, in: Festschrift für Rudolf Kissel, München 1994, S. 879 ff. (zitiert: *Preis* FS Kissel)

ders.: Kompensation von Unleichgewichtslagen in der Rechtsprechung der Arbeitsgerichte und Zivilgerichte ein Vergleich, AuR 1994, 139 ff.

ders.: Grundfragen der Vertragsgestaltung, Neuwied, Kriftel, Berlin 1992 (zitiert: *Preis* Vertragsgestaltung)

ders.: Rechtsfortbildung im Individualarbeitsrecht, RdA 1989, 327 ff.

ders.: Auslegung und Inhaltskontrolle von Ausschlussfristen in Arbeitsverträgen, ZIP 1989, 885 ff.

Przytulla, F.-M.: Formulararbeitsverträge, AGB-Gesetz und das Rechtsstaatsgebot, NZA 1998, 521 ff.

Pütz, Michael: § 315 BGB – Rechtsgrundlage einer Inhaltskontrolle bei Imparität der Vertragspartner?, Diss., Osnabrück 1989 (zitiert: *Pütz* Imparität)

Pudor, Kerstin: Die Wirkungsweise verbraucherschützender Widerrufsrechte, Frankfurt am Main 2000 (zitiert: *Pudor* Widerrufsrechte)

Redeker, Konrad / Karpenstein, Ulrich: Über Nutzen und Notwendigkeiten, Gesetze zu begründen, NJW 2001, 2825 ff.

Reich, Norbert: Kreditbürgschaften und Transparenz, NJW 1995, 1857 ff.

Reichel, Michael E.: Die Auslegung arbeitsvertraglicher Bezugnahmeklauseln bei überraschenden Tarifentwicklungen unter Berücksichtigung der Schuldrechtsreform, AuA 2003, 366 ff.

ders.: Bezugnahmeklauseln bei Verbandsaustritt des Arbeitgebers, AuA 2002, 445 ff.

Reichenbach, Sandy Bernd: Konventionalstrafe für den vertragsbrüchigen Arbeitnehmer, NZA 2003, 309 ff.

Reichold, Hermann: Arbeitsrecht, München 2002 (zitiert: *Reichold* Arbeitsrecht)

ders.: Anmerkungen zum Arbeitsrecht im neuen BGB, ZTR 2002, 202 ff.

ders.: Grundlagen und Grenzend der Flexibilisierung im Arbeitsrecht, RdA 2002, 321 ff.

ders.: Europa und das deutsche kirchliche Arbeitsrecht, NZA 2001, 1054 ff.

Reim, Uwe: Arbeitnehmer und/oder Verbraucher?, DB 2002, 2434 ff.

Reineke, Gerhard: Kontrolle Allgemeiner Arbeitsbedingungen nach dem Schuldrechtsmodernisierungsgesetz, DB 2002, 583 ff.

ders.: Vertragskontrolle im Arbeitsverhältnis, Sonderbeilage zu NZA 2000, Heft 3, S. 23 ff.

ders.: Der Kampf um die Arbeitnehmereigenschaft – prozessuale, materielle und taktische Probleme, NZA 1999, 729 ff.

Reiner, Günter: Der verbraucherschützende Widerruf im Recht der Willenserklärungen, AcP 203 (2003), 1 ff.

Reiserer, Kerstin: Endlich Schluss mit der Scheinselbständigkeit, BB 2000, 94 ff.

Reiserer, Kerstin / Freckmann, Anke: Scheinselbständigkeit – heute noch ein schillernder Rechtsbegriff, NJW 2003, 180 ff.

Reuter, Dieter: Möglichkeiten und Grenzen einer Deregulierung des Arbeitsrechts, in: Festschrift für Herbert Wiedemann, München 2002, S. 449 ff. (zitiert: *Reuter* FS Wiedemann)

ders.: Die ethischen Grundlagen des Privatrechts – formale Freiheitsethik oder materiale Verantwortungsethik, AcP 189 (1989), 199 ff.

ders.: Gibt es eine arbeitsrechtliche Methode?, in: Festschrift für Marie Luise Hilger und Hermann Stumpf, München 1983; S. 573 ff. (zitiert: *Reuter* FS Hilger/Stumpf)

Richardi, Reinhard: Gestaltung der Arbeitsverträge durch Allgemeine Geschäftsbedingungen nach dem Schuldrechtsmodernisierungsgesetz, NZA 2002, 1057 ff.

ders.: Leistungsstörungen und Haftung im Arbeitsverhältnis nach dem Schuldrechtsmodernisierungsgesetz, NZA 2002, 1004 ff.

ders. : Arbeitsrecht in der Kirche, 3. Auflage, München 2000

ders.: „Selbständigkeit" und arbeitsrechtlicher Arbeitnehmerbegriff, DB 1999, 958 ff.

ders.: Abschied von der gefahrgeneigten Arbeit als Voraussetzung für die Beschränkung der Arbeitnehmerhaftung, NZA 1994, 241 ff.

Richardi, Reinhard / Wlotzke, Otfried: Münchener Handbuch zum Arbeitsrecht
Band 1, Individualarbeitsrecht I, 2. Auflage, München 2000;
Band 2, Individualarbeitsrecht II, 2. Auflage, München 2000
(zitiert: MünchArbR/*Bearbeiter*)

Rieble, Volker / Klumpp, Steffen: Widerrufsrecht des Arbeitnehmer-Verbrauchers?, ZIP 2002, 2153 ff.

Riehm, Thomas: Das Gesetz über Fernabsatzverträge und andere Fragen des Verbraucherrechts, Jura 2002, 505 ff.

Ring, Gerhard: Die Integration des Haustürwiderrufsgesetzes in das BGB durch das SchuldRModG, BuW 2003, 554 ff.

ders.: Überblick über die Änderungen im Allgemeinen Schuldrecht infolge der Schuldrechtsreform, BuW 2003, 200 ff.

ders.: Die Integration des AGB-Gesetzes in das BGB infolge der Schuldrechtsreform, BuW 2003, 69 ff.

Rischar, Andreas: Arbeitsrechtliche Klauseln zur Rückzahlung von Fortbildungskosten, BB 2002, 2550 ff.

Rittner, Fritz: Die gestörte Vertragsparität und das Bundesverfassungsgericht, NJW 1994, 3330 f.

Rolfs, Christian: Arbeitsrechtliche Vertragsgestaltung nach der Schuldrechtsreform, ZGS 2002, 409 ff.

ders.: Schuldrechtsreform und Arbeitsrecht, ZGS 2002, 301

Roth, Herbert: Europäischer Verbraucherschutz und BGB, JZ 2001, 475 ff.

Rott, Peter: Die Umsetzung der Hauswiderrufsrichtlinie in den Mitgliedstaaten, Baden-Baden 2000
(zitiert: *Rott* Umsetzung)

Rühl, Christiane: Rechtswahlfreiheit und Rechtswahlklauseln in Allgemeinen Geschäftsbedingungen, Baden-Baden 1999

Saenger, Ingo / Bertram, Rainer: Anmerkung zu BGH, Urteil v. 23.10.2001 – XI ZR 63/01, EWiR 2002, 93 f.

Sandmann, Bernd: Die Haftung von Arbeitnehmern, Geschäftsführern und leitenden Angestellten, Tübingen 2001 (zitiert: *Sandmann* Haftung)

Sauer, Wilhelm: Juristische Methodenlehre, Stuttgart 1940, Neudruck 1970 Aalen (zitiert: *Sauer* Methodenlehre)

Schacht, Thorsten: Der Übereilungsschutz beim arbeitsrechtlichen Aufhebungsvertrag, Frankfurt/Main 2000 (zitiert: *Schacht* Übereilungsschutz)

Schaub, Günther: Arbeitsrechts-Handbuch, 10. Auflage, München 2002 (zitiert: ArbRHdB/*Bearbeiter*)

ders.: Gesetz zur Vereinfachung und Beschleunigung des arbeitsgerichtlichen Verfahrens, NZA 2000, 344 ff.

Schiek, Dagmar: Diskriminierung wegen „Rasse“ oder „ethnischer Herkunft“ – Probleme der Umsetzung der RL 2000/43/EG im Arbeitsrecht, AuR 2003, 44 ff.

Schiefer, Bernd / Worzalla, Michael: Beendigung des Arbeitsverhältnisses, 8. Auflage, Düsseldorf 1995 (zitiert: *Schiefer/Worzalla*)

Schimmel, Roland / Buhlmann, Dirk: Verjährungsklauseln in AGB nach der Schuldrechtsmodernisierung, ZGS 2002, 109 ff.

Schlechtriehm, Peter: Die sogenannte Unklarheitenregel des § 5 AGBG, Festschrift für Helmut Heinrichs, München 1998, S. 503 ff. (zitiert: *Schlechtriehm* FS Heinrichs)

Schleusener, Aino: Zur Widerrufsmöglichkeit von arbeitsrechtlichen Aufhebungsverträgen nach § 312 BGB, NZA 2002, 949 ff.

Schliemann, Harald: Jüngere Rechtsprechung des Vierten Senats des Bundesarbeitsgerichts zum Tarifwechsel, in: Festschrift für Herbert Wiedemann, München 2002, S. 543 ff. (zitiert: *Schliemann* FS Wiedemann)

Schmidt-Kessel, Martin: Die gesetzliche Ausweitung des Widerrufsrechts nach Heininger, ZGS 2002, 311 ff.

ders.: Die Zahlungsverzugsrichtlinie und ihre Umsetzung, NJW 2001, 97 ff.

Schmidt-Ränsch, Jürgen: Gesetzliche Neuregelung des Widerrufsrechts bei Verbraucherverträgen, ZIP 2002, 1100 ff.

ders.: Reintegration der Verbraucherschutzgesetze durch den Entwurf eines Schuldrechtsmodernisierungsgesetzes, in: Schulze, Reiner/Schulte-Nölke Hans, Die Schuldrechtsreform vor dem Hintergrund des Gemeinschaftsrechts, S. 169, Tübingen 2001 (zitiert: *Schmidt-Ränsch* in Schulze/Schulte-Nölke)

Schmidt-Rimpler, Walter: Grundfragen einer Erneuerung des Vertragsrechts, AcP 147 (1941), 130 ff.

Schmiegel, Dorothee: Die Inhaltskontrolle von Koalitionssatzungen, Berlin 1995 (zitiert: *Schmiegel* Inhaltskontrolle)

Schneider, Harald: Widerrufsbelehrung beim Ratenlieferungsvertrag, ZGS 2003, 21 ff.

Schnitker, Elmar / Grau, Timon: Klauselkontrolle im Arbeitsvertrag, BB 2002, 2120 ff.

Schrader, Peter: Neues zu Ausschlussfristen, NZA 2003, 345 ff.

Schünemann, Wolfgang: Mündigkeit versus Schutzbedürftigkeit, Legitimationsprobleme des Verbraucherleitbildes, in: Festschrift für Hans Erich Brandner, Köln 1996, S. 279 ff. (zitiert: *Schünemann* FS Brandner)

Schuffenhauer, (o.A.): Rücktrittsrecht des beim Hausbesuch überredeten Abzahlungskäufers, MDR 1970, 17

Schuhmann, Ralph: Die „vorformulierte" Vertragsbedingung im Lichte der AGBG-Novelle 1996, JR 2000, 441 ff.

Schulte, Wienhold: Probleme bei der Gestaltung von Aufhebungs- und Abwicklungsverträgen nach dem 01.01.2002, ArbRB 2002, 246 ff.

Schulte, Wolf Dieter: Rechtsfragen der Ausgleichsquittung bei Beendigung des Arbeitsverhältnisses, DB 1981, 937 ff.

Schulte-Nölke, Hans / Börger, Andreas: Synopse zu den Änderungen des BGB durch das OLG-Vertretungsänderungsgesetz, ZGS 2002, 323 ff.

Schuster, Norbert: Arbeits- und Aufhebungsverträge auf dem Prüfstand, AiB 2002, 274 ff.

Schwarz, Eckard: Überraschungskontrolle nach § 3 AGBG im Arbeitsrecht, BB 1996, 1434 ff.

Schwirtzek, Thomas: Neue Perspektiven für Mankoabreden? Arbeitnehmerhaftung für Fehlbeträge und Fehlbestände, AuA 2003, 20 ff.

Seibert, Ulrich: Auslegung und Inhaltskontrolle arbeitsvertraglicher Verweisungen, NZA 1985, 730 ff.

Sievers, Jochen: Individualrechtliche Möglichkeiten und Grenzen einer Entgeltreduzierung, NZA 2002, 1182 ff.

Singer, Reinhard: Arbeitsvertragsgestaltung nach der Reform des BGB, RdA 2003, 194 ff.

ders.: Selbstbestimmung und Verkehrsschutz im Recht der Willenserklärungen, München 1995

ders.: Vertragsfreiheit, Grundrechte und der Schutz des Menschen vor sich selbst, JZ 1995, 1133 ff.

Söllner, Alfred : Das Arbeitsrecht im Spannungsfeld zwischen dem Gesetzgeber und der Arbeits- und Verfassungsgerichtsbarkeit, NZA 1992, 721 ff.

ders.: Die Bedeutung des Art. 12 GG für das Arbeitsrecht, AuR 1991, 45 ff.

ders.: Der verfassungsrechtliche Rahmen für Privatautonomie im Arbeitsrecht, RdA 1989, 144 ff.

ders.: Vertragsstrafen im Arbeitsrecht, AuR 1981, 97 ff.

Soergel, Hans Theodor: Bürgerliches Gesetzbuch
Band 1, Allgemeiner Teil 2, 12. Aufl., Stuttgart, Berlin, Köln, 1999
Band 2a, Allgemeiner Teil 3, 13. Aufl., Stuttgart, Berlin, Köln 2002
Band 4/1, Schuldrecht III/1, 12. Aufl., Stuttgart, Berlin, Köln 1997
(zitiert: Soergel/*Bearbeiter*)

Staudinger, Ansgar: Unrentable Immobilien demnächst im Portefeuille der Banken?, ZGS 2002, 136 ff.

ders.: Unbegrenztes Widerrufsrecht bei Haustürgeschäften ohne Belang, ZGS 2002, 18.

Staudinger, Julius von: Kommentar zum Bürgerlichen Gesetzbuch
- 2. Buch, Recht der Schuldverhältnisse (§§ 255-314 BGB) Neubearbeitung, Berlin 2001
- 2. Buch, Recht der Schuldverhältnisse (§§ 315-327 BGB) Neubearbeitung, Berlin 2001
- 2. Buch, Recht der Schuldverhältnisse (§§ 397-432 BGB) 13. Auflage, Berlin 1999
- 2. Buch, Recht der Schuldverhältnisse (611-615 BGB) 13. Auflage, Berlin 1999
- 2. Buch, Recht der Schuldverhältnisse (§§ 616-619 BGB) 13. Auflage, Berlin 1997
- 2. Buch, Recht der Schuldverhältnisse (§§ 616-630 BGB) Neubearbeitung 2002

- Gesetz zur Regelung des Rechts der allgemeinen Geschäftsbedingungen (AGBG), 13. Auflage, Berlin 1998
- VerbrKrG, HWiG, § 13 a UWG, TzWrG 13. Auflage, Neubearbeitung, Berlin 2001 (zitiert: Staudinger/*Bearbeiter*)

Stein, Axel: Tarifvertragsrecht, Stuttgart 1997 (zitiert: *Stein* Tarifvertragsrecht)

ders.: Arbeitsvertragsbruch und formularmäßige Vertragsstrafe, BB 1985, 1402 ff.

Stein, Günther: Die Inhaltskontrolle vorformulierter Verträge des allgemeinen Privatrechts, Berlin 1982 (zitiert: *Stein* Inhaltskontrolle)

Stern, Klaus: Probleme der Ausstrahlungswirkung der Grundrechte auf das Privatrecht, in: Festschrift für Herbert Wiedemann, München 2002, S. 133 ff. (zitiert: *Stern* FS Wiedemann)

Stollenwerk, Thomas: Mankohaftung – Sondergebiet oder Fallgruppe?, Hamburg 2002 (zitiert: *Stollenwerk* Mankohaftung)

Stoffels, Markus: Anmerkung zu BAG, Urteil v. 16.03.1994 – 5 AZR 339/02, SAE 1995, 176 ff.

ders.: Der Vertragsbruch des Arbeitnehmers, Köln 1994 (zitiert: *Stoffels* Vertragsbruch)

Stürner, Rolf: Der hundertste Geburtstag des BGB – nationale Kodifikation im Greisenalter?, JZ 1996, 741 ff.

Swoboda, Jörg / Kinner, Rolf: Mitarbeitermotivation durch arbeitsvertragliche Sonderzahlungen, BB 2003, 418 ff.

Teichmann, Arndt: Aufklärungs- und Schutzpflichten gegenüber Verbrauchern, Festschrift für Alfons Kraft, Neuwied, Kriftel 1998, S. 629 ff. (zitiert: *Teichmann* FS Kraft)

Teske, Wolfgang: Das neue Gesetz über den Widerruf von Haustürgeschäften und ähnlichen Geschäften, ZIP 1986, 624 ff.

Thomas, Heinz / Putzo, Hans: Zivilprozessordnung, 24. Auflage, München 2002 (zitiert: *Thomas/Putzo*)

Thüsing, Gregor: Kurzkommentar zu BAG, Urteil v. 19.03.2003 - 4 AZR 331/02, EWiR 2003, 1177 f.

ders.: Was sind die Besonderheiten des Arbeitsrechts?, NZA 2002, 591 ff.

ders.: Inhaltskontrolle von Formulararbeitsverträgen nach neuem Recht, BB 2002, 2666 ff.

ders.: Gedanken zur Vertragsautonomie im Arbeitsrecht, in: Festschrift für Herbert Wiedemann, München 2002, S. 559 ff. (zitiert: *Thüsing* FS Wiedemann)

ders.: Das Arbeitsrecht in der Kirche – Ein Nachtrag der aktuellen Entwicklungen, NZA 2002, 306 ff.

Thüsing, Gregor / Lambrich, Thomas: AGB-Kontrolle arbeitsvertraglicher Bezugnahmeklauseln, NZA 2002, 1361 ff.

dies.: Arbeitsvertragliche Bezugnahme auf Tarifnormen, RdA 2002, 193 ff.

Tonner, Klaus: Das neue Fernabsatzgesetz – oder System statt „Flickenteppich“, BB 2000, 1413 ff.

Tschöpe, Ulrich: Sind Entgeltabreden der Inhaltskontrolle nach §§ 305 ff. BGB unterworfen?, DB 2002, 1830 ff.

Ulmer, Peter: Das AGB-Gesetz: ein eigenständiges Kodifikationswerk, JZ 2001, 491 ff.

ders.: Integration des AGB-Gesetzes in das BGB?, in: Schulze, Reiner/Schulte-Nölke Hans, Die Schuldrechtsreform vor dem Hintergrund des Gemeinschaftsrechts, S. 215, Tübingen 2001 (zitiert: *Ulmer* in Schulze/Schulte-Nölke)

Ulmer, Peter / Brandner, Hans Erich / Hensen , Horst-Diether AGB-Gesetz, 9. Auflage, Köln 2001 (zitiert: *U/B/H*)

Vogel, Jörg / Kümmel, Tanja: Inhaltskontrolle von Arbeitsverträgen nach der Schuldrechtsreform, Die Gemeinde (BW) 2002, 706 ff

Votteler, Markus W.: Schuldrechtsreform 2002 – Was ist wirklich neu?, INF 2002, 18 ff.

Wackerbarth, Ulrich: Unternehmer, Verbraucher und die Rechtfertigung der Inhaltskontrolle vorformulierter Verträge, AcP 2000, 45 ff.

Wahlig, Thomas: Bezugnahmeklauseln auf Tarifverträge, AuA 2001, 346 ff.

Walker, Wolf-Dietrich: Die eingeschränkte Haftung des Arbeitnehmers unter Berücksichtigung der Schuldrechtsmodernisierung, Jus 2002, 736 ff.

Wallstein, Caroline: Auswirkungen des Schuldrechtsmodernisierungsgesetzes auf das Arbeitsrecht, DStR 2002, 1490 ff.

Walter, Torsten: Anmerkung zu BAG, Großer Senat, Beschluss v. 07.03.2001, AiB 2002, 381 f.

Wank, Rolf: Telearbeit, NZA 1999, 225 ff.

Wassermann, Peter: Grundfälle zum Recht der Haustürgeschäfte, Jus 1990, 548 ff.

Weber, Claus: Materielle und prozessuale Folgen des Nachweisgesetzes bei Nichterteilung des Nachweises, NZA 2002, 641 ff.

Weber, Wilhelm: Grundfragen zum Recht der Allgemeinen Geschäftsbedingungen, DB 1971, 177 ff.

Weber, Ulrich / Ehrich, Christian / Burmester, Antje: Handbuch der arbeitsrechtlichen Aufhebungsverträge, 3. Auflage, Köln 2002 (zitiert: *Weber/Ehrich/Burmester*)

Wedde, Peter: Schuldrechtsmodernisierungsgesetz – Auswirkungen auf das Arbeitsrecht, AiB 2002, 267 ff.

Wellenhöfer-Klein, Marina: Strukturell ungleiche Verhandlungsmacht und Inhaltskontrolle von Verträgen, ZIP 1997, 774 ff.

Werner, Horst S. / Machunsky, Jürgen: Kommentar zum Haustürwiderrufsgesetz, Göttingen 1990 (zitiert: *Werner/Machunsky*)

Westermann, Harm Peter: Kautelarjurisprudenz, Rechtsprechung und Gesetzgebung im Spannungsfeld zwischen Gesellschafts- und Wirtschaftsrecht, AcP 175 (1975), 375 ff.

Westhoff, Stefan: Die Inhaltskontrolle von Arbeitsverträgen, Düsseldorf 1975 (zitiert: *Westhoff* Inhaltskontrolle)

Westphalen, Friedrich von: AGB-Recht ins BGB - Eine erste Bestandsaufnahme, NJW 2002, 12 ff.

ders.: Nach der Schuldrechtsreform: Neue Grenzen für Haftungsfreizeichnungs- und Haftungsbegrenzungsklauseln, BB 2002, 209 ff.

ders.: Die Entwicklung des AGB-Rechts im Jahr 2001, NJW 2002, 1688 ff.

ders.: Neues Recht für Dauerschuldverhältnisse ab 1. Januar 2003, ZGS 2002, 431 ff.

ders.: Freizeichnungsverbote in AGB-Klauseln – Altes und Neues, ZGS 2002, 392 ff.

ders.: Einige Überlegungen zum Gesetzentwurf zur Verhinderung von Diskriminierungen im Zivilrecht, ZGS 2002, 283 ff.

ders.: Die Novelle zum AGB-Gesetz, BB 1996, 2101 ff.

Wiedemann, Herbert / Oetker, Hartmut / Wank, Rolf: Tarifvertragsgesetz, 6. Auflage, München 1999 (zitiert: *Wiedemann/Oetker* TVG)

Wiedemann, Herbert: Anmerkung zu BVerfG, Beschluss v. 19.10.1993 – 1 BvR 567 u. 1044/89, JZ 1994, 411 ff.

ders.: Anmerkung zu BVerfG, Beschluss v. 07.02.1990 - 1 BvR 26/84, JZ 1990, 695 ff.

ders.: Inhaltskontrolle vorformulierter Verträge, in: Festschrift für Max Kummer, Bern 1980, S. 175 ff. (zitiert: *Wiedemann* FS Kummer)

Wiedemann, Herbert / Thüsing, Gregor: Fragen zum Entwurf eines zivilrechtlichen Anti-Diskriminierungsgesetz, DB 2002, 463 ff.

Wiesinger, Kai: Schuldrechtsreform, Altverträge auf dem Prüfstand, AuA 2002, 354 ff.

Wisskirchen, Gerlind / Stühm, Thomas: Anspruch des Arbeitgebers auf Änderung von unwirksamen Klauseln in alten Arbeitsverträgen, DB 2003, 2225

Wisskirchen, Alfred / Worzalla, Michael: Aktuelle Fragen zu arbeitsrechtlichen Aufhebungsverträgen, DB 1994, 577 ff.

Wolf, Manfred: Die Vorformulierung als Voraussetzung der Inhaltskontrolle, in: Festschrift für Hans Erich Brandner, Köln 1996, S. 299 (zitiert: *Wolf* FS Brandner)

ders.: Inhaltskontrolle von Arbeitsverträgen, RdA 1988, 270 ff.

ders.: Rechtsgeschäftliche Entscheidungsfreiheit und vertraglicher Interessenausgleich, Tübingen 1970 (zitiert: *Wolf* Entscheidungsfreiheit)

Wolf, Manfred / Horn, Norbert / Lindacher, Walter: AGB-Gesetz, 4. Auflage, München 1999 (zitiert: *W/H/L*)

Wolf, Manfred / Pfeiffer, Thomas: Der richtige Standort des AGB-Rechts innerhalb des BGB, ZRP 2001, 303 ff.

Wolff, Alexander: Aufhebungs- und Abwicklungsverträge, Neue Spielregeln?, AuA 2003, 15 ff.

Zerres, Thomas: Stand des europäischen Verbrauchervertragsrechts, JA 2002, 166 ff.

ders.: Die situativen Voraussetzungen des Haustürwiderrufsgesetzes, München, Mering 1997 (zitiert: *Zerres* HWiG)

Ziemann, Werner: Auswirkungen auf das Arbeitsrecht, in: Schimmel/Buhlmann, Frankfurter Handbuch zum neuen Arbeitsrecht; Neuwied, Kriftel 2002, S. 675 ff. (zitiert: *Ziemann* Rn.)

Zieres, Matthias: Die zwangsweise Durchsetzung des Anspruchs auf Arbeitsleistung, Frankfurt/Main, Berlin u.a., 2001 (zitiert: *Zieres*)

Zimmer, Daniel: Das neue Recht der Leistungsstörungen, NJW 2002, 1 ff.

Zöllner, Wolfgang: Der Arbeitsvertrag: Restposten oder Selbstbestimmung?, NZA 2000, Beilage 3, S. 1 ff.

ders.: Die Privatrechtsgesellschaft im Gesetzes- und Richterstaat, Köln 1996 (zitiert: *Zöllner* Privatrechtsgesellschaft)

ders.: Regelungsspielräume im Schuldvertragsrecht, AcP 196 (1996), 1 ff.

ders.: Immanente Grenzen arbeitsvertraglicher Regelungen, RdA 1989, 152 ff.

ders.: Flexibilisierung des Arbeitsrechts, ZfA 1988, 265 ff.

ders.: Privatautonomie und Arbeitsverhältnis, AcP 176 (1976), 221 ff.

Zwanziger, Bertram: Ausgewählte Einzelprobleme des Nachweisgesetzes, DB 1996, 2027 ff.

ders.: Aufhebungsverträge und Vertragsfreiheit – Für einen angemessenen Interessenausgleich, BB 1996, 903 f.

ders.: Ausgewählte Einzelprobleme des Nachweisgesetzes, DB 1996, 2027 ff.

ders.: Arbeitsrechtliche Aufhebungsverträge und Vertragsfreiheit, DB 1994, 982 ff.

FSC
www.fsc.org
MIX
Papier | Fördert gute Waldnutzung
FSC® C083411

Kolibri 360 GmbH
Ferdinand-Jühlke-Straße 7
99095 Erfurt, Deutschland
produktsicherheit@kolibri360.de

Druck:
CPI Druckdienstleistungen GmbH
im Auftrag der
Kolibri 360 GmbH
Ferdinand-Jühlke-Str. 7
99095 Erfurt